伊朗
心智的帝國
從瑣羅亞斯德到今天的歷史

全新校訂版

EMPIRE OF THE MIND
A History from Zoroaster to the Present Day

MICHAEL AXWORTHY
麥克・安斯沃西 著　苑默文、劉宜青 譯

好評推薦

「用一本書的篇幅介紹伊朗歷史，這本書就是最好的那一本。」

——《新政治家》（*New Statesman*）

「每一頁都是對伊朗歷史的精闢提煉，閃現出深刻的洞察力。本書作者是當代伊朗的研究專家與學者，曾任英國外交及國協事務部伊朗事務處的負責人，他從頭開始，講了一個非常棒的故事。」

——《金融時報》（*Financial Times*）

「比小說更扣人心弦……關於當代伊朗及其面臨的挑戰，本書的描述相當於一千部紀錄片與新聞簡報。」

——羅伯特・艾爾文（Robert Irwin），《前景》（*Prospect*）雜誌

「麥克・安斯沃西是波斯事物的愛好者：它作為世界上最古老文明之一的歷史、它的詩歌與現代電影等等。他在本書中將伊朗理解為一個心智的帝國（一個更深層次、人道、深思熟慮的伊朗），以及一個強烈意識到自身獨特性的、革命的伊斯蘭帝國。」

——**《猶太先驅之聲》**（*Jewish Herald Voice*）

「一部精彩絕倫之作……簡明扼要的歷史敘述，讀來趣味橫生，更能激發思考。」

——**阿里・安薩里**（Ali Ansari），**聖安德魯斯大學教授**

「本書引人入勝、論證有力且文筆優美，在國際事務的中心重新發現伊朗這個國家的歷史。」

——**賈斯汀・馬羅齊**（Justin Marozzi），**《帖木兒》**（*Tamerlane*）**作者**

導讀

閱讀伊朗，是瞭解全世界的起點

陳立樵，輔仁大學歷史系副教授

多年前筆者在英國倫敦的亞非學院（School of Oriental and Asian Studies, SOAS）就讀，時常在學校對面的書店流連忘返，收銀臺前的熱門書區，很長一段時間都擺著《伊朗：心智的帝國，從瑣羅亞斯德到今天的歷史》（以下簡稱《伊朗》）這本書的英文原版。作者安斯沃西（Michael Axworthy）曾負責英國外交部的伊朗事務，也曾於艾克賽特大學（University of Exeter）任教，於二〇一九年去世。安斯沃西除了本書《伊朗》之外，也有著作關於一九七九年的伊朗革命，以及十八世紀伊朗著名君主納迪爾（Nadir Shah）的興衰起落。安斯沃西筆耕不輟，留下了可供大眾認識伊朗歷史的作品。

一部伊朗通史

本書為通史性質的著作，從古代伊朗的阿契美尼德帝國（Achaemenid Empire）談起，直到二十一世紀初期伊朗伊斯蘭共和國（Islamic Republic of Iran）的國內外局勢。伊朗位於亞洲內陸地區，其發展過程包含相當複雜且多元的面向。西元前六世紀的阿契美尼德帝國，其領土範圍不僅涵蓋今日的中亞、西亞，還包括了埃及。埃及的第二十七、第三十一王朝皆是伊朗歷史的一部分，伊朗帝王（Shah）也都有埃及法老王（Pharaoh）的身分。儘管領土範圍大，不等於強盛，但那個時代的確還沒有另一個如此幅員廣大的勢力，可能當下人們會認為，阿契美尼德帝國就是整個世界。

然而，「伊朗」這個世界卻在西元前四世紀遭到來自馬其頓（Macedon）的亞歷山大（Alexander）占領，也可想見「伊朗」充滿吸引力，只要「擁有伊朗，就能擁有全世界」。因此，亞歷山大不斷往東方前進，其帝國領土範圍與阿契美尼德一致，而他也是埃及法老王。「欲亡其國，先亡其史」，亞歷山大銷毀了瑣羅亞斯德的經典《阿維斯陀》（*Avesta*），意欲徹底消除阿契美尼德帝國的「遺毒」。但伊朗當地勢力仍長期抵抗馬其頓人，如帕提亞帝國（Parthian Empire）、薩珊帝國（Sassanid Empire）先後崛起，都是在伊朗地區試圖扮演讓伊朗能夠再次強大的主導角色。為了重建伊朗的榮光，薩珊帝國致力於重新編纂《阿維斯陀》，也致力於將領土範圍拓展到如阿契美尼德帝國一樣廣大。

不過，時局已變，西亞地區已經不再由伊朗帝國獨享。歐洲的羅馬帝國（Roman Empire）將東方的邊界推進到了西亞地區，甚至進入美索不達米亞（Mesopotamia）。而且，一神信仰的力量在西亞地區成長茁壯，讓羅馬帝國成為基督教（Christianity）勢力；而西元七世紀中葉，阿拉伯半島（Arabia Peninsula）的伊斯蘭（Islam）勢力更摧毀了薩珊帝國，成為了從中亞向西至北非的伊斯蘭帝國。接下來突厥人、蒙古人相繼主宰伊朗地區，也先後都成為伊斯蘭世界的一分子。阿拉伯人建立起來的伊斯蘭帝國，於一二五八年蒙古西征的過程中被摧毀，之後在伊朗地區建立起來的伊兒汗國及帖木兒帝國，都在伊斯蘭歷史中占有重要地位。

十六世紀是伊朗歷史發展中的重要分水嶺，伊斯蘭信仰的什葉派（Shia）勢力在此一區域稱霸，形成了周遭主要是遜尼派（Sunni）穆斯林，卻只有伊朗地區是以什葉派為主的特殊現象。此後，作為什葉派的伊朗，歷經薩法維王朝（Safavid Dynasty）、一七九七年成立的卡札爾王朝（Qajar Dynasty）、一九二六年成立的巴勒維王朝（Pahlavi Dynasty），以及一九七九年之後的伊斯蘭共和國，已經有四百多年的時間。而且，這段時間的伊朗地區，不似薩法維王朝之前的時代，由阿拉伯人、突厥人、蒙古人等外來族群相繼統治，而由本土勢力登上主導角色。因此，長久以來，人們會把「伊朗」與「什葉派」劃上等號。

與西方強權的周旋

以近現代的角度來看歷史，人們最關注的部分大概會是伊朗與西方強權周旋的過程。尤其自十九世紀以來，歐洲帝國主義勢力，特別是英國與俄國，幾乎扼殺伊朗的各項發展。歐洲強權相互競爭的局面，也影響到伊朗的對外關係。若讀者熟悉近代中國史的情況，例如戰敗、割地、賠款、簽署不平等條約，其實伊朗也是一樣的情況。卡札爾王朝是第一個與歐洲強權周旋的伊朗王朝，也一直採取了各種方式來抵抗外來壓力，只是抵抗與對戰幾乎都以失敗收場，談和與利益交涉卻換來喪權辱國的罪名。

二十世紀的巴勒維王朝，也難以跳脫國際局勢的牽制。由於波斯灣南北岸都有龐大的石油蘊藏量，在二十世紀成為國際間競爭的重要資源，也使得波斯灣比以往更成為諸多勢力匯集的區域。又如同古代的情況一樣，「擁有伊朗，就能掌握全世界」的思維再度登場。巴勒維王朝的政權並不穩固，在一九七九年遭到反對勢力推翻，由宗教人士何梅尼（Ruhollah Khomeini）取得政權。伊朗改朝換代後，何梅尼領導的伊斯蘭共和國，表現出比起過往對強權更不妥協的態度。何梅尼強烈地要世人正視伊朗、表現伊斯蘭價值、展現國家的主體性。不過，內部卻因嚴重的鬥爭與諸多不甚妥當的政策，導致老百姓對於一九七九年以來的政府也很難認同。

從安斯沃西的字裡行間中，可看到他對漫長的伊朗歷史有相當深入的瞭解。但是到了全書的最後，可見安斯沃西並不太認同巴勒維王朝到伊斯蘭共和國的伊朗。安斯沃西著重描寫巴勒維王朝的負面問題，似乎要藉此能夠歸結到一九七九年革命的源起，但對於一九七九年後何梅尼的影響，也一樣抱持負面的看法。他認為許多的不安定，不見得都是西方造成的，而是伊朗內部問題破壞了他們與西方之間的關係。安斯沃西提到，二〇〇五年當選總統的艾哈邁迪內賈德（Mahmoud Ahmadinejad）的言行，例如加強對女性穿著的限制，還有敵對以色列（Israel）「愚蠢與不負責任」、「既無知又武斷」的立場，都是值得一書的問題。安斯沃西也稱今日的伊朗是一個「由狹隘和自利小團體領導的伊朗」，因而不如過去輝煌年代所擁有的複雜性、寬容性，還有最聰慧與最偉大的心智。從結論來看，安斯沃西似乎認為當今的伊朗其實可以更好，而不是帶來壓迫、苦難、欺騙、失望，頗有恨鐵不成鋼的用意。

筆者認為，這或許是許多人包括研究學者對於伊朗歷史的概念，即這個國家曾有輝煌與精彩的過去，但近現代卻似乎呈現出與國際社會、世界秩序格格不入的情況。在鄂圖曼帝國（Ottoman Empire）、中國的歷史，似乎都可看到類似的書寫模式。這些過去的帝國，都有很值得緬懷的過往，但接下來出現了停滯不前的情況，逐漸讓西方超越，也在西化的過程中面臨困難，最後陷入難以與進步及自由的西方世界融為一體的窘境。安斯沃西的這部伊朗通史，雖不至於貴古賤今，卻有上述「公式化」的書寫模式。

跳脫西方中心觀點

以筆者的研究來看，無論過去如何，至少近兩百多年來伊朗的發展，雖受到西方勢力的影響，但都致力於在其中表達自身的立場與態度，只是人們多半都以負面的角度來解釋。巴勒維王朝時期的伊朗，有許多資料都可說明巴勒維國王並未作為強權的傀儡，反而致力遊走於強權之間，藉著與各方合作來壯大自己。在冷戰時期，巴勒維國王同時與美國及蘇聯接觸，強調中立，而美蘇兩大強權甚至為了要強化自身在西亞的優勢，刻意要討好伊朗，美蘇或許也懷著「擁有伊朗，就能擁有全世界」的態度。一九七九年之後的伊朗，何梅尼要的也是伊朗的自主，只是不同於巴勒維國王的作法，而是盡可能排除美蘇的影響力。在一九九一年蘇聯瓦解之後，伊朗對抗的超級強權（暫時）僅剩下美國了。迄今這四十餘年來，伊朗仍走在反美的道路上。近現代伊朗的發展，有自己的路線，也不一定什麼都居於弱勢。

然而，歷史是勝利者所寫的，勝利者的觀點、主流的論述左右了人們的想法與觀念。尤其在今日這時代，美國便是那個勝利者，運用其立場與想法影響著當今世人對於伊朗的觀感。於是，敵對美國，就是一種不可饒恕的罪孽，所以伊朗就是人人喊打的國家。美國強調伊朗是流氓國家、恐怖主義國家，多數人便是戴著這樣的有色眼鏡看待伊朗。這仍然是「擁有伊朗，就能擁有全世界」的概念，只是轉化成了「批判、譴責、控制伊朗，就能保護全世界」的意涵。

此外，若仔細想想，可能沒有人說得出，伊朗做了哪些十惡不赦的事情，值得人們一再以負面角度看待。反而我們看到，美國在不同時期對不同的西亞國家發起戰爭、制裁、控制等行動，只因為可能某些國家不認同美國、或者一些活動不符合美國期盼。話語權由以美國為主的西方輿論所掌握，人們看到的便只是西方人看到的伊朗，而不是伊朗本身。近年來《伊朗核協議》（*Iran Nuclear Deal*）爭議不斷，即使問題是美國在歐巴馬（Barack Obama）、川普（Donald Trump）、拜登（Joe Biden）三任總統之間的政策擺盪，國際媒體卻仍然不認同伊朗能夠發展核武，多次強調伊朗違反協議的規範。可是，冷戰時期的巴勒維王朝，卻可以發展核武，說穿了僅是因為當時的巴勒維王朝並未與美國敵對罷了。

近年來關於伊朗女性的傳統服飾與穿著，延伸為伊朗女權問題的討論，當然國際也沒有漏掉這類可以批判伊朗政府的機會。然而，每個國家都有自我發展的路線，也有內部所制訂或約定成俗的社會面貌，沒有誰對誰錯，也不是外人能夠說三道四就能講得清楚。我們可以聽到許多反對包頭巾穿長袍規定的聲音，但其實也有不少伊朗女性表達認同或至少不排斥的態度。我們不能只以國際媒體鏡頭中的畫面，而定義伊朗的形象。這也是過去史家柯文（Paul Cohen）於《在中國發現歷史》（*Discovering History in China*）一書中強調的觀念，應由中國的角度來瞭解中國歷史，以避免過度受西方中心觀點的影響。瞭解伊朗，也應從伊朗角度來瞭解。

閱讀伊朗，理解伊朗

已故學者薩伊德（Edward W. Said）在《遮蔽的伊斯蘭》（*Covering Islam*）一書便是強調，以美國為主的國際媒體對伊朗或西亞國家諸多負面的報導，甚至加上許多莫須有的罪名。不過，似乎要讓多數人反思主流觀點與西方立場，還是要有相當多的努力。總會有人認為，伊朗為什麼不做個合群的國家？如同在一團體之中，若有人刻意與他人不同，不就代表難以在團體中獲得認同？若能合群，也就不會受到他人的批判，也不會有莫須有的罪名。

但我們也可反問，為什麼要做個那所謂的合群的國家？更何況是什麼標準算是合群？國與國之間的關係，並不似平常交朋友、組織團體一樣簡單。任何國家政策都會有人反對，而有人反對不等於國家政策不好。人們觀看伊朗應包容多方的角度，考慮伊朗有自身發展的方向，也有自身所需要的利益。例如伊朗的伊斯蘭革命衛隊（Islamic Revolutionary Guard Corps, IRGC）在國外駐軍，拓展其區域甚至國際的影響力，反觀美國軍隊不也是如此？若川普主張伊斯蘭革命衛隊是恐怖組織，美國在各地建立的軍事基地難道不是？

以上，其實僅是筆者閱讀本書、配合自身的研究之後的一點「嘮叨」。回到本書，一般讀者若要初步瞭解伊朗通史，在諸多相似的作品中，安斯沃西的這本《伊朗》當然非常值得一讀，畢竟在本書可看到，從古至今這個區域向來就聚集各方勢力，彷彿是個世界局勢發展的縮影。本書每一章節的篇幅也很平均，並無特重哪一些部分，的確是一部稱職的伊朗通史作品。在臺灣鮮少有伊朗相關訊息的情況下，我們可抱持著「閱讀伊朗，就能瞭解全世界」的態度來看待《伊朗》，必能看見截然不同的世界窗景。本書翻譯、出版、至今再版，也確實是個很好的選擇。也謝謝廣場出版社，邀請我撰寫《伊朗》再版的導讀文章。

【導讀者簡介】

陳立樵，英國倫敦皇家哈洛威大學歷史系博士，輔仁大學歷史系副教授。著有：《現代西亞的前世今生》、《縱觀百年西亞》、《伊朗史》及《以色列史》等書。

獻給我的妻子沙莉

Das Ewig-Weibliche zieht uns hinan

致謝

關於這本書的書名，如果說「心智帝國」這個名字不能完全代表伊朗的話，但至少在一次公開活動中，這個名字具有非同尋常的意涵。我所說的這項活動指的是二〇〇五年秋天由大英博物館舉辦的「遺忘的帝國」（Forgotten Empire）展覽的開幕活動。在這次開幕活動中，有一場為受邀人員準備的專題研討會。這場專題研討會的主持者包括記者莊・斯諾（Jon Snow）、當時的伊朗駐英大使賽義德・穆罕默德・胡笙・阿德利（Seyyed Mohammad Hossein Adeli，他在不久後被召回了德黑蘭）、哈樂・阿芙莎爾（Haleh Afshar）、阿里・安薩里（Ali Ansari）和克里斯多福・德・貝萊吉（Christopher de Bellaigue）。大英博物館館長尼爾・麥葛瑞格（Neil MacGregor）針對這個討論會發表了介紹致詞。討論會的話題雖十分廣泛，但主要集中在伊朗歷史之延續性、伊朗智慧力量的持久和伊朗的文學與宮廷文化對該地區的其他勢力和語言文化產生的影響，以及上千年來無論是面對戰爭、入侵、宗教變革還是革命時所表現出的韌性。莊・斯諾要求與會者向研討會提問，於是我就提出了以下問題：正如研討會成員們所指出的，既然伊朗文化的中心在不同歷史時期中，從伊朗南部的法爾斯（Fars）移至了美索不達米亞、東北的呼羅珊和中亞，還有現在被稱作亞塞拜然的西北部；伊朗文化不僅影響了自身，其巨大的影響力遠至其境域之外，一方面到達了阿巴斯王朝的巴格達和鄂圖曼土耳其，另一方面也進入到了中亞和蒙兀兒王朝的印度，並且透過這些地方到了更遠的地方；既然如此的話，那我們是不是應該跳脫慣常的國家和強權文化的範疇，將伊朗看作是一個心靈智慧和意識上的帝國呢？研討會似乎挺喜歡我的這項建議，而且還有人表示，此一觀點可以寫成一本好書。因此，就有了您眼前的這本書。

我從許多人那裡得到了慷慨的幫助和建議，並受益匪淺，尤其感謝巴克爾·莫因（Baqer Moin）、阿里·安薩里、威廉·弗洛爾（Willem Floor）、薩佳德·李茲威（Sajjad Rizvi）、萊尼·劉易松（Lenny Lewisohn）、哈希姆·阿瑪德札迪（Hashem Ahmadzadeh）、克里斯·隆德（Chris Rundle）、陶拉芝·達爾亞伊（Touraj Daryaee），麥克爾·葛林斐（Michael Grenfell）、皮特·梅爾維（Peter Melville）、鄧肯·海德（Duncan Head）、海迪·沙辛（Haideh Sahim）、麥赫迪·達什特·博佐吉（Mahdi Dasht-Bozorgi），以及一位在此書出版之前就已讀完全書的匿名評論者，另外還有我的父親伊佛·安斯沃西（Ifor Axworthy）和我的姊妹嘉內·安斯沃西（Janet Axworthy）、皮特·阿維瑞（Peter Avery）、弗蘭西斯·克勞德（Frances Cloud），以及戈登·內克瓦塔（Gordon Nechvatal）、保羅·魯夫特（Paul Luft）和保羅·奧特羅尼（Paul Auchterlonie）。另外還有艾克賽特大學圖書館（University Library in Exeter）和倫敦圖書館（London Library）的其他員工們。我也要感謝我在艾克賽特的阿拉伯和伊斯蘭研究學院的其他朋友和同事們給予我的幫助和支持，尤其是蒂姆·尼布洛克（Tim Niblock）、拉什德·埃爾艾納尼（Rasheed El-Enany）、蓋瑞斯·斯坦斯斐德（Gareth Stansfield）、詹姆斯·昂利（James Onley）、洛波·葛利夫（Rob Gleave），以及麥克爾·戴爾（Michael Dwyer，他絕對是最好的編輯，我能遇到他真是福氣）、瑪麗亞·佩塔利多（Maria Petalidou）和他們在赫斯特（Hurst）的同事們。還要感謝我的經紀人喬吉納·卡佩爾（Georgina Capel）；感謝我的太太沙莉（Sally，不僅僅是這次，但這次尤其要感謝她），感謝她一直以來的真誠和鼓勵。

作者和本書英文版的出版者希望向以下的個人和單位表示感謝，感謝他們允許本書能夠再次使用其版權內容。謝謝 Penguin Books，允許本書引用 Arthur Koestler 的作品 *Darkness at Noon*（Penguin Books Ltd, 1969），以及 Farid al-Din Attar 的 *The Conference of the Birds*，該書由 D. Davis 與 A. Darbandi 翻譯（Penguin Books Ltd, 1984）。謝謝 Ibex Publishers，允許本書引用 Reza Saberi 翻譯的 *A Thousand Years of Persian Rubaiyat* 一書第一一六頁（英文版頁碼）的詩詞（Ibex Publishers, Inc., 2000）。謝謝 The University of Washington Press，允許本書引用 J. W. Clinton 翻譯的 *The Tragedy of Sohrab and Rostam* 一書（The University of Washington Press, 1996）。

關於字母轉寫

將波斯人名與其他專有名詞轉寫成英文是一件很惱人的事情，而且轉寫也不可能完全做到按一貫標準而不出現看起來有點怪的字彙。就像我上一本關於納迪爾沙（Nader Shah）*的書那樣，我此次也採取了以現代伊朗發音為準的字母轉寫方法，因為我不想寫出一本對現代伊朗人來說，人名、地名有點奇怪的伊朗歷史書。但是我所使用的字母轉寫方法也存在著不統一之處，主要是因為有一些名稱的轉寫已在西方的文字書寫中固定下來，例如：伊斯法罕（Isfahan）、法蒂瑪（Fatima）、蘇丹（Sultan）、穆拉（mullah）。在其他情況下，無庸置疑地也會出現毫無道理的不統一情況，這些用詞都是我個人的問題，而與那些在本書成書的各個階段中提供意見給我的人們無關。

* Shah，是古代伊朗高原各民族的君主頭銜，可譯為「沙王」，或簡稱為「沙」。——譯者註

目次

地圖目次

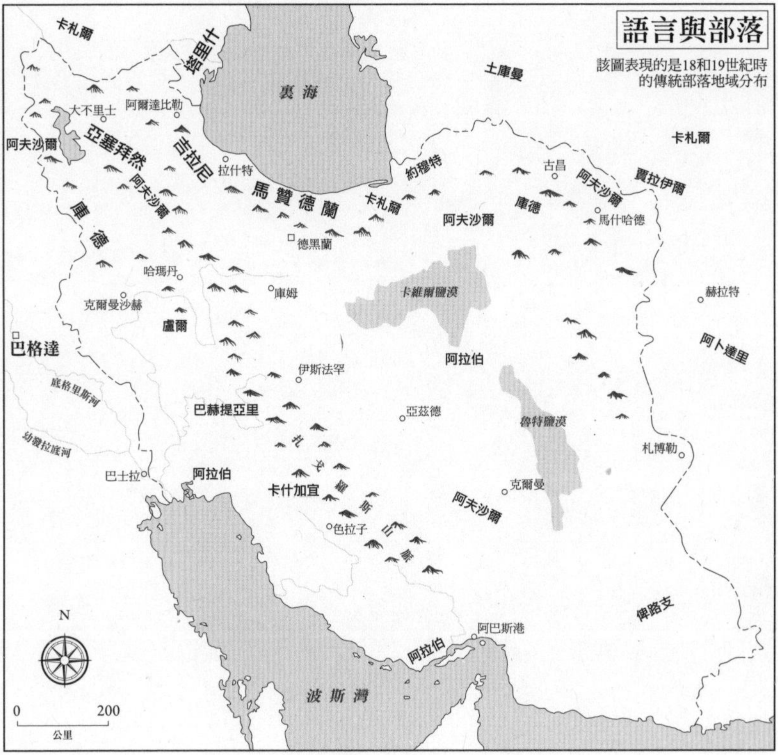
語言與部落
該圖表現的是18和19世紀時
的傳統部落地域分布
卡札爾
塔里什
裏海
土庫曼
大不里士
阿爾達比勒
阿夫沙爾
亞塞拜然
吉拉尼
拉什特
卡札爾
約穆特
古昌
阿夫沙爾
賈拉伊爾
阿夫沙爾
馬贊德蘭
卡札爾
庫德
馬什哈德
庫
德
德黑蘭
阿夫沙爾
哈瑪丹
庫姆
卡維爾鹽漠
赫拉特
克爾曼沙赫
盧爾
阿卜達里
巴格達
阿拉伯
伊斯法罕
底格里斯河
巴赫提亞里
亞茲德
魯特鹽漠
幼發拉底河
扎
戈
羅
斯
山
脈
札博勒
巴士拉
阿拉伯
卡什加宜
克爾曼
阿夫沙爾
色拉子
俾路支
N
阿巴斯港
阿拉伯
波斯灣
0
200
公里

……然而，當我開始思索這些觀點的緣由時，我認為他們所提出關於人類偉大天性的緣由都不足以令我信服：他們說人類是萬物的仲裁者，接近於眾神；人類是各種更低等生物的主宰；人類擁有敏銳的感覺，具有靈敏的理性，還擁有解釋自然的偉大智力；人類是永恆和時間的交匯點。還有，如同波斯人所說的那樣，是世界緊密結合的婚禮讚歌；如詩人大衛所說的，人類只比天使略為低微。我承認這些都是莊嚴出色的緣由，但我就是覺得它們仍未觸及事情的核心……

……波斯人尤安提斯……寫道，人類並沒有與生俱來、天生適合的形象，人類身上許多相似的東西源於外在：「人類乃各種各樣的，多元的，而且處於恆變之中。」我為什麼要強調這一點呢？考慮到我們與生俱來就有這樣的條件，也就是說，我們可以成為任何我們選擇成為的人，我們需要了解，而且必須認真看待這一點，唯有如此，我們才不會被詬病是生來優越卻不自知，而墮落成了畜生與無知的野獸。……無論如何，我們都不應該用上帝所賜予我們選擇的自由來為非作歹，因為這是我們被賜予的優勢。就讓聖潔的志向進入到我們的靈魂中吧；讓我們不做平庸之輩，而是努力追求最好，全力以赴完成我們的目標。

——摘自皮科・米蘭多拉（Pico della Mirandola）
《論人的尊嚴》（*Oration on the Dignity of Man*）

前言

伊朗的思想所具有的非凡韌性

Har Kas ke bedanad va bedanad ke bedanad
Asb-e kherad az gombad-e gardun bejahanad
Har kas ke nadanad va bedanad ke nadanad
Langan kharak-e khish be manzel beresanad
Har kas ke nadanad va nadanad ke nadanad
Dar jahl-e morakkab 'abad od-dahr bemanad
Anyone who knows, and knows that he knows,
Makes the steed of intelligence leap over the vault of heaven.
Anyone who does not know, but knows that he does not know,
Can bring his lame little donkey to the destination nonetheless.

Anyone who does not know, and does not know that he does not know
Is stuck for ever in double ignorance

博學，而自知博學之人，
騎著智慧的駿馬越過天堂的拱門。
無知，而自知無知之人，
牽著卑微的小毛驢，也終究到達終點。
無知，而又不自知其無知的人，
永遠困在雙重的無知中。

（此作佚名。人們認為這首詩是納斯魯丁·圖斯〔Naser od-Din Tusi，西元一二〇一—一二七四年〕所作；也許他在七百多年前就把這首詩預留給了拉姆斯菲爾德〔Donald Rumsfeld〕*。）

伊朗的歷史充滿了暴力和戲劇性的事件：入侵、征服者、戰爭和革命。伊朗擁有比世界上大多數國家更悠久的歷史及更廣闊的領土，因此也有更多這樣的事件。然而，伊朗的歷史卻不僅止於此，還包括：宗教、具影響力的人與事，以及讓伊朗內外和全世界帶來轉變的思想運動與觀念。如今，伊朗再度引人關注，這種新的狀況也帶來了一些問題：伊朗究竟是一個好戰的侵略者，還是一個受害者？伊朗一直是一個擴張主義國家，抑或是一個被動防禦的國家？伊朗的什葉派究竟是一群靜默主義者（quietist），還是一群暴力的、革命的、信仰末日將臨的教派？這些問題的答案，唯有在歷史之中才能得到一些啟發。伊朗是世界上最古老的文明之一，而且從其文明的初始階段，就是最富有思想，也是最複雜的文明之一。伊朗文明的各個面向或多或少地幾乎影響了全世界。但這些影響所發生的方式，以及這些影響的重要意義經常不為人所知，抑或被人們遺忘了。

伊朗充滿了各種悖論、矛盾和例外。大多數非伊朗人都覺得它是一個遍布炎熱沙漠的國度，但伊朗環繞著高聳、寒冷的群山，擁有富饒的農業省分，其他的地方則充滿了茂盛的亞熱帶森林，因為具有各種氣候類型，而分布了豐富、多樣的植物與動物。伊朗位於伊拉克和阿富汗、俄羅斯和波斯灣之間，這裡的人在普遍使用阿拉伯語的中東地區說著印歐語系的語言。伊朗一般被認為是一個具有強大民族文化的單一民族國家，但是例如亞塞拜然人（Azeris）、庫德人（Kurds）、吉拉克人（Gilakis）、俾路支人（Baluchis）、土庫曼人

---

* Donald Rumsfeld，二〇〇一—二〇〇六年任美國國防部長，二〇一一年出版回憶錄 *Known and Unknown: A Memoir*。——譯者註

（Turkmen）等等各種少數族裔構成了伊朗人口的一半。自一九七九年革命以來，伊朗的女性要遵守整個伊斯蘭世界中最為嚴格的著裝規則，然而這也在一定程度上促使了前所未有的大量伊朗家庭讓家裡的女孩外出讀書和工作，伊朗現有百分之六十的大學生是女性，很多女性（即便已婚）都擁有自己的工作。伊朗保存著一些全世界最壯觀的伊斯蘭建築，也保留著傳統的手作金屬工藝，地毯織造工藝和巴札（bazaar）* 貿易。即使它的首都德黑蘭已經逐漸被鋼筋混凝土、塞車和汙染所淹沒，伊朗仍有多元且精緻的都市文化。在光輝燦爛的文學遺產中，尤其是登峰造極的詩歌，伊朗達到了許多國家都難以企及的高度，俄羅斯或許是一個能夠與之相提並論的例外。伊朗的普羅大眾都可以隨口背誦出他們鍾愛的長篇詩句，在日常生活中也常常引用偉大詩人們的名言。伊朗詩歌關注於人生中的美好享受，包括不曾間斷的關於酒、美人、鮮花和性愛的詩歌主題；然而，伊朗同樣也有極為普及的什葉派傳統的宗教活動——一月悲歌（mourning month of Muharram）。† 在這個宗教遊行中，大家沉浸在悲痛的心情，懷著受到背叛和不公對待的強烈情感（在這種情感的營造中，宗教詩和戲劇橋段發揮了重要作用）；而且伊朗的宗教文化包含了最嚴峻、苛刻和教條的什葉派穆斯林宗教領袖。它是一個擁有輝煌王權的古老傳統的國家，現今是一個伊斯蘭共和國，卻僅有百分之一點四的人口參加星期五的聚禮日禮拜活動。

有一件事能夠立刻解釋這一切——這又是一個明顯的悖論——伊朗和波斯是同一個國家。波斯所引人聯想的圖景是那個浪漫的國度：優雅花園中的玫瑰和夜鶯，矯健的駿馬，奇幻的故事，挑動情慾的美女，寒光四射的彎刀，像是鑲嵌著寶石一般發光的彩色地毯，詩歌和憂鬱的音樂。而在西方媒體的陳腔濫調中所營造出的伊朗則又是另一番圖景：皺著眉頭的教長，黑色的石油，黑袍後面露出蒼白臉色的女子面無表情地凝視別處，凶殘的人群點燃旗幟，嘶嚎著「誰誰誰去死」的口號。

在伊朗的南部，有一個名為法爾斯（Fars）的省分，它的省會是色拉子（Shiraz），那裡有伊朗最古老、最引人注目的考古遺址——波斯波利斯（Persepolis）和帕薩爾加德（Pasargadae），與之同等重要的遺址還包括蘇薩（Susa）及不遠處的胡澤斯坦（Khuzestan）。在古代，這個省分稱為帕爾斯（Pars，住在這裡的人便被稱作波斯人〔Persians〕）。當那些人建立了一個帝國並主導整個地區時，希臘人和接下來的羅馬人以及其他歐洲人便都稱之為波斯帝國，因此「波斯」（Persia）這個名字便成了今天伊朗所在地後續王朝國家的名稱——在被伊斯蘭征服以前是薩珊波斯（Sassanian Persia），十六、十七世紀是薩法維波斯（Safavid Persia），十九世紀是卡札爾波斯（Qajar Persia）。但在如此悠久的歷史中，這個帝國裡的人們都稱自己為伊朗人（Iranians），把他們居住的土地叫作伊朗（Iran）。這個詞源自於很久以前，它的意思是「高貴的」。在梵語中的「雅利安」

* 巴札（bazaar）是伊朗的傳統市集。——編者註

† 哀悼先知的孫子被害的穆哈蘭月，即伊斯蘭曆的一月，參見本書二七二至二七三頁。——譯者註

（Aryan）一詞和它是同源詞，在十九世紀和二十世紀初，「雅利安」這個詞被種族主義意識形態濫用了。[1] 在一九三五年時，禮薩沙（Reza Shah）為了與被他所取代的前朝（也就是無能的卡札爾王朝）保持距離，他命令駐海外的各個大使機構要求各國政府從此以後在官方交流中使用「伊朗」稱呼他的國家。但有許多人，其中包括一些住在國外、使用英語的伊朗人仍然更偏愛「波斯」這一稱呼，因為它和古代產生關聯，往往有具更歡快的隱含意義。其實外國人對某個國家的稱呼與其本國人所慣用的稱呼不一致的情形並不少見。英國人將德國稱作「Germany」，法國人稱德國為「Allemagne」，而德國人則是說「Deutschland」。波斯人稱呼不列顛為「Inglistan」，這樣的稱呼會引起一些蘇格蘭人的反感。伊朗人稱呼自己的語言為「Farsi」（法爾西語），因為這一稱呼源自法爾斯省的伊朗方言，這種語言現在不僅在伊朗使用，還流通於塔吉克斯坦的大部分地區；至於達里方言（Dari dialect），則是在阿富汗使用；另外伊朗人的語言對巴基斯坦和印度北部的烏爾都語（Urdu）也有巨大影響。就我個人而言，「波斯」和「伊朗」這兩種稱呼我都會使用，但是在討論一九三五年以後的事情時，我更傾向於使用「伊朗」，在此之前的數個世紀則是「波斯」，因為這是英語使用者在當時所使用的慣常用法。在本書的前面幾章中，「伊朗人」的用法也用來指稱更廣大區域中的那些非波斯民族和語言，例如：帕提亞人（Parthians）、粟特人（Sogdians）和米底人（Medes）。

如今有許多讀物是關於當代伊朗和早期的伊朗歷史，有些書則涵蓋了自古早時期以來的整個伊朗歷史——尤其是大部頭的七卷本《劍橋伊朗史》（*The Cambridge History of Iran*），以及浩大的《伊朗大百科全書》（*Encyclopaedia Iranica*），這一巨帙雖尚未完成，但儘管如此，它匯集了最廣與最深的伊朗歷史知識（而且不僅止於有關歷史的內容）。您手中的這本書無意於和上述著作一爭長短，而是想要為對伊朗歷史並不熟悉或所知較少的一般大眾讀者，介紹伊朗的歷史。此外，本書試圖透過歷史來解釋一些悖論和矛盾——也許唯有藉由這個方式，才能讓人們正確理解這些悖論和矛盾。除此之外，特別是在第三章中，探討了一些古典波斯詩歌中的瑰寶之作，期盼以此開始帶領讀者領略伊朗發展出來的智慧和文學文化，它不僅是在中東、中亞與印度有著巨大的影響力，在全世界也同樣如此。

第一章

起源：瑣羅亞斯德、阿契美尼德王朝與希臘人

「哦！居魯士……你的臣民，那些波斯人們，是一群有著驕傲心靈的可憐人。」

（呂底亞的國王克羅伊斯，引述自希羅多德）

伊朗的歷史是從以下的問題開始的。誰是伊朗人？他們從何而來？問題的答案不僅僅關乎於伊朗的起源，時至今日，對於這個問題的討論仍然在伊朗歷史中以不同的形式產生影響。

最典型的回答是：伊朗人乃一群印歐民族（Indo-European），他們在西元前兩千年後期經過一連串的遷徙、移民和侵略，從今日俄羅斯境內的草原地區出走，進入歐洲、伊朗、中亞和印度北部等地定居。

這個答覆也同時揭示了波斯語和其他印歐語言之間的親緣關係。波斯語尤其和梵語及拉丁語相近，也和現代語言中的印地語、德語和英語相近。任何一個說歐洲語言的人在學習波斯語的時候都很快就會遇到一系列十分熟悉的單字，就像是偶然與遠方的朋友相逢，例如：*pedar*（father，拉丁語的*pater*），*dokhtar*（daughter，girl，德語的*tochter*），*mordan*（to die，拉丁語是*mortuus*，法語是*mourir*，*le mort*），*nam*（name），*dar*（door），*moush*（mouse），*robudan*（to rob），*setare*（star），*tarik*（dark），*tondar*（thunder），還有大多數基本用法中的第一人稱現在式單數連綴動詞，在波斯語中的後綴am（比如英語「I am an Iranian」（我是伊朗人），在波斯語中為「Irani-am」）。正在學習德語的英語人士會發現波斯語和德語的文法相似，但更簡單易懂（名詞不分陰性和陽性，沒有主格和賓格之分）。如同英語，波斯語在古代就已經發展成為簡化形式，放棄先前有各種詞尾變化的古波斯語語法。在語言結構上，波斯語和阿拉伯語或其他古代中東地區的閃族語言，如阿拉姆語（Aramaic）不存在親緣關係（儘管在阿拉伯征服後吸收了許多阿拉伯語詞彙）。

在久遠以前，說著各種伊朗語言（Iranian languages）的移民從北方抵達後來成為伊朗國土（*Iran zamin*, land of Iran）的此地，當地本來住著其他族群。早在被我們稱為舊石器時代的西元前十萬年時，就已經有人類居住在伊朗高原了，到西元前六萬五千年時，已有農業聚落在札格洛斯山脈（Zagros mountains）周圍興起，此地區的西邊就是美索不達米亞的蘇美文明（Sumerian civilization）。在這些農業定居聚落（位於Haji Firoz Tepe）展開的考古活動發掘出了世界上最古老的酒瓶，裡面還有葡萄殘渣和松脂的痕跡（用來增加香度和防腐），這些發現說明當時的酒很可能嚐起來就像今日的希臘松香蕾琪娜（Greek retsina）[1]。古提人（Gutians）和曼努亞人（Mannaeans）之類的族群之所以為人所知，主要是因為他們與美索不達米亞人簽署的契約。在伊朗人遷徙之前和遷徙的過程中，埃蘭帝國（empire of Elam）在此一地區興盛起來，它的所在地後來被稱為胡澤斯坦和法爾斯。埃蘭帝國的核心城市是蘇薩（Susa）和安善（Anshan）。儘管埃蘭人受到了蘇美人、亞述人及巴比倫人的影響，而且這些文化影響元素也流傳至後來的各個伊朗王朝，但是他們所使用的語言既非美索不達米亞語，亦不是伊朗語言。埃蘭人的影響力隨著帝國勢力超越了這一地區，一個例子就是位於今日卡尚（Kashan）以南不遠處的希亞勒克（Tepe Sialk），那裡的神壇（ziggurat）和其他建築的特色都表現出埃蘭人居住場所的特徵。位於希亞勒克的神壇歷史可以追溯至西元前兩千九百年前後。

近年來，海外以DNA為基礎的研究顯示，在很長一段時期裡，儘管曾經發生征服和移民事件，而且從歷史文獻記載上來看，曾出現大規模的定居甚至種族滅絕，但是這一地區的人們保持了相對穩定的遺傳基因庫。這很有可能是因為與之前就已經在此地生活的人們相比，伊朗定居者和征服者在數量上相對較少，當地人後來接受了伊朗人的語言，並且和伊朗人通婚。也許從那時候開始，直至今日，伊朗的統治者一直統治著至少一部分的非伊朗族群（non-Iranian peoples）。因此，可以說從一開始，伊朗的概念就是在一種複雜的模式中，以文化和語言的形式出現，並比以種族或領土範圍的形式出現得更加頻繁。

起初，當然存在著遊牧、半遊牧與放牧人群、農耕的定居居民之間的分野。在氣候和地理環境上，伊朗內部有著巨大的差異，從北方茂密潮濕的馬贊德蘭（Mazanderan）森林，一直到荒蕪炎熱的波斯灣沿岸；從高聳寒冷的厄爾布爾士山脈、札格洛斯山脈和高加索山脈，一直到盧特鹽漠（Dasht-e Lut）和卡維爾鹽漠（Dasht-e Kavir）；另外還有富饒的耕地（人們用精巧的地下水灌溉技術擴大了耕地面積），總有更多地方星羅棋布地分布著高山和半沙漠，這些地區每一年的降雨期非常短暫，不利於農業，卻很適合放牧。牧民們帶著他們的牧群在這樣的地方之間往來穿梭。早期伊朗人放牧的動物很可能是牛群。

在進入現代世界之前，到處遊牧的牧人比起定居的農民，有很多優勢。他們的牧群就是財富，也就是說，他們的財產是可移動的，而且可以用比較小的代價躲避暴力威脅。其他的牧人有可能對他們發動攻擊，但是他們也可以毫無顧慮地突襲定居農民。在土地上耕作的農人總是更容易受到攻擊，如果暴力威脅正好在收穫季節到來，他們就會失去全年勞作的成果，陷入一無所有的困境。而在和平時期，牧民很樂意與農民進行肉類和羊毛貿易，以此獲取穀物及其他糧食，但是牧民們總是採取脅迫的手段來議價。這種牧民占有先天優勢的形態，從印歐語系的伊朗遊牧民首度來到伊朗高原開始，就一直延續至二十世紀。

在這種條件下，一種朝貢體系（或者換句話說，類似黑幫的保護費）的形式得以發展出來：農民們願意上繳一部分收成以換取平安；從另一個角度來看，如果再加上一些巧妙陳述、傳統，也許再加上一些領導魅力的話，這種體系的運作就可以被稱作稅收和政府管理。前者與後者之間，恰巧就像是中世紀歐洲的強盜貴族（robber baron）與封建主（feudal lord）的差別。數個世紀以來，大多數的伊朗統治者都是出身於某一個遊牧部落（其中也包括在後來的移民潮中遷入的非伊朗遊牧民），牧民和農民之間的敵意一直延續到現代。定居的民眾（尤其是後來當城鎮和都市發展起來以後）認為自己更文明、既不暴力也較不粗野。定居遊牧民則認為定居者軟弱又陰險狡詐，與之相比，自己則剛強、堅毅、自立自強，並且是某種粗獷誠實的榜樣。在這兩種刻板印象之中都各自有一些真實的成分，早期的伊朗菁英身上尤其帶有後者的氣質。

米底人和波斯人

西元前一千年以前遷徙至伊朗及其周邊土地上的那些說著各種伊朗語言的人們並不是單一的部落或群體。隨著時間推移，他們的後代成為了米底人和波斯人，但也有帕提亞人、粟特人等其他族群（還有現代學者所稱的阿維斯陀人〔Avestans〕，他們所說的語言就是最早的瑣羅亞斯德教禱文的語言），此處所說的其他族群的名稱都是到了後來的歷史中才為人們所知。甚至連米底人和波斯人的稱呼本身都是被簡化過的，他們之中存在著各種既分裂又結盟的部落。

在史料中，米底人和波斯人從一開始就被一併提及，這意謂自很久以前起，米底人與波斯人間就存在著十分親近的關係。最早的這類紀錄是亞述人在西元前八三六年所作，上面記載了亞述國王沙爾馬那塞爾三世（Shalmaneser III）發動的一場戰役，他和他的幾位後繼者都曾在札格洛斯山脈以東至達馬萬德山（Mount Demavand）之間的地區用兵。達馬萬德山的最高峰是位於現今德黑蘭市以東的厄爾布爾士山脈上的死火山。在這份歷史文獻中，米底人和波斯人都被列為朝貢者。米底人領地的核心區域位於伊朗西北部，也就是今日的亞塞拜然省、庫德斯坦、哈瑪丹和德黑蘭的所在地。在米底人所占地區以南的札格洛斯一帶，亞述人在他們稱為帕蘇阿什（Parsuash）的地方遇到了波斯人，這片地區一直以來就被稱為帕爾斯（Pars），或是法爾斯（Fars）[2]。

在首次以朝貢者的受難身分出現後的約一百年間，米底人和波斯人對亞述人展開了報復，他們開始攻擊亞述人的領土。西元前五世紀由希羅多德記載的歷史提及米底人早期的國王名叫迪奧塞斯（Deioces）和基亞克薩雷斯（Cyaxares），這兩位國王在亞述人的記載中名叫達奧庫（Daiaukku）和瓦克薩塔爾（Uaksatar），另有一名波斯人的國王名叫阿契美尼斯（Achaemenes），亞述人對他的稱呼是哈卡瑪尼什（Hakhamanish）。到西元前七〇〇年為止，在斯基泰人（Scythian）部落的幫助下，米底人建立了獨立國家，在它的基礎上逐漸形成後來的第一個屬於伊朗人的帝國（Iranian empire）。在西元前六一二年，米底人摧毀了亞述人的首都尼尼微（Nineveh，該城比鄰今日位於底格里斯河畔的摩蘇爾）。在盛極之時，米底人的帝國從小亞細亞一直延綿至興都庫什山脈，南抵波斯灣，統治著包括波斯人在內的各個族群。

微笑的先知

但是還有比伊朗國王更早出現在歷史紀錄中的伊朗人，他名叫瑣羅亞斯德（Zoroaster）或查拉圖斯特拉（Zarathustra），此人是一位重要歷史人物，現代的波斯語發音為札爾多什特（Zardosht）。他被認為是一名真實存在的歷史人物，而不僅僅是存在於傳說或神話故事裡的人。但即便如此，他生活的確切年代卻是未知的，學者間對此一疑問有巨大的分歧。與耶穌、穆罕默德，甚至摩西相比，瑣羅亞斯德是一個截然不同的人物，關於他的真實人生，其中最可靠的證據透露他曾居住在東北部地區——此地後來被稱為巴克特里亞（Bacteria），再後來被稱為阿富汗。但另外流傳的說法是他來自今日亞塞拜然的阿拉斯河（river Araxes）一帶，還有其他說法暗示他是四處遷徙的移民。作為世界宗教史和宗教思想史中的一位重要人物，瑣羅亞斯德毫無疑問與其他先知同樣重要，不過我們還是難以準確知曉他所傳播的教誨內容，這也就是為什麼關於他本人的細節是如此模糊——因為，瑣羅亞斯德教和《阿維斯陀》主要內容的成書年代（薩珊王朝時期）距離他生活的年代已相距非常多年。[3] 這些文本中關於瑣羅亞斯德的故事並不比神話故事可信（儘管其中部分內容還附錄了古典希臘文和拉丁文的評述，讓這些內容顯得極為古老。例如，有一則故事提到，瑣羅亞斯德生下來時沒有哭泣，反而是發笑）。瑣羅亞斯德教所集合的宗教思想體系無疑涵蓋了古代的內容，但也融合了後來才逐漸發展出來的新內容。

儘管在瑣羅亞斯德教的教義中，他出生的時間約在西元前六百年前後（而且與這件事聯繫在一起的還有一位名叫「Vistaspa」的阿契美尼德波斯王子），但是大多數的當代學者都認為他實際生活的年代應該更早。我們現在仍然無法確認他出生的準確日期，但他很可能生於西元前一二〇〇年或西元前一〇〇〇年前後，當時，牧牛的伊朗人才剛剛完成以伊朗高原為目標的遷移，或是正在向伊朗高原遷徙。上述觀點的根據是最早的文本《迦特》（*Gathas*，一般認為這是瑣羅亞斯德本人歌詠的第一首聖歌）。《迦特》中的語言與西元前六百年前後的宗教祈禱語言相較，有著明顯的差異。而且除此之外，文本中也表現了牧民的生活方式，「米底人」或「波斯人」的稱呼則完全不見於記載；此外，西元前六百年前後的國王或其他人的名字也沒有出現。瑣羅亞斯德的啟示很有可能是因應遷徙所導致的生活背景改變，出現新的需求與新的影響；同時，也可能是面對新鄰居和不熟悉的壓力所衍生的文化自省。此一宗教是人們遭逢全新的複雜情境所帶來的結果。在一定程度上而言，是對新形勢的妥協，但也試圖以新規則來控制新形勢。

有其他證據支持瑣羅亞斯德並不是憑空發明新的宗教，這種觀點認為他改革並簡化了原已存在的宗教實踐（反對來自傳統祭司的抵制），把它們和許多更複雜的哲學性神學理論融合為一體，並在過渡時期裡大力強調道德與公正。能夠為此一觀點提供支持的細節是一則早期傳說，這則傳說認為文字書寫活動是外來且蠻橫的——此一觀點暗示伊朗人和閃族人在移民遷徙之後有所接觸。[4]還有另外一個極為生動的細節表明，波斯詞彙「*div*」與拉丁語、梵語中對各種神祇的稱呼是同源詞，在瑣羅亞斯德教的文本中，這個詞彙用來歸類那些反對瑣羅亞斯德及其信徒的惡魔——這點暗示著這位如改革家一般的先知至少重新歸類了一些之前即已存在的神祇和邪靈。[5]惡魔和混亂無序聯繫在一起——這是此一新宗教所代表的良善原則和公正原則的對立面。在更世俗的層面上，代表混亂、無序的惡魔還帶來人和牲畜的疾病、惡劣的天氣及其他自然災害。

瑣羅亞斯德的理論核心，是阿胡拉．馬茲達（Ahura Mazda）和阿里曼（Ahriman）之間的對立。前者是真理和光的創造神，後者是謊言、黑暗和邪惡的化身（但是在最早期，阿里曼的直接對立面是豐饒之靈——斯彭塔．瑪因尤〔Spenta Mainyu〕，而不是代表上述衝突的阿胡拉．馬茲達）。在好幾個世紀中，這種二元論成為伊朗人觀念（Iranian thoughts）裡恆久存在的主題，現代的瑣羅亞斯德教信徒是更為堅定的一神論者，為了更清晰地區分早期和現代瑣羅亞斯德教中存在的種種不同之處，許多學者都把此一宗教的早期階段稱為馬茲達教（Mazdaism）。其他已經存在的神祇則被納入馬茲達宗教體系（Mazdaean religious structure），成為天使和大天使，尤其是作為太陽神的密特拉（Mithra），還有溪流與河流女神阿娜希塔（Anahita）。六個長生不老的大天使（Amesha Spenta）分別化身成了動物、植物、金屬及礦物、土、火和水。某些大天使的名字——例如：巴曼（Bahman）、歐迪貝什特（Ordibehesht）、忽爾達特（Khordad）——成為現代伊朗曆中某些月分的名字，即便在伊斯蘭共和國時期也不例外。阿胡拉·馬茲達本人則化身成空氣，在最初時作為天空之神（sky-god），相當於希臘人的宙斯。

現代波斯曆的月分名稱「巴曼」來自馬茲達教中的大天使沃夫·瑪努（Vohu Manu），其重要性僅次於阿胡拉·馬茲達。沃夫·瑪努的象徵內涵是善念（Good Purpose），以牛為形，是繼人類之後由阿胡拉·馬茲達創造的第二種生物。在瑣羅亞斯德教的造物神話中，有一段故事敘述阿胡拉·馬茲達以善良的形式創造萬物之後，惡靈阿里曼（由與長生不老的大天使對應的六個惡靈陪伴）開始對萬物展開攻擊，這些惡靈殺死第一個誕生的人類，還殺死了聖牛沃夫·瑪努，並汙染了水和火。牛對於早期的遊牧伊朗人來說具有重大意義，公牛和畜牛的形象常常出現在阿契美尼德時代的雕塑和肖像圖案中，但是這些肖像中的大部分形象很有可能帶有更具體的宗教重要性——用以指稱沃夫·瑪努。

阿胡拉·馬茲達這個名字的意思是智慧之主（Lord of Wisdom）或智慧的主（Wise Lord）。瑣羅亞斯德教中的二元論（dualism）對於解釋一神論宗教中出現的關於邪惡的問題（世上的邪惡源於阿里曼，阿里曼和阿胡拉·馬茲達爭奪控制權）有著極大幫助，而且至少提供了一種與自由意志相關的強大觀念（人類必須在善惡之間做出抉擇）、善良的事物來自於善行、死後的審判，以及天堂和地獄。有一些學者認為在幾個世紀的時間裡（但無論如何，都會早於西元前六〇〇年），馬茲達教已經發展出另一種救世主理論（theory of a Messiah）——索什彥（Saoshyant，末世救主的名字，傳說將在末世率領光明擊敗黑暗），他是在世界末日前，奇蹟般地由一位處女之身的母親所生下來的，他的身上流著瑣羅亞斯德本人的血脈。[6]但是這種二元論也像後來出現的那樣，帶來其他的困境。這樣的困境就包括了阿胡拉．馬茲達和阿里曼本身是如何誕生的存在問題。為了能解釋這個問題，某些後來的信徒開始相信一個造物神（creator-god）楚爾凡（Zurvan，與「時間」或「命運」同義）。這個楚爾凡曾經祈禱得到一個兒子，然而卻得到一對雙胞胎，這對雙胞胎便是阿胡拉．馬茲達和阿里曼。這個馬茲達教的分支被叫作楚爾凡教（Zurvanism）。

在一個新的宗教中將哲學性的概念或分類加以擬人化，使其成為某種天使（heavenly being or entities）的情形是一種十分獨有的特徵，實際上這些天使的數量也得到了大量增加，這有點像是約翰．班揚（John Bunyan）的小說《天路歷程》（*Pilgrim's Progress*）中的情節。例如，「*daena*」這個觀念，根據後來的一部文書，當一個正直的人死後，會有一位美麗的少女出現在他的靈魂面前。這個少女就是他生前所做過的各種善行的化身。她會對靈魂說：

> 因為在世時，當你看到有人向惡魔獻祭時，你不與之為伍，反而開始敬拜神；當你看到有人施暴、搶劫、折磨與鄙視好人，並以邪惡的行為聚集財物時，你也不與之為伍，

不行暴力、搶奪；你照顧正直的人，歡迎他們，給他們提供住宿及禮物。無論你們的財富來自何處，都是正大光明地獲得的。當你看到人們為了財富而弄虛作假，讓自己被金錢腐蝕，作偽證的時候，你反而說真話，說正直的話。我現在就是你的正義思想、正義言語、正義行為的化身，是你們所想、所說、所行的。[7]

在其他地方，「*daena*」這個詞被用來表示宗教本身。另外的一個例子是認定每一個人都有的五種不同構成，不僅僅是由身體、靈魂和精神構成，還包括「*adhwenak*」和「*fravashi*」。前者（即「*adhwenak*」）是每個人類的原初（heavenly prototype），與之聯繫在一起的是精子和再生。後者（即「*fravashi*」）儘管也是精神世界中的存在，但是卻更活躍，與強健的英雄氣概聯繫在一起，是生者的保護者（就像是衛士天使〔guardian angel〕），也是死者靈魂的召集者（就像是日耳曼神話中的女武神〔Valkyrie〕）。各種擬人化的存在或天使形態預示了天使在猶太教、基督教和伊斯蘭教中扮演的角色，但同樣也與柏拉圖思想有著明顯的聯繫，有很多學者相信柏拉圖本人受到馬茲達教的強烈影響。

各執一端的阿胡拉．馬茲達和阿里曼是兩種原則，有時候被人們翻譯成「善」與「惡」，但是更準確的說法應該是「真理」與「謊言」，即「*asha*」與「*druj*」。這些名詞頻繁地出現在《阿維斯陀》文本中，伴隨的是公正的概念，而且也出現在保存下來的文字之中（古波斯語中的這兩個詞是「*arta*」和「*drauga*」），另外也出現在描述伊朗及伊朗境內所發生事件的西方古典文本中。在瑣羅亞斯德之後的幾世紀裡，馬茲達教傳統出現了很多不同支派，這些支派包括各種創新，還有瑣羅亞斯德之前的宗教遺存，也有各種宗教相互妥協的內容。被稱為「*Magi*」的祭司階層自瑣羅亞斯德以前的時代就傳承下來，就如同所有祭司，他們為了達到自己的目的而解釋、更動教義，同時十分忠實於處在核心地位的口頭傳授傳統。

伊朗人和猶太人之間的歷史關係幾乎就像伊朗本身的歷史一樣悠久，有一些學者相信在流亡巴比倫期間，猶太教在馬茲達教的影響下發生至關重要的變化（反之，猶太教對馬茲達教產生影響的可能性則相對而言，並未引起太多注意，這是邏輯上必然出現的結果）。當亞述人在西元前七二〇年左右征服了以色列人王國北部，大量猶太人來到米底亞（Media），他們在各地建立猶太人社群，在埃克巴坦納（Ecbatana）／哈瑪丹（Hamadan）尤其如此。第二次的猶太移民潮發生在西元前五九〇和五八〇年代的巴比倫，這時的巴比倫統治者是尼布甲尼撒（Nebuchadnezzar），他在西元前五八六年摧毀了所羅門聖殿。在西元前五三〇年代，巴比倫開始由波斯人掌控，因此許多猶太人返回了家鄉（雖然大多數猶太人在幾十年之後才回到此地）。猶太人從未遺忘流亡巴比倫所造成的創傷，這件事在許多方面都成為猶太人歷史上的分水嶺。來自巴比倫的經師以斯拉（Ezra the Scribe）是回歸領袖之一，人們相信他是首位將《妥拉》（*Torah*）以書面形式寫下來的人（《妥拉》是《聖經舊約》的前五書，為《摩西五經》）。他使用一種新文字來書寫《妥拉》，此後使用新希伯來文就成為了定制（流亡前的猶太人使用的是另一種文字）。流亡後的猶太教更加強調對《妥拉》和一神論的嚴格遵守。

在接下來的幾百年裡，猶太人先是經歷了波斯帝國的統治，隨後又在希臘化統治者的治理下，離散的猶太人和馬茲達教的信徒在整個中東地區的各座城市裡比鄰而居。[8]也就讓這兩種宗教擁有許多共通之處的事實顯得不足為奇了（死海古卷中的內容顯示有一些宗教概念的交流是來自於馬茲達信徒的）。[9]猶太教的另一段重要且具創造性的時代是在後來馬加比家族反對塞琉古人（Seleucids）的暴動（Maccabean revolt）後，在那之後，具有定義作用的《塔木德》（*Talmud*）版本在西元四世紀和五世紀的美索不達米亞編輯出來——它再次使用伊朗人的語境（當時處在薩珊王朝的統治下）。這成為一項爭議性的論點，由於西方學術界對馬茲達信仰和瑣羅亞斯德教的認識相對粗淺，使得馬茲達信仰對於猶太教的影響直到近年才成為定論，但是隨著研究的不斷深入，很有可能會出現更加重要的發現。也許最為可信的指標就是猶太文本中對波斯人所持的正面態度。

在後來的瑣羅亞斯德教的宗教實踐，與早期馬茲達教的規範，存在著許多矛盾之處，一如我們在書面記載中所看到的。許多問題是難以解答的。這段發展歷程是一幅繁複的長卷畫。但是關於天堂和地獄的概念、人類在善惡之間的選擇自由、神的最後審判、天使、獨一造物主的這些概念很明顯都是這一宗教在最初時就已具備的特色，所有的概念都對後來的宗教產生巨大影響。至少在這一部分的世界中，馬茲達教是第一個宗教，它超越了祭祀儀式和圖騰崇拜的階段，並用自己的神學觀念來解釋道德與哲學方面的問題，站在個人化的角度上來強調個人的選擇與責任。在這樣的狹義脈絡下，尼采在其著作《查拉圖斯特拉如是說》（*Thus Spoke Zarathustra*）中的看法是正確的——瑣羅亞斯德的確是我們身處的道德世界中的第一位創造者。

居魯士和阿契美尼德人

在西元前五五九年前後，一位名叫居魯士（現代波斯語為Kurosh）的波斯王子在他的父親去世後，自稱是波斯皇室後裔及皇室祖先阿契美尼斯（Achaemenes）的後代，宣告自己為安善之王（King of Anshan）。當時，波斯和安善仍然隸屬於米底帝國（Median Empire），居魯士發起一場反對米底國王阿斯提阿格斯（Astyages）的叛亂，並在西元前五四九年攻陷米底人的首都埃克巴坦納（今日的哈瑪丹）。居魯士翻轉了米底人和波斯人之間的關係，並自立為波斯之王，讓米底人作為臣屬的合作者，使波斯成為帝國中心。但他並沒有就此罷手。居魯士接下來征服了呂底亞（Lydia），在小亞細亞奪取了國王克羅伊斯（Croesus）的寶藏，此人在古代史中最為人稱道的便是他的財富。他還相繼征服小亞細亞的其餘領土，以及腓尼基（Phoenicia）、猶地亞（Judaea）和巴比倫（Babylonia），從而創造了一個巨大的帝國，疆土從愛琴海東岸的希臘各座城市一直延伸到印度河——在其領土面積到達頂峰時，波斯帝國也許是當時人們所見過的最大帝國。

在不過度浪漫化居魯士的前提下，波斯帝國雖然接受了之前埃蘭、亞述和巴比倫帝國的文化，居魯士似乎仍採取了與別人截然不同的統治方式治理其帝國。從占卜的銘文記錄可以看出，在居魯士登基時，各地國王和各軍閥們都樂於展示自己軍事上的功業。在十九世紀時，在摩蘇爾附近被發現了一個尺寸約十五乘五點五英吋的六邊形棱柱（以其發現者的名字命名為「泰勒棱柱」〔Taylor Prism〕）。棱柱上面刻著楔形文字，後來人們解讀出了上面的文字內容，得以知曉它記錄的是亞述國王辛那赫里布（Sennacherib，西元前七〇五—西元前六八一年）所發動的八次戰役。節錄如下：

> 偉大的國王辛那赫里布……世界之王、亞述之王、四方之王……他是正道的衛士，公正的愛好者，他樂善好施，他對貧乏者出手相助，他舉止虔誠，他是完美的英雄，至高無上，是王者中的王者，讓不臣服的人被火焰吞噬，他以雷霆擊打邪惡；阿蘇神（the god Assur）和群山皆已予之無以比擬的親近……已磨礪其刀鋒……他已經將黑頭的人們（black-head people）置於足下統治……各地的大王皆懼怕其兵力……
>
> 在戰役進行時，貝斯達恭、丘帕、巴奈巴卡、阿蘇魯、希達各城都沒有立即在我腳下速速臣服，我將其圍困、征服，奪走他們的戰利品……我來到艾克隆殺死了膽敢反抗的官員和貴族，把他們的屍體吊掛在城周圍……
>
> 至於猶太人希西家（Hezekiah the Jew），他違抗我命：他的四十六座堅固且有城牆的

城市……以坡道和攻城武器……我包圍並奪下了它們。有二十萬一百五十人之眾，無論長幼男女，不計其數的騾、馬、驢、駱駝、牛和羊都成為我奪取的戰利品……[10]

埃及法老們慶祝其統治和勝利的方式也相類似，儘管身為耶路撒冷的國王，希西家在泰勒棱柱中仍是一個受難者，這與《聖經》中描述的以色列人和他們的神祇重擊敵人的內容相去不遠。

相較之下，同樣是在十九世紀出土的九乘四英吋尺寸的相似泥板上，上面的楔形文字講述的卻是完全不同的故事。現存大英博物館的居魯士文書（Cyrus cylinder）是在巴比倫城牆的地基下發掘出來的，它曾被小心翼翼地安放在城牆地基下。這份紀錄中的內容可以被看作是古代世界的人權憲章。雖然這是一種誇大的說法，而且有誤導之嫌，但是這份紀錄的內容毫無疑問是卓越非凡的，尤其當我們將它與我們已知的聖經《以斯拉書》和《以賽亞書》中居魯士的宗教政策並列來看，就更是如此了。這份紀錄的序言十分普通，猶如常見的序文一般：

我是居魯士、世界之王、偉大君王、正義君王、巴比倫之王、蘇美及阿卡德之王、宇內四土之王，偉大君王、安善之王岡比西斯之子，偉大君王、安善之王居魯士之孫，偉大君王、安善之王泰斯帕斯（Teispes）之後裔，永施王道之家族……

但是接下來的內容，描述巴比倫人的神祇馬爾杜克（Marduk）受到了居魯士喜愛：

當我以朋友的身分進入巴比倫，當我在歡慶和愉悅之下，於統治者的宮殿中確立了統治之位時，偉大的主，馬爾杜克，引導巴比倫寬宏大量的居民們給我以愛戴，我日日不忘崇拜祂。我麾下的大軍和平地繞過巴比倫，我不允許任何人破壞蘇美人和阿卡德人的國家。我致力於巴比倫和其他各聖潔城市之和平。

並下此結論：

這一地區……遠至亞述（Assur）、蘇薩、阿加德（Agade）、埃什努納（Eshnunna）、贊班各城鎮（towns of Zamban）、米—圖努（Me-Turnu）、德爾（Der）和古提人的地區，他們在底格里斯河對岸的神殿都予以歸還，這些神殿毀損已久，我為他們建立起永久的神殿並重修神像。我還把之前的居民聚集起來，讓他們回歸家園。除此之外，奉偉大的神馬爾杜克的要求，我安置了所有由那波尼德（Nabonidus）帶到巴比倫的蘇美和阿卡德眾神，將其毫髮無損地安置在之前的禮拜場所中，以平息眾神之怒，讓眾人歡心。[11]

如同辛那赫里布的驕傲宣言一般，居魯士文書也同樣是政治宣傳，但它卻是一種截然不同的政治宣傳方式，讓居魯士以不同的樣貌出現，他就像是一道異樣的光，所遵循的是一套不同的價值觀。居魯士選擇讓自己對巴比倫人的神祇馬爾杜克極其尊崇，並且宣布歸還之前由巴比倫諸位國王所侵占的聖像。在西元前五三九年，當地爆發居民反抗末代巴比倫國王那波尼德（Nabonidus）的叛亂，居魯士趁此機會在對手毫無抵抗的情況之下取得了巴比倫；如果當時的事態不是如此，而必須使用武力征服，後果也許就會完全不同。居魯士是無情且有雄心壯志的人。曾經征服帝國者，沒有一人不具有上述這些特性，但我們知道，居魯士也准許猶太人擁有舉行信仰儀式的自由。居魯士和他的繼任者們允許猶太人從流亡中回歸故土，並在耶路撒冷重建他們的聖殿（作為回報，居魯士在猶太教的經文中是一位獨一無二的非猶太君主）。

單是從治國方略上看，讓臣民管理自己的事務並崇拜各自的神祇，有利於長久的統治，但這樣的政策必須得到菁英階層伊朗人（包括祭司）的接受。在這樣的政策中，我們能夠合理看到瑣羅亞斯德宗教中普遍存在的公正、誠摯的道德精神（我們在此不討論居魯士本人的信仰，他的信仰狀況始終是未知）。對於體現出這些價值觀念的背景理解，有助於解釋居魯士文書為什麼採用了與辛那赫里布目中無人的軍事恐嚇不同的言辭。以往的辦法是恐怖統治外加恫嚇手段，波斯帝國則是以更大程度的分權、更寬容的精神來進行統治。它一再遇到複雜的情形，且接受這些複雜，並且做出回應，這實在是一種創舉。

不幸的是，按照希羅多德的說法，居魯士並未像他生前那樣享有榮耀地死去。在征服西方之後，他轉而向東邊的裏海地區進攻，有一派說法是他敗給了馬薩革泰的女王托米麗斯（Tomyris of the Massagetae），並為其所殺。馬薩革泰就像斯基泰人（Scythians），是另一支主要以騎兵為主的伊朗部落。

馬薩革泰部落很有意思，因為他們仍大致保持著一些古伊朗人的習俗，這有助於解釋阿契美尼德時期波斯社會中的女性地位。在希羅多德的《歷史》（1:126）有一些跡象表明，馬薩革泰部落具有母系一妻多夫制社會的一些特徵，在這樣的社會中，女性可能有許多丈夫或性伴侶（但男人只有一個妻子或性伴侶）。帕翠莎・柯容（Patricia Crone）推測，這種社會特點有可能是西元五世紀的馬茲達信徒把女性當作財產之習俗的一種再發展，對於伊斯蘭征服後的胡拉姆信徒（Khorramites）來說也是如此[12]，這些現象都可能顯示其潛在的民俗傳統。在馬茲達教中，不育的男性可以將自己的妻子暫時交給別人，以獲得子嗣（禁止近親婚姻）。但在波斯社會的大體情形中，女性的地位較為受限，這與中東地區其他地方的習俗相似。身處皇室及貴族家庭中的女性可能可以擁有她們自己的財產，有時甚至能獲得一些政治影響力，不過這種情形看起來只是高社會階層人士中的特例，而非更大的社會範圍中的普遍情形。[13]

居魯士的遺體被帶回波斯的帕薩爾加德，這裡是他的首都，他在這裡的陵墓至今仍在（雖然其中的物品早已不見蹤影）。與其說他的陵墓宏偉，不如說極為簡樸，一個小房子大小的墳塚建在有階梯的高臺上。這樣的陵墓令人不禁對居魯士本人和其他阿契美尼德國王的宗教產生了一些疑問（居魯士的許多繼任者陵墓都採用的是一種不同的建築形式——高聳的石頭墓塔）。對於後來的瑣羅亞斯德教信徒來說，陵墓的喪葬方式是令人無法接受的，他們將其視為一種用屍體玷汙土地的褻瀆行為。瑣羅亞斯德教徒改而將往生者的屍體置於靜寂塔（Towers of Silence）中讓鳥類和動物啄食。倘若阿契美尼德王朝的國王們確實是瑣羅亞斯德教徒，他們真的會容許陵墓喪葬嗎？

有一些學者認為這種不一致性體現了：在伊朗社會中，不同階層遵循不同的信仰，實際上是信仰不同的宗教。如同我們所見，當時的馬茲達教潮流中包涵著極多的多元化信仰。但是這種多元化很可能是縱向的社會性，而非水平的——換言之，這很可能是一個與地理和部落相關的問題，而不是與社會階層相關聯。當時很可能存在著一種比瑣羅亞斯德的傳統更古老的喪葬傳統，皇室成員陵墓所採用的那種高高的臺基是一種妥協。它位於天堂和大地之間：這是一種強烈的隱喻。在居魯士陵墓的周圍是他留下的樂園（paradise），即一座有灌溉水渠的花園（「paradise」一詞是透過希臘語、借自古波斯文「*paradaida*」而來，意思是有圍牆的花園）。祭司們會照看居魯士的墓地，並且在每個月進行一次的紀念活動中獻祭一匹馬。[14]

居魯士當然是一位征服者，但他更是一位具有想像力的征服者。他至少與另一位征服者亞歷山大一樣出色，亞歷山大的人生高峰終結了阿契美尼德王朝，而居魯士則開啟了阿契美尼德王朝。也許如同亞里斯多德教導了亞歷山大，居魯士年輕時也曾有一位同樣出色的馬茲達教導師。

宗教叛亂

居魯士的繼任者是他的兒子岡比西斯（Cambyses, Kambojiya），他透過征服埃及而擴大了帝國的版圖，但是過了不久，他就招致了殘酷的惡名。他在西元前五二二年毫無徵兆地死去，有一說法是說他在聽聞波斯帝國中心地帶爆發叛亂的消息後自殺身亡。

至於後來發生的事情，我們可以透過位於伊朗西部的貝希敦（Bisitun）的精彩石雕銘文加以了解。該地距離克爾曼沙赫（Kermanshah）約二十英里，位於通往哈瑪丹的幹道前方。按照鐫刻在上面的文字（以古波斯文、埃蘭文和巴比倫文書寫）來看，這場叛亂是由一位名叫高馬塔（Gaumata）的祭司所主導的，他謊稱自己是岡比西斯的弟弟巴爾迪亞（Bardiya）。希羅多德也有相似的記載，他曾提及，岡比西斯早在幾年前就殺害了真正的巴爾迪亞。這場由高馬塔所策動的叛亂看起來是由於社會和經濟上的不平等所引發，因為岡比西斯以三年減稅和免除兵役換取一部分人的支持。[15]在居魯士和岡比西斯主政數十年間聲勢浩大的對外戰爭中，不滿的情緒已經在慢慢醞釀了。但是高馬塔的叛亂同樣顯示出很強的宗教激情或不寬容，因為他摧毀了很多他不認同的宗教支派的神殿。

一場由富有領袖魅力的神職人員所領導的伊朗革命，從壓迫人民的君主手中奪取權力，並申明宗教正統性、攻擊偽信者，從經濟不平等的境況中獲取支持，這場發生在西元前六世紀的革命是多麼地讓現代的伊朗人覺得似曾相似啊。但是在叛亂的幾個月後，高馬塔便死去了，他被大流士（Darius, Daryavaush）和一小群波斯聯盟人士殺害（死於暗殺的可能性似乎比其他原因都更加合理）。貝希敦的石刻是大流士下令修建的，因此上面的內容代表的是大流士的觀點，如果我們縱觀全局，在大流士稱王之後，叛亂很快就平息了。在銘文中提到，相同內容的副本被分送到了帝國各處。當初爆發的叛亂絕對稱得上是規模巨大，單單巴比倫就發生了兩次叛亂，大流士聲稱他僅在一年內就打了十九場平叛戰役。那的確是一系列的叛亂，整個帝國都受到了影響，只有帝國東部的少數幾個省分受到的影響較少。貝希敦石刻以圖像展現一列戰敗的戰俘形象，他們每一個人都代表一個不同的民族或疆域。不論這場叛亂的真實性質及其起因為何，它絕對不僅只是一場純粹的宮廷政變，影響所及不僅只是一些宮廷菁英。這次叛亂是某些宗教革命的開端，或是革命企圖的開端，這樣的事情在伊朗歷史中絕非小事。

貝希敦之所以是被大流士選為豎立紀念碑的場所，是因為這裡地勢高聳，或許本身即與神聖相關聯，而且他和他的同伴們殺死巴爾迪亞／高馬塔的地方就在此附近。貝希敦這個地點就是伊朗歷史的天然博物館，在大流士石雕壁畫的旁邊，就有尼安德塔人及其後人在四萬年甚至更久以前所住過的山洞。除了其他聖物和紀念物以外，那裡還有一座塞琉古時期

（Seleucid period）遺留下來的斜倚的赫丘利（Hercules）石刻，還有一個描繪了崇拜火的帕提亞（Parthian，安息）石刻，還有一座薩珊時代的橋、一些蒙古時代的建築遺存、一座十七世紀的商旅客棧（caravanserai），另外在不遠處，還有一些可以追溯至十八世紀納迪爾沙時期的防禦工事。

許多歷史學家都曾對假冒巴爾迪亞的故事表示懷疑。雖說貝希敦的石刻是來自當時的史料，但它顯然是從大流士的角度來敘述，證明大流士即位的正當性。即使它的內容獲得希羅多德及其他希臘作者們的確認，但這是因為這些史料的寫作都是在後來才完成的，那時候不同的論調已經被撲滅了，因此希臘的作者們很自然而然地就會接受官方的說法。大流士並不是順理成章王位的繼承人，他來自某個阿契美尼德皇室家族的遠支宗親，甚至在這樣一個分支系統中，他也不算具有優勢——當時他的父親仍然在世。難道一個祭司真的能夠在某位皇室成員死去的三、四年後成功地假冒他嗎？大流士是否有可能是以指稱別人是冒充者，藉此打擊對手呢？

如果這個故事是偽造的謊言，那麼大流士在這件事中絕對展現出厚顏無恥的的一面。在貝希敦的銘文中，反叛軍的領袖被稱作「謊話群王」（liar kings），大流士的言論讓人聯想到宗教情感和馬茲達教信仰中的善與惡：

> ……你，不管之後誰是國王，要堅守反對謬誤。那些謬誤的追隨者——必定要狠狠地

懲罰他……

以及：

……阿胡拉·馬茲達予我援助，其他眾神也是如此，因為我是忠誠的，我不是謬誤的追隨者，我不施惡行，我的家族也是如此，我的行為遵循正道，無論是對有權勢還是無權勢的人，我都施行正道……

還有：

在阿胡拉·馬茲達的光輝之下，這就是我所做的，我總是如此。從此以後，無論是誰閱讀這些文字，他們就應該相信我所做出的功績。不可將其視作謊言。

也許大流士過於武斷。在另一處遺址的銘文上，記載大流士的話如下：

在阿胡拉·馬茲達的寵愛之下，我是正義之友，而不與謬誤為伍。我不喜歡位高權重者逼迫弱勢的人行錯事，也不想讓位高權重的人出於弱勢者的要求而行錯事。正義之所由，即我心之所求。我不與謊言的追隨者們為伍……若是作為一名騎兵，我也是一名正義的騎兵。作為一名弓箭手，我也是一名正義的弓箭手，不論是步行或是騎馬，皆是如此……[16]

最後一段雖然比原文簡略，但同樣與希羅多德以及其他希臘作者們的描述吻合，我們可以從中看出波斯的年輕人是在馬背上成長的，他們射箭，並以誠實為榮。大流士為了能夠得到他臣民的認可而用盡了一切手段。即使人們懷疑他登上王位的真相、貝希敦遺址及其他大流士自我辯護的銘文中，以及隨著岡比西斯死亡，雙方藉由宗教而陷於激烈爭戰，這些證據仍然屹立不搖，但貝希敦銘文有力地確定馬茲達教在當時的影響力。即便是宗教革命的鎮壓者們都必須用宗教上的論述來表明自己行為的正當性。雖然大流士最後獲取了至高權力，但銘文表明出了，他毫無疑問地服從於某種與公正正義、真理和謊言有關的強大觀念結構，這是伊朗人和馬茲達教的特殊之處。

重建的帝國

大流士為自己的統治賦予正當性及榮耀所做的努力，並未就此止步。他在波斯的家鄉修建了一座巨大的宮殿——這座宮殿被後來的希臘人稱作「波斯波利斯」（Persepolis，波斯人的城市），以便開啟嶄新的開始，遠離居魯士在帕薩爾加德的故都。波斯波利斯的面積如此恢弘，以至於現代的遊客在那裡漫步時，都會茫然失神於巨大的斷壁殘垣之間，興嘆於那些在宮殿被燒毀時所折斷的雙柱頭巨型石柱，讓人有「不識廬山真面目，只緣身在此山中」的感覺。這座宏偉的宮殿展現了大流士的無上權力及其統治正當性；但也反過來有助於形塑一種持久的傳統，至尊王權的神秘性有可能是來自於最初登上大位時的爭議。在波斯波利斯，有一段銘文的題詞再次老調重彈：

> 願阿胡拉・馬茲達可以保護他的土地不受惡意的敵方侵擾，免於饑荒和欺瞞。

貝希敦壁畫也一再重現稱頌與歸順的主題：一列又一列代表帝國各地臣民的圖像表現在壁畫上，他們的形象以石雕壁畫的形式永遠留存了下來。在波斯波利斯建造巨大宮殿群的原因至今尚不明確，它很可能是在春分日——即波斯新年（Noruz，每年的三月二十一日）這一天舉辦慶祝活動和盛典的場所。圖案中有許多呈上貢品的人，這表示波斯波利斯也可能是舉辦年度各省效忠儀式的場所。不論波斯波利斯多麼宏偉輝煌，它都不是帝國主要的永久首都。帝國的首都位於蘇薩（Susa），這裡是埃蘭帝國的舊都。這一點再次顯示波斯政權所採取的融合主義（syncretism）。居魯士曾經與米底人的皇室維持很緊密的聯繫，而且米底人享有特權，他們與波斯人成為帝國首要的左右手。但是埃蘭也同等重要並且占有核心地

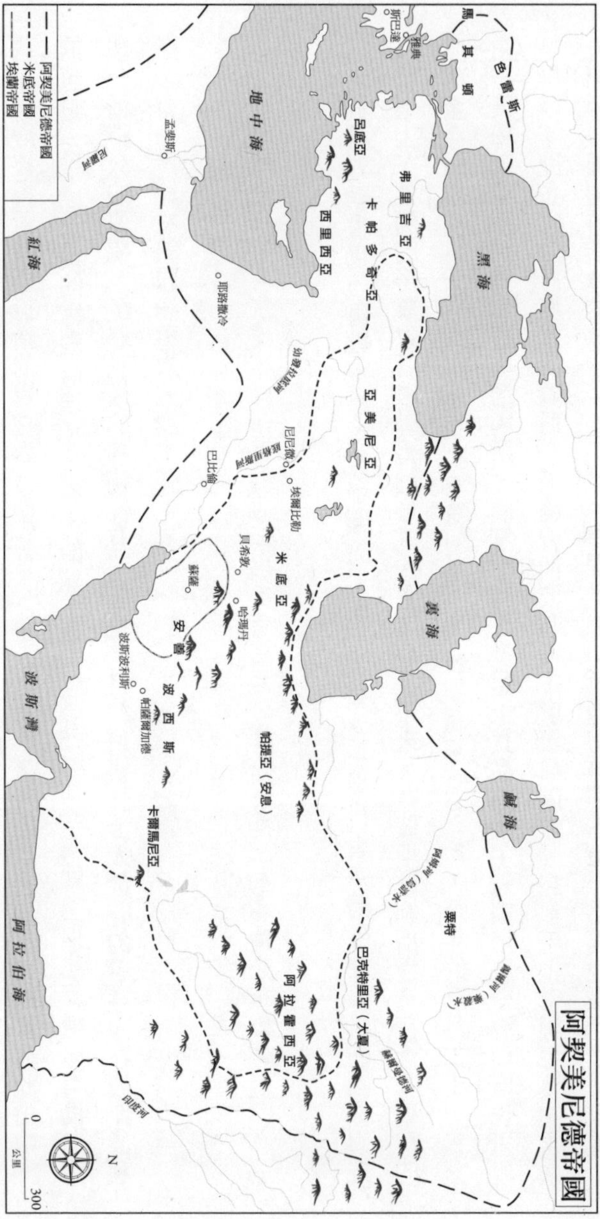
阿契美尼德帝國
阿契美尼德帝國
米底帝國
埃蘭帝國
黑海
裏海
鹹海
地中海
紅海
波斯灣
阿拉伯海
色雷斯
馬其頓
雅典
斯巴達
呂底亞
弗里吉亞
卡帕多奇亞
西里西亞
亞美尼亞
米底亞
帕提亞（安息）
巴克特里亞（大夏）
阿拉霍西亞
卡爾馬尼亞
波西斯
安善
粟特
孟斐斯
耶路撒冷
巴比倫
尼尼微
埃爾比勒
貝希敦
蘇薩
哈瑪丹
波斯波利斯
帕薩爾加德
尼羅河
幼發拉底河
底格里斯河
印度河
阿姆河（烏滸水）
錫爾河（藥殺水）
N
0
300
公里

位：其首都、語言、行政文書和紀念物上的銘文都十分重要。這個帝國總是樂於向環繞四周的強大對手學習、吸收，和其他強權勢力不同，其帝國的首要本質並非與敵人對立、打擊對手，以及強迫對手臣服。居魯士的領導原則在大流士身上延續下去，並且至少持續到後來的阿契美尼德統治者。

大流士在位期間可視為是阿契美尼德帝國的重建。在岡比西斯死後隨之而來的許多叛亂中，帝國原本有可能滅亡。大流士延續了居魯士的寬容傳統，允許人們崇拜各種神祇，一如過往；他還延續了分散權力統治的相對原則。各個省分都是由省長（satraps, governors）掌管，他們僅向中央上繳貢品，像總督（viceroys）一般進行統治（每一省還有其他兩名官員來負責軍事事務和財政管理，以此防止權力集中於一人）。省長一職經常是從同一家族成員的前任手中繼承而來，以既有的法律、習俗和傳統治理他們各自的省分。他們在實際層面上是各省的國王，而大流士則是「萬王之王」（King of Kings, *Shahanshah*）。波斯帝國並不打算推行將各民族波斯化（Persianise）的政策，這一點不同於羅馬帝國後來的羅馬化（Romanise）政策。

宗教信仰、崇高的正義原則，以及極為強大的王權聲威是將如此分散的各個民族、各種語言和不同文化團結、鞏固在一起的紐帶。一個多元帝國遵循著以上的統治法則，就這樣形成了。大流士所建立起來的此一系統收到了成效，被證明能夠持久並具有適應力。

在波斯波利斯出土的泥板文書展示了大流士建立起來的行政系統是多麼的複雜且精

巧。雖然大流士制定了金幣的鑄造標準，而且其中部分的交易是以銀幣支付的，但大部分的交易方式都是以實物支付，並經由中央審核、指定，且出具收據。國家的官員和公務人員的薪俸是以定額的酒、穀物或肉類的實物所支付，甚至連皇家成員的薪俸都以同樣的方式來支付。波斯波利斯的官員們向其他地方的官員下達徵稅的命令，並且在各地收稅的過程中，他們仍是在波斯波利斯下達支付薪俸的命令。郵差和通訊員們帶著泥板文書往來於皇家大道沿途的郵遞驛站之間，這些郵遞驛站可以供他們及其牲畜飲食住宿。他們的泥板文書只記錄了相對有限的一段時間內的實物支付，期間自西元前五〇九年至西元前四九四年。但是發掘出的泥板有數千片，據估計這些泥板上記載的實物可以供養身在一百多個不同地方的一萬五千人。[17]

這些泥板上的文字大多是用埃蘭語，而不是波斯語寫成，這一點十分重要。從其他資料來源中得知，帝國的主要行政語言既不是波斯語，也不是埃蘭語，而是阿拉姆語（Aramaic），它是整個美索不達米亞地區、敘利亞和巴勒斯坦所通用的閃族語言。貝希敦石刻上面的波斯銘文是一種新的文字，是由大流士本人出於特定用途所發展出來的文字。大流士本人和其他阿契美尼德統治者很可能都不贊成除了他們自己題銘之外的所有歷史記載，這些事實強烈反映了先前在馬茲達教中所見識到伊朗人厭惡文字書寫的一面，這也可在某一方面解釋這個顯而易見的異常現象——阿契美尼德時代的歷史幾乎不見於波斯文史書。也許歷史記載本來是曾經存在的，但它連同詩歌及各種其他各類文學形式，後來就消失了。阿契美尼德王朝以後的波斯文學文化與書記員階層有著緊密連結，但阿契美尼德系統中的書記員用其他語言書寫文件和官方記錄的此一事實，意謂文學並不在他們的寫作範圍裡。總之，並未發現關於阿契美尼德帝國歷史的波斯文記載，因為波斯統治階級（比如祭司）認為書寫文字是邪惡的，或許是由於（國王和貴族們認為）文字書寫是被視為有害無益的，或是屬於低等臣民的，也可能兩者都是。波斯人騎馬、射箭、誠實，但他們並不以文字記述。也就是說，不論是埃及人、赫梯人還是亞述人，都不曾留下歷史記載。在西元前五世紀的脈絡下，應該將希臘人記載歷史此一創新，視為反常。

對於隔著遙遠的時光的今日的我們而言，日常生活中的每分每秒充斥著各種文字資料，被賺錢與花錢這兩件事所主宰，所以一個大體上沒有文學知識，而且以實物交換而非貨幣來進行交易的人類社會，即使是能夠建造出巨大歷史遺跡與宏偉雕塑藝術的偉大帝國，這樣的社會還是顯得很原始。但人類的歷史並非簡單的線性發展，將馬茲達教這一類複雜的口述傳統文化視為不可信、有缺陷、落後且已走入歷史，這種看法是不準確的。波斯人使用錯誤工具來完成我們運用利器便可臻至完善的事物，這點並未使他們顯得愚不可及。他們所做的事情截然不同，並且是我們文化早已遺忘的部分，他們甚至從中高度發展出精細且繁複的展現方式。倘若想要攫取其真實面貌，我們必須稍微脫離慣常的思維範疇。這是因為我們對馬茲達教概念太過熟悉，諸如天使、審判日、天堂及地獄，以及道德抉擇。阿契美尼德是一個心智的帝國，但它所擁有的是一種與眾不同的智慧。

帝國和希臘人

大流士的統治大體上是對先前領土擴張的維護與鞏固，而不同於之前居魯士和岡比西斯治下的征服戰爭。但是大流士在西元前五一二年時攻打至歐洲境內，征服了色雷斯和馬其頓。在他生命晚年，小亞細亞愛琴海沿岸的愛奧尼亞希臘人發動叛亂，在此之後，大流士的部下與雅典希臘人開戰，這場戰爭結束於西元前四九〇年波斯人在馬拉松戰役的挫敗。這場戰役被希臘人稱為波斯戰爭的開端，希臘人的觀點也影響了我們看待阿契美尼德帝國的觀點，甚至更進一步影響人們自此之後看待波斯、伊朗和整個東方的觀點。從波斯人的視角來看，更重大的事件是發生在西元前四八六年的埃及叛亂，大流士未能處理這件事就去世了。

希臘人對於波斯人和波斯帝國的看法非常複雜，其中包含不少的矛盾。如同他們看待大部分非希臘人的方式，他們也認為波斯人是野蠻人（據說英文中「barbarian」一詞的來源是對波斯人說話的「ba-ba」聲音的貶低模仿），因此也就衍生出無知和落後的印象。希臘人意識到波斯人擁有一個偉大、強盛、富裕的帝國。但是對希臘人而言，這個帝國建立在暴政之上，散發著粗俗的浮華和放縱的氣息。波斯人從此便既落後又放縱了——在這一點上，我們也許會自然而然地聯想到法國人眼中的美國（超級沙文主義者克里蒙梭〔Georges Clemenceau〕曾說，美國是歷史上唯一未經文明發展階段，而直接從蒙昧走向墮落的國家）。或許希臘人上述這種純粹出自於反感或忌妒的看法，能夠解釋波斯人為何比希臘人更能治理已知世界的大部分疆域。

以上只是希臘人對波斯人看法的嘲諷，不能以此視為所有希臘人的觀點，例如，柏拉圖和很多希臘人的立場（無論如何都是公開的態度）不是偏向波斯人，就是波斯人的盟友。[18]希臘人其實也是擴張主義者，或至少可說是殖民文化的先驅。也許，如同在其他時空，波斯人和希臘人之間的敵意也許更多是因為彼此間的相似性所導致，而非由於他們之間的歧異。但是與波斯人相比，希臘人並不是一個單一的、統一的強國，希臘是由許多相互敵對的城邦國家所組成，而且他們的影響力在海上，而非在陸上。除了曾被腓尼基人殖民的區域之外，希臘人當時已在多數地中海沿岸地區建立了殖民地（包括後來成為西班牙塔拉戈納、法國馬賽、利比亞的昔蘭尼加、義大利南部的西西里大部分的地方），他們在黑海沿岸也同樣建立了殖民地。另一個和波斯人不同的是，希臘影響力的擴張是為了能在此落地生根，而不是像波斯人那樣，從遠方控制當地人。

正當波斯人的形象出現在偉大的希臘劇作家的劇作，以及希臘人的陶罐時，有一些例子可以顯現出波斯人的腦海中所浮現希臘人的樣貌。當希臘陶罐上繪出希臘人刺死倒下的波斯人的場景時，波斯的滾筒印章（cylinder seals）也刻劃了波斯人刺殺或者用箭射死希臘人的場面。[19]但是我們可以不失公允地說，至少在剛開始時，波斯人的形象更多地出現在希臘人的紀錄中，而不是希臘人出現在波斯人那裡。在小亞細亞，波斯勢力控制了諸如米利都（Miletus）、福西亞（Phocaea）這些重要的希臘城市，這些地方與雅典和科林斯（Corinth）之間只有幾小時的航行距離，如同博斯普魯斯海峽歐洲一側的哈爾基季基（Chalcidice）和馬其頓間的距離。與之相比，希臘距離波斯波利斯、蘇薩和哈瑪丹，有如半個地球之遙；而在帝國其他地方（例如，埃及、巴比倫和巴克特里亞）發生的事，則更為迫切。

大流士的王位由他的兒子薛西斯（Xerxes, Khashayarsha）繼承。在史書記載中，薛西斯統治的關鍵事件是他對雅典及其盟友所發動的遠征，以懲罰他們對愛奧尼亞叛亂的支持。但對於薛西斯而言，這件事與他再度成功鎮壓並保有埃及和巴比倫兩地，以及摧毀居魯士所修建的馬爾杜克神殿（temple of Marduk）等威望，同等重要。按照希羅多德的記載，薛西斯在西元前四八〇年親自率領兩百萬大軍攻打雅典。他的軍隊在溫泉關（Thermopylae）擊敗了斯巴達的軍隊（當薛西斯要斯巴達人放下武器投降時，斯巴達人則回答說「有本事你自己來取」）。薛西斯在經歷苦戰並折損許多波斯士兵的戰役中，殺死了頑強抵抗的斯巴達國王列奧尼達（Leonidas），隨後占領了雅典。他強大的軍隊從後方擊潰了雅典衛城並其焚毀，但是波斯人的海軍在薩拉米斯（Salamis）大敗，使波斯的陸軍戰線過長且易受攻擊。薛西斯撤退到他在小亞細亞的基地薩迪斯（Sardis），而後在隔年的普拉提亞（Plataea）戰役、米卡列（Mycale）戰役（西元前四七九年）吞下最終的失敗。波斯人戰敗的諸多影響之一是，他們失去了對博斯普魯斯海峽歐洲一側的馬其頓和色雷斯的控制，導致了後來馬其頓的崛起。

薛西斯的兒子阿塔薛西斯（Artaxerxes, Artakhshathra）在西元前四六五年即位，掌權至西元前四二四年。波斯波利斯的建設工作在這對父子掌權期間內持續著，在這兩位君主的統治時期，許多巴比倫的猶太人在以斯拉（Ezra）和尼希米（Nehemiah）的帶領下返回耶路撒冷。尼希米是阿塔薛西斯在蘇薩宮廷中的侍飲者，他們兩人在重建耶路撒冷之後，最終回到了波斯的宮庭。在《以斯拉記》和《尼希米記》中所描述的波斯君主，與希臘歷史記載中的負面形象形成鮮明的對比。

波斯人和希臘人之間的戰爭由於雙方在西元前四四九年簽訂了《卡里阿斯和約》（*Peace of Callias*）而至少平息了一段時間，但後來波斯人在伯羅奔尼撒戰爭支持斯巴達人對抗雅典，這場戰爭的破壞性極大，削弱各個古老的希臘城邦，導致馬其頓霸權興起。在阿塔薛西斯死後，多場宮廷鬥爭導致了好幾位繼任王位者或覬覦王位者遭到謀殺。在阿塔薛西斯二世（Artaxerxes II，西元前四〇四—西元前三五九年）的統治時期，進一步爆發了與希臘人的戰爭；另外一場持續不斷的埃及叛亂讓埃及總督獲得了獨立地位，直到西元前三四三年，在阿塔薛西斯三世（Artaxerxes III）的時期，埃及才回到波斯的統治下。宮廷鬥爭和謀殺已經奪去多位阿契美尼德國王的性命，但是由維齊爾（vizier）*或稱首相的巴戈阿斯（Bagoas）一手策畫的一系列陰謀極具毀滅性，使得阿塔薛西斯三世和他的兒子阿西斯（Arses）死去，讓大流士三世於西元前三三六年取得王位。

* 為統治者提供建議的官員。——編者註

從居魯士至大流士三世統治的兩百多年間，伊朗人的社會必定發生了很大的變化。其中一項社會變化的指標便是他們軍隊的組成（這經常是衡量的指標之一）。在薛西斯入侵希臘時及以前，米底和波斯士兵大多是步兵，但是到了大流士三世時期，他的軍隊主要是由大量的騎兵組成，曾使用亞述式的以長矛和弓箭為大型步兵部隊（以及盾牌兵）裝備的戰術已不復存在（儘管仍有希臘僱傭兵，與名為「重裝僱傭兵」的波斯步兵軍團）。這個情形說明波斯帝國已經很富裕，能夠在帝國的各處組建軍隊並且裝備馬匹，改變了波斯戰術的本質（儘管看起來仍使用嫻熟的軍事堡壘和軍事殖民地政策，尤以小亞細亞地區為盛）。按照希羅多德的說法，大流士曾告誡說，如果波斯人的後代居住在富饒的平原地帶（他腦海中想的大概是巴比倫），他們將變得軟弱，無力保衛他們的帝國。他的先見之明精準地預見了後來發生的事情——儘管可能也有相反之處，但是到了大流士三世統治的時代，賦稅已經過重，而伊朗人也提高了對生活的期待，卻被貧窮所困，道德敗壞。不論他們的本質為何，根本性的改變已經發生了，伊朗距離後來帕提亞人及薩珊王朝所經歷的社會和軍事形態，又更邁進了一步。

馬其頓：異樣之花

馬其頓人究竟是什麼人？有人認為他們並不是真正的希臘人，而更接近色雷斯人，或是一些印歐希臘人到來時受其影響的巴爾幹民族後裔。他們至少在腓力及亞歷山大的時代受到希臘很強烈的影響——但即使是在後期階段，馬其頓人本身仍與亞歷山大東征時陪在亞歷山大身邊的希臘奉承者有顯著的區別。在西元前五世紀，與其他非希臘人一樣，馬其頓人也被奧林匹克競賽排除在外。但在同一時期，波斯人大概將他們稱作「戴帽子的希臘人」，儘管他們可能被稱為是最不像是希臘人的希臘人，但希羅多德至少也接受他們是起源於希臘人的說法。如同居魯士時代的米底人和波斯人，許多來自山區或偏遠地帶的驍勇民族都有高度的集體優勢，但他們內部也有很多私人仇恨，這些地區十分難以管理。或許在他們的認同中也隱藏了許多的起源和影響。

在古典世界中，很少有比腓力及他的兒子亞歷山大更著名的故事。但一般來說，為了突顯兒子取得勝利的戲劇性，父親對於兒子成功所產生的關鍵作用常常會被忽略。腓力生於西元三八〇年前後，他於西元前三五九年成為馬其頓國王之後，隨即著手籌畫擴張他的王國。讓馬其頓在戰爭中獲勝的一個重要因素就是，腓力所打造的一支訓練有素的新式步兵軍團，這支軍隊裝備的長矛的長度比當時希臘步兵的一般長槍更長，在優勢狀況下經常可以橫掃敵軍，輾壓對手傳統裝備的步兵。成為希臘北部和色雷斯地區的主要勢力後（即使尚未完全掌控該地），腓力在西元前三三八年的喀羅尼亞戰役（Battle of Chaeronea）中打敗了雅典及底比斯聯軍，建立科林斯聯盟（League of Corinth），從而確立了馬其頓人的支配權，並且實質終結了希臘各城邦國家的獨立。斯巴達是唯一的例外。當腓力要求斯巴達人臣服時，他揚言一旦當他抵達斯巴達，他將毀壞斯巴達的農田、屠戮其人民、摧毀他們的城市。斯巴達人僅回應：「如果你進得來的話。」後來腓力和他的兒子都沒有染指斯巴達——也許正是因為斯巴達人血戰溫泉關留下的傳奇。

腓力心中醞釀著其他計畫——入侵波斯帝國。他對此所做的準備相當公開，而且以「泛希臘」（pan-Hellenic）一詞為他的行動提供正當性，他提到波斯人在西元前四八〇年侵略希臘時毀掉雅典的神殿，但是在他將計畫付諸實踐之前，便於西元前三三六年死於一場謀殺。關於這場謀殺的詳情，在當時就是隱晦不明且眾說紛紜，有人說亞歷山大和他的母親奧林匹亞斯（Olympias）涉及此事，也有一說是波斯人暗中策劃了這場謀殺。

亞歷山大繼位後，便承繼了他父親未竟的計畫，他鞏固了他在希臘的權力地位，迅速平息底比斯的叛亂，隨後在西元前三三四年揮軍進入小亞細亞。他在格拉尼庫斯河（Granicus river，位於達達尼爾海峽附近）戰勝了波斯軍隊，征服了愛奧尼亞沿岸的各個城鎮，其中包括波斯人的戰略要地薩迪斯，然後繼續向東進軍。在接下來的一年裡，他在伊蘇斯戰役（Battle of Issus，伊蘇斯位於今天土耳其和敘利亞邊界處的地中海沿岸地區）擊敗了大流士三世，他率領他的禁衛騎兵（*hetairoi*），親自指揮這場關鍵的進攻。之後，他再向南進軍，奪下沿海地區的城市，征服埃及，並建立亞歷山卓（Alexandria）。西元前三三一年，他再次向東進軍，在第三場決定性戰役再度擊敗大流士。這次戰役的發生地點位於高加米拉（Gaugamela），即今日伊拉克庫德斯坦的摩蘇爾（Mosul）和埃爾比勒（Erbil）附近。大流士從戰場中逃走，後來死於巴克特里亞總督貝蘇斯（Bessus）手下。

在此暫不考慮亞歷山大用兵戰術的細節，而是從他的軍事奇才能夠發現某種可能違反第一直覺的東西——頂級軍事天才的陰柔特質（feminine nature）。成就非凡的最高統帥，幾乎與下列特質無關：殘暴、張揚、逞勇好鬥且自負的男子氣概，甚至是英勇無畏的勇氣——除非是為了激勵士兵的必要情況下，才需要強調這些特質。軍事天分反而是與一個人是否具有女性陰柔特質有關，這些特質包括：包括敏銳、謹慎、直觀、掌握先機、迂迴前進，以及不動聲色地掌控優勢、抓住對方弱點的能力（有時是直覺地掌握對手習慣性的行事作風，以此做到知己知彼），而且懂得暫避其鋒、兵不厭詐、虛虛實實、分化對手，並且出其不意、攻其不備。軍事史一再揭示，那些可預見的男性特質表現出來就是正面進攻，並單純仰賴力量，這不僅讓自身陷於危機之中，更糟的則是軍事指揮層面的慘敗。唯有藉著更詭譎的戰略，並結合可能被稱作陰柔的手段，才能將軍事力量的效能發揮至最大。因此，對於亞歷山大軍事成功的分析，不必拘泥於那些他有雙性戀傾向（bisexuality）的解釋，因為這種說法有其特殊的文化脈絡；也無須參照其他關於他個人的性格或道德的討論，把重點置於作戰時的雄韜偉略即可。

亞歷山大的征途擴及到了巴比倫、蘇薩，並最終來到波斯波利斯。他在波斯波利斯舉行為時數星期之久的慶祝之後，於西元前三三〇年將其付之一炬。有種說法是說，一名隨軍的高級妓女塔伊絲（Thaïs）在亞歷山大酒醉時，建議他燒掉波斯波利斯以報復薛西斯燒毀了雅典的衛城，她還是第一個舉起火把的人。但是這場破壞行動更像是一場精心策劃的政治動作，藉此展示阿契美尼德王朝已滅亡了。雖然波斯波利斯覆滅了，但亞歷山大還是將自己展現為阿契美尼德人的繼任者，至少在高加米拉戰役之後，就不再是以希臘復仇者的身分出現了。[20] 前朝的巴比倫及蘇薩兩位總督獲得留任，此後，帝國顯然刻意遵循波斯化的政策，並鼓勵部隊在當地娶妻生子、定居。亞歷山大本人還娶了幾位波斯公主，其中包括大流士三世的女兒絲塔提婭（Statira）、巴克特里亞的奧克夏特斯（Oxyartes of Bactria）之女羅珊娜（Roxana，她的名字相當於現代波斯語中的「roshan」，意即「光」）。亞歷山大繼續向帝國的前方進行遠征，在消滅所有的抵抗後，他繼續向東方前進，來到今日印度的旁遮普（Punjab）地區。他的軍隊逐漸在永無止盡的戰爭中顯露出疲態，並對他的親波斯政策有所不滿。

西元前三二三年，亞歷山大死於巴比倫，死因也許是飲酒過度後的自然死亡。他的帝國由誰來接掌，成了一個難題，結果引發軍隊將領們之間一連串的漫長鬥爭，並導致了帝國的分裂。殘忍蠻橫的馬其頓人在一旁虎視眈眈。在這些征戰中，亞歷山大在卡迪亞（Cardia）的書記歐邁尼斯（Eumenes）支持羅珊娜所生的亞歷山大幼子進行統一戰爭，也取得了一些勝利，但是其他將領和士兵們都不喜歡歐邁尼斯，因為他不僅是希臘人，還是學者。西元前三一六年，歐邁尼斯在叛亂中遭背叛而死。羅珊娜和亞歷山大之子則於西元前三一〇或三〇九年被殺害。

儘管亞歷山大英年早逝，但他企圖將希臘人的影響力帶入波斯，將波斯人的影響力帶入希臘，並創造出東西方文化融合的新世界，達到令人驚嘆的境界，但終究他還是失敗了。而後，塞琉古（Seleucus）的後裔統治波斯超過百年之久，他們是亞歷山大麾下將軍的後代，希臘的影響力在此之後也得到了延續。塞琉古的君王們以更加波斯而非希臘式的風格治國，這種治國風格大略也是托勒密人（Ptolemies）統治埃及的方式。當羅馬崛起並主宰整個地中海盆地四周時，羅馬帝國分為希臘化的東半部與拉丁化的西半部，但希臘化的東半部仍然顯現出已消亡的阿契美尼德帝國的影響力，並對羅馬人產生影響，從龐培（Pompey）到埃拉伽巴路斯（Elagabalus）都有建立帝國的雄心壯志。

這並不是伊朗人最後一次在歷史上屈服於外來的統治者，雖然那些之前曾是士兵的希臘人在這片土地上殖民，並滲入了一些希臘文化，但是希臘的影響力僅流於表面，終究消散而去。馬茲達教屹立不搖，並似乎成為人們敵視希臘人及懷念亞歷山大的焦點。

眾所周知，我們現在看到關於亞歷山大的歷史記載都是不完整的，這些文獻的作者主要使用的是二手材料，並在一定程度上對這個主題抱持著敬畏的態度。儘管東方傳統上視亞歷山大（*Iskander*）為一個戰士般的英雄，但是這些關於他的正面描述都來自西方。在瑣羅亞斯德教的傳說中，亞歷山大是一個非常負面的人物，這揭示了極為不同面向的歷史。西方的史料很少記載亞歷山大建立及鞏固其統治所採取的手段，但是在瑣羅亞斯德教的文獻中，他殺了許多瑣羅亞斯德教的祭司、傳教士和教師，而且很多火寺（fire temple）中的聖火都被其熄滅了。不過很可能是由於祭司階層支撐著阿契美尼德王朝，所以他們可能是反抗或叛亂的核心人物，於是成為鎮壓行動的對象。不論當初的歷史真相是什麼，伊朗人都不太可能如同後來的西方史家所記載，恭順接受亞歷山大的講和政策。在後來的瑣羅亞斯德教文獻中，亞歷山大是唯一與阿里曼共享「*guzastag*」頭銜的人物，而「*guzastag*」意即「受詛咒者」。[21]

第二章
伊朗的復興：帕提亞人與薩珊人

我們詢問了有關羅馬帝國和印度人的各國的法令制度……我們從不因為相異的宗教信仰或出身而摒棄任何人。我們從不因為嫉妒別人而待人不公。我也從來不鄙視別人所抱持的立場。這是由於以下事實——擁有真理和科學的知識並加以學習是一名君王所能做的最崇高行為；而一名君王最為可恥的行為便是鄙視學習，恥於探索學問。不求知者，乃不智者。

——霍斯勞一世阿努希爾萬所言，出自拜占庭歷史學家阿蓋西阿斯的記載在亞歷山大所征服的領土之中，塞琉古．尼卡特（Seleucus Nicator）在西元前三一二年建立的帝國是所有後繼國家（successor states）中最強大的。塞琉古控制了敘利亞、美索不達米亞和伊朗高原（以及在理論上歸其所屬的更東邊的領土）。最初，塞琉古帝國的首都建立於巴比倫，後來遷移至底格里斯河畔的塞琉西亞（Seleuceia），最後則移至地中海邊的安提阿（Antioch）。塞琉古帝國的國王們實行了亞歷山大的東方政策，在東方建立希臘軍隊和希臘貿易殖民地，並將伊朗人納入軍隊之中，但是他們大部分的政治注意力都集中在西方，尤其是與他們對立的東方馬其頓／希臘王朝（eastern Macedonian/Greek dynasty），以及埃及的托勒密王朝（Ptolemies）。在東方，像是粟特（Sogdiana）和巴克特里亞這樣的偏遠省分逐漸成為獨立王國。位於今日阿富汗北部的巴克特里亞在希臘後繼王朝的統治下，融合了將東方和希臘文化，創造了歷久不衰的文明。

勇士騎手

東北方的馬背文化曾為亞歷山大和更之前的阿契美尼德人帶來很多麻煩，諸如達赫（Dahae）和薩可（Sakae）部落（他們說伊朗語族的語言），他們的戰力完全來自於馬背上，他們有迅速的移動力，一旦受到威脅，可以立即消失在鹹海以南一望無垠的沙漠和半沙漠地帶，他們對於任何帝國而言都是難以征服的對手。塞琉古．尼卡特死於西元前二八一年，在他死後的兩代人之內，達赫部落中有一群名為帕尼（Parni）的部族，他們稱霸於裏海以東的帕提亞（Parthia）等地（取代當地的塞琉古總督安德拉戈拉斯〔Andragoras〕，安德拉戈拉斯在西元前二五〇年前後曾試圖成為帕提亞地區的獨立統治者），並且開始威脅塞琉古人在東部的其餘領土。帕尼人的統治家族自稱為安息人（Arsacids）*，此一名稱以他們的領袖阿沙克（Arshak, Arsaces）命名，阿沙克帶領他們控制了帕提亞地區。但在安息人擴張他們的控制範圍時（包括他們在西元前二〇〇年前進入赫卡尼亞〔Hyrcania〕），他們卻很謹慎地保護希臘殖民城鎮的財富及文化，後來帕提亞國王們在他們的貨幣刻上「希臘人之友」（*philhellenos*）的頭銜字樣。

有幾位塞琉古國王曾計畫或實現了向東的遠征，希望能恢復他們在東方帕提亞和巴克特里亞的統治，帕提亞的安息人寧願不時地與他們結盟或屈服於他們，也不願與他們對抗，但是塞琉古人總是會再退回西方。在安息人米特里達提一世（Mithradates I，西元前一七一—西元前一三八年）統治時期，帕提亞人重新展開擴張，他們占據了錫斯坦（Sistan）、埃蘭和米底，隨後在西元前一四二年占領巴比倫，最終在一四一年占據了塞琉西亞本身（當時塞琉古帝國內部爆發了王位爭奪和內戰）。米特里達提授予自己阿契美尼德王朝傳統的「萬王之王」的頭銜。在接下來的數十年中，帕提亞人在東邊遭到薩可部落的進攻，在西邊則被塞

* 中國古籍所稱「安息」由來即此。——譯者註

琉古人侵略。帕提亞人可說是收之東隅，失之桑榆，他們一方面打敗塞琉古軍隊，以塞琉古戰俘攻打薩可人；另一方面，塞琉古人為了反對帕提亞人，轉而與薩可人結盟，在西元前一二八年擊敗並殺死了帕提亞國王弗拉特斯（Pharaates）。但是在西元前一二三年至西元前八七年的長期統治時間裡，米特里達提二世（即米特里達提大帝）穩定並鞏固他的統治，擊敗東西兩邊的敵人。他同樣使用「萬王之王」的頭銜，有意回到阿契美尼德君王的軌道上，這一點及其他跡象都顯示了伊朗人重新取回自信。

在塞琉古人與帕提亞人間的長久爭鬥背後，絲綢貿易也從中興起了。在超過千年的時間裡，這項貿易對於絲綢貿易線路沿線的伊朗村鎮及城市來說曾經極為重要。在絲綢貿易的初期，就有希臘人與希臘城市參與其中，其中包括那些至關重要、位於興都庫什山脈以北的希臘巴克特里亞王國，這些城鎮大多都被米特里達提一世征服了。這也許能夠解釋為何希臘文化能在帕提亞時期倖存下來，以及為何帕提亞的國王們都對希臘人表示尊敬。帕提亞人之所以對希臘人表示友好，並非出自他們的審美感，也不是出於對於更高等文化的尊重，只是為了保護能為他們帶來利益的金雞母。[1] 米特里達提與中國的漢武帝、羅馬共和國的獨裁者蘇拉（Sulla）都有外交接觸，他的繼任者戈塔澤斯（Gotarzes）亦是如此。為了在美索不達米亞維持長久的統治，米特里達提及其後繼者戈塔澤斯在塞琉西亞鄰近的泰西封（Ctesiphon）建立新城，在此後的七百年裡，這座城市都被視為首都（儘管底格里斯河畔的塞琉西亞往往是行政中心，埃克巴塔納〔哈瑪丹〕則是作為夏都）。

帕提亞人建立起強大的帝國，並且成功地統治了好幾百年，但是他們是透過相對寬鬆的統治達到這一結果，他們對於先前統治者的習俗兼容並包，而且包容各臣屬地區的既有宗教、語言及文化模式。各省分的分權體制（這種分權體制名曰「*parakandeh shahi*」，在後來的阿拉伯史料中被稱為「*muluk al-tawa'if*」）也得以延續，而原本在塞琉古人統治下的權貴家族仍然保有其固有的統治權。[2] 如同和之前的阿契美尼德人，帕提亞人沿用了阿拉姆語，顯然因此延續了多元宗教的情形下去。米特里達提、弗拉特斯這樣的名字則說明了安息人對於馬茲達教的信仰（後者的名字被認為與《阿維斯陀》的守護精靈〔fravashi of the *Avesta*〕有關）。且巴比倫人、希臘人、猶太人和其他族群皆可以遵循各自原有的宗教傳統。一如往常，帕提亞時代的馬茲達教本身也具有各種崇拜方式和信仰理論。在猶太人的宗教傳述中，帕提亞人是形象寬容且對猶太人友好的[3]（這或許某方面反映了帕提亞人之所以在東部崛起，是由於馬加比猶太人〔Macabean Jews〕與塞琉古人之間長久以來衝突不斷）。

安息統治家族的即位爭奪經常漫長且血腥，但主要的原因是在於宮廷政治的本質，以及和貴族家庭參與其中的影響。安息人統治的重要核心看來是與少數富有家族達成結盟關係，這些家族包括蘇仁家族（Suren）、卡仁家族（Karen）與梅蘭家族（Mehran）。帕提亞人不只是樸拙的遊牧民，他們懂得汲取其本身缺乏的臣民文化（或至少說是，他們並未一直處於蒙昧未開）。帕提亞人的雕塑對於人像正面有著十分突出的描繪，風格獨特且與以往的文化相當不同。在建築方面，以尼薩（Nisa）考古遺址發掘為例，帕提亞建築的會客廳或「伊宛」（*iwan*）首度面世，對於後來薩珊及伊斯蘭時期的建築有著極為重要的意義。帕提亞人表現出伊朗人最美好的特質，即承認、接納並包容其統治臣民的文化複雜多元性，同時又保有強烈的核心認同原則及統一性。

羅馬人在東方棋逢對手

帕提亞人也是善於運用戰術的大師，他們在後續和羅馬的衝突中展現了這樣的特質。龐培、盧庫魯斯與克拉蘇這些懷抱雄心壯志的執政官將征服和輝煌戰功視為其成功政治生涯的必然附屬品，他們征服了更廣大的領土，至西元一世紀的上半葉，羅馬共和國已經從之前的希臘領主們那裡奪取地中海東部，並且持續向東方推進。起初，羅馬人和帕提亞人爆發衝突的主要地區位於亞美尼亞及更南部的地區——包括敘利亞東部和美索不達米亞北部。在西元前五十七至西元前五十四年間，羅馬敘利亞的執政官奧盧斯·加比尼烏斯（Aulus Gabinius）在一場帕提亞王位繼承爭奪中支持其中一方，但是他所支持的那一方輸掉了這場王位繼承爭奪戰，結果由他的兄弟奧洛德斯（Orodes）繼承了王位。

羅馬的大富豪政治家克拉蘇在西元前五十三年成為敘利亞的新任執政官，他在幾年前才鎮壓義大利南部的斯巴達克斯奴隸叛亂。為了能與凱撒在高盧剛取得的成就相媲美，他希望能夠向東征戰，因此克拉蘇募集一支超過四萬人的軍隊向東進軍至卡萊（Carrhae，今日土耳其哈蘭）。他極其傲慢地拒絕了亞美尼亞國王所釋出的友好——建議他採行更北邊的路線。在卡萊的一片開闊平原上，他的軍隊遭到一支由約一萬人所組成的帕提亞騎兵軍團攻擊。這支帕提亞軍團有大量能夠快速移動的弓騎兵，並由人數較少的重裝騎兵為弓騎兵提供掩護，這些重裝騎兵及馬匹穿著全副裝甲，手中揮舞著又長又重的長矛。羅馬軍隊主要由盔甲步兵組成，他們手持刀劍和沉重的擲射長矛，搭配一些盔甲相對較輕或不穿戴盔甲的高盧騎兵。

帕提亞人以一種克拉蘇不曾見過的戰術迎擊羅馬人。當羅馬的步兵向前推進時，帕提亞的弓騎兵就在陣前撤退，然後繞至對手方陣的兩翼射箭。如雨點般的箭矢不停地傾瀉在羅馬人身上，雖然他們穿戴厚厚的盔甲，但威力強大的帕提亞戰弩箭屢屢從盾牌旁邊飛過，刺入頭盔和鎧甲之間的縫隙、鎖子甲的連結處或是羅馬士兵暴露在外的手和腳。在炎熱的天氣中，羅馬士兵越來越疲憊口渴，他們怎麼也無法逮住帕提亞人，將戰鬥轉變為一場近戰廝鬥，尤其是當羅馬人眼看著帕提亞人從遠處輜重滿滿的駱駝隊那裡補充弓箭時，就更加沮喪了。

克拉蘇的兒子帶了一支高盧騎兵在內的分遣隊，來襲擊帕提亞人。帕提亞人先是撤退，似乎陣腳大亂，但是他們真正的目的是將小分隊與羅馬大兵團盡可能地分開，讓他們得不到主力軍團的掩護。當高盧戰馬衝上去追趕弓箭兵時，帕提亞的重裝騎士從另處魚貫而出，用他們的長矛刺穿對手的輕裝盔甲和戰馬。高盧人在絕望之下只能鋌而走險，下馬並滾至帕提亞騎兵馬下，攻擊沒有鎧甲保護的馬匹腹部。但即便如此勇猛死戰，依然無法挽回他們在戰鬥中的劣勢。隨後獲得補給的帕提亞弓騎兵轉過頭來攻擊羅馬分隊，越來越多的羅馬士兵中箭，並且在帕提亞戰馬所揚起的漫天黃土中迷失方向，自顧不暇。克拉蘇的兒子只好帶著他的部隊逃向一處小山丘，他們在那裡投降並最終被殺，約有五百人被俘。

羅馬分遣隊的失敗和帕提亞人的歡呼聲讓羅馬人越發地士氣低沉。最終，克拉蘇本人試圖和帕提亞將軍蘇仁（Suren）議和，卻在一場混戰中被砍下了頭。羅馬軍隊的倖存者潰散逃回羅馬統治的敘利亞，多達一萬餘名的羅馬戰俘被帶往帕提亞帝國偏遠的東北地區。

根據普魯塔克（Plutarch）的記載，克拉蘇的首級上呈給帕提亞國王奧洛德斯，當首級送到宮殿中的時候，奧洛德斯國王正在聆聽一位演員朗誦歐里庇德斯（Euripedes）的戲劇《酒神之伴》（*The Bacchae*）中的臺詞。伴隨著宮中掌聲，演員拿起克拉蘇的首級，唸誦劇中底比斯女王阿佳薇（Queen Agave of Thebes）的臺詞，劇中這位女王在酒醉時不慎殺死了自己的兒子——國王彭提烏斯（Pentheus）：

> 我們今天追獵獅子的幼崽，
> 從山中帶著高貴獵物歸來。[4]

有人認為，後來在詩人菲爾多西（Ferdowsi）的偉大傑作《列王紀》（*Shahnameh*）中的英雄勇士魯斯坦，便是西方史料所記載的帕提亞將軍蘇仁。一如菲爾多西筆下的魯斯坦，蘇仁的家族也來自錫斯坦（Sistan，原稱作 Sakastan，意思是「薩可部落的土地」〔land of the Sakae〕），而且也與國王關係十分複雜。奧洛德斯對蘇仁的勝利十分怨恨，最後謀殺了蘇仁。

在卡萊的失敗對於羅馬人於東方的威望是一次重大打擊，從此帕提亞人得以控制亞美尼亞。對於身處嚴峻環境中的羅馬共和國晚期，克拉蘇的戰敗、羞辱和死亡既是挑戰，也是警訊。戰勝帕提亞人，完成克拉蘇的未竟事業成了一項巨大的政爭誘惑。另一個動機則是絲綢貿易帶來的巨大財富。由於敵對的帕提亞人掌握了往中國路線的最核心地區，富裕的羅馬人為了能讓妻女穿上絲綢，不得不眼睜睜看著大量黃金流入他們最敬畏的敵人的口袋。馬克・安東尼（Mark Antony）決定成為下一個展開嘗試的人，他在西元前三十六年組建了一支大軍（比克拉蘇當時率領的軍隊規模增加一倍以上），進入位於上美索不達米亞（upper Mesopotamia）的同一地區。[5]

在克拉蘇和安東尼的遠征之間，帕提亞和羅馬雙方還發生許多次互有勝負的戰事。在西元前五十一年，一些卡萊戰役的倖存羅馬士兵在安提阿伏擊並且殲滅了一支進犯的帕提亞軍隊。西元前四十年，由奧洛德斯之子帕科盧（Pacorus）率領的帕提亞軍隊成功突破羅馬人對敘利亞的占領，他們將此地一分為二，得到巴勒斯坦和大部分的小亞細亞省分（帕科盧得到變節羅馬人昆圖斯・拉賓努斯〔Quintus Labienus〕的幫助，並利用西元前四十四年凱撒被殺所導致的內戰混亂，兵不血刃地得到很多城鎮）。在西元前三十九到三十八年間，馬克・安東尼的一名部下文提狄斯（Publius Ventidius）帶著一些凱撒羅馬軍團的老兵來到東方省分。他在一系列戰役中擊敗帕提亞人，其中主要的帕提亞將軍，包括帕科盧和拉賓努斯都戰死了。在與波斯人的戰事中，文提狄斯贏得了珍貴的勝利，可是馬克・安東尼希望戰勝帕提亞人的榮耀能夠歸於他本人。

馬克・安東尼在對戰帕提亞人時，遇到了克拉蘇曾遭遇同樣的困難。羅馬人發現他們對付帕提亞箭雨攻擊的最佳辦法是組成一個密集緊湊的方陣，他們將其稱之為「龜陣」（*testudo*）。在龜陣中，士兵們緊湊地集合在一起，前排的士兵用盾牌形成一堵牆擋在前面，後面的士兵將盾牌舉過頭頂，形成一層防護罩。他們的戰術在防守中十分有效，可是卻拖慢了行進的速度，因此軍團步兵無法反擊帕提亞弓騎兵，讓行動迅捷的騎兵可以隨意躲在遠處，在羅馬人露出破綻時發動攻擊。另外，帕提亞人也可以攻擊安東尼的輜重部隊，食物和水的補給困難讓軍隊人數的優勢反而成了劣勢。羅馬人在南方戰線受挫，因而安東尼想要對更北方的帕提亞領土展開進攻，他們來到今日亞塞拜然的所在地，但是收效甚微，被迫在嚴冬中取道亞美尼亞撤軍，多達兩萬四千人折損。

安東尼後來在亞美尼亞的戰事為他贏回了一些顏面，但從整體來看，羅馬人和帕提亞人在戰術上的不同，以及在地區環境和地理層面的差異，使得雙方陷入一種難以打破的僵局。帕提亞的騎兵在羅馬人所控制的多山崎嶇地帶很容易中了羅馬步兵的埋伏。反觀羅馬人，他們的步兵很強，但騎兵卻很弱，在開闊的美索不達米亞平原上難以確保自己的補給線不被機動快速的帕提亞人攻擊。這些因素多多少少是長期性的，後來的歷史也證明了這些因素的長久效力，這在薩珊時期也不例外。

也許認知到了這種情勢很棘手，當奧古斯都終於在羅馬取得大權，並在西元前三一和三〇年的內戰中戰勝馬克·安東尼，他和帕提亞人奉行罷兵的外交政策，藉此取回於卡萊丟失的銀鷹旗（eagle standards）。帕提亞人似乎也利用西線的和平時期，在旁遮普建立起血統繼承自蘇仁家族的新印度—帕提亞帝國（Indo-Parthian Empire）。但是在尼祿統治羅馬時，西線再次爆發戰爭，這是因為帕提亞國王沃洛加西斯一世（Vologases I, Valkash）為亞美尼亞任命了一位新國王，而羅馬人將亞美尼亞看作是羅馬帝國的附庸國。亞美尼亞在西元五八—六〇年間被羅馬將軍科布洛（Gnaeus Domitius Corbulo）征服，但之後帕提亞人的反擊取得一些成效，曾經俘虜過一支羅馬軍隊。[6]我們在電影和兒童讀物中所熟知的層層疊疊的羅馬片條甲（*lorica segmentata*）可能就是在科布洛和帕提亞弓兵交戰期間發展出來的。雙方於亞美尼亞的戰爭結果是羅馬與帕提亞簽署條約，同意在亞美尼亞建立獨立的安息人王朝，作為雙方之間的緩衝國家，但該國的王位繼承需要得到羅馬人的認可。

沃洛加西斯一世可能在馬茲達教的歷史之中具有重要地位，因為是由他促使馬茲達教轉向現代的瑣羅亞斯德教。後來的瑣羅亞斯德教記載說國王瓦卡什（Valkash，無法確定是哪一位瓦卡什——有好幾位安息國王都叫這個名字）是第一個告訴祭司們把該宗教所有口頭和書面記載集中在一起，將其系統地記錄下來，終於（在幾個世紀之後）開始《阿維斯陀》及其他瑣羅亞斯德教聖書的整理進程。[7] 如果這些指示真的是由沃洛加西斯一世所下達（他的兄弟提里達提斯〔Tiridates〕由於虔誠信仰馬茲達教而著稱，這一點也許可以支持上述觀點），[8] 那就與他統治時期的其他決定和政策相符合了，這些政策看起來都持續一再重申他企圖將國家伊朗化的決心。人們相信他在塞琉西亞和泰西封附近興建新首都並以自己的名字命名，目的是消弭那些地方的希臘特色。他鑄造的貨幣上採用的是阿拉姆字母（Aramaic，帕提亞人通常使用阿拉姆字母來拼寫其語言）而非之前貨幣上的希臘字母。有些地方甚至體現出他對於猶太人的態度不甚友好，這在安息人的統治時期裡並不正常。[9] 儘管他的繼任者很少延續執行這些新舉措，但是這些事情的確預示未來的薩珊王朝各種政策的特徵。隨著希臘的影響力逐漸消退，逐漸增強的伊朗認同感形塑了沃洛加西斯一世之後的統治特徵。

無敵的太陽神

羅馬士兵們從東方帶回西方的另外一項新事物是新宗教——密特拉教（Mithraism）。在阿契美尼德時代，密特拉（Mithras）在馬茲達教裡只是次等的小神祇，但是在向西傳播的過程中，密特拉成為其宗教本身的中心神祇——不過也可能在更早期波斯或小亞細亞的特殊環境中，就已經發展出其重要地位。也有一些跡象表明，除了從波斯借來該宗教的名字，這一派別完全就像是某種新的宗教。[10]在西方，密特拉被當作軍人的主神來崇拜（有可能與帕提亞戰爭有關），因為他們很可能隨著駐地的更換而調動，必須時常與熟悉的地方及親友分離，因此密特拉成為軍人之間的重要共通元素。雖然密特拉與太陽有關（*sol invictus*——不可戰勝的太陽），但是密特拉教也受到西方多神教的禮儀特徵所影響，失去伊朗馬茲達教中關於道德善惡的內容，成為類似共濟會那樣的秘密社團，他們有自己的秘密典禮、入會儀式和成員等級傳承制度。祭拜密特拉的地下廟宇分布於帝國各地，有的甚至遠至伊朗之外，例如：倫敦市的沃布魯克（Walbrook）、哈德良城牆的卡羅堡（Carrawburgh, Roman Brocolitia）。這個派別最初盛行於西元一世紀。

密特拉教從伊朗發源並一路向西傳播，就像已經被我們所公認的猶太教和柏拉圖主義（Platonism）一樣（和其他宗教），也成為具有重大知識影響力的重要宗教之一。密特拉教被認為曾對早期的基督教會產生重要影響（儘管密特拉教出現的時間僅稍早於基督教，因此也有可能包含來自於基督教的影響），當基督教主教們勸導人們皈依基督教時，他們曾盡可能讓人們像接受先前的多神教一樣，信仰基督教這個新生宗教。例如：密特拉信徒相信密特拉是在十二月二十五日這天由一位之前的異教徒所生育（也有一些記載說是從石頭中出生），最早崇拜他的都是牧羊人。密特拉所舉行的儀式包括某種洗禮（baptism）與聖餐（sacramental meal）。還有一些其他特徵反映出這一派別的馬茲達教起源：人們認為密特拉宰殺一頭牛作為祭品，從牛血中誕生出各種生命萬物。密特拉是阿胡拉．馬茲達對抗世界惡勢力阿里曼的盟友。

在接下來的百年間，卓越的軍人皇帝圖拉真（Trajan）向東方的美索不達米亞發起新的侵略，打破雙方戰略膠著的狀態。帕提亞的沃洛加西斯三世國王罷黜了某位亞美尼亞國王，然後指派羅馬人不樂見的繼位者，這件事給予圖拉真入侵的託辭。為了避免在酷熱的天候中冒著箭矢向泰西封進軍，圖拉真在一一五年帶著人馬和輜重上船，經由底格里斯河順流而下（他在前一年征服了亞美尼亞）。當他們到達泰西封和塞琉西亞時，他們用最為精密的羅馬攻城武器戰勝了帕提亞守軍，隨後就攻下這兩座雙子城，圖拉真將美索不達米亞併入羅馬帝國的版圖。他的部隊最遠曾到達波斯灣，並且試圖效法亞歷山大繼續前進，但到了西元一一六年，他的軍隊在圍攻先前途經的哈特拉（Hatra）時遭遇失敗，圖拉真也於西元一一七年離世。

圖拉真的征服雖然足以讓他獲得「戰勝帕提亞的人」（Parthicus）的頭銜，卻沒有摧毀更東邊的帕提亞核心勢力，而且也被證明並不比西元前四〇年帕提亞人帕科盧、拉賓努斯對巴勒斯坦和小亞細亞的征服更為成功。圖拉真還在世時，羅馬人就在美索不達米亞及其他地方遭遇叛亂。圖拉真的繼位者哈德良與帕提亞國王霍斯勞（Osroes, Khosraw）講和，並放棄了圖拉真所征服的亞美尼亞與美索不達米亞。但是不論如何，圖拉真還是克服了卡萊戰役帶給羅馬人的陰影，並為後繼者示範了攻克美索不達米亞的戰術。

我們大概可以將圖拉真的入侵視為安息勢力衰落的起點，美索不達米亞很顯然已經不像以前那樣牢牢掌握在波斯手中。在接下來的一世紀，羅馬軍隊曾兩度成功地深入塞琉西亞及泰西封境內，分別是一六五年由維魯斯帶領，以及一九九年在塞維魯的指揮之下。不過同樣在這一百年間，帕提亞人也狠狠地進行反擊。一六五／一六六年，羅馬人之間似乎爆發了天花，帕提亞人藉機進攻敘利亞（一六二至一六六年，由沃洛加西斯四世率領），與此同時，他們也對付了內部的叛亂及遊牧部落的入侵，例如：阿蘭人（Alans）在西元一三四—一三六年間進犯了高加索地區。

西元二一六年，皇帝卡拉卡拉（Caracalla）挑起戰事，羅馬再次發動侵略，然而沒能跨越阿貝拉（Arbela，埃爾比勒〔Erbil〕／修勒〔Hewler〕）。作為最殘暴的其中一位羅馬皇帝，卡拉卡拉本人在卡萊附近被自己的禁衛隊成員刺殺（他曾於二一五年在亞歷山大城發動屠殺，殺死上千居民，只因聽說那裡的居民嘲笑他）。在卡拉卡拉的繼任者馬克里努斯（Macrinus）統治時期，帕提亞國王阿塔巴努斯四世（Artabanus, Ardavan）在尼西比斯（Nisibis）重創羅馬軍隊，之後（二一八年），馬克里努斯不得不支付一筆巨額賠款以換取和平，卡西烏斯·狄奧（Dio Cassius）記載的賠款數字是兩億塞斯特斯（sesterces，羅馬貨幣）。

無論這些戰爭對安息人的統治產生怎樣的影響，他們一定遭受很多磨難，並被戰事拖累得精疲力竭，尤其是在美索不達米亞地區和帝國西北部更是如此，這些地區在承平時期是帝國最富庶的地方。安息統治家族內部總是有著激烈的繼位爭奪，這也加速其統治權威的衰落。

波斯人的復興

西元三世紀初，有一股新勢力開始在波西斯（Persis）崛起，波西斯即前面提到的法爾斯，這裡正是阿契美尼德人的發祥之地。當時有一個家族藉由與安息家族結盟，成為此地的地方統治者。但是到了西元二二四年的四月，這個家族的首領已經將他的勢力擴展至克爾曼（Kerman）、伊斯法罕（Isfahan）一帶，他還組建了一支軍隊與阿塔巴努斯四世對抗。在一場發生於胡齊斯坦舒什塔爾（Shushtar）附近的霍爾木茲丹（Hormuzdgan）的戰役中，他們殺死了阿塔巴努斯四世。這個家族首領名為阿爾達希爾（Ardashir），這個名字的來源可以追溯至「Artakhshathra」，也就是好幾位阿契美尼德王朝國王所取的「阿塔薛西斯」這個名字。阿爾達希爾聲稱自己是阿契美尼德家族的傳人，這也許是為了掩蓋自己家族晚近以來的卑微地位。這個家族自稱為薩珊人（Sassanids），因為他們有一位祖先名叫薩珊（Sasan）。阿爾達希爾還把他的志業和法爾斯地區盛行的馬茲達教緊密地聯繫在一起（他的父親帕帕克〔Papak〕是伊什塔克爾〔Istakhr〕宗教核心地區阿娜西塔〔Anahita〕的祭司）。為了慶祝阿塔巴努斯的失敗，後人在法拉什班德（Ferozabad）一處巨大壁畫表現出這一情景。在畫面中，阿爾達希爾與他的追隨者騎著向前衝刺的戰馬，爭相對帕提亞國王及其士兵們發動攻擊，在馬上揮舞長矛，刺殺對手。

安息人的政權並沒有立刻崩解，直到西元二二八年，美索不達米亞地區仍然在鑄造安息人的貨幣，但阿爾達希爾在二二六年奪取泰西封，隨後便自封為「萬王之王」。只用了幾年時間，薩珊人便控制了帕提亞帝國的所有領土，單是這一事實就足以表明有部分帕提亞望族參與了改朝換代的過程（這些地方統治者的統治在二二四年之後仍然延續了很長一段時間）。

從一開始，阿爾達希爾就認定他的新王朝要用一種新方式來宣示其統治的正當性。他的錢幣上的銘文使用的是波斯文字，而不是之前安息人所使用的希臘文字，在錢幣的背面有馬茲達火寺的圖案。薩珊人所冀望的，正是伊朗人信仰馬茲達教的國王。在波斯波利斯附近的納格什魯斯坦（Naqsh-e Rostam，即「魯斯坦的浮雕」或「魯斯坦的圖像」。魯斯坦是古波斯傳說中的大英雄，智勇雙全，戰功彪炳），有巨大石刻壁畫，上面繪著騎在馬上的阿爾達希爾正在從歐爾穆茲德（Ormuzd，中古波斯語中阿胡拉．馬茲達之名）手中接過象徵王權的象徵。石刻中的阿塔巴努斯四世倒在阿爾達希爾座騎的馬蹄下，阿里曼則是在歐爾穆茲德座騎的馬蹄下。其中所傳遞的信息再清楚不過了：阿爾達希爾是神選的君主；他能夠戰勝安息人，是由於得到神的幫助（奉天承運）；他和阿塔巴努斯四世之間的角力，可比擬為歐爾穆茲德與代表混亂和邪惡的阿里曼之間的對抗。[11] 錢幣上的銘文也宣告阿爾達希爾是「天命所歸」（divine descent）——這又是一個將會在未來聽到迴響的創舉。此一想法恰好矛盾地出現在這位伊朗君主的身上，可能正是源於前一時期的希臘影響。學者霍瑪．卡圖齊安（Homa Katouzian）認為一個出身或多或少有些模糊、新來且專制的統治者，在一段混亂時期之後，透過武力獲取權力，並聲稱他的勝利來自於神的旨意和裁定，這種現象在伊朗歷史中不斷重複，已經成為一種循環出現的主題，它的原生形象可能就表現在這處浮雕壁畫上。[12] 阿爾達希爾所發動的叛亂帶有強烈的宗教色彩，這也在伊朗的宗教革命中一次又一次地出現。

在這處石刻壁畫的銘文上，有我們已知的最早對「伊朗」這一稱呼的使用（雖然在《阿維斯陀》中提及伊朗的時間有可能先於薩珊王朝，該稱呼也出現在阿爾達希爾的貨幣上）。從當時的相關證據中，我們可以看到文本中提到的「伊朗」所涵蓋的地域大概是指信仰馬茲達教的地方（依不同文本而異），或是伊朗人居住及使用伊朗語言的地域（儘管把巴比倫和梅塞內〔Mesene，亦稱 Characene〕也包含在內，讓這一論點變得十分值得懷疑）。「伊朗」一詞的使用也可能是為了強調某種定義不明確的內涵，指人和地域的統一。除此之外，和這一概念有關而意義更為明確的內容是何謂「非伊朗」（*Aniran*, non-Iran），——由薩珊王朝沙王所統治，但是不被看作是伊朗的地區——包括敘利亞、塞里西亞（Cilicia）及喬治亞（Georgia）。[13] 不論這些概念的確切意義究竟為何，對於它們的使用已經明顯表現出伊朗人的認同感，伊朗認同的中心位於法爾斯，但又遠超過法爾斯地區。我們可以看到的是，這些概念一定不是阿爾達希爾憑空召喚出來的。這些概念的效用對他來說關乎王權統治的權威——為了能有效樹立王權的正統權威，他們必須找到一些能從臣民們那裡得到共鳴的東西，以與人們對於土地、人民和政治文化的古老理解產生聯繫。

在接下來的幾年中，阿爾達希爾企圖藉由攻打美索不達米亞北部及敘利亞前線的羅馬人，成功取代帕提亞帝國的勢力。他的這個決定說明他認為有必要透過戰勝羅馬人來證明其獲得權力的正當性。這裡要再多說一句，帕提亞對抗羅馬的失敗可視為他們滅亡的一部分原因。乍看之下，羅馬帝國和波斯之間（包括帕提亞帝國和後來的薩珊帝國）漫無止盡的戰爭看似難以解釋。他們之間一戰再戰，就這樣延續了好幾個世紀。對雙方來說，存在潛在的經濟利益——雙方所爭奪的都是富庶的省分。但尤其在阿爾達希爾統治時，事實證明戰爭的代價極為昂貴，雙方都無法給對方致命一擊（在主戰場之外，雙方都有廣闊的後方腹地用以休養生息、捲土重來），任何一方在戰爭中取得的勝利果實都難以持久。但這些戰爭和爭議省分卻具有象徵性的價值——它們成了波斯眾沙王和羅馬眾皇帝眼中足以證明其統治正當性的政治籌碼。此後，他們對於戰事親力親為，羅馬凱旋門和法爾斯山體上的巨大石刻，上美索不達米亞地區（Upper Mesopotamia）、亞美尼亞和敘利亞便不幸成為王權政爭的競技場。

阿爾達希爾在最初的戰爭中並非特別成功，但是在幾年後，他成功地從羅馬人手中奪回尼西比斯和卡萊。他在人生的最後幾年與他的兒子沙普爾（Shapur）實行了共同統治，一直到西元二四一年去世為止。沙普爾隨後即位，並在與羅馬曠日持久的戰爭中，取得戰果最為豐厚的少數勝利。他先在二四三年於米西科伊（Misikoe）打敗羅馬人，並殺死了羅馬皇帝戈爾迪安（Gordian），而後在二四四年迫使皇帝「阿拉伯人菲利浦」（Philip the Arab）投降且割讓亞美尼亞。在西元二五九／二六〇年，此時的羅馬皇帝瓦勒良（Valerian）已被

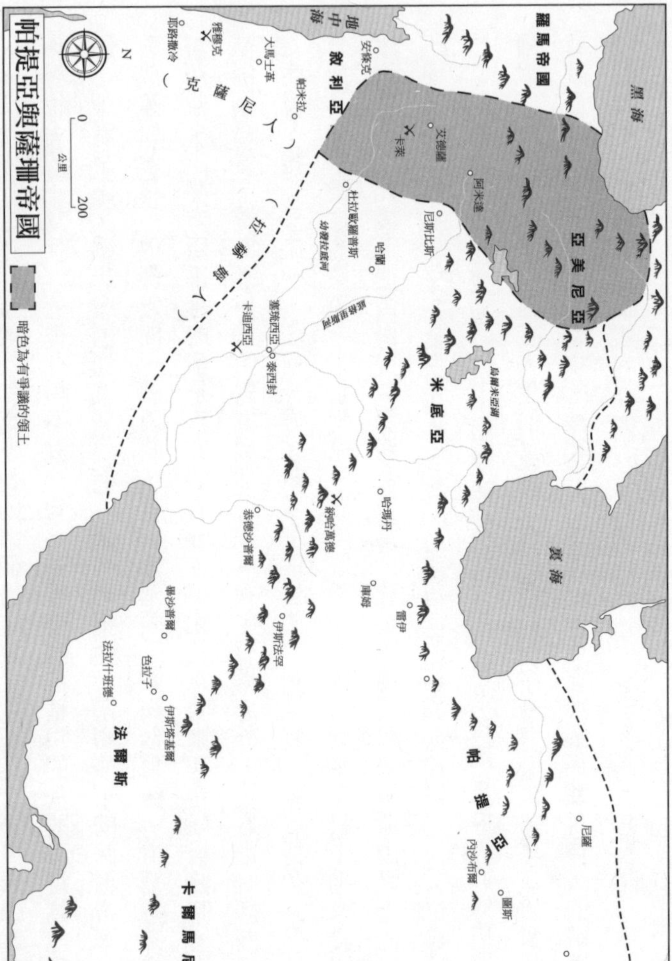
帕提亞與薩珊帝國
暗色為有爭議的領土
0 公里 200
N
黑海
羅馬帝國
地中海
敘利亞
安條克
大馬士革
耶路撒冷
雅穆克
帕米拉
（克薩尼人）
（拉赫姆人）
亞美尼亞
艾德薩
卡萊
阿米達
尼斯比斯
杜拉歐羅普斯
幼發拉底河
哈蘭
底格里斯河
塞琉西亞
卡迪西亞
泰西封
烏爾米亞湖
米底亞
哈瑪丹
納哈萬德
恭德沙普爾
畢沙普爾
伊斯法罕
色拉子
伊斯塔基爾
法拉什班德
法爾斯
庫姆
雷伊
裏海
帕提亞
尼薩
內沙布爾
圖斯
梅爾夫
赫拉特
卡爾馬尼亞
錫斯坦
扎蘭季
巴克特里亞
巴爾赫
粟特
阿姆河
阿拉伯海

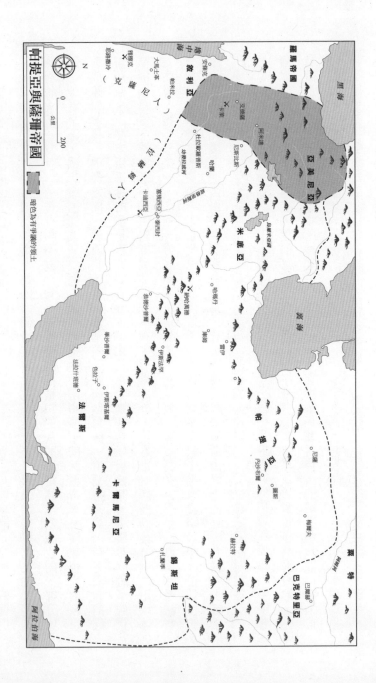

各種麻煩搞得焦頭爛額，他們受到哥特人的入侵並爆發瘟疫，而且出現了嚴重的政治動盪。他還是率領了一支軍隊來進攻沙普爾，但波斯人在埃德薩（Edessa）的西部擊敗他們，並且俘虜了瓦勒良本人。這些事蹟都記錄在納格什魯斯坦的另一處石雕壁畫上。沙普爾在壁畫中騎著高頭大馬，同時接受著兩位羅馬皇帝的臣服。壁畫上的銘文說，菲利浦交付了五十萬羅馬第納爾斯（denarii）賠償金，而且沙普爾還在戰役中俘虜瓦勒良——「我們親手擒獲了他」。[14]至於瓦勒良後來的結局，則有不同的版本。驚悚版本（源自羅馬一方的史料）記載這位曾經的皇帝在侮辱中苟活了幾年，最後受活剝人皮之刑而死，他的人皮被充以乾草，並展示於眾，以顯波斯軍力之盛。根據這個故事，安東尼・赫克特（Anthony Hecht）曾作一首詩，摘錄如下：

> ……羅馬皇帝瓦勒良，皮囊下，充乾草，恐怖人形偶……
> 宮前旗杆上，
> 隨風飄，
> 母親攜女觀，
> 得知男人和解剖……[15]

但在納格什魯斯坦浮雕銘文中，這位羅馬皇帝先後被安置在帝國各處的宮殿中。在畢沙普爾（Bishapur）和舒什塔爾，有證據可以證實這點，因為那裡有羅馬人利用他們在工程方面的特長而建造的水壩大橋一體建築。如今我們依然能在那裡看到這些建築的遺址，周圍還有許多羅馬人建造的其他橋樑。瓦勒良很可能是以「偉大的造橋者」（pontifex maximus）的名義在波斯人的城市中度過餘生，而不是被當作千夫所指的空皮囊。我們還可以從其他的證據中看到沙普爾在大體上表現出的仁慈行為，比如納格什魯斯坦石刻本身也描繪他的慷慨和寬宏大量，而非對敵人的殘忍侮辱。之前所提的剝皮故事很可能只是一則陰森恐怖的傳聞，由不加評判的羅馬歷史學家所寫下，他們完全不知道瓦勒良在被俘之後的實際情形，卻樂於相信波斯人什麼壞事都做得出來。大部分的平民，包括以為安提阿和其他地方的基督徒都在沙普爾的戰爭後被他帶回並安置在波斯。除了與羅馬的戰爭，阿爾達希爾和沙普爾也在東線開啟戰事，他們攻打貴霜人（Kushans），並且在今日位於中亞、阿富汗和印度北部的大部分地區建立起薩珊統治。

阿爾達希爾和沙普爾在政府中推行一些改變，此舉在伊朗社會開啟更深層次的變化。政府開始擁有更多權力，官僚系統得到擴展，政府系統從帕提亞人的分權系統（有時候被誤認為封建制），發展至一種新的運作模式。[16] 在當時的銘文中，可以看到新官職和頭銜出現，其中包括：書記官（*dibir*）、財政官（*ganzwar*）和法官（*dadwar*）。舊有的帕提亞貴族世家的地位得以延續，但是他們被授予了皇室的官職，因此可以說這些前朝世家在宮廷中被新的君主馴服了（在這點上，十分類似於十七世紀中葉法國投石黨內戰後，路易十四在凡爾賽宮馴化法國貴族的方式）。貴族世家的社會角色經過一段時間的改換以後，也促進另一種社會、文化與軍事現象興起——亦即豪族地主階層（dehqan）的出現。這一階層在往後的幾百年間控制了農村地區，他們的村莊和佃農都歸沙王指揮，他們為薩珊軍隊供應鎧甲騎兵，此一兵種是薩珊軍隊取得戰功的核心兵種（雖然最初那些大貴族世家仍然在各自省分中保有先前的諸多權力，如同帕提亞時期，騎兵主要由貴族的家丁〔retainers〕所充任）。

在其他方面，沙普爾長期的統治延續並充分執行由阿爾達希爾所立下的各種政策。有他父親先前在法拉什班德等地所立下的先例，兒子沙普爾也是一位偉大的城市建造者，在他手下建成了畢沙普爾、內沙布爾（Nishapur）等城市。這些城市的興建[17]及舊有城市規模的擴大得益於廣袤帝國領土上活躍的貿易活動（尤其是絲綢貿易沿線的城市，且其與印度和中國的海上貿易也在不斷增長）。後來在伊斯蘭時期，人們所熟知的巴札市集開始在城市中興起，這些巴札是商人與工匠的棲身之所，他們還組成了各種貿易行會（guilds，同業公會）。隨著經濟成長，為了滿足城鎮居民對食物的需求，農業也得到發展，遊牧生活方式的重要性有所下降。農耕田地面積的擴大，得利於卡納特水利系統（qanat，坎兒井），這是一種位於地下的灌溉運河，它可以從遠到幾公里之外的高地地區引水至村莊中，然後再分配輸送至田裡（卡納特至今仍然是伊朗的特色景觀之一——從空中鳥瞰地上的井口組成長長的一環，每個開口周圍有一圈水圈）。在美索不達米亞，農業範圍也擴大了，只要有合適的灌溉系統，大河谷底的肥沃土壤就能種植一年收穫多次的糧食作物。

在文化上，由於來自羅馬帝國的希臘人、敘利亞人及其他民族定居於薩珊帝國，這些居民也再度激發薩珊王朝對於希臘知識的興趣，開始有新的翻譯活動將希臘知識翻譯為巴列維文（Pahlavi，巴列維文是薩珊時代所用的中古波斯語，簡化自阿契美尼德時代所使用的語法更加複雜的古波斯語）。隨後，恭得沙普爾（Gondeshapur）、尼西比斯這類城市出現研究醫學及其他科學門類的重要學術機構。當時的銘文還記載沙普爾十分熱衷於以他家族成員的名義，建立火聖壇（fire-altars）。每個火聖壇皆會供養祭司和祭司的家族（作為馬茲達教的某種特點，火寺的蓬勃發展從安息人統治的時期便開始了）。這些來自於沙普爾和其他大豪族的供養和支持，強化了祭司（mobad）的經濟及政治勢力。

暗黑先知

在沙普爾統治時期出現的另一現象，在於新宗教的出現，此一宗教以其發起者的名字而得名摩尼教（Manichaeism）。除去多少有些模糊的正邪分野二元論之外，摩尼（Mani）及其教義對於今日的大部分的人來說是十分陌生的；但如果我們對他的思想加以仔細分析，他的思想實際上帶來了巨大的影響力，他的思想觀念以令人驚訝的方式對中世紀的歐洲影響尤其巨大。

摩尼在西元二一六年四月出生於帕提亞所屬的美索不達米亞，他的父母都是伊朗人，他們的家庭是安息皇族的其中一個分支。他們從哈瑪丹（埃克巴塔納）遷徙到了美索不達米亞。傳聞他自出生以來就是跛腳，因此有人認為摩尼思想中的厭世主義及厭惡人類肉體的情緒與他的跛腳有一定程度的關聯。如同其他世界宗教的始祖，他也出生於亂世，他的父母很可能是基督徒，[18]他在成長時期受諾斯替主義影響很深（諾斯替教派是早期基督教中的一個重要分支，但是也有人認為諾斯替主義比基督教出現的時間更早，並且吸收了柏拉圖主義思想，其與後來的猶太教甚至更後來的伊斯蘭教發展相似，他的思想被視為「諾斯替」。宏觀來說，他們相信一種秘密的知識——「*gnosis*」，這種知識來源於個人與神之間的直接溝通）。大約在西元二四〇年前後，摩尼宣稱他接受到神的啟示，要他不要吃肉、喝酒或行房事。摩尼的教義與基督教的某些元素共通，但是極為依賴源自馬茲達教概念的創世神話（如果這麼稱呼是正確的），尤其緊密聯繫於被稱作楚爾凡教（Zurvanism）的馬茲達教分支，楚爾凡教具有一種特別悲觀和決定論的傾向，幾世紀以來，此一分支都在美索不達米亞地區舉足輕重，從當地的傳統中汲取養分，比如占星術。

簡而言之，摩尼教的世界不安（queasy）且黑暗（dystopic），在這樣的世界中，正義和光明受到邪惡的攻擊和支配，物質等同於邪惡。邪惡透過交合和再生（與生俱來的罪）將光明（善靈，good spirit）囚禁在物質之中，並且由邪惡所掌控。耶穌能將人類從這種可悲的境況中解救出來，但是他的解救只是暫時的，真正的希望唯有在死後，靈魂最終得到解救。這種對於存在（existence）憂鬱與不安的觀點，許多都來自於對馬茲達教過度的附會和人格化，並以一個解放宗教（religion of liberation，從物質存在和邪惡中獲得拯救）的樣貌出現。摩尼寫下一系列宗教文本和禱文，很多都極具美感。他於西元二四三年面見了沙普爾，讓沙王留下不錯的印象，此後便被允許在薩珊帝國境內傳播其新宗教，[19]（大概是沙王沒有仔細地嚴加盤問——沙普爾此人的特點便是對包括基督教和猶太教在內的各種宗教採取包容態度。但如果他能在摩尼這件事上破例，該有多好啊）。在這一年，摩尼陪同沙普爾參加其與羅馬人的戰爭，巧合的是，在戰場的另一邊，陪伴羅馬皇帝出征的正是新柏拉圖主義者普羅提諾（Plotinus）。

摩尼的教誨傳播得既迅速又廣泛，從波斯傳入了印度、歐洲和中亞（摩尼教在中亞存活的時間最長，而且它是公開的宗教，而不是被迫害的地下運動，如今學術界所理解的多數摩尼教權威文本都產生於中亞）。摩尼本人動員了文書團隊來抄寫他的文章，並將之翻譯為各種語言。[20]他的追隨者形塑了某種信徒等級制度與獨特的首領選舉，似乎讓最虔誠的祭司作為首領，這樣的人必須能夠遵循那些純粹的清規戒律，遵守禁慾和行善規則，以及要在最大程度上憎惡人生的瘋話。*但是無論在何處，此一派別都很引人憎惡，並被視為異端——馬茲達教的祭司尤其如此，猶太人、基督教會同樣厭惡他們，甚至諾斯替教派也一樣。最後，摩尼（在沙普爾死後）停止他的行旅，在一個不再那麼寬容的環境裡，由於他對於馬茲達教的顛覆與曲解，終於在西元二七七年二月，他被馬茲達教的祭司（也就是對他比任何人都更加恨之入骨的人）關入監牢。經歷二十六日的牢獄及鎖鏈的折磨後，他死於獄中。

雖然他死了，但是他的破壞已經造成了。當然我們不能愚昧地認為一切壞事都來自摩尼，但看來他的確很成功地運用最具破壞與壓迫性的不潔觀念，汙染了一個信仰體系。在他對於不潔的理解中，物質存在是腐敗的，所有人都可能感受過的性愛歡愉也是有罪的。當然他的理念（尤其是那些關於性行為的本質是腐敗罪惡的內容）對於那些希望將厭女衝動（misogynistic impulses）玄化的人來說是極為受用的，對愛好宿命論者也同樣有用。他的觀念就像是潘朵拉的盒子，盒子裡的細小微粒乘著它們的醜惡翅膀飛向四方。如同學者亞歷山德羅・鮑薩尼（Alessandro Bausani）所說，摩尼大概是從「存在的極度錯誤性（monstrosity of existence）」觀點中建構出迷思：

> 他所建構出的迷思有一種特別令人不悅的特徵，它不是自然的，也不是自下而向上升華的……亦不是基於像瑣羅亞斯德教那種定義十分廣泛的具有宗教性質的社會性（wide-ranging religious sociality），因為摩尼所建構出的迷思只不過是一個疲憊又狂躁的思想者最為個人化的迷夢。[21]

但是摩尼的思想錯綜複雜、多樣且革新，並非全然負面。他的某些思想可能在後來對

---

* 作者在此處用了life-hating mumbo-jumbo的說法，可見作者對摩尼教持有十分負面的態度。——譯者註

伊斯蘭教產生些微影響——例如：比摩尼更晚的穆罕默德聲稱自己是「封印先知」（seal of the prophets），但除了他以外，還有其他的先知，[22]然而伊斯蘭教核心原則的精神在本質上與摩尼教相反，先知穆罕默德曾說：「所有教派都會得到救贖，僅有一個教派例外，那就是摩尼教。」[23]儘管對摩尼異端邪說的譴責到處可見，但是摩尼教轉而成為在地下活動的宗教派別，並且得以延續下來。不過最令人驚訝的是，摩尼帶給西方的影響。

在所有基督教神父之中，最有影響力的大概是希波的奧古斯丁（St. Augustine of Hippo）。奧古斯丁在他的書中解釋基督教，讓未受教育者能夠理解教義；他用基督教的概念來解釋羅馬帝國的陷落，免去基督徒的罪責（在這一點上，包括吉朋〔Edward Gibbon〕在內的很多人仍然不能認同）；他還用動人又平易近人的手法來描述他自己的生平，闡述他對於原罪的個人看法，以及其改信基督教的過程（他很晚才改信基督，並說過一句名言：「主啊，請讓我貞潔——但先別急。」）。在接下來數個世紀以來的基督教會思想中，奧古斯丁是極為重要的存在。他還在基督教的脈絡中解釋為何摩尼教是異端，但這件事的精彩之處在於他改信基督教之前曾公開承認自己是摩尼教徒，他還曾讓其他人改信摩尼教，而且可能曾擔任摩尼教祭司。雖然此一說法存有爭議，但摩尼教在奧古斯丁的思想中留下了明顯且深刻的印記。

奧古斯丁的諸多思想都隨著他的教誨成功融入西方基督教的教義之中，特別是關於原罪的內容（他把性行為和原罪緊密聯繫起來）、命運前定、揀選恩典（elect of the saved）概念，以及（惡名昭彰的）譴責未受洗嬰兒的行為，這些內容至少某一部分源自於奧古斯丁，有一些爭論說這些行為在更早期的基督教會中就已經出現了，但它們依然受到了類似於諾斯替觀念所影響，諾斯替主義也是啟發摩尼的來源之一。許多關鍵概念（尤其是處於最核心的原罪一說）同樣令人震驚於其所表現出與摩尼教教義的契合。難道奧古斯丁真的無法成功將被基督教會宣布為異端的摩尼思想不著痕跡地帶入基督教會嗎？但這大概就是實情，因為奧古斯丁曾被他同時代的人指控從事上述行動——尤其是被自由意志論的信徒伯拉糾（Pelaguis）所指控。在西元五世紀初，伯拉糾就上述那些問題與奧古斯丁進行了長久又激烈的對峙。最終，伯拉糾輸掉這場爭論，並被宣布為異端。這也許是基督教會所做過的最具破壞力的決定了。[24]

如同後來中世紀歐洲教會所追求的那般，全副武裝的摩尼／奧古斯丁式的殘忍教條出現了，他們令成千上萬的生命隨之凋零，其令人悲傷的影響一直延續至今：對於人體的反感、對於性行為的厭惡與譴責、厭女主義、宿命論（以及源自宿命論的隨波逐流傾向），以及對精神的過度理想化及對物質的鄙視——所有這一切都與耶穌最初的教誨無關。也許有人會辯稱：摩尼教的極端二元論——物質的邪惡／精神的良善，出自純潔派（Cathars）、波格米勒派（Bogomils）等諸如此類異端，而且它們是教會最積極剿滅的對象（英文中的「bugger」一詞便來自於「Bogomils」）。偉大的學者、波斯學家亞歷山德羅・鮑薩尼（我對摩尼教信仰的記述大多是從他那裡得來）認為這些西方異端學說之間並不存在著聯繫，[25]

但是從這些教派的信仰與實踐中卻很容易察覺到摩尼教的特質，這一點很難被忽視。中世紀教會迫害純潔派等派別的動力正是源於那些教派與正統教派之間存在著危險的相似性——那些教派將正統教義推向人們可以想像得到的極致狀態。當時教會正試圖摧毀自身的醜惡陰影（東正教，十分明智地，反而沒有採納那麼多的奧古斯丁理論）。奧古斯丁教義的真正對手是伯拉糾主義（也就是那種純粹又訴諸於自然的理論），它從未真正消亡——有時隱藏在一些中世紀思想的背後，在文藝復興人文主義到來之時又重新出現了。如果有哪一位基督教思想家真正配得上聖人資格，那麼伯拉糾絕對稱得上其中一位。如果有任何思想家真的配得上尼采所說的「*Weltverleumder*」（世界毀謗者）[26]，絕對就是摩尼和奧古斯丁。

現在，把離題了的話題拉回到波斯上面來。總之我們應該記得，摩尼教自最初始階段便受到馬茲達祭司的譴責並被斥為異端，更正確的觀點是將其視為對伊朗人思想的曲解，或甚至將其視為披著馬茲達教外衣的基督教諾斯替主義產物，因而不能作為在伊朗思想中長久存在的代表觀念。

再啟戰端

沙普爾擊敗羅馬人，導致羅馬帝國於三世紀時瀕臨滅亡。當瓦勒良在西元二六〇年被俘時，羅馬甚至一度無法反擊，整片東部領土似乎向波斯人征服者敞開了大門。但在此孤立無援的狀態下，一股新勢力以敘利亞城市帕邁拉（Palmyra）為中心興起了，他們的領袖是奧登納圖斯（Septimius Odenathus），他是羅馬化的阿拉伯人，其妻子名叫芝諾比阿（Zenobia, Zeinab）。奧登納圖斯橫掃了羅馬帝國的東方各省，且據部分西方史料記載，他曾成功占領薩珊帝國的西部省分，不過這一論點至今仍存有爭議。奧登納圖斯在二六七年前後被暗殺，他的繼任者是他的妻子芝諾比阿，她在二六九年征服埃及，但於二七三年被羅馬帝國皇帝奧勒良（Aurelian）擊敗。當時沙普爾已經去世，他可能是在二七〇年五月病逝於畢沙普爾（有些史料認為確切的時間是二七二年）。[27]沙普爾的統治大幅提高薩珊王朝的聲威，他在東方建立起如同羅馬帝國同樣偉大的波斯帝國。

沙普爾去世後，他的幾個兒子相繼即位，但在位時間都不長。有一位名叫卡提爾（Kartir, Kerdir）的馬茲達祭司慢慢鞏固自己在宮廷中的地位，至少他在決定繼位人選這件事上擁有很大的影響力。卡提爾利用其地位，開始用更激進的方式確保馬茲達教的正統性，不僅摩尼被處死與他有關，而且他也開始迫害摩尼教信徒，並迫害猶太人、基督徒、佛教徒等宗教信徒。在伊朗歷史中，這絕對不是宗教領袖涉入政治，並使少數族群受到迫害的最後一例（大概也就此讓施加迫害的人名聲敗壞）。在西元二八三年，羅馬人再次侵略波斯領土，這場戰爭的結果造就了新的局勢：亞美尼亞隔開了兩個敵對帝國，波斯失去沙普爾曾征服的部分前線省分。西元二九八年，波斯人在沙普爾其中一名兒子納塞赫（Narseh）率領之下沒能取得特別成功的戰果，於是有所退讓。雙方簽署和平條約，且延續多年。亞美尼亞確定成為由安息家族統治的王國（Arsacid kingdom），並受羅馬保護。一處位於納格什魯斯坦的石刻壁畫呈現了納賽赫被薩珊家族傳統的某位女性贊助人阿娜希塔授予王權的場景。這傳遞了一個重要的訊息，表示傳統已經回歸，在卡提爾的時代過去之後，又回到了寬容的宗教政策。[28]

西元三一〇年，經歷一番即位鬥爭，一名年輕男孩以沙普爾二世的頭銜登基。沙普爾二世在位時間很長，直至西元三七九年為止。他在位期間推動了一件著名的工作，這項工作是自阿爾達希爾即位甚至更早之前就已經開始的，那就是對馬茲達教文本的修訂、編纂和整理。根據後來瑣羅亞斯德教徒的記載（延續自安息家族時期，沃洛加西斯的相似做法），阿爾達希爾要求他的祭司重新整理和完成文本的殘缺部分，對口頭記載進行保存。沙普爾一世下令所有內容必須加入來自波斯境外汲取的科學、哲學等知識，這些知識的來源主要是印度及希臘。最終，沙普爾二世組織了大規模的討論和辯論，以釐清馬茲達教各個派別之間所存在的爭議，以求建立單一的權威教義。有一位名為阿胡爾帕（Adhurpat）的祭司，通過了火刑的考驗，得以證明其論點的正確性，因而獲准在《阿維斯陀》的內容中補充最後的禮拜儀式。這似乎是決定性的時刻，瑣羅亞斯德教中所存在的各種懸而未決的分歧就此得到了解決，將這個宗教中原本各不相同的元素合而為一，融合成為單一的正統教義，這就是現代的瑣羅亞斯德教的來歷。由此開始，稱之為「瑣羅亞斯德教」（Zoroastrianism），而非「馬茲達教」（Mazdaism），才是合理的（儘管選定任何一個明確的日子或者時段，對於一個循序漸進、複雜且依據不明的過渡時期來說，都多少顯得武斷，更何況後來還出現了具有楚爾凡傾向的反抗）。[29]

在沙普爾二世成為沙王不久之前，亞美尼亞轉變為基督教國家（至少官方上是如此），且在沙普爾統治時，羅馬的君士坦丁大帝也將基督教指定為羅馬帝國的官方宗教，他還進一步宣稱自己是各地基督徒的保護人。如此一來，波斯境內的基督徒就成了可能是潛伏的間諜及叛徒的嫌疑者，漸漸地，薩珊王朝早期由列位沙王所實行的寬容政策越來越難以持續。新的瑣羅亞斯德教的正統性及其政治聯繫和影響力，在波斯境內成為不寬容政策的反對者，從而帶來宗教衝突。造成羅馬和波斯之間關係緊張逐步提升的另一項原因是君士坦丁將沙普爾的兄弟留滯在其宮廷中，他把這位兄弟——霍爾木茲德（Hormuzd）——視為波斯王位的潛在競爭者。當沙普爾二世與阿拉伯人作戰時（他成功將一些戰敗的部落安置在胡澤斯坦），他要求歸還曾經被沙普爾一世占領的美索不達米亞北部省分，這些地方相繼於沙普爾一世的繼任者手中丟失。自此，戰爭再次爆發了，在西元三三七年至三五九年間，波斯和羅馬互有勝敗，最終波斯人奪取了阿米達（Amida，即今日土耳其境內之迪亞巴克爾）。

西元三六三年，羅馬皇帝尤利安（Julian）曾試圖盡力翻轉君士坦丁為羅馬帝國立下的基督教權威。尤利安是羅馬帝國晚期十分有趣的皇帝，他是一位學者、多神教徒，而且又是一名成功的軍事指揮官，他發動的攻勢維護了羅馬帝國在敘利亞的地位，讓波斯人不敢輕舉妄動。他在妄圖奪取波斯王位的霍爾木茲德的伴隨之下，率領一支八萬人之眾的軍隊，南下幼發拉底河，曾逼近泰西封，但圍城失敗，戰船也被燒毀了（可能是緣於事故）。酷熱氣候帶來的問題隨即開始困擾羅馬軍隊，士兵們飽受口乾舌燥之苦，因而士氣低落，羅馬人開始重蹈克拉蘇之覆轍，不得不撤軍。後來尤利安在戰鬥中被殺（很有可能是死於自己人之手），他的繼任者約維安（Jovian）簽署了對波斯人有利的條約，恢復了與沙普爾一世去世時相去不多的邊界，而且情勢更有利於波斯。在沙普爾二世統治時期，波斯在亞美尼亞具有更大優勢，他曾試著吞併亞美尼亞，但從未間斷的戰鬥直到西元三七九年、也就是他去世的那一年仍然延續著。沙普爾二世統治的成就更多體現在帝國的東部戰線，因為他不得不將更多的注意力轉向東部，以應付在河中地區及巴克特里亞建立起勢力的匈尼特人（Chionite Huns）。[30]

衝突、革命和自由性愛

沙普爾是一位強勢的國王，他成功的統治為他贏得巨大聲望。他的繼任者對宗教上的少數派傾向於採取寬容政策，追求以和平為主的外交政策，並（在某些方面）維持公平正義，保護窮苦人的利益。但他們沒能控制住那些傾向於執行不寬容和戰爭政策的神職人員及貴族階層（他們大概本質上就注定如此），這些人反對任何削弱他們權勢的意圖。阿爾達希爾二世、沙普爾三世、巴赫拉姆四世（Bahram IV）全都死於謀殺，或在十分蹊蹺的情況下死去

（巴赫拉姆是被抗命軍官亂箭射死）。[31]他們的繼任者伊嗣俟一世（Yazdegerd I）*於西元三九九年即位，他在他的整個統治時期內都與羅馬人保持和平。使統治羅馬帝國東部的皇帝阿卡狄奧斯（Arcadius）居然意圖讓伊嗣俟來當他兒子狄奧多西（Theodosius）的保護人。這件事極好地象徵這兩個勢均力敵的帝國如今進入了合作狀態。沙王與皇帝開始協作（雖然各自保有戒心），共同對付威脅彼此的內部及外部問題。由雄心壯志所驅使的戰爭英雄時期結束了，即便這兩大帝國之間的戰爭於六世紀再度爆發，但那不再是由渴求輝煌的皇帝所發動，而要歸因於各自的將軍了。

伊嗣俟一世也執行了寬容的宗教政策。他友善地對待猶太人（他們將他稱為「新居魯士」）並聘用猶太人為官。與眾不同的波斯基督教（Persian Christianity）也在其任內出現，此一宗教通常被稱作涅斯托利教會（Nestorian church，景教），其首次宗教大會（synod）於西元四一〇年召開（後來涅斯托利派信徒開始將自己和西方基督徒區分開來，因為他們對後者看待耶穌性質的態度持有異議，並且禁止傳教士獨身不婚，在這一點上，他們大概很受瑣羅亞斯德教徒的欣賞，因為瑣羅亞斯德教強烈反對獨身主義）。涅斯托利派召開宗教大會是一明智之舉，這麼做對波斯基督徒有明顯的好處，讓他們能夠免於被視為羅

*《舊唐書》作伊嗣俟，另譯作葉茲底格德。——譯者註

馬人的「第五縱隊」（fifth column）。* 但和之前一樣，這些寬容政策讓沙王不受教士歡迎（在後來的瑣羅亞斯德教紀錄中，他被貼上「罪人」的標籤）。如同他的前任統治者們，他似乎也死於謀殺。不過從他的名字被後來好幾位繼任者取用的此一事實來看，這表示他在宮廷中很受尊敬。

沙普爾二世之後的統治有其重大意義，因為它們象徵著王道理論（theory of kingship）的出現，也就是說，王道超越聯盟系統，或對某一特定宗教或階級的認同，聲明沙王有義務為所有臣民主持公平正義。這種王道概念也存在於伊斯蘭化之後的史料，後來的統治者必須以薩珊時代就已成為統治者標準的模式基礎及觀念，作為對統治者自身的要求。國王以神的恩惠為基礎，進行統治（basis of divine grace，在中古波斯語／巴列維語中稱為「*kvarrah*」——這個概念可以遠溯至《阿維斯陀》及阿契美尼德時代，基本上是以戰爭中的勝利作為證明），統治者被允許提高稅賦並蓄養軍隊，但這一切必須建立於其統治必須公正的前提上，而非暴政。不公和暴政會擾亂農業及貿易得以發展的和平狀態，造成稅收減少。另外，國王有能力對軍人施行獎勵，以利其穩定統治。扭轉惡性循環，將其導向良性循環的關鍵在於公正，不過在實際情況下，像伊嗣俟這類君主所實施的公正統治，在瑣羅亞斯德教祭司們的標準之下來看，不足以稱得上公正。公正原則的抽象性可以被任何一方用作武器或工具。

經過一番混亂之後，伊嗣俟的位子由巴赫拉姆五世接替，他也被稱為巴赫拉姆·古爾

（Bahram Gur，意為「野驢巴赫拉姆」），他之所以得到這個稱呼是因為他十分熱衷於獵野驢。此人成為傳奇人物，圍繞在他身邊的是各種廣為流傳的故事，而且這些故事極為詳盡地描述他對女人、音樂和詩歌的熱愛，以及他慷慨、勇敢的特質。他在希拉（Hira）長大，有證據顯示他的養父是阿拉伯人，導致教士們並不喜愛他。巴赫拉姆．古爾曾在帝國東部成功保衛波斯疆界，他重新建立起波斯人對於亞美尼亞的控制，並且和羅馬人簽訂了條約，這讓兩個帝國都能夠享受宗教上的寬容。但他酷愛打獵的嗜好葬送了他的性命，人們相信他是在西元四三八／四三九年，於米底亞狩獵時身陷流沙而死。伊嗣俟二世是他的繼任者，他似乎較受瑣羅亞斯德宗教人士喜歡。他曾試圖在亞美尼亞推行瑣羅亞斯德教，因而在當地引發一場內戰。他在波斯本地恢復了對基督徒和猶太人的迫害。圖拉吉．達拉伊（Touraj Daryaee）認為，相較於源自西波斯人阿契美尼德王朝的血統，伊嗣俟二世更傾向屬於東波斯人，他們在源自《阿維斯陀》的神話故事中是來自凱雅尼的國王們（Kayanid kings），亦是後來菲爾多西創作的史詩《列王紀》中的英雄。[32]

在此期間，來自北方及東方遊牧部落的威脅變得更為劇烈（羅馬人也面臨著相同的威脅，這也是兩國此時能夠休戰的原因之一）。大體上而言，伊嗣俟二世對抗遊牧部落的戰績可謂成功，但他在四五四年被迫撤退，並於四五七年去世。在經歷一段王位繼承危機之後，

* 第五縱隊，意思是「與敵人裡應外合，破壞國家團結，以圖利敵人的團體」。——譯者註

他的兒子菲洛茲（Peroz, Feruz）在赫夫塔利特匈人（Hephthalite Huns，可能是「嚈噠人」或「白匈奴」）的幫助下奪下王位，可是他在四六九年波斯與赫夫塔利特匈人之間的一場戰役中被俘虜，他被迫付出巨額贖金及領土的代價，以換取釋放。這段期間同時也是爆發乾旱及饑荒的困苦時期。菲洛茲於四八四年再度對赫夫塔利特人開戰，他本人在戰場上喪命，波斯人也被徹底打敗。他的繼位者唯有納貢，才能免於遭受這些東方敵人攻擊，最終仍被廢黜，並被刺瞎了雙眼。

西元四八八年，卡瓦德一世（Kavad I）在危機中登上了王位。此時赫夫塔利特人侵吞了波斯東部的部分省分，波斯的農人在不斷發生的饑荒中掙扎，還受到傲慢貴族的剝削，並且要負擔上繳給敵人的貢金。西部及西南省分爆發了叛亂，此外，禍不單行的是出現了一支新的摩尼教分支，他們聲稱由於人們對於財富和女人的慾望，致使世界發生動亂，因此財富應該平均分配，女人應該由全體公有（後者常被這一派別的敵人所誇大，但有證據表明該派別的確建立了「聖殿」及「旅館」，以供人們聚集和自由交媾）。[33]雖然有人懷疑其領袖馬茲達克（Mazdak）在這場運動中有多少實際作用，總之這場運動還是以他的名字命名——它被稱作馬茲達克教（Mazdakism）。很顯然，卡瓦德本人改信了這個新信仰，以此來尋求壓制貴族和教士階級的機會。他打開糧倉供人們取用，並重新分配土地，但貴族和教士開始反擊，並成功囚禁他，還讓更易於操控的他的兄弟取代其位子。整個國家陷入動盪（美索不達米亞地區尤其如此）。後來卡瓦德終於從監獄逃出去，並在赫夫塔利特人的協助之下，重新奪回大權（四九八／四九九年）。

古代學者塔巴里（al-Tabari）曾記錄一則故事，描述卡瓦德透過他的女兒的幫助才得以脫逃。[34]故事是這樣的：卡瓦德的女兒來到獄中告訴獄長，只要讓她見到父親，她願與他發生關係。女兒在獄中與父親待了一天，然後與一個強壯的僕人離開，僕人隨身帶著一綑捲起來的地毯。獄長問起地毯的事，她回答說，這是她睡覺時用的地毯，因為她月事來了，所以她必須去清洗一下再回來。這個獄長怕「髒汙了自己的手」，不想檢查那塊地毯，於是就讓她帶著地毯離開了。然而，他們沒有回頭，一離開監獄，卡瓦德就從地毯中爬出來，逃向赫夫塔利特人。以為女人經血不潔的迷信禁忌，證明了對貴族和教士階級有效——看來世間萬物都有其作用。

在卡瓦德統治的晚年及他的兒子、繼任者霍斯勞（Khosraw，西元五三一—五七九年）*的統治期間，這兩位沙王都推行了許多重要改革，讓薩珊帝國最終得以定型。這兩位國王都藉助馬茲達克信徒革命所造成的混亂，以削弱貴族和教士的勢力（在卡瓦德的晚年尤其如此，當時霍斯勞能否即位尚有疑問，教士和貴族卻不得不支持霍斯勞即位，以阻止卡瓦德的另一個支持馬茲達克派別的兒子成為沙王）。在所有改革中，最為重要的大概是稅務系統的改革，薩珊帝國從此建立了收取人頭稅的制度，也開始對可以實行稅收的土地面積進行

* Khosraw，另可譯作「庫思老」。——譯者註

測量，此舉可確保稅收公平。[35]整個帝國分為四大部分，每個部分分別屬於一名軍事指揮官（spahbod）管轄，並有官員（diwan）從旁輔助，確保軍隊獲得供應。除此之外，一個新的神職機構被建立起來，此一機構是窮人的保護者，負責加強神職人員的道德責任，讓他們照顧被神職人員忽略的社會最底層人民的利益。這些改革創造在極大程度上加強了新的豪族階級（dehqans）的權勢，這些人是在鄉村收稅的仕紳，他們本身也擁有少量土地。這些豪族本身也是為波斯贏得軍事榮耀的騎兵來源，他們是沙王軍隊的主力，但是從此時開始，他們由沙王供養，只聽從沙王的號令，而不受那些貴族世家的管轄。豪族階級和沙王的利益有著緊密的聯繫，他們擔任行政人員、大臣及戰士，因此這些豪族十分重要，薩珊波斯的傳統及文化主要由一代又一代的豪族保存，直至伊斯蘭征服之後依然如此。

隨著改革至西元五二〇年代大致完成，[36]卡瓦德認為馬茲達克已沒有利用價值。據說，一場辯論被組織起來，目的是讓馬茲達克的教義在人們心中破滅。在這場辯論中，不僅僅有瑣羅亞斯德教的神職人員發言反對馬茲達克派，連基督徒和猶太人也站出來反對馬茲達克。按照後來菲爾多西所講的故事內容，卡瓦德隨後將馬茲達克及其信徒交給霍斯勞，這些具有共產主義者特徵的信徒被他下令燒死，屍體頭朝下埋在土裡，腳露在地面上。霍斯勞隨後讓馬茲達克來到他的花園中，並告訴他：

> 你將見到從未有人見過、也從未有人從古代先哲那裡聽說過的植物……

當馬茲達克打開大門進入花園中，他看到那些所謂的植物後大叫一聲之後，就暈倒了。霍斯勞把馬茲達克倒掛在架子上，並將其亂箭射死。隨後菲爾多西下結論說：

如果你是明智的人，不要追隨馬茲達克的道路。此後貴族們的資產、女人、小孩和富有的寶石才得以安全無虞。[37]

這則故事也許如實記載了當時的情形，因為我們知道菲爾多西的作品是基於更早的紀錄寫成的。現今無法確定馬茲達克究竟如何死去，但他所帶來的宗教革命是一段重要插曲。這又是一次宗教革命——但是一個失敗的宗教革命，或至少是部分失敗了。他的宗教革命並未帶來共享財富的新秩序（就更別提性自由了），但的確削弱了大貴族的勢力，並且至少為窮苦人帶來了一些好處（儘管主要的受益者是那些豪族，這件事可以單純地理解為農民被分配到對當地特別關注的人們手中，這是為了更有效率地利用農民）。不過如果我們從另一個角度來看，這場宗教革命透露了關於社會與政治利益交互影響的一些重要訊息，而這場運動本身也自有可鑑之處。馬茲達克和他身邊的人至少在最初時看似是高度仰賴著王權的權威，藉以確保其革命運動順利進行。即使卡瓦德誤判了這股力量，但是他依然將事情運作得十分巧妙。他對教士和貴族們來說也很重要，所以在被關押期間也沒有被他們直接動手殺害。他當時僅是在他們面前的最後一道阻礙。這場革命對教士和貴族來說，無疑是遲來的警鐘，他們至此才明白自身特權的基礎何在，以及君主本身具有團結社會的重要性。即使公正不算是完美（更遑論平均主義），但也不能只是嘴巴說說而已；公正原則未必是申訴權，但至少在原則上給予所有人對制度系統的正當期待。就如同大多數的革命，這場革命的效果是讓政治力量在社會基礎上擴大了，釋放了新近積聚起來的人民能量，並且是對君主威望及其權勢的再認可及擴大，自此之後，君權進入其黃金時代。

霍斯勞·阿努希爾萬

霍斯勞·阿努希爾萬（Khosraw Anushirvan）在西元五三一年即位，並繼續實行其父的改革，還剿滅了馬茲達克派。[38]他的宮廷成為研究學問的中心，更吸引希臘新柏拉圖主義者的學者來訪，而當時新柏拉圖主義者位於雅典的哲學學院已被羅馬皇帝查士丁尼關閉。但是就如同吉朋所評論那般，這些柏拉圖主義者是「柏拉圖本人都羞於認可的人」：

> 哲學家們的失望情緒使他們忽視波斯人的真正美德；他們遭到毀謗，受毀謗程度之深甚至比陳述本身更為嚴重，他們被說是多妻多妾、亂倫婚姻，而且將死者屍體暴露在狗和禿鷲面前，不將屍體掩埋或焚燒的習俗。哲學家的懺悔表現得十分突兀，他們大聲宣布自己寧願死在帝國境內，也不願享受野蠻人的財富和喜愛。但是從這次旅程中，他們

得到一項好處，反映出霍斯勞人格最純粹的光輝。他要求那七位造訪波斯宮廷的賢哲應該免於查士丁尼制定用以懲罰信仰多神教臣民的刑罰；而且這一特權在和平條約中得以明確規定，受到中間人的監督守護。[39]

霍斯勞鼓勵翻譯來自希臘、印度和敘利亞文字的文本，西洋棋也是在他統治時期從印度傳入波斯（大概有一些玩法上的變化）。他發起波斯歷史的編纂工作且推動星相曆法的制定。霍斯勞支持瑣羅亞斯德教在國家中占有重要地位，但他個人則更傾向理性主義，他閱讀哲學及其他宗教的著作，並因其本身具有的智慧與公正，而聲譽卓著，後來得到了「阿努希爾萬（Anushirvan），不朽靈魂的霍斯勞」的稱號。在西方，他以哲學家國王的形象廣為人知（有一部分原因是他與新柏拉圖主義者的接觸）。在阿拉伯人後來的記載中，他被阿拉伯人稱為「公正者」。他建立起宏偉巨大的宮廷，在泰西封建造了宮殿，雖然周圍連綿的花園和步道已消逝，但是其巨大的伊宛拱頂（*iwan* arch）至今依然可見。由於霍斯勞在智識方面所取得的成就，也因為他為薩珊時代的王權觀念所示範的榜樣，他的統治成為薩珊王朝統治的最高峰，在之後的許多世紀裡幾乎成為理想君王統治所應該呈現的面貌，甚至在薩珊人自己都早已不復存在之後，依然如此。

霍斯勞在戰場上也很成功。他打敗了赫夫塔利特人和突厥人（Turks），後者在早期曾被利用為削弱赫夫塔利特人的工具，但是突厥人開始對帝國北部和東北部邊境形成了威脅。霍斯勞還與東羅馬（此後通常被稱為拜占庭）打了好幾場戰役，獲得勝多敗少的戰績（延續他的父親與父親的謀士阿札雷希斯〔Azarethes〕所取得的成功，他們在西元五三〇年於尼西比斯，以及五三一年於卡利尼古姆〔Callinicum〕打敗拜占庭偉大將領貝利撒留〔Belisarius〕）。拜占庭重新與波斯簽署條約，以大量金錢換取波斯停止通過高加索入侵小亞細亞。最後，霍斯勞在西元五七二年重新占領具有戰略意義的城鎮達拉（該地在今日的土耳其及敘利亞邊境處），從此他得以有能力再次派兵突襲敘利亞，最遠可以攻打至安提阿。因此拜占庭進一步提出休戰協議，付出大量黃金使波斯人罷兵。[40]

霍斯勞在西元五七九年去世，他的兒子霍爾木茲德四世（Hormuzd IV）登上王位。霍爾木茲德看起來已經盡力維持他父親一手建立起來的平衡局面，他支持新貴豪族（dehqans）以打擊貴族（nobility）勢力，並保護更底層人們的權利，且抵制神職人員重申其權勢而表露的企圖。但是由於他常常打壓神職人員，因此被瑣羅亞斯德教徒視為殘忍、不公正的君主。在此形勢下，他手下的巴赫拉姆．楚賓（Bahrain Chubin）將軍由於被霍爾木茲德批評在西線的戰事中表現欠佳，因而開始向泰西封進軍，並東線的戰爭中取得戰果。但巴赫拉姆．楚賓是舊時帕提亞安息家族後裔，來自大家族梅蘭家族（great family of Mehran）。在其他貴族的協助下，他罷黜、刺瞎霍爾木茲德，後來乾脆殺死他，並將霍爾木茲德的兒子霍斯勞二世推上王位（西元五八九／五九〇年）。後來巴赫拉姆自己稱王，試圖重振安息王朝，不過這對其他政治階級人士來說過於冒犯，他們仍秉持著堅定的王朝原則，支持霍斯勞二世的王權。形勢急轉直下，一度不得不向西逃命的霍斯勞二世，在拜占庭皇帝莫里斯（Maurice）的支持之下回歸，並討伐巴赫拉姆。巴赫拉姆只得逃向突厥人的地盤（圖蘭〔Turan〕），最終在那裡死於謀殺。

霍斯勞・帕勒維茲

在亞美尼亞與拜占庭的幫助下，霍斯勞二世在貴族發起的各種爭鬥及一次次叛亂中存活下來，在西元六〇〇年，他終於建立起自己的絕對權威，並且冠上了「帕勒維茲」（parvez）的頭銜——也就是「勝利者霍斯勞」的意思。這個頭銜雖說非常貼切，可是他卻不具備他同名祖父身上所體現的道德楷模及偉大的王道精神。他很可能與他父親被殺一事有所牽連，而且他的一生充滿各種殘忍事蹟，隨著他的年歲增長，這種事情就越來越多（儘管他親基督教的立場與他的不幸統治很可能讓後來瑣羅亞斯德教的記載對他持有偏見）。他年年加重的賦稅使人民負擔沉重，卻為自己積累了巨額財富，雖然後來的人們都記得他和席琳（Shirin）的偉大愛情故事，但他也擁有龐大的後宮與許多妻妾、舞者、音樂家，以及各種其他提供娛樂的人。如果他想狩獵，那麼他可以在一個占地廣大的獵苑中滿足自己的願望，那裡充滿各式各樣的娛樂。在宮廷裡，他有輝煌無比的寶座，寶座的上方橫跨著由隱藏的機械裝置所驅動的天體，猶如置身於天文館。

但他最熱中的活動還是戰爭。西元六〇二年，霍斯勞的恩人拜占庭皇帝莫里斯死於謀殺，篡位奪權者名叫福卡斯（Phocas），有一份記載指稱，莫里斯被迫在自己被殺之前，眼睜睜看著自己的五個兒子一一被殺死，拜占庭在此之後陷入混亂與內戰，這讓基督教各派別之間的關係益發惡化。福卡斯派了一支軍隊攻打安提阿那些不服從於他的基督徒，並在該地展開大屠殺。在埃德薩，一位當地的拜占庭將軍成為抵抗福卡斯的力量。霍斯勞以莫里斯遭受謀殺為理由，對福卡斯開戰，並派兵營救埃德薩城。他因此得以將埃德薩作為前線，用以影響拜占庭的邊境駐地。經過一番準備之後，他終於入侵了拜占庭帝國的東部。當時的拜占庭人正在專注於對抗他們在多瑙河前線的敵人阿瓦爾人（Avars），因此東線的實力相對薄弱。到了六一〇年時，福卡斯已經被希拉克略（Heraclius，他是亞美尼亞人後裔）取代，希拉克略被證明是所有拜占庭皇帝中最有能力的一位。希拉克略想要與波斯人維持和平，但他的嘗試被霍斯勞忽略了。能征善戰的波斯將軍沙爾瓦拉茲（Shahrvaraz）、沙辛（Shahin）率領薩珊軍隊穿越美索不達米亞、亞美尼亞與敘利亞，抵達巴勒斯坦和小亞細亞。他們在西元六一一年奪取安提阿，在兩年後（六一三年）攻陷大馬士革，然後又在隔年（六一四年）占領耶路撒冷（這震驚了整個基督教世界）。在耶路撒冷，基督徒守軍拒絕撤離，頑強抵抗三週，才在猛烈攻擊下被攻陷城池，慘遭劫掠。依據拜占庭基督徒的記載，該城和周邊地區的猶太人參與了屠殺基督徒的行動，其中有六千基督徒遭到殺害。[41]波斯人將基督教聖物「真十字架」（True Cross）帶往泰西封。在接下來的四年中，他們陸續征服埃及、控制小亞細亞的大部分區域，最遠抵達迦克敦（Chalcedon），可隔博斯普魯斯海峽與君士坦丁堡相望。自從居魯士之後，從未有哪位波斯沙王能夠在軍事上臻至如此成功的境地。

但自此之後，幸運的天秤開始向其對手傾斜了。希拉克略做了精心準備並且促使雙方在宗教層面激起衝突，將戰爭打造為一場宗教戰爭、一場聖戰。之後的基督教編年史學者將他的戰爭描述為十字軍戰爭。在西元六二二年時，希拉克略下了一步險棋，他們繞過小亞細亞的所有波斯軍隊，讓一小支精銳部隊搭船來到黑海的東南角，由此處出其不意地攻入亞美尼亞，將途經的鄉村破壞殆盡（在同年，先知穆罕默德開始從麥加到麥地納的遷徙）。希拉克略還成功地讓沙爾瓦拉茲不得安寧，希拉克略送信給沙爾瓦拉茲，信上說霍斯勞打算動手殺了沙爾瓦拉茲。在來自高加索北部的突厥化卡札爾人（Turkish Khazars）的幫助下，拜占庭人進入亞塞拜然地區，摧毀了今日被稱作「所羅門之座」（Takht-e Soleiman）的最神聖的波斯火寺。

波斯人之後自小亞細亞撤軍，並在尼尼微吞下一場決定性的敗仗（西元六二七年）。來年年初，希拉克略兵臨泰西封，霍斯勞被罷黜，他的兒子卡瓦德二世（Kavad II）成為沙王。卡瓦德此時只得求和，願放棄先前波斯占領的所有土地，並於西元六二九年達成協議。霍斯勞被送上法庭，並被指控犯下一連串的罪行，包括：弒父罪（霍爾木茲德四世的死與他有關）、殘酷對待臣民（尤其是軍人及女人）、對羅馬人忘恩負義、貪財聚斂，以及不正當對待自己子女等罪名。[42] 但卡瓦德二世也被證明並不是多麼正派的統治者，他靠著謀殺所有兄弟，剷除所有對手之後，才得以登上大位。這些殺戮造成此後許多年，都缺乏具有明確正當性的王位繼承人。

戰爭的破壞力使得羅馬和波斯兩大帝國最富庶的省分慘遭摧殘，其他地方也因為沉重的賦稅而貧困不堪。在整個波斯的東部各省，突厥人不再受控，卡札爾人掌控了波斯西北地區，之後還有阿拉伯人，他們如今擁有來自先知穆罕默德的訊息，他們帶著決心團結在一起，開始侵擾美索不達米亞地區，並且逐步建立起阿拉伯人的勢力範圍。此時，大貴族之間爆發了內戰，洪水又破壞了美索不達米亞的灌溉系統，這使得肥沃的農地變成一片沼澤。帝國的西部省分爆發了瘟疫，此一災難使得許多人喪生，卡瓦德本人也死於這場瘟疫。內部的混亂和暗鬥導致各個君主在位期間短促（兩年經歷了十位沙王），其中包括之前的將軍沙爾瓦拉茲與兩位女王——普蘭多特（Purandokht）和阿札梅多特（Azarmedokht），前者是霍斯勞二世的女兒，她試圖採取一些有效措施，以重建帝國的秩序，但是新政未及實施，她就被另一位將軍罷黜了。最後，時年八歲的伊嗣俟三世（Yazdegerd III，霍斯勞二世的一個孫子）於西元六三二年即位。

第三章

伊斯蘭與入侵：阿拉伯人、突厥人和蒙古人；伊朗人對伊斯蘭的重新征服、蘇菲主義者與詩人們

Dusham gozar oftad be viraneh-e Tus
Didam joghdi neshaste jaye tavus
Goftam che khabar dari az in viraneh
Gofta khabar inast ke afsus afsus

我昨夜路過圖斯的廢墟，
孔雀早已不見蹤影，取而代之的是貓頭鷹，
我問牠，這些廢墟傳來怎樣的訊息，
牠哀嚎了兩聲，拍拍翅膀飛走了。

——被認為出自沙希德・巴爾赫伊（Shahid Balkhi，西元九三七年卒），詩中的貓頭鷹是死亡的符號（Saberi；p. 254，譯自 Axworthy 及 Ahmadzadeh 兩人的英譯）

在伊朗歷史中，有個問題被一再提及，這個問題就是如何處理伊斯蘭到來前、伊斯蘭時期及現代時期之間的文化延續性。在薩珊時期，波斯社會機制的頂端是君主權力和瑣羅亞斯德教。隨著伊斯蘭征服到來，這兩者都被剷除了，而且在三百年內，幾乎沒有留下明顯的痕跡。

但仍有無可爭辯的事實指出另一條線索。首先，最為重要的一點就是語言。波斯人的語言保存了下來，而阿拉伯人所征服的許多地方的語言，已被阿拉伯語替代了。波斯語從中古波斯語或是帕提亞、薩珊時期的巴列維語演變而來，並從阿拉伯語言中引入外來詞，在大約兩百年間發展成優雅且易於理解的語言，成為今日伊朗人所使用的語言。[1] 也許有些人會說，這已經成為一種新的語言，如同中世紀諾曼征服之後的英語變化一般。但是值得讚嘆的是，現代波斯語自從西元十一世紀以來就沒有變化了。尤其是當時就已流傳下來的詩歌，可為現代伊朗人所理解，現今學校仍然教授詩歌，人們也經常引用、吟誦那些詩句。人們繼續使用波斯語溝通，波斯語的書面文字則是阿拉伯字母。

還有另外一項能夠代表波斯文化延續性的不朽偉業，它本身就具備語言、歷史、民俗記憶和詩歌之間的連結——即菲爾多西的史詩《列王紀》。它是過渡時期最偉大的單一詩體的長詩，即便在今日，多數伊朗人仍十分熟悉它的段落和故事情節。菲爾多西將各種廣為人知的國王及英雄故事加以重新創作，他的寫作就像是一個時間膠囊，盡其所能為未來的伊朗後代保存伊斯蘭化之前的伊朗文化。故事本身所使用的語言幾乎有意迴避所有的阿拉伯外來詞彙，而這些阿拉伯語詞彙在當時已經成為日常交流中不可或缺的詞彙，尤其書面文字更是如此。菲爾多西這部史詩作品中的詩歌文學品質卓絕，影響力幾乎遍及後世所有的伊朗詩歌作品。現今伊朗人對於故事各個角色，例如：凱・卡烏斯、魯斯坦、索拉伯、希亞沃什、霍斯勞及席琳的熟悉程度，一如菲爾多西時代。

然而，在討論和了解菲爾多西時，我們必須先了解當時的歷史背景，也必須了解伊斯蘭教的重要性，以及最初三百年間的穆斯林統治。

穆罕默德

在穆罕默德生活的年代，阿拉伯人不全然都是貝都因人（Bedouin）。穆罕默德本人是商人的兒子（西元五七〇年前後出生於麥加），後來他開始為一位富有的寡婦打工，擔任其貿易商隊的護衛及領頭人。後來穆罕默德娶了這位寡婦並且親自經營生意。此時正處於變革的時代，在社會及經濟上都是如此。麥加、麥地那這一類的城鎮開始轉變成為阿拉伯半島生活中的重要部分，樸實的遊牧價值觀開始與更為精緻的城市生活方式發生摩擦；傳統的部落多神教與城市裡的猶太人所信仰的一神教之間，其關係也趨於緊張（當時的阿拉伯半島上分布著重要的猶太人社群——尤其是在麥地那）。如同在波斯一樣，宗教觀念隨著商人的貿易貨物傳播到半島以外的地方。在阿拉伯人生活的城鎮裡，基督徒隱士、猶太人與信仰多神教的阿拉伯人密切地生活在一起。阿拉伯人同時被薩珊人僱用，也為羅馬人打工，伽珊尼德（Ghassanids）、拉赫姆（Lakhmids）這兩個阿拉伯王國是薩珊帝國及羅馬帝國兩大帝國在南部的緩衝區（一如亞美尼亞在其北部作為緩衝國）。阿拉伯人也已經向西定居於今日的伊拉克，向北遠及於敘利亞一帶。

穆斯林相信，穆罕默德的首次神啟是透過大天使加百列所傳達，此部分內容出現於《古蘭經》第九十六章的前五行，那是在西元六一〇年前後，發生於麥加附近的一個山洞裡。最初的神啟內容宣告，有一位公正的神將於末日來臨時的審判中，依據人們生前行為來判決此人應該上天堂，還是進火獄。神啟還譴責了虛妄、輕視窮人及欺凌弱者的行為，也強調了禮拜的功修。西元六一三年前後，先知穆罕默德開始在麥加傳播他所接收到的啟示，也反映了當時社會上存在的貧富分化及不同社會階層之間的矛盾。早期的歸信者大多是來自弱勢宗族的窮苦人們及富裕家庭的幼子。但是他宣揚譴責多神教等現象給社會帶來權威性的改變，也影響統治家族從多神教朝聖者所得到的收入，因而威脅到了麥加既有的社會秩序及既得利益者的權益。

對先知穆罕默德的敵意最終還是爆發了，麥加的幾個統治家族威脅他在麥加的人身安全。穆罕默德逃離了麥加，並於西元六二二年得到麥地那居民的接納。麥地那當時正陷入在對立部落間的爭鬥，穆罕默德之所以受到歡迎，很可能反映了麥地那人期盼他以仲裁人的身分阻止更大程度的動亂。事實證明，穆罕默德來到麥地那，意味著某種新的精神領導原則，取代了以族長親緣關係為統治基礎的結構體系。穆斯林將此次行動稱作「希吉拉」（Hijra），意為「遷移」，它在早期伊斯蘭教的歷史中有著至關重要的意義。從麥加遷徙至麥地那的穆斯林在該地建立起穆斯林社群，這一年就是伊斯蘭曆（希吉拉曆、回曆）的元年。

最初，聚集在穆罕默德身邊的群體願意接納猶太人及基督徒，但是穆罕默德宣揚的神啟顯然逐漸成為既不同於猶太教，也異於基督教的全新宗教（儘管基於並超越另外兩個宗教先知的教誨）。簡而言之，穆罕默德拒絕三位一體及耶穌具有神性的說法，猶太人則拒絕承認在《舊約》的諸位猶太先知之後現身的穆罕默德也是一位先知。

這件事在麥地那非同小可，因為該地有三個重要的猶太部落。最初，穆罕默德把耶路撒冷作為禮拜儀式的方向，其他各式規定也與猶太教明顯相似。伊斯蘭教最早的、也是最核心的元素在內容和重要性與猶太教有令人驚訝的一致性。但是猶太人拒絕接受穆罕默德的神啟，他們與穆斯林之間的關係也趨於惡化。那些猶太部落由於被指控暗通麥加人，而被逐出麥地那，他們的財產也被沒收。當他們試圖在壕溝之戰（Battle of the Trench）中背叛麥地那人，最後一個猶太部落的男人全部都被殺死了。[2] 隨著麥地那其餘居民皈依伊斯蘭教，麥地那成為一統穆斯林社群的典範——烏瑪（umma）。

正如《古蘭經》所闡釋，伊斯蘭教在此時大致定型。伊斯蘭教信仰建立在五大支柱，也就是五項功修之上，分別為：念（*shahada*）、禮（*salat*）、齋（*sawm*）、課（*zakat*）、朝（*hajj*），除了五項功修外，還有社會性的規範。推行理性的道德規範，取代原先混亂的部落習俗。這五項功修強化了父權和部族忠誠傳統的同時，也建立了共同體與兄弟情誼的總體倫理。血親復仇制度受到了勸阻，離婚行為得到了管理。亂倫行為是非法的，商業交易中的誠信和公平則受到鼓勵。

在穆罕默德生平的故事中，有好幾位重要的女性，第一位是他的妻子赫蒂徹（Khadija），還有他後來的妻子阿伊莎（Aisha）等人，以及他的女兒法蒂瑪（Fatima），[3] 她們的重要性反映在先知制定給她們的規範上。先知限制了男性對女人的權力，但同時也確保了男性的最高地位。《古蘭經》要求人們尊重婚姻中的女性，並且尊重她們的謙遜質樸及隱私（雖然《古蘭經》沒有具體規範女性著裝及佩戴面紗等規定，有研究者指出面紗習俗來自於菁英貴族的習俗，仿效自基督教的拜占庭宮廷——此一習俗可以與英國維多利亞時代的貴族女性習俗相提並論）。《古蘭經》賦予女性以自己的名義擁有財產的權利，也勸阻前伊斯蘭時代（pre-Islamic）殺死女嬰的習俗（參見《古蘭經》第八十一章討論末日審判的內容）：

> ……（在末日來臨時）當被問起那些被活埋殺死的女嬰犯了什麼罪過；當記錄人們行為的卷書被打開，當天幕被拉開；當地獄的火焰猛烈燃燒而樂園臨近時：那時候每一縷靈魂都將知道其下場。

許多人評斷，相較於後來的阿拉伯及穆斯林戒律，《古蘭經》的觀念及穆罕默德的示訓對待女性都較為寬厚。[4]

遷徙至麥地那之後的十年間，穆斯林社群仍持續不斷地受到敵視，因此最終與麥加的統治家族開戰。而後穆罕默德及其追隨者逐漸取得優勢，到了西元六三〇年，麥加人終於接納伊斯蘭教及穆罕默德的地位。麥加的克爾白（Ka'ba，卡巴天房）被定為伊斯蘭教最核心的聖地。伊斯蘭教成功消弭麥加人的敵視，使得其餘大多數阿拉伯部落皈依伊斯蘭教。當穆罕默德於西元六三二年去世時，幾乎整個阿拉伯地區都一統在這個新的宗教下，它充滿力量、理想主義並決心擴展其宗教掌控力。伊斯蘭教成為強勢宗教，同時也是一支強大的政治及軍事力量，它將改變這個地區乃至全世界的面貌。

阿拉伯人的征服

穆罕默德去世時，整個穆斯林社群面臨四分五裂的危機，因為關於誰來接替先知的問題，引發了不同意見，於是某些部落開始尋求重新獨立。穆罕默德的朋友阿布・巴克爾（Abu Bakr）被選為繼任者，因此他成為繼先知之後的第一位哈里發（*Khalifa*，意為「接任者」），他承諾要跟隨穆罕默德所樹立的「聖行」（*sunna*，意指「穆罕默德的範例」）。自然也必定包括努力傳播伊斯蘭教的啟示，如同穆罕默德曾經做的那樣，用協商，或是動用武力，甚至襲擊敵人的領土。起先，這意味著要統一阿拉伯半島的南部及東部，而後向北擴張，進入今日伊拉克和敘利亞的境內。擴張的動力協助前四位哈里發（遜尼派穆斯林稱他們為「Rashidun」，意謂正直、公正的哈里發）穩固其統治，但是儘管如此，他們的統治還是出現了動盪，而且其中三位哈里發最終死於非命。

從對敵對區域發動的襲擊，轉向預謀的征服戰爭之轉捩點，是西元六三四年發生在加薩（Gaza）附近的阿納達因之戰（Battle of Ajnadayn），在這場戰役中，穆斯林阿拉伯軍隊擊敗了前去恢復巴勒斯坦統治秩序的拜占庭軍隊。這場戰爭的獲勝鼓舞了穆斯林軍隊，更激發了隨之而來的其他勝利：在西元六三六年奪取了大馬士革，同年在雅爾木克戰役（Battle of Yarmuk）大破拜占庭援軍，確保對於敘利亞的占有。穆斯林的對手們發現，伊斯蘭教已經賦予阿拉伯人幾乎無往不利的凝聚力和信心——後來偉大的阿拉伯歷史學家伊本・赫勒敦

（Ibn Khaldun）將這股力量描述為「*asabiyah*」——大致可以翻譯為「群體情感」（group feeling）。在雅爾木克之戰隔年，穆斯林軍隊開始東進，向薩珊帝國進軍。

一如拜占庭帝國，波斯由於霍斯勞二世統治期間大肆征戰，而被不斷削弱。薩珊人最初擊退了襲擊美索不達米亞地區的阿拉伯人（在六三四年的橋梁之戰〔Battle of the Bridge〕中大獲全勝），但是在西元六三七年時，沙王伊嗣俟三世的軍隊在卡迪西亞（Qadesiyya）被擊敗，此後阿拉伯人就奪取了泰西封和整個美索不達米亞。阿拉伯將軍們勸說哈里發應該對波斯人乘勝追擊，不讓伊嗣俟有機會反擊，因此阿拉伯人於六四一年在納哈萬德（Nahavand，位於哈瑪丹附近）再次打敗伊嗣俟。這次戰役結束後，薩珊帝國的抵抗力量基本上已瓦解了，伊嗣俟只好向東逃去（他在六五一年死於梅爾夫〔Merv〕，他並非死於敵手，而和大流士三世一樣，死在自己人的手中）。阿拉伯人以伊朗高原為基礎，建立起自己的統治（但是像庫姆、卡尚這樣的城鎮經歷長久抵抗才投降，[5] 裏海地區的塔巴里斯坦則持續抵抗了很多年）。六五四年，阿拉伯人征服了呼羅珊，雖然裏海南岸地區仍在抵抗，但這些地方後來也被征服。到了七〇七年，巴爾赫（Balkh）也被阿拉伯人占領。

在大多數地方的征服完成後，隨之而來的並不是大規模的殺戮、強迫改宗或可能在今日會被稱之為種族滅絕的事件。這些新來的阿拉伯統治者採取一種令人安心的政策，僅止於取代被征服地區的統治菁英。阿拉伯軍隊在新開發的土地或現有城市的城郊地區布署軍營，相當於建造新的定居點，這些地方通常都是已開發及未開發地區的交接處，土地可以用來放

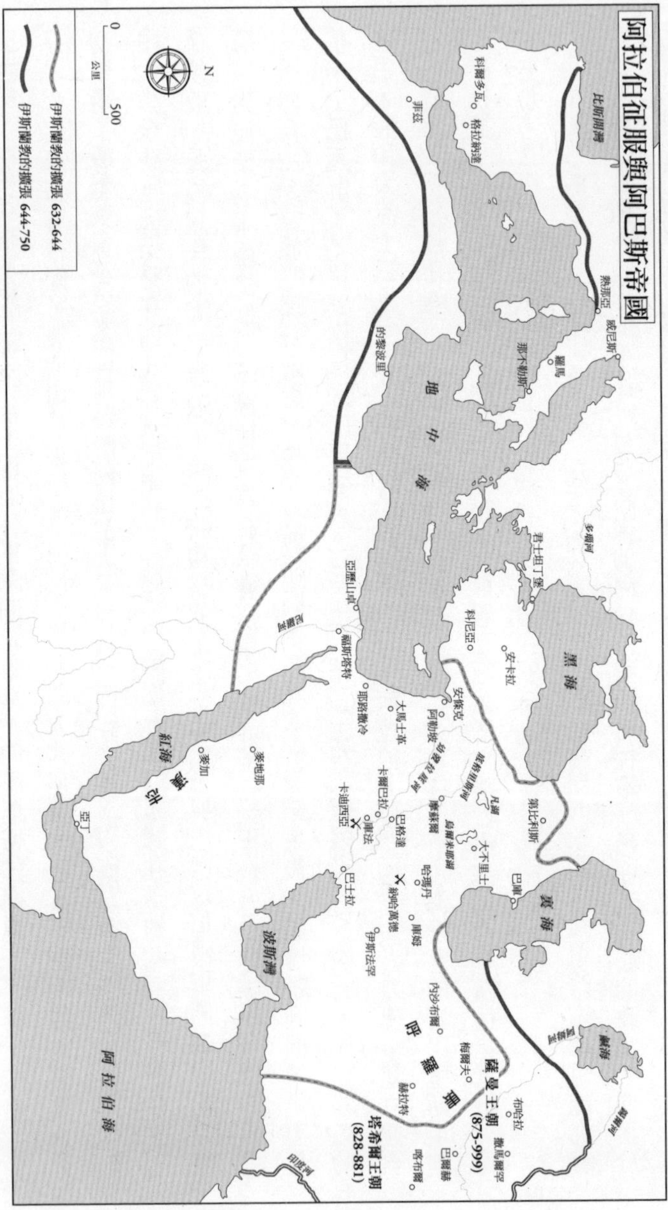
阿拉伯征服與阿巴斯帝國
比斯開灣
科爾多瓦
格拉納達
菲茲
熱那亞
威尼斯
羅馬
那不勒斯
的黎波里
地中海
多瑙河
君士坦丁堡
亞歷山卓
尼羅河
福斯塔特
利尼亞
安卡拉
黑海
安條克
阿勒坡
大馬士革
耶路撒冷
紅海
麥地那
麥加
漢志
亞丁
底格里斯河
幼發拉底河
摩蘇爾
凡湖
烏爾米亞湖
卡爾巴拉
卡迪西亞
巴格達
庫法
巴士拉
第比利斯
巴庫
大不里士
裏海
哈瑪丹
納哈萬德
庫姆
伊斯法罕
波斯灣
內沙布爾
呼羅珊
梅爾夫
赫拉特
薩曼王朝
(875-999)
塔希爾王朝
(828-881)
布哈拉
撒馬爾罕
巴爾赫
喀布爾
鹹海
阿姆河
錫爾河
印度河
阿拉伯海
N
0
500
公里
伊斯蘭教的擴張 632-644
伊斯蘭教的擴張 644-750

牧。總體上來說，阿拉伯人允許本來的業主、農民和商人照常經營各自的營生，他們只是收走國有土地、瑣羅亞斯德火寺地產，以及那些逃走或在戰鬥中死去的舊有菁英階層成員的土地。

在宗教政策上，一旦征服行動完成，阿拉伯人便開始採取同樣寬容和克制的政策。先知穆罕默德曾經對基督徒和猶太教徒（有經人，people of the Book）特別寬容，但前提是他們須交納貢金。這種交納貢金的形式後來變成了非穆斯林要繳納的一種特別稅，稱之為吉茲亞（*jizya*）。但是這樣的政策使得伊朗的瑣羅亞斯德教徒處於灰色地帶的狀態，[6] 在瑣羅亞斯德教徒受到同樣寬容的對待，須上繳吉茲亞稅金之前，許多火寺都遭到破壞，祭司也被殺害。新統治者及阿拉伯士兵定居於新占據領土這些事例，開啟了緩慢的伊斯蘭化進程，由於伊斯蘭教中有許多與馬茲達教相似的內容，使得人們較易於理解其內涵，例如：善念與行動、末日審判、天堂與地獄等等。在這一時期裡，發生了信仰上的新發展，各個不同的宗教派別中都出現了許多共通的概念和規則。例如下面這段文字：

> ……在他死去的時候，八十名少女天使帶著花來見他……有一個金色的床架，她們對他說不要害怕之類的話……他碩果纍纍的工作化成一位奇妙的神仙公主的樣貌，一名處女，將會來到他的面前……親自引導他到天堂去。[7]

這段精彩的文字連結了《古蘭經》文本中常見的天堂仙女（houris）的概念，以及本書第一章出現的馬茲達教中引導靈魂至天堂的達埃娜（daena）概念。但這段文字出自摩尼教的文本，來自中亞，是以伊朗粟特語寫成。亞歷山德羅．鮑薩尼曾在瑣羅亞斯德教文本和《古蘭經》文本中找到一系列意義重大的相似之處。[8]雖然穆罕默德帶來的神啟是確定、清晰的指導原則，但在此之前的觀念仍然繼續流傳，有時又再次出現於後來更多元且折衷的伊斯蘭教支派。

為了能夠免於上繳吉茲亞稅，伊朗的地主和菁英階層都產生了皈依伊斯蘭教的興趣。他們與那些更謙恭的人相繼皈依伊斯蘭教，他們經常依附於阿拉伯部族或家族之下，作為他們的「馬瓦里」（*mawali*，受保護人），有時候還會取阿拉伯名字。但是大多數伊朗軍民在接下來數百年中始終保持著非穆斯林的身分。征服者所秉持的克制態度大概充分說明征服得以成功的另一項因素，相較之前在強大的世襲貴族和祭司集團系統的統治下，新帝國的許多臣民上繳租稅較少。且由於伊斯蘭教強調穆斯林對窮苦人負有義務，伊朗百姓可能從傾向平等主義的伊斯蘭教統治中獲得好處。然而，一如各個時代，歷史是由勝利者書寫的，如果有更多被征服土地當時的史料被保存下來，寬容統治的印象也許會有些許褪色。在雷伊（Ray）、伊斯塔吉爾（Istakhr）曾發生屠殺，這是因為這兩座馬茲達教中心城市的反抗，比其他地方更強烈許多。[9]

伍麥亞人和阿巴斯人

先知穆罕默德去世後的二十年間，他的阿拉伯繼位者陸續征服了如今被稱為中東的大部分地區。在先知去世的一百年內，穆斯林所掌控的區域從大西洋延伸至印度洋。自這時起，大部分伊朗人的土地在將近千年的時間裡，都是由外族統治者所統治。但是征服、財富與權力所帶來的問題，也在阿拉伯的勝利者之間產生了新的摩擦。

第四位哈里發阿里是穆罕默德的堂弟，他娶了先知的女兒法蒂瑪。但是儘管阿里和先知有著如此親近的關係，而且擁有虔誠的聲譽，但是他的哈里發國家仍然面臨內戰的困擾，挑戰他的人是先前的哈里發奧斯曼（Uthman）的追隨者。西元六六一年，阿里被穆阿維亞（Muawiya）刺殺，他是哈里發奧斯曼的近親，而後，穆阿維亞自稱哈里發。這件事標誌著伍麥亞王朝（Umayyad dynasty）的建立，這個王朝的名稱是源自於他的家族名稱，這個家族正是在麥加還沒歸順伊斯蘭時曾與穆罕默德交戰過的家族之一。

不久，這個新帝國就按照羅馬和薩珊波斯帝國的模式，設立政府機構，首都遷至大馬士革（當時，大馬士革在數百年間都是由基督徒、羅馬人和拜占庭人所統治），自此之後，哈里發的位子主要以父傳子的形式交棒。由於伍麥亞人統治帝國期間強烈偏袒阿拉伯人，但是卻被阿拉伯人批評太過世俗世故，且太過妥協退讓。他們的統治離他們的發源地越來越遠，在宗教事務上也越來越鬆懈，而且過於仰賴傭士兵，而非他們部族的血親及追隨者。隨著帝國疆土的擴張，他們擔負的責任也更加沉重，以上所提到的變化大概是無可避免的，於是導致以下的結果——伊斯蘭社群內部出現虔誠信仰與政治權威之間的緊張關係。

在這段期間，自始至終存在著對於伍麥亞人統治權的異議。一群被稱為哈里哲（Kharijites）的人表示，哈里發一職應該獲得正直的穆斯林的贊同，如果哈里發行事不端，就必須被罷黜。此外，另一群人被證明有長遠意義的重要性，他們對於正統遜尼派的不滿最終造成派別的永久分裂。這些穆斯林認同阿里與先知家族的後代。他們認同阿里才應該是第一任哈里發，哈里發之位應該由阿里的血脈繼承，因為阿里娶了先知的女兒法蒂瑪，所以他們的血脈也就等同於先知本人的血脈。阿里的二兒子胡笙（Hossein）於西元六八〇年起義，但他們在卡爾巴拉（Karbala）被伍麥亞軍隊所殺。這是一個關鍵事件，其重要性將會在下文詳細地討論。最終這些支持先知家族、阿里及其後代的派別發展出屬於他們自己的神學觀念和堅定信仰，他們認定阿里是伊斯蘭教唯一的合法繼承者，這個派別就是我們今天所說的什葉派。

到了西元八世紀中葉，緊張與不滿的狀態到達了頂峰。在七四〇年代，庫法（Kufa）發生了反抗伍麥亞的起義，他們（伍麥亞朝）在河中地區（Transoxiana）被突厥人擊敗，在安納托利亞地區被拜占庭人擊敗。隨後在七四〇年代末，一個改信伊斯蘭教的波斯人阿布・穆斯林（Abu Muslim）於呼羅珊發起了推翻伍麥亞統治的起義，這一股頗具創造力的力量來自殘留下來的舊波斯土地豪族（landowning gentry, the *dehqans*）及特別有權勢的新阿拉伯定居者，他們兩方經歷大規模的通婚和改宗（文化融合使定居於此地的阿拉伯人開始使用波斯語，穿著波斯服飾，甚至也開始過一些前伊斯蘭時代的波斯節日）。

這位阿布．穆斯林以先知家族的名義發動起義，藉此掩蓋其最終目的，並且確保他自己能得到廣泛的支持。他得到定居於呼羅珊的阿拉伯人所給予的支持，因為那些阿拉伯人對賦稅感到不滿，並覺得遭到伍麥亞王朝背叛。阿布．穆斯林及其追隨者打敗當地的反對勢力，並以梅爾夫城為起點，在一面黑色旗幟下揮軍西進。在西元七四九至七五〇年間，他們在一連串的戰鬥中戰勝伍麥亞派來鎮壓叛亂的軍隊。之後，他們在庫法宣布由一位名叫阿布．阿巴斯（Abu'l Abbas）的人成為新哈里發，此人不是阿里的後代，而是先知穆罕默德另一位表親的後人。但是不久之後，新任的哈里發對於阿布．穆斯林在呼羅珊的強大感到不安，於是在西元七五五年處決了他。[10]他這麼做得到了正統遜尼派的背書，並再次邊緣化阿里的追隨者、哈里哲派及其他一同發起起義的組織。但是阿布．穆斯林發動的起義是伊朗另一場重要的宗教改革，此後，伊朗人始終對此念念不忘。伊朗的什葉派將這次起義視為一場正義、勇敢和成功的革命，但是最終卻遭到了被他們扶植登上大位者的背叛。

前朝首都位於大馬士革，而阿巴斯王朝（Abbasid dynasty）的新都城位於巴格達（不久後政府被移到了北邊的薩瑪拉，Samarra），這裡非常靠近薩珊王朝的首都泰西封。帝國的中心也更深入地移動至東邊。隨著時間推移，波斯人在宮廷中的影響力越來越明顯，尤其深受任職高官的波斯人巴爾瑪克家族（Barmakid family）的影響。一些歷史學家認為，身為阿拉伯人的阿巴斯王朝雖是征服者，卻被波斯文化重新征服了。在伍麥亞王朝統治時期，波斯人的影響就已開始越來越強大，但在阿巴斯王朝時代，薩珊帝國的宮廷文獻被翻譯為阿拉伯語，並且為新上任的官僚所使用，也因此形成更具層級劃分制度的政府，使哈里發與請願者間的聯繫被官僚隔開，這與早期的伍麥亞行事作法相差甚遠。當時哈里發仍召開由部落首領們參加的討論會議，以此管理政務並且得到部落首領的忠誠，延續著這種古老的族長統治傳統。阿巴斯帝國的政府中出現了新的辦公機構，其中包括了維齊爾一職，也可以將之稱為首相或宰相，政府的行政機構也開始分化成各個部門和職權管轄，這些分散的部門稱為「迪萬」（diwan，官署）。這些辦事機構直接取自於薩珊帝國宮廷，並從此在伊斯蘭的統治中延續了千年以上。

阿巴斯王朝所興建的建築也明顯表現了來自波斯的影響，巴格達的許多建築都是由波斯建築師所完成。甚至連新城市的設計草圖都模仿了薩珊帝國位於法爾斯的首都法拉什班德。伍麥亞的建築參考的是拜占庭的建築樣式，阿巴斯的建築所仿照的則是薩珊的建築，顯著地表現在這些方面：拱廊圍牆包圍的開闊空間、對泥灰裝飾（stucco decoration）的使用、在直立牆面的建築上方直接建造穹頂。但是在薩珊建築的各式經典圖樣中，則以「伊宛」（拱形內凹大門）的使用最為重要。伊宛是一種高大的開放式拱門，通常出現在庭院一側的牆面正中央，經常用於接待大廳建築的一部分。這些建築設計連同其他的薩珊文化遺產，在整個伊斯蘭世界延續了好幾世紀。[11]

尤其是在阿巴斯哈里發曼蘇爾（al-Mansur）及其後的歷代哈里發統治期間，許多波斯官員、學者都來到了阿巴斯宮廷效力（他們在工作的期間，很多人使用阿拉伯名字），他們主要是來自於呼羅珊及河中地區的波斯人。這些波斯人受到部分阿拉伯人敵視，這些阿拉伯人稱他們為「阿加」（*Ajam*），意指「啞巴」或是「低語者」，這是在嘲諷他們的阿拉伯語程度很差（很類似於在此一千年前希臘人將波斯人稱作「野蠻人」）。波斯人則是用一場名為「舒比亞」（*shu'ubiyya*）的運動捍衛自己及其文化認同，以對抗阿拉伯沙文主義。這場運動的名稱出自《古蘭經》第四十九章，經文中，真主要求不同民族（*shu'ub*）須彼此尊重。這場運動起先是由波斯文書和官員發起，他們的對手（也包括一些波斯人）主要是學者及語言學家。但某些時候，舒比亞運動（Shúubiyya）超出了訴諸平等的範圍，發展成為支持和發揚波斯文化，特別是發揚波斯文學的優越性。考慮到當時波斯的宗教歷史，以及許多波斯人仍難以拋卻對馬茲達教或其支派的信仰，這場舒比亞運動也對伊斯蘭教提出了挑戰，或至少是挑戰了阿拉伯人所實踐的伊斯蘭教形式。一份史料記錄了當時一位典型的年輕書記官在記錄先前的薩珊君主歷史時所抱持的態度：

> ……他的第一項任務是攻擊《古蘭經》並批評它的不連貫……如果有任何人當著他的面認可先知夥伴們的優秀，他就會表情痛苦地轉過身去，讓他們將這些優點內容登錄下來……然後馬上打斷當前的對話，談起阿爾達希爾所採取過的政策，說起阿努希爾萬的

行政管理和國家在薩珊人統治時期的美好……[12]

長久以來，如同其他地方的情形，解決這種衝突的方法是同化和融合，但是這場舒比亞運動讓巴格達的波斯人擁有了集體的自信，並有助於確保伊斯蘭時代以前的波斯文化元素成為融合後文化中的重要部分，繼續流傳下去。[13]就像是同時發生的關於自由意志及《古蘭經》本質的宗教爭議，或像是其他時間、地點所發生的其他衝突一樣，舒比亞運動是衝突的前兆，也是預示改革及創新的信號。

受到波斯人創造力的激勵，阿巴斯政府制定如何統治的標準，後世將阿巴斯王朝視為黃金時代。巴格達發展成為當時除了中國之外世界上最大的城市，九世紀時，巴格達的人口數已達四十萬人。阿巴斯統治者致力於消弭虔誠信徒與政府之間的緊張關係，並且力求得到所有穆斯林支持，因此他們拋棄伍麥亞王朝的阿拉伯人至上政策，在所有穆斯林之間建立起平等原則。包容廣闊的原則也同樣惠及阿里後代的支持者、基督徒和猶太人，他們在一些政府部門中工作，得以證明他們效忠於政權。

在阿拉伯所征服的這片廣大領土上，阿巴斯王朝以和平有序的統治帶來了團結統一，也帶來了嶄新的且充滿活力的貿易模式，釋放出了巨大的經濟力。哈里發推動農業發展，尤其重視灌溉系統的修建，創建了新的繁榮，在美索不達米亞地區尤其如此，伊朗高原也不例外。在隨後的幾個世紀，那裡不斷擴大種植稻米、柑橘類水果及各種新鮮品種的作物。[14]呼羅珊與河中地區受益於通往中國的古老絲路，重新煥發活力並得到豐厚的收益。透過改良農業，以及新舊觀念和技術的交融，阿拉伯人及伊朗人邁入其經濟與知識的黃金時代。

阿巴斯王朝的統治體系首先仰賴於地方網絡，這些網絡由地方總督所設置，偏布於帝國廣大的領土。其次，則是依賴將這些總督與巴格達中央聯繫起來的官僚制度。總督在當地收稅，扣除他們個人的花費（包括軍事開支）後，再將剩餘的部分上交至阿巴斯朝廷。中央政府的職權相對較輕，但是由於這種機制把相當大的權力交到地方長官的手中，因此，長遠來看將侵蝕哈里發的權威。

阿巴斯的宮廷變得富裕了，同時也學風鼎盛。阿巴斯王朝的歷任哈里發，尤其是哈里發馬蒙（al-Ma’mun，西元八一三—八三三年在位，他的母親是一名波斯妾女）鼓勵並支持學者將古代文本譯為阿拉伯語。最初的翻譯來源是波斯語，隨後也開始自古敘利亞語和希臘語翻譯，吸收來自征服領土各地的書籍及文本知識。馬蒙的繼任者曼蘇爾（al-Mansur，西元七五四—七七五年在位）創立一座新的圖書館名為智慧宮（*Beyt al-Hikma*, House of Wisdom），試圖將所有門類的知識都匯集於此，並翻譯成阿拉伯語。此一觀念直接來自於薩珊皇家圖書館所樹立的榜樣，而且智慧宮從胡澤斯坦的恭得沙普爾（Gondeshapur in Khuzestan）吸納了大量的書稿和學者，那裡正是薩珊王朝最著名的學術機構的所在地。[15]長久以來，恭得沙普爾一直是最主要的學術中心，但此後就被巴格達取代。同一時期，來自中國的造紙技術代替更加昂貴又費工的莎草紙和羊皮紙，有助於知識的廣泛傳播與普及。

馬蒙曾經鼓勵星象學及數學研究，並且推動希臘文獻的翻譯工作，這項翻譯工作的主要負責人是胡納因·伊本·伊沙克（Hunayn ibn Ishaq）。這些學術上的發展所帶來的成就被稱之為九世紀的文藝復興運動。* 在這場運動中，用阿拉伯語寫作的波斯學者探索並專注於希臘哲學、數學、科學、醫學、歷史與文學等學問。此一時期的學術成就不僅積極，而且極富創造力，它產生新的科學著作、文學、歷史和詩歌，這些偉大成就禁得起時間考驗，為接下來的幾個世紀（包含歐洲在內）奠定了知識探索的基礎。

透過金迪（al-Kindi）、法拉比（al-Farabi）這些哲學家，亞里斯多德及柏拉圖的哲學產生特別大的影響力。偉大的歷史學家塔巴里（al-Tabari，西元八三八—九二三）當時也在巴格達工作（他來自位於裏海南岸塔巴里斯坦的阿莫爾〔Amol〕，屬於今日的馬贊德蘭省）。隨著對於解剖學、流行病學及其他學科的有效研究，醫學在此時取得巨大進展。這些研究以希臘醫生蓋倫（Galen）的著作為基礎，但獲致了遠遠超過蓋倫的成就。這些成就中的許多內容後來都經過另一位波斯人——偉大的伊本·西那（Ibn Sina，西元九八〇—一〇三七年，即西方所說的阿維森納〔Avicenna〕）——的整理而廣為西方所知。無論是對西方還是東方而言，伊本·西那的著作都十分重要，因為介紹了亞里斯多德的哲學方法，尤其是邏輯學的應用。在伊本·西那之後，對於亞里斯多德哲學內容的爭論就成為東方的高等瑪德拉沙（*madresehs*，學校）所教授的核心內容。

這是一個不同尋常的知識能量的時代，也是充滿興奮和新發現的時代，因此阿巴斯朝廷成為後世統治者在治理及其他面向所效法的模範，在學術和文化領域也是如此。十一世紀時，波斯人在巴格達所完成的阿拉伯文翻譯，後來被西方學者翻譯成為拉丁文，例如十二世紀在西班牙托雷多工作的克雷默納的傑拉德（Gerard of Cremona）。這些翻譯文本為西方學術注入新的活力。伊本．西那與另一位亞里斯多德派的阿拉伯哲學家伊本．魯世德（Ibn Rushd，被西方人稱之為阿維羅伊〔Averroes〕）成為歐洲新出現的大學中耳熟能詳的名字，而在多瑪斯．阿奎那（Thomas Aquinas）之後，亞里斯多德的哲學以阿維森納和阿維羅伊為藍本，主宰了歐洲學術長達兩百年或更久。

但在同一時期，帝國境內的各個村鎮和城市間發展出另一套學術傳統。這種學術活動獨立於哈里發的權威之外而存在，他們的學術活動是基於《古蘭經》和聖訓（Hadith）的權威（聖訓是後人對先知生前言行的浩繁記錄，在先知去世後的好幾百年間由人們傳述和蒐羅）。此類學術團體名為烏里瑪（*ulema*），這些學者受到學習和解釋宗教文本的訓練，他們對於宮廷的精緻與奢華有厭惡的傾向。在馬蒙及其後的繼任者的統治時期中，當時哈里發及宮廷都比較傾向於一個被稱作穆爾太齊賴（Mu'tazilis）的宗教思想團體，這些思想家推崇自由意志，他們認為自由意志是《古蘭經》原本即具有的本質，因此建立在推論基礎上的對宗教文本的延伸演繹（ijtihad）是合法的。

* 亦被稱作百年翻譯運動。——譯者註

相較於穆爾太齊賴派，許多宮廷圈子之外的烏里瑪成員偏向於決定論的立場，以嚴格的傳統主義堅持宗教文本的字面意思便足以說明問題，他們不贊成接受伊斯蘭教以外的影響。烏里瑪和阿巴斯朝廷之間平行、根本上對立的文化導致同在伊斯蘭教之下的政治權威和宗教之間出現持續緊張的關係。最終，反對穆爾太齊賴的傳統派成為占上風的一方，他們之中形成伊斯蘭教遜尼派的四大教法學派，四大學派彼此之間有所區別也有妥協之處，它們分別是漢巴利（Hanbali）、沙菲儀（Shafi’i）、馬立克（Maliki）與哈納菲（Hanafi）學派。

但是穆爾太齊賴派的觀念在什葉派的傳統中得到更多延續。偉大的阿拉伯歷史學家和社會理論家伊本·赫勒敦（Ibn Khaldun）認為，十四世紀時幾乎所有聖訓學者和神學家都是用阿拉伯語工作的波斯人（遜尼派四大教法學派中的兩個都是由波斯人開創的），同樣的，在語言文獻學領域的學者中也是這種情形，波斯學者們總結阿拉伯語的語法，並且將其正式記錄下來。[16] 在伊朗人居住的地方，烏里瑪所使用的語言是把阿拉伯語詞彙帶入波斯語的主要通道，直到今日，波斯的穆拉（mullah，宗教老師）大概也是最阿拉伯化的人。

在更大眾化的層面上，伊朗的城鎮及鄉村都出現了一些宗教分支，他們之中的一些分支派別同時被穆斯林及瑣羅亞斯德教徒視為異端，通常這些派別包含了類似於馬茲達克（sub-Mazdakite）的思想，被貼上了胡拉姆派（Khorramites）[17] 的標籤（這一名稱的來源有可能是「粗鄙」〔ribald〕或「愉悅」〔joyous〕）。有一些類似組織參與了阿布·穆斯林最初的叛亂，他們也參與了祭司松巴德（Sonbad the Magian，西元七五六年）、烏斯塔西斯

（Ustad-sis，西元七六七—七六八年）及蒙面人穆卡納（al-Muqanna，西元七八〇年）所發動的叛亂，這些叛亂主要發生在呼羅珊，而後這些胡拉姆派又於八一七年至八三八年間，參加了位於今日庫德斯坦及亞塞拜然的帕帕克叛亂（revolt of Papak）。在這些叛亂中，有一些叛亂活動表現出末日降臨的觀念，包括反穆斯林的酒色狂歡，這些特點部分吸收自馬茲達教，後來又在什葉派和蘇菲主義中重新浮現出來。例如關於女人的部分，一份當時的紀錄是這樣描述胡拉姆派的：

……相信只要得到那些女性的許可，那麼群體性交及任何帶來自身愉悅的活動都是本性所趨，只要不妨害到任何人即可。

或是以下這段記載：

他們說女人就像是花，無論誰來嗅，都不減其芳香。[18]

早在哈里發哈倫·拉什德（Harun al-Rashid）統治期間（西元七八六—八〇九年），一統的哈里發帝國就已顯現混亂和分裂的跡象。總督們把持各地的權柄並將其職位傳給兒子，因而造成地方政權出現。這些地方政府組建自己的朝廷，也掌控了文化和權威。隨著地方政權不斷發展，他們的開銷越來越大，上繳中央的稅收也就越來越少。這些地方政府隨即轉為了實質的獨立狀態，但是他們仍然尊崇哈里發作為伊斯蘭世界的中央權威。

帝國的歷史具有的性質是，帝國的故事就是它的衰亡史。歷史學家總是試圖找出事情的解釋、原因及起源。只要一提到帝國，衰亡的結局就像陰影一樣籠罩著它們，這意味著，阿巴斯帝國的體制及制度在一開始就存在瑕疵及缺陷。但是這樣的解釋是具有誤導性的。整個阿巴斯王朝取得人類史上的巨大成就，在政治範疇及文明、藝術、建築、科學與文學方面，皆是如此。在那片由一個良善寬容的政府所統合而成的廣闊領土境內萌生新的思想，新舊思想也在交替，繼而帶來極為強而有力且影響力巨大的文明，遠遠領先於當時歐洲的情況（實在是毋庸諱言）。

第一個能對中央政府構成真正威脅的地方政權是呼羅珊的塔希爾王朝（Taherids of Khorasan，西元八二一—八七三年），隨後則是錫斯坦的薩法爾王朝（Saffarids of Sistan，西元八六一—一〇〇三年），以及薩曼王朝（Samanids，西元八七五—九九九年），所有這些王朝都是由伊朗人建立起來的。薩曼王朝的核心地區位於布哈拉和巴爾赫周邊，他們聲稱自己的祖先是薩珊王朝的王子巴赫拉姆．楚賓（Bahram Chubin）。所有的這些王朝（尤其是薩曼王朝）及那些後來的王朝（最明顯的是加茲尼王朝〔Ghaznavids〕和白益王朝〔Buyids〕）都傾向於聘任波斯官員、學者、占星學家及詩人來妝點他們的宮廷，這種作法仿效自巴格達的哈里發宮廷，以樹立自己的威望和名聲，也以此掩飾其對權力的占有，若非如此，就很可能是對殘酷軍事力量的赤裸依賴了。在這段時期中，這些地方宮廷的藝術贊助者為伊朗東部地區帶來知識及宗教上的發展，一種新形式波斯語的可能性也得到了探索，這些努力使得群星燦爛般的詩歌文學大量湧現，其中包括了人類有史以來創作出的最扣人心弦的詩句。波斯詩歌對於大部分西方讀者來說是如此陌生，其內容是如此新奇和引人驚嘆，它的影響對後來的伊朗及波斯化文化（Persianate culture）區域產生的作用是如此重要，絕對有必要得到更細緻的關注。

愛與醉：詩人及蘇菲主義者，突厥人及蒙古人

自最初始，波斯詩歌的主題便是關於愛。但波斯詩歌中的愛所包含的內容極為豐富——包括性之愛、對神之愛、同性之愛、無所求之愛、絕望之愛及希望之愛。愛渴求遺忘、愛渴求重逢，而且愛也是順從與撫慰。有時候也可能同時包含兩種或多種愛，詩人藉由隱喻及交織的手法以暗藏其伏筆，且往往根本不提及愛本身，而透過其他隱喻來展現，尤其是經由波斯詩歌的另一大主題——酒。

此一時期的波斯詩歌很可能在思想和形式上繼承已亡佚了的薩珊帝國宮廷詩歌傳統——主要是愛情詩和英雄詩——例如，菲爾多西的《列王紀》就是從已知的波斯列王故事的基礎上創作而成。但是大多數詩句的格律和對仗形式，以及其採用的愛情主題皆來自於之

前的阿拉伯語詩歌傳統，此一特點反映出在阿拉伯征服結束後的時間裡，伊朗人與阿拉伯人之間的語言及其他文化內容的交流。有一些已知的早期詩歌片段留存了下來，其中部分來自塔希爾王朝的知名的詩人所創作，但第一位偉大的詩人來自於薩曼王朝宮廷的魯達基（Rudaki）：

Del sir nagardadat ze bidadgari
Cheshm ab nagardadat cho dar man nagari
In torfe ke dusttar ze janat daram
Ba anke ze sad hezar doshman batari

你的心不曾有過凶狠，
你望我的眸不曾有淚水濕潤，
我愛你勝過愛自己的靈魂，
因為你給我的傷痛勝過我的千個敵人。[19]

魯達基（去世於西元九四〇年前後）以及其他詩人，例如：沙希德・巴爾赫伊（Shahid Balkhi）、達齊齊・圖西（Daqiqi Tusi），都是薩曼王朝所推行的波斯化政策的受益者。薩曼王朝為波斯詩人提供資助，鼓勵他們無論是在宮廷中還是在文學和日常生活中都使用波斯語而非阿拉伯語。但是阿布哈希姆．菲爾多西（Abolqasem Ferdowsi，西元約九三五—約一〇二〇年）就沒有如此幸運；他出生於薩曼統治晚期，但不久後，薩曼人的統治就崩壞了，新統治者是流著突厥血統的加茲尼人。菲爾多西的《列王紀》是延續及完成自詩人達齊齊在薩曼王朝時期開始的一項大工程，它可以視為薩曼王朝文化政策的縮影——避免使用阿拉伯語詞、讚揚前伊斯蘭時代的波斯先王，並且超脫伊斯蘭教的立場，而明確轉向親馬茲達教（pro-Mazdaean）的立場。《列王紀》中的一些結語就彷彿是在卡迪西亞戰役及伊斯蘭教到來之前所說，這些語句與大流士在貝希敦最早的馬茲達教銘文遙相呼應——這放在十一世紀的伊斯蘭背景中顯得特別令人震撼（以下第一句所提到的「敏拜爾」〔minbar〕是清真寺中布道講經所用的有臺階的高講臺，於此引領祈禱者）：

他們立起的敏拜爾和王座同高，
並把孩子們取名叫歐馬和奧斯曼，
從此我們辛勞建起的豐碑就將倒塌，
哦，從那麼高的地方墜落……
隨後人們打破真理和人之間的紐帶，
混亂和謊言開始縈繞在耳邊。[20]

毫無疑問，如此偉大的一部作品在完成時不會自加茲尼宮廷獲得任何好感，因為加茲尼宮廷的觀點更偏向正統的伊斯蘭教。數百年以來，許多流傳的詩人生平軼事都不甚可信，但其中部分敘事至少反映出些微真實的面貌。有個關於《列王紀》的傳說，它講述了加茲尼王朝的蘇丹原本預期詩人將完成的是篇幅短一點的其他類型作品，所以他只給了菲爾多西極為微薄的酬勞。詩人對此深感受辱，他將錢分給當地的酒商和澡堂夥計。當蘇丹後來讀了《列王紀》中的一段精彩段落，他才意識到這部作品的價值，因此準備一份厚禮給詩人，但可惜一切都太遲了。當牲口駝著送給菲爾多西的財寶，踏進其居住城鎮的城門時，詩人的屍體也正好被抬出了城門。

《列王紀》的詩歌的一大主題是英雄豪傑的冒險故事，他們在馬背上以長槍及弓箭建立功業，內心在忠於自身良知與君主之間掙扎，也描述他們與性格鮮明的女性間的風流韻事，她們如絲柏樹（cypress）一樣纖細，像月亮一樣皎潔，故事中的宮廷總是充斥著「*razm o bazm*」，即「戰鬥和宴飲」。閱讀《列王紀》時，很容易感受到其中的懷舊情懷，那些出身微寒的地主豪族（the dehqans），後來成為薩珊帝國軍隊中令人望而生畏的騎兵，如今放下手中刀劍，舞文弄墨，看著阿拉伯人和突厥人在戰爭及政治的競技場上競爭。

Tahamtan chinin pasokh avord baz

Ke hastam ze Kavus Key bi niaz

Mara takht zin bashad o taj targ
Qaba joshan o del nahade bemarg

勇敢的魯斯坦回答他們說：
「我才不需要從卡烏斯那裡索求什麼。
這個馬鞍就是我的王座，我手中的韁繩就是我的皇冠。
我的盔甲是我的榮袍，我的心早就準備好了迎接死亡。」[21]

《列王紀》對波斯文化的重要性，就如同莎士比亞對於英國文化、馬丁路德翻譯的《聖經》對於德國文化的重要性，或許比它們還更重要。它是在教育中及許多家庭裡的重要讀本，地位僅次於哈菲茲（Hafez）的詩歌及《古蘭經》。《列王紀》的出現有助於語言的修正和統一，也為人們提供道德及行為上的榜樣，幫助伊朗人秉持伊斯蘭征服以前就已具有的伊朗認同感，若無《列王紀》，也許伊朗人的認同感已與薩珊王朝一樣消亡於歷史之中。

《列王紀》的詩歌及其馬背上的英雄、愛、忠誠、背叛的主題，與中世紀歐洲的浪漫故事有許多相同之處，《列王紀》早在第一次十字軍運動促進西歐與地中海東岸之間聯繫的幾十年前，就已享有盛名。我們已經見識到，許多傳至西方的觀念，其傳播途徑是難以追尋的。但是說不定這只是平行發展的其中一個例子。（關於歐洲遊吟詩人傳統的來源，倒是有比較禁得起考驗的理論，中世紀歐洲關於浪漫愛情豐富的修辭意象中，至少有一部分是來自於阿拉伯西班牙的蘇菲信徒。）[22]

加茲尼王朝的統治者們並沒有扭轉薩曼王朝對待文化的支持模式，他們繼續支持詩人們用波斯語創作，但是後來的詩人對語言純潔一事已不像之前那麼嚴格了，許多創作都保有人們普遍使用的阿拉伯語借詞。在更西方的白益王朝，發跡於塔巴里斯坦的什葉派穆斯林，其擴張吞併了美索不達米亞，並於西元九四五年占領巴格達，結束了阿巴斯哈里發的獨立統治，此後，阿巴斯王朝哈里發只是名義上的統治者。此時偉大的文學復興仍持續以東部地區為中心。

納斯爾．霍斯勞（Naser-e Khosraw）於西元一〇〇三年出生在巴爾赫附近，人們相信他一生創作了三萬行詩句，其中有一萬一千行詩句流傳至今。他在什葉派的家庭教育下長大，在一〇五〇年時完成去麥加的朝聖之旅，此後他變成伊斯瑪義派的信徒，後來又回到巴達赫尚（Badakhshan）從事寫作。他的大部分作品皆具哲理性和宗教性，例如下面這篇：

自知；如果你自知
你將亦知善惡。
先與自己的內在親近，
然後再掌控全身。

當你自知，你知道一切；
當你知道此事，你會從邪惡中逃離
……
至少清醒一次：你睡了多久？
看看自己：你已足夠美好。[23]

多年來，阿巴斯的哈里發與其他王朝都招募突厥僱傭兵為各自的戰事效力，並且守護各自的領地，這些突厥僱傭兵是從中亞來的奴隸。因此突厥人反而成為帝國政治中的重要一環，有時候甚至對掌控帝國產生威脅——加茲尼人就是在帝國東部成功做到這一點。但到了十一世紀中葉，一個由塞爾柱突厥領導的眾突厥部落聯盟開始積蓄更強大的力量。他們在帝國東北部打敗加茲尼人，深入阿巴斯帝國的中心地帶，並占領了巴格達，隨後又繼續向西征戰，並且在一〇七一年擊敗了拜占庭，占據小亞細亞大部分內陸地區。

此時的突厥人已經與阿巴斯政權及後來的繼任者持續了數百年的接觸，長期以來的交流已經讓突厥人變得伊斯蘭化並且有相似的生活方式。第二位塞爾柱蘇丹阿勒普．阿爾斯蘭（Alp Arslan）任命波斯人哈桑．圖斯．尼札姆．穆勒克（Hasan Tusi Nizam ol-Mulk，西元一〇一八—一〇九二年）擔任他的維齊爾，與先前的統治者一樣，他的王朝也按照波斯化的阿巴斯模式進行統治。尼札姆．穆勒克寫了一本書幫助阿勒普．阿爾斯蘭的繼位者治理國

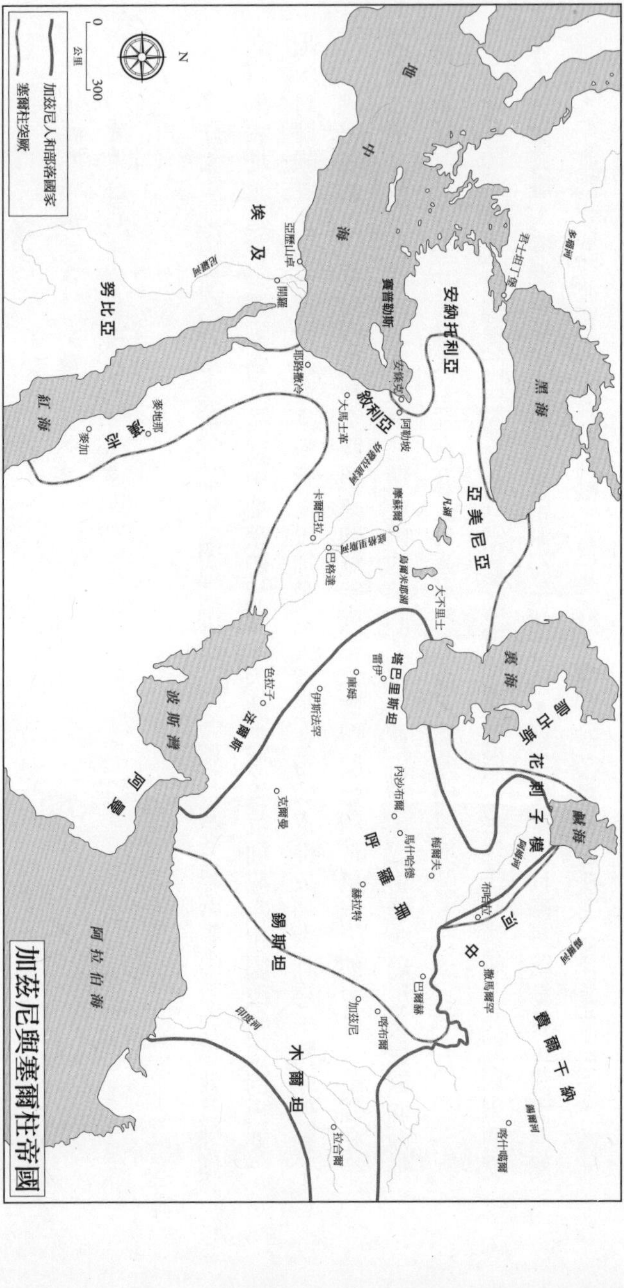
加茲尼人和部落國家
塞爾柱突厥
公里
0
300
N
地中海
賽普勒斯
埃及
努比亞
紅海
漢志
麥地那
麥加
亞歷山卓
開羅
耶路撒冷
敘利亞
安條克
阿勒坡
大馬士革
安納托利亞
君士坦丁堡
黑海
亞美尼亞
卡爾巴拉
巴格達
大不里士
裏海
塔巴里斯坦
雷伊
庫姆
伊斯法罕
法爾斯
色拉子
波斯灣
阿曼
阿拉伯海
克爾曼
內沙布爾
馬什哈德
梅爾夫
呼羅珊
赫拉特
錫斯坦
加茲尼
喀布爾
木爾坦
拉合爾
印度河
花剌子模
鹹海
布哈拉
河中
撒馬爾罕
費爾干納
喀什噶爾
加茲尼與塞爾柱帝國

家，此書的書名為《管理之書》（*Siyasat-Nameh*）。幾世紀以來，這本書與和稍早之前的《卡烏斯之書》（*Qabus-nameh*）都是君王自省和效法合宜德行的文類，這些書也影響歐洲的同類作品，影響力持續至馬基維利（Machiavelli）及其《君王論》（*The Prince*）的時代。

尼札姆·穆勒克是歐瑪爾·海亞姆（Omar Khayyam，西元約一〇四八—約一一二四／一一二九年）*的朋友，至今還流傳一些關於他們友誼的著名故事，只不過這些故事的真實性比較可疑。[24]但是尼札姆·穆勒克大概的確在成為維齊爾之後為歐瑪爾·海亞姆提供經濟上的支持，大概也提供給他一些保護。對伊朗人而言，人們普遍認為歐瑪爾·海亞姆在數學及天文學方面取得的成就，比他作為詩人的成就更為傑出，這個評斷就如同把蘋果和撞球相比一樣。他的確研究歐幾里德幾何、三次方程式、二項式展開、一元二次方程式，他在數學上取得的成就十分具有影響力。他還基於準確的太陽運行軌跡，為塞爾柱蘇丹制定新的日曆，它至少如同十六世紀歐洲天主教會制定的格里高里曆一樣準確，[25]他還是根據地球自轉而不是前人已掌握的用地球上的定點來演示天體夜間運行理論的第一人。

歐瑪爾·海亞姆詩歌中所持的懷疑論，不僅讓他的詩作在同時代的其他波斯詩人同儕中顯得與眾不同，也可能反映出他從其他領域獲致的傑出成就，給予他強大的自信，他在各個領域中的知識及能力都超越前人。他的作品透過愛德華·菲茲格拉德（Edward Fitzgerald）

* 歐瑪爾·海亞姆，另有譯名為：奧瑪·開儼。——編者註

的翻譯，在西方廣為人知，卻被西方讀者錯誤理解為飲食和享樂主義精神的詩歌。在菲茲格拉德的翻譯中，存在很多隨意鬆散的翻譯，也使用了十九世紀時的習語與許多破折號、驚嘆號，還有經常出現的「哦」和「啊」，折損原作中質樸文風。例如下面這首菲氏作品的英譯：

"How sweet is mortal Sovranty!" —think some:
Others—"How best the Paradise to come!"
Ah, take the cash in hand and waive the Rest;
Oh, the brave Music of a distant Drum!

「人間享樂多美好」——不如這麼想
別人說——「天堂是多麼美好」
啊！拿著手中金，莫擔心別的；
哦！遠遠傳來一陣隆隆鼓聲！

這首詩的原文是這樣的：

Guyand kasan behesht ba hur khosh ast
Man miguyam ke ab-e angur khosh ast
In naqd begir o dast az an nesye bedar
K'avaz-e dohol shenidan az dur khosh ast

按照原文重新英譯如下：

It is said that paradise, with its houris, is well.
I say, the juice of the grape is well.
Take this cash and let go that credit
Because hearing the sound of the drums, from afar, is well. [26]

人言天堂仙女多美好，
我說葡萄瓊漿亦甚妙，
取金當下莫煩俗世擾，
漸聞鼓聲即刻言歡笑。

翻譯詩歌是極為困難的，而且有些人認為，詩歌是根本無法翻譯的文體。例如，「*khosh*」這個詞本身有很多意思相關的詞義，而且可以在波斯語中找到很多和它相連的合成詞，這樣的詞彙在任何一本字典都占了很多解釋篇幅。「*khosh*」一詞的意思有美味（delicious）、愉悅（delightful）、甜（sweet）、高興（happy）、歡欣鼓舞（cheerful）、討喜的（pleasant）、好（good）、興盛繁榮（prosperous）的意思。上述出現「*khosh*」一詞的三行詩句中，每個人所領會到的很可能是不同的意思。這首詩的格式是四行詩，在波斯文學中稱為「*ruba'i*」（魯拜、柔巴依），其複數形式是「*rubaiyat*」。其他種類的波斯詩歌格式還包括「加扎勒」（*ghazal*）、「瑪斯納維」（*masnavi*）和「卡西達」（*qasida*）。大多數保留至今的歐瑪爾·海亞姆詩歌都是用魯拜的格式寫成的，但是另外還有上千首以他的名字署名的魯拜詩，尚不能確定究竟是否出自他手。這很有可能是因為其他詩人也把他們所創作的具有懷疑論或不信教傾向的作品附上他的名字，藉此利用他的顯赫名聲來掩護自己可能招致的非議。與此同時，歐瑪爾·海亞姆在詩中所設下的懷疑論可能只是他對宗教的一部分思考。而且人們也可以從他的作品中體會到他在面對人生煩悶處境時所表現的強烈人文主義情懷。對於人生的問題，他不滿足於簡單又安慰性的回答，這樣的心態已進入存在主義的範疇。他的作品意識到存在的複雜性、存在問題的棘手與難以駕馭和有原則的接受態度。他哲學性的寫作在很大程度上圍繞著自由意志的問題、決定論的問題，以及關於存在和存在本質的問題。[27]

Niki o badi ke dar nahad-e bashar ast
Shadi o ghami ke dar qaza o qadar ast
Ba charkh makon havale k'andar rah-e aql
Charkh az tu hezar bar bicharetar ast

善惡存人性，
歡悲存命緣，
莫怨天定此，
天定不及人。
（善與惡，存於人性的本質，
歡樂與悲傷，存在於命運的機緣，
請不要把這些都歸於天堂的運行，
因為在理性中，天堂的運行比我們本身更脆弱。）[28]

我還可以舉出許多四行詩作，以展示這位偉大天才的敏銳與智慧力量，但畢竟這本書不是專門寫歐瑪爾．海亞姆的。下面的這首詩來自一本早期的手抄本，它被東方學家亞瑟．阿爾布雷（Arthur Arberry）歸於歐瑪爾．海亞姆的作品，這在當時備受懷疑。但是這首詩也抄錄在其他手抄本上，許多學者至今仍然認為這首詩是海亞姆的最佳作品。如果這首詩的真正作者並非海亞姆，那它也毫無疑問表現了不羈的風格，十分接近於海亞姆在其他作品中所表現出來的精神狀態：

Gar man ze mey-e moghaneh mastam, hastam
Var ashes o rend o botparastam, hastam
Har was be khiyal-e shod gamane darad
Man shod danam, har nacho hastam, hastam

若我醉飲禁酒，那便是我。
若有愛人、廢才、崇拜偽神，那便是我。
人心不免常存疑。
我自知，無論我如何，那便是我。[29]

一如他的其他作品，歐瑪爾・海亞姆在這首詩使用蘇菲詩歌（Sufi poetry）中常見的辭彙，並把它用作關鍵的意象，經常以隱喻的方式出現。例如：第一句中的「*mey-e moghaneh*」——祭司的酒，從瑣羅亞斯德教徒那裡買來的酒；還有「*rend*」一詞，意思是沒規矩的年輕男子，小混混或是廢柴。還有其他作品中的例子，尤其是「*kharabat*」，意指廢棄的房子或者小酒館；還有「*saqi*」，侍奉酒的年輕男童，也是同性戀渴望的目標。儘管有評論者認為歐瑪爾．海亞姆是一名蘇菲，而且還說他對蘇菲信徒抱持某種同情心，但是他的作品傳達出的聲音太過於個人化，實在是太獨特，無法將他安放在任何一種宗教類別中，而且他也具有太強烈的懷疑論。

蘇菲主義（Sufism）是在十一世紀出現的獨一無二的神秘主義運動，這是其首度掀起巨大浪潮。[30]蘇菲主義是一個複雜又大規模的現象，它在不同時間、不同地點表現出不同的面向，存在於十一世紀的小亞細亞到北非，直至今日的巴基斯坦等地。它的來源是模糊的，但從一開始，神秘元素就是伊斯蘭教的一部分，例如有些人說穆罕默德在麥加城外的曠野中得到《古蘭經》的神啟就是一個神秘事件。蘇菲主義的精要是尋求準確又適當的個人精神體驗，在神意的存在中放棄本我和各種俗念雜念。

但是在實際的踐行與意象中，蘇菲主義者也參與了伊斯蘭征服後幾百年中的宗教激盪，他們在實踐中反映了前伊斯蘭時期的觀念與影響，其中包括神秘主義傾向的新柏拉圖主義運動與諾斯底主義運動。隨著這些影響及蘇菲主義有意的無政府主義、唯信仰反道德論（antinomian）傾向，從一開始就讓他們與堅守經典文本、學究風氣的城市烏里瑪及城市傳教者關係緊張。城市裡的烏里瑪只是一遍又一遍熟讀《古蘭經》和聖訓，然後提出伊斯蘭法律的最新裁定。在他們兩者之間出現了緊張和衝突，有許多蘇菲主義者或有神秘主義傾向的思想家，例如哈拉智（Mansur al-Hallaj）、索拉瓦迪（Sohravardi）都被烏里瑪譴責為異端，兩人分別於西元九二二年及一一九一年被處死了。於西元十一及十二世紀再次興起的蘇菲主義或許與伊斯蘭宗教學校裡逐漸重視的伊斯蘭教實踐及伊斯蘭教學習有關，這些都直接屬於烏里瑪的管控之下，蘇菲主義很有可能是對此所發展出的反映。

蘇菲主義在當時的伊斯蘭世界的重要影響力有時被忽視了，但其實他們已經遍及各處。它在波斯的文化影響力可以從其對波斯詩歌的影響上顯現出來，而且在當時的波斯，到處都是蘇菲主義的哈納卡（*Khanaqa*），這種建築是特別為到處遊走的蘇菲們提供住宿及舉行宗教聚會的客棧。在規模較大的城市裡，可能有許多分屬於不同蘇菲教團的哈納卡，在巴札的行業公會和其他社會組織中，通常也會與蘇菲教團有所聯繫。甚至在小村莊裡也有哈納卡，這種情形類似中世紀歐洲各地的托缽修士修道院，蘇菲主義的行者與尋常百姓的宗教生活緊密相關，他們也負責在偏遠鄉村和波斯以外的地方傳教。考慮到當時在偏遠鄉村的識字率和人口，顯而易見，伊斯蘭教在鄉鎮和城市以外地區的傳播是以蘇菲主義為中心的。蘇菲主義者活動的中心在波斯，尤其集中在呼羅珊地區，但他們也是將波斯影響力傳播到博斯普魯斯、德里，甚至更遠地方的主要力量。[31]

許多蘇菲信徒，尤其是很多蘇菲詩人曾公開鄙視烏里瑪人士，認為他們自大狂妄並以自我為中心，謹守宗教規範、對於自己奉行宗教規則有虛榮的自負，這些特質反而忘記了真正靈性的無我狀態。因此不難理解為何一些正統穆斯林，尤其是十八世紀以來的瓦哈比主義者（Wahhabis）及其同情者，咒罵蘇菲主義者，並迫害他們。但是我們在此所討論的這段時期，蘇菲行者（也被稱作迭里威失，dervishes）旅行各地的傳教活動，對新穆斯林皈依方面，至關重要，甚至可能具有決定性的意義。他們的傳教活動對於遙遠的鄉野地區來說也是意義重大，例如正統伊斯蘭教一直難以普及的塔巴里斯坦，以及安納托利亞和突厥人在東北方向的中亞故土等新征服領土。

第一位偉大的蘇菲理論家是葛札里（al-Ghazali），他也來自呼羅珊的圖斯。（雖然在更早期也有重要的蘇菲主義者，例如：大約於西元九一〇年去世的朱奈德〔Junayd〕。）正統遜尼派和蘇菲主義之間並非是簡單的對立關係，例如葛札里，他原本先是沙菲儀教法學派的遜尼派穆斯林，他曾經寫過攻擊穆爾太齊賴派、伊本．西那的作品，以及介紹希臘哲學思想的作品。但是他也寫了一部極具影響力的蘇菲作品，書名為《幸福鍊金術》（*Kimiya-ye sa'adat*），大體上而言，他在作品中試圖消除遜尼派和蘇菲主義之間的隔閡，將後者呈現為前者的正統面向。在蘇菲主義出現的最初幾個世紀，相較於遜尼派穆斯林，什葉派對蘇菲行者的態度更有敵意。[32]

薩奈（Sana'i）是第一位明確具有蘇菲身分的偉大詩人，有人將他的文學風格與葛札里的文學風格相提並論。他在西元一一三一年完成的長詩《真理花園》（*Hadiqat al-haqiqa*）是蘇菲詩歌中的經典，但是除此之外，他還創作了很多的詩作，在這些作品中可以很輕易看到傳統情詩與神秘主義傾向的融合：

自從我的心落入了愛的圈套，
自從我的靈魂成了愛的杯中酒，
啊，我備受情事煎熬。
像一隻鷹，落入愛的羅網！
身陷其中，在時光中變成醉漢，
在愛的興奮中深深沉醉，
憂心情事的苦痛折磨，
我卻不要說，那恰是愛的名字，
當看到愛，就更執迷於愛，
伴著愛，萬物平靜安詳。[33]

在這裡，酒再次成為愛的隱喻，將這一意象帶往更加複雜的維度中。傳統上來說，正統穆斯林更加讚揚節制慾望（abstinence, *zohd*），在宗教法律中也是如此規定的，薩奈說，透過超脫法律而成為一個棄神者（infidelity, *kofr*），如能把腐化、肉慾的靈魂（soul, *nafs*）拋下，蘇菲可以找得到另一條通往真主的路。而愛和酒正好都能讓人忘乎自我，這是人們所熟悉的改變或徹底摧毀自我意識的經驗。這種經驗可以讓人嚐到（因此可以提供一種隱喻作為比喻）透過神秘方式與真主相見的無我狀態體驗——對於真正的宗教體驗來說，無我狀態有其必要，就像是求愛者渴望被愛的那種渴望。

塞爾柱時代出現了大量詩人，根本不可能對他們一一作評論，但是尼札米．詹賈維（Nizami Ganjavi）則是無論如何也不能忽略的一位，他在西元一一八〇年創作《霍斯勞和席琳》（*Khosraw va Shirin*），在一一八八年創作《萊拉和馬傑農》（*Layla va Majnoun*）。這兩部作品都是基於更早流傳的故事所創作的敘事長詩，前者說的是薩珊的宮廷軼事，後者則是來自於阿拉伯。這兩部作品極受歡迎，但是它們都反映出尼札米的宗教信仰的更深層共鳴迴響。萊拉和馬傑農相戀後又分離，馬傑農隨後發瘋（*Majnoun* 的意思就是「瘋子」）跑向曠野中流浪。隨後他成為詩人，透過媒介來寫萊拉：

> 哦，我的愛，妳的雙乳如茉莉般芳香！愛著妳，我生命褪色，嘴唇凋零乾涸，雙眼滿含熱淚。妳無法想像我是多麼「*Majnoun*」（瘋狂）。為妳，我已經失去了自己。但是這條道路只能由那些忘卻自己的人通行。在愛中，忠貞就不得不以心中的血液來償；若非如此，愛就連一根稻草也不如。所以，妳引導著我，揭示愛的真意，即便你的信念將永遠隱藏。[34]

由於萊拉的父親不准他們結婚，馬傑農在他的愛中喪失了希望，他將他的愛精神化了。他跑到荒漠中，在發瘋的狀態中丟失自我，逃脫出所有世俗規則，開始寫詩，他實際上已經成為一名蘇菲。[35] 所以即便是一個相當世俗的故事，也已經具有並非一眼就能看出的精神層面。透過作者運用隱喻及精神寓意的心理描寫，讀者還是會對這對愛人的困境油然而生憐憫之情，這首長詩並非純粹寫蘇菲接近真主，而是兩者都有，既寫蘇菲接近真主，也寫一個暗含人性感染力的愛情故事。《萊拉與馬傑農》幾乎已經翻譯成伊斯蘭世界的各種語言，以及伊斯蘭世界以外的其他譯本。

來自內沙布爾的法立德丁·阿塔（Farid al-Din Attar）生於西元一一五八年前後，卒於一二二一或一二二九年前後，他一生中創作了超過四萬五千行詩句。他提出一種「愛的宗教」理論，這一理論的許多元素對後來所有的蘇菲詩人都產生了強烈的影響，並且發展成名為「卡蘭達爾」（*qalandar*）的概念，意思是「野人」、「被放逐的人」或「流浪的人」，他們只遵循「愛的宗教」的倫理規範：

Har ke ra dar 'eshq mohkam shod qadam
Dar-gozasht az kofr va az islam ham

只要堅定地涉足於愛
就超越了伊斯蘭和不信教者的境地[36]

阿塔詩歌中最經典的作品是《群鳥會》（*Mantiq al-tayr, The Conference of the Birds*），它也是波斯詩歌中最著名的作品之一。該作品有引人入勝的情節，描述眾鳥千方百計去尋找傳說中的神鳥希茉（*simorgh*）的故事。隨著敘事發展，講到謝赫桑安（Shaykh San'an）的故事，作者透過這則故事帶出了蘇菲主義在邏輯上所能達到的全部意涵的極限，這在伊斯蘭的背景脈絡中顯得特別令人震撼。這則故事對於後來的蘇菲主義發展有著重大影響。

故事中的謝赫桑安是一位飽學知識、受人尊敬的大賢人，他總是行正直之事。他去麥加朝聖了五十次，他齋戒又禮拜，門下有四百位門徒。他對宗教法律的點評總是讓眾人心服口服。但是在睡覺時，他總是一再做同一個夢，夢中的他住在羅馬（Rum，這裡大概意指當時信奉基督教的安納托利亞地區或是君士坦丁堡，而非羅馬城），並在那裡的基督教堂裡禮拜。他對這樣的夢境百思不得其解，因此他決心要親自去一趟基督徒的地域，才能解決這個問題。在他剛剛上路不久，他就看見一名基督徒女子——「在美的瓊樓玉宇中，她就像是太陽一般……

她的雙眸射出愛的承諾，
她纖妙的雙眉風情萬種，
那眉毛似乎傳達著愛意，
情人忘乎所以別無他求。

於是，就像有時候會發生的事情那樣，這位老人墜入了情網。

> 我已沒了信仰。
> 交出的心已成無用之物，我乃一基督徒的奴隸。

他的同伴想要讓謝赫桑安恢復理智，但是他卻用更令人吃驚及感到混亂的話回答他們。他們勸他祈禱——他同意了，但是他卻不問麥加的方向在哪，而是問那名女子的臉在什麼方向，他要朝著她的方向禮拜祈禱。其中一人問他，難道你不為背棄伊斯蘭而感到後悔嗎？他卻回答說，他只為之前的愚蠢而後悔，因為他之前從未陷入愛情。另一人說，他已經失去了智慧；他回答說，他的確是如此，而且他也丟失了名譽，但是，欺瞞與恐懼已經跟隨他太久了。還有一個人要他在真主面前承認自己的羞恥，然而他回答說，是真主點燃他心中的這把火焰。

在心愛女子的家門口，他餐風露宿一個月，整日與泥土、野狗為伍，直到他生病了。他懇求她能夠施捨他一些憐憫、一些愛慕，她笑了笑，嘲弄地笑他已經這麼老了——他應該尋找的是裹屍體的布，而非愛情。老人再三請求，於是女子說，他必須做到四件事，才能得到她的信任，這四件事分別是：把《古蘭經》燒了、喝酒、矇閉信仰的眼、對著偶像鞠躬。老人猶豫了一下，但還是同意了。他於是被女子請進屋內飲酒，並喝醉了：

他醉了，一種湮沒的遺忘感占據了他的靈魂。
酒和愛意混到了一起——她的笑聲好似挑戰，
讓他來求取他的夢寐之求。

他答應女子的所有請求，但是她還不滿足——她要金子和銀子，但他是窮人。最後，她終於給他一點點憐憫，若是他可以幫她照料豬隻，作她一年的養豬人，那麼，她可以不要金銀。他同意了。

在如此極端的情節下，開始趨於傳統並符合社會上的普遍習俗，若不想要這部作品被查禁或被毀，這麼做有其必要。此時，先知的幻象出現了，將老人回歸於信仰，女子對自己的所作所為感到後悔並成為一位穆斯林，直到死去。但是後段情節並不會消除前段情節帶給人們的啟示：墨守成規的虔誠並不足夠，那種虔誠甚至可能會將人引入歧路。若要臻至更高的精神境界，人們必須剷除社會習俗的陷阱及在愛情中迷失的自我。正如作者在故事開端介紹這則故事時所寫的：

當褻瀆和虔信都已不存，
當肉身和本我都已消逝，
到那時，通向正道的不屈勇氣才會問，

這是否值得一試，
請不要害怕，平靜地開啟旅程吧，
忘記什麼是伊斯蘭而什麼不是……

整體而言，這個故事也許曖昧不明，但是它的內容對於當時的宗教習俗來說，無疑是一個巨大的挑戰。[37]

愛的門徒阿塔於西元一二二〇年代離世，蒙古人入侵呼羅珊和波斯，幾乎將內沙布爾的全部人口屠戮殆盡。對伊朗領土來說，蒙古入侵是前所未有的一場大災難。相對而言，伊朗人對於阿拉伯及突厥人較為熟悉，而且他們的統治也相對克制。蒙古人與伊朗人極為疏遠，而且殘忍嗜殺。

在西元十二世紀邁入尾聲之際，塞爾柱帝國分裂了，原因是花剌子模地區（Khwarezm）部落的崛起，這個部落原本臣服於塞爾柱帝國，但是他們的領袖如今自稱花剌子模沙（Khwarezmshah），並有效地統治了帝國的東部。在十三世紀初，蘇丹穆罕默德（Sultan Mohammad）* 是握有大權的花剌子模沙，這時在河中地區以外草原上崛起的勢力並未引起他的警覺。當時甚至傳來中國帝國已被征服等傳聞（居然是實情）。雙方曾有一些外交上的聯繫，但以失敗告終，導致一些蒙古商人和使者被殺。蒙古人並非人們所想像的，只是一些野蠻、貪婪、飢餓的暴徒，或是一些半人類的殺戮者。實際上他們的軍隊組織良好、管理嚴密且有紀律，他們殘忍並極具殺傷力，但並非肆意縱情於破壞。[38]蒙古的根基是他們的領袖成吉思汗的威望，任何對成吉思汗的侮辱都無法被接受。接下來將發生於河中地區及呼羅珊地區的事件，便是因為這種報復的目的而極為悲慘。此後，蒙古發動了一連串的入侵，最初的目的是懲罰蘇丹穆罕默德（他一路向西逃到雷伊，仍被一支窮追不捨的蒙古部隊追趕，最後他只好向北逃亡，最終死在裏海沿岸不遠處的一個小島上），但是最後卻演變為征服及占領。在蒙古人已經征服並摧毀了河中地區的各個城市之後，梅爾夫（古稱木鹿）這座城市的遭遇，就是不幸的伊朗人接下來的命運：

> ……第二天，也就是一二二一年二月二十五日，蒙古人來到梅爾夫的城門下，（成吉思汗的兒子）拖雷親自帶著五百偵查騎兵繞著城池轉了一圈，在六天的時間裡，蒙古軍隊繼續勘查城中的防守狀況，他們認為這裡城池堅固，可以撐得住長時間的圍城。在第七天，蒙古人發起了一波進攻。城中的人們在不同的城門處發起了兩次突圍，但都立即被蒙古人打退。城市守軍似乎失去堅守的意志了。第二天，該城的總督宣布投降，因為他相信了蒙古人開出的空頭保證。隨後全城人口都被趕到曠野中，在之後的四個晝夜中，人們陸續出城。有四百名工匠和許多孩子被選為奴隸，之後剩下的全部人口，不論

---

* 中國古籍譯作「摩訶末」。——譯者註

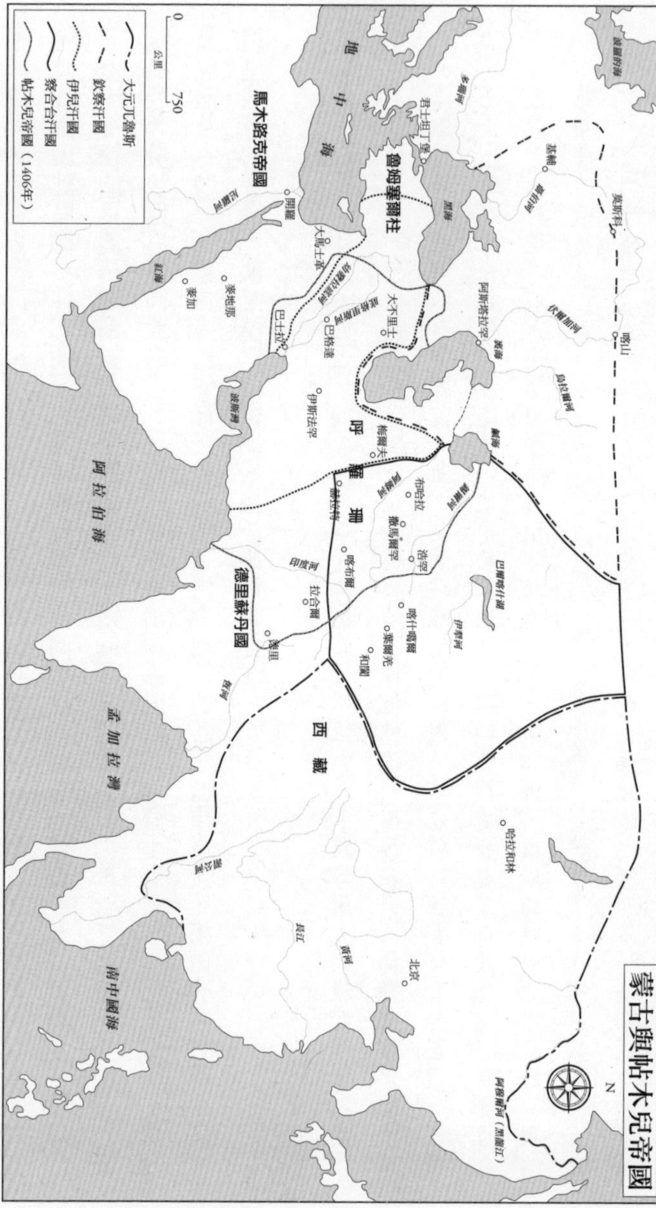
蒙古與帖木兒帝國
大元兀魯斯
欽察汗國
伊兒汗國
察合台汗國
帖木兒帝國（1406年）
0
750
公里
馬木路克帝國
地中海
魯姆塞爾柱
君士坦丁堡
黑海
莫斯科
喀山
基輔
阿斯特拉罕
開羅
大馬士革
麥地那
麥加
紅海
巴士拉
巴格達
大不里士
伊斯法罕
波斯灣
裏海
鹹海
呼羅珊
梅爾夫
布哈拉
撒馬爾罕
赫拉特
喀布爾
拉合爾
德里
德里蘇丹國
印度河
阿拉伯海
喀什噶爾
葉爾羌
和闐
巴爾喀什湖
西藏
孟加拉灣
哈拉和林
北京
長江
黃河
南中國海
N
阿穆爾河（黑龍江）

男女老少都被下令屠殺。為了執行這一命令，每一個蒙古士兵都要殺死三、四百人。蒙古士兵中也包括其他被征服城鎮中所徵來的士兵。志費尼（Juvaini）記載說，之前曾和梅爾夫對立的薩拉赫人（Sarakhs）在屠殺他們的穆斯林手足一事上，比那些野蠻的蒙古人還要殘忍。即便到了這樣的境地，梅爾夫的苦難仍然沒有結束。當蒙古人離開後，那些藏在掩體和地洞中的人開始從藏身的地方走出來，人數大概有五千名左右。但是在這時，一支作為墊後部隊的蒙古小隊來到了這裡。他們也想要殺人，因此他們讓這些人每人帶著一些糧食到曠野中。就這樣，他們屠殺了最偉大的那些伊斯蘭城市中的最後居民……[39]

當時在梅爾夫的目擊者所估計的遇難人數約是七十萬至一百三十萬。傷亡數字如此之高，卻是可信的，它反映當時呼羅珊北部及河中地區的人口：這個數字比一般情形還高許多，那是由於它還包括周圍上百英里內的鄉村人口和難民，他們在圍城開始前紛紛湧入城中避難。當我們談論二十世紀所發生的屠殺和種族滅絕時，好似這些災難的規模前所未見，我們有時忘了前面幾百年的冷兵器時代中的巨大罪行。歐瑪爾．海亞姆的內沙布爾、圖斯、赫拉特和呼羅珊的其他地方都遭遇相同的命運。人們唯一能夠免於被屠戮的選擇便是當蒙古軍隊一出現在視線所及之處，就立即向他們投降。

有很多地方都流傳蘇丹穆罕默德的兒子札蘭丁（Jalal al-Din）殊死抵抗的傳聞而受到了

鼓舞，也都試圖抵抗入侵者，最終卻遭受滅頂之災。在一二三一年，雖然札蘭丁在蒙古人和其他一些勢力上取得輝煌的勝利，並且據傳說舉行了媲美菲爾多西筆下英雄們那樣的戰鬥和宴飲（*razm o bazm*），但他還是去世了。在關鍵時刻，如果花剌子模沙是一位不那麼驕縱蠻橫的睿智之人，也許伊朗人民的情況會好得多。

當蒙古人進入呼羅珊地區時，為了懲罰那些繼續抵抗的人，呼羅珊再次遭受巨大的災難，蒙古在此建立占領政權。在圖斯，也就是達齊齊、尼札姆．穆勒克及安薩里曾經的城市，蒙古人把這裡當作他們的基地，他們最初留下五十座房子為基地。[40] 呼羅珊的黃金時代結束了，有些地方的農業始終沒有恢復原樣，征服者把那裡的城鎮和灌溉農田變成了他們畜養戰馬之地。當伊朗的廣闊土地轉向用於遊牧，這些遊牧民則顯得更為危險，他們是不同種類的殘忍戰士。農民如今被課以沉重的賦稅，每一次戰役後都要被剝削。很多人逃離家鄉或者被迫成為奴隸，住在城市裡的手工藝者逃過大屠殺，卻被迫在作坊中做工，為征服者效力。伊朗的少數族群也是受害者。在一二八〇年代，一名猶太人被蒙古人指派為維齊爾，但是很多人對這一決定感到不滿，這名猶太人丟掉了這個職位，城中的猶太人也受到穆斯林的攻擊——（他們）攻擊帝國所有城市裡的猶太人，把對蒙古人的不滿發洩在他們身上。[41] 這為後來的幾百年立下了悲慘的模式。毫無疑問，當時真是一段黑暗歲月。呼羅珊比其他地方受到的破壞更大，全面的經濟崩潰重創了整個區域。

蒙古人將大不里士作為他們的首府，在接下來的幾十年時間裡，整合他們的征服地，並且摧毀厄爾布爾士山上的伊斯瑪儀派阿薩辛組織（Ismaili Assassins）*，一二二〇年以前的塞爾柱人曾經多次試圖剷滅這一組織，但均未成功。一些臣服於蒙古人的地方統治者得以繼續維持他們的地位，塞爾柱人的殘部則繼續在西邊的安納托利亞，以魯姆蘇丹國（Sultanate of Rum）的名號存續下來。西元一二五八年，蒙古人攻陷巴格達，他們把末代阿巴斯哈里發包裹在地毯裡，然後騎著馬將他踩踏至死。

在接下來的幾十年裡，令人震驚的事情出現了，這種情形大抵也可以預料，總之，波斯的官員和學者階層再次征服了他們的征服者，這是史上第三次了。沒有用多少時間，波斯人就讓自己變得不可或缺了。有一位什葉派的天文學家納斯魯丁·圖斯，他是在蒙古人消滅伊斯瑪義派的尾聲時被蒙古人俘虜，此後便為蒙古王子旭烈兀（Hulagu）效力。在旭烈兀攻打巴格達時，他是旭烈兀的顧問。他後來在亞塞拜然為旭烈兀修建天文臺。波斯某位志費尼家族的成員擔任巴格達的高級行政官員，並且書寫蒙古歷史，還有成員後來成為蒙古伊兒汗王朝的維齊爾。在幾代人或更短的時間裡，波斯官員穩固了在伊兒汗宮廷中的各個位子，就像他們在塞爾柱王朝、加茲尼王朝及更早王朝的情形一樣。蒙古人初時仍保持著他們的多神教，但在一二九五年，他們的佛教徒統治者和軍隊都皈依了伊斯蘭教。在一三一六年，完者都（Oljeitu）去世，他的陵墓至今依然屹立於伊朗的蘇丹尼耶（Soltaniyeh）。這座建築本

* 中國古籍稱之為木剌夷。——譯者註

身也是伊朗伊斯蘭建築之中最出色的作品之一，同時紀念並象徵了伊朗文化所具有的韌性和同化力量。

蒙古入侵呼羅珊地區之前，還發生一場重要戰役——波斯與突厥穆斯林入侵印度，並建立了德里蘇丹國（Delhi Sultanate）。在歷史上，帕提亞人和薩珊人都曾入侵印度北部，並且統治當地。加茲尼王朝與他們的總督也曾對印度北部發動突襲，其中一位總督名叫穆罕默德·古爾（Mohammad Ghuri），他在十二世紀後半葉將突襲行動升級為戰爭，征服木爾坦（Multan）、信德、拉合爾及德里。在此之後，一系列王朝將德里蘇丹國掌控範圍向東擴大到孟加拉灣，向南到達德干高原，創造了獨特的印度伊斯蘭文化，混合波斯、印度斯坦、阿拉伯與突厥元素，在西北地區還出現了烏爾都語（Urdu language）。印度北部受到伊斯蘭文化十分深厚的影響，蘇菲主義的傳教者也在此地傳教，使印度北部在接下來的幾百年間成為波斯化文化發展的重要地區。

巔峰：魯米、艾拉齊、薩迪及哈菲茲

波斯影響力再次興盛並非蒙古征服之後時代的唯一特徵。也許有人覺得波斯詩歌的發展一定會停滯下來，或至少在蒙古征服後的日子裡將出現斷層而黯然失色。但此時有三位極其偉大的波斯詩人（雖然不是來自呼羅珊地區）綻放光芒，還有第四位偉大詩人也緊隨其後而來。魯米（Rumi）出生於西元一二〇七年，艾拉齊（Iraqi）則出生於一二一一年，薩迪（Sa’di）也是在此十年間出生，哈菲茲（Hafez）則誕生於一個世紀後。伊朗人通常將魯米、哈菲茲、薩迪與菲爾多西視為他們最偉大的詩人。在伊朗人沒有任何人不知道這些詩人的重要性，或不能欣賞這些詩人作品的精妙之處。艾拉齊同樣也是重要人物，尤其在蘇菲主義者中更是如此。這些詩人一同呈現了波斯文學發展自阿拉伯征服以來的高潮。

札蘭丁．莫拉維．魯米（Jalal al-Din Molavi Rumi），伊朗人通常稱他為莫拉納（Mawlana），他在西元一二〇七年生於巴爾赫。這既不是一個好時間，也不是一個好地點。一如當時的其他人，魯米的父親也擔心蒙古人進犯，因此他們於一二一九年離開了巴爾赫。他們先去了麥加朝聖，然後去了科尼亞（Konya）和安納托利亞，他在木爾坦度過了生命中的大部分時間。一開始，他與他的父親一樣，是正統烏里瑪的成員，以哈納菲教法學派的理論傳教並教授學生。他也學習了蘇菲主義的理論，在一二四四年前後，他與蘇非神秘主義者及詩人夏慕士．塔布里茲（Shams-e Tabrizi）之後完全投入蘇菲主義。他們兩人有一段緊密的情誼（至少如此），直到三、四年之後，夏慕士失蹤為止（有可能是被謀殺）。自此至他一二七三年離世，他一共創作了六萬五千行詩。他的詩歌關乎他的個人世界，那是一個高度複雜的神秘世界，其作品近年來在美國日漸盛行。有人說魯米是當今美國最受歡迎的詩人，至少他的書比其他詩人的書賣得更好。魯米最有名的詩句是他的作品《瑪斯納維》（*Masnavi*）的開篇，表達靈魂渴求與真主合一：

且聽蘆笛悲歌聲，
傷嘆分離心碎訴，
自從蘆草斷根出，
此歌亦誦人之苦，
我心依依分兩處，
嘆此悲歌傳痛聲，
期待一朝歸本源，
重歸故土夢圓路。
……
笛曲撫慰別侶心，
曲調掀露心面目，
蘆笛歌如毒或友，
亦或胸中久受苦？
蘆葦言路艱險阻，
恰似瘋漢馬傑農，
凡人聽得蘆笛歌，
拋棄理智才可訴。[42]

這首詩清晰表現了魯米思想的核心——與真主合一，人類精神和真主的結合，以及呼喚回歸真主（柏拉圖在《會飲篇》〔*Symposium*〕中藉阿里斯托芬之口表達了相似的意思）。魯米在下面的一首魯拜詩（*ruba'i*，四行詩）中，以另外一形式表達了同樣的觀點（詩中的「beloved」〔被愛者〕，是一個普遍的蘇菲用詞，用以代指真主）：

Ma'shuq chu after taboo gardad
'Asheq memesal-e barre garden gardad
Chun bad-e bahar-e eshq jonban gardad
Har shakh ke khoshk nist raqsan gar-dad

被愛者如驕陽般普照，
追求者如微塵般旋繞。
當愛的春風吹拂大地，
生命的枝條隨風舞蹈。[43]

許多魯米詩句都或明或暗提到夏慕士，「*shams*」在阿拉伯語中是指太陽，在這首詩中就表現得極為明顯。但這並不是說「被愛者」就是簡單地指稱夏慕士，它也意指真主、太陽與魯米自己。

法赫魯丁·艾拉齊（Fakhroddin al-Iraqi），雖然他的名字裡有「Iraq」，但是他是西元一二一一年出生在哈瑪丹附近的詩人，當時帝國的西部省分名為「Iraq-e Ajam」（Iraq of the Ajam），意思是「非阿拉伯人的地方」（波斯人的地方），這就是艾拉齊名字背後的訊息。今日被我們稱為伊拉克的地方在當時被稱為「Iraq-e Arabi」，也就是「阿拉伯人的地方」。與其他詩人不同，艾拉齊的一生生動展現了他本人的性格——一個肆無忌憚的怪人——他的詩作品也與其性格特質十分相符。早年的艾拉齊展現了學問及知識上的天賦，但是到他十幾歲時，他的思想完全轉變了。此時他遇到一些來到哈瑪丹的蘇菲雲遊者（*qalandar*，野人）。艾拉齊毫不猶豫地加入了他們的行列：

> 我們的鋪蓋從清真寺搬到了廢墟的酒館，
> 我們將苦修的文章抹去，塗去虔信的奇蹟。
> 如今與求愛者們與祭司們為伍，
> 飲下酒館放蕩子的杯中酒，
> 若想用力擰一把尊貴者的耳朵，那何不現在動手？[44]

他的另外一首詩則寫道：

人畏真主，自我拒棄，我偏不聽，遞我酒來，有酒便佳。
真心後悔，當初不該，禮拜祈禱，實是偽善，
的確如是，快遞酒來，我已宣告，放棄一切，
自誇自擂，自以為是，在我看來，無非自誇，吹破牛皮。[45]

艾拉齊與其他行乞者一同上路，四處遊蕩。他寫了很多描寫年輕男子和男童之美的詩，波斯詩歌中的同性戀內容在他的作品中十分常見，不過當時為他辯護的人聲稱，他只是從遠處讚美及愛慕那些男童。最終他受到蘇菲哲學家伊本·阿拉比（Ibn Arabi）的影響，成為他的一名追隨者。伊本·阿拉比大概是最偉大的伊斯蘭神秘主義思想家了，於一二四〇年離世。

伊本·阿拉比的思想深植於《古蘭經》和聖訓傳統之中，但是也受到新柏拉圖主義及先前的蘇菲主義影響，他詳盡論述的內容與柏拉圖的理型論（theory of forms）十分相近，認為物質世界的各種現象是本源、處於更高處的核心真理所顯示出來的表象（這種觀念本身有可能是發源於伊朗的馬茲達教，就如同前文所討論），真實本相（true reality）則相對矛盾地存在於精神、形而上的世界之上，而肉體、可感知的世界僅僅是影子。伊本·阿拉比的思想核心也是神創的一體性（oneness of God's creation, *wahdat al-wujud*）與想像（*khiyal*）的一體性。

但另一個非常重要的概念是他從先前思想家們的思想中發展而來的，這一概念是完人概念（idea of Perfect Man, *al-insan al-kamil*）。依照此一觀點的說法，神並非客觀存在的，而是由宏觀宇宙（macrocosm, the world beyond Man，外在世界）與微觀宇宙（microcosm, the inner world of Man，內在世界）所組成。這兩個世界會反映彼此，人類可以透過宗教沉思與自我發展來「打磨其靈魂」（polish his soul），直到兩個世界達到和諧一致。人類可以改進並完善自我，直到他具有神的形式——此時他便成了完人。[46]完人是可以透過宗教紀律及神秘的虔信達成的，並成為在這個世界傳達神的旨意的通道。這樣的概念將會對後來的伊斯蘭思想產生深遠影響。阿亞圖拉魯霍拉·何梅尼（Ruhollah Khomeini）著迷於這些想法，並寫下他其中一本早期著作，這本書的內容是後人對伊本·阿拉比的《智慧之印》（*Fusus al-Hikam, Seals of Wisdom*）一書的評論。

我們也可以思考以下這段摘錄內容，這段內容描述了一個神秘主義者能否進入另一片本相之地（alternative Earth of True Reality）：

> 他遇到了那些守護在入門處（way of approach）的「相」（Forms），是真主專門指派給她們這項任務的。她們中的一個「相」迅速過來，給新來者披上了一件符合他品級的長袍，拉住他的手帶他走進了那個世界（that Earth），只要她們想要，她們就能進入那裡。他在其間徜徉漫步，看著神的藝術，每一塊石頭、每一棵樹、每個村子、每件

> 他所見到東西，如果他想的話，他也能說話，就像是人們和同伴說話一樣……
>
> 當他獲得了他的客體（when he attained his object）並且想要回到他的居所（dwelling place）時，他就回到了他進來的入口處。在那裡她們跟他道別，拿走了她們給他披上的長袍就離開了……[47]

在經驗世界之上存在著真正世界的形式，而經驗世界只是真正世界的形式的影子，前述的這個概念對靈性詩歌來說十分重要，它具有豐富的隱喻潛力，可以見諸於許多波斯詩人的作品。馬哈茂德・沙博斯塔里（Mahmud Shabestari）達到了這類詩歌的最高境界，他在《秘密玫瑰園》（*Gulshan-e raz*）中使用了極致的審美品味，諸如愛人的蹙眉、一綹鬈髮，或是微微噘嘴，都表現出天堂般的或玄奧的概念。

艾拉齊在他接下來的一生中，完全沉浸於伊本・阿拉比的思想，表現在其作品《神光》（*Divine Flashes*）。當他於西元一二八九年在大馬士革去世後，他被葬在伊本・阿拉比的墓旁。但是他從未按照習俗生活。傳聞說，他在旅途中造訪了開羅，蘇丹對他十分禮遇，讓他騎蘇丹自己的馬，並送他很多華麗的服飾。當他騎著馬穿過街道，許多學者與權貴在一旁步行陪伴著他，此時他突然扯下自己的纏頭巾，將它放在身前的馬鞍上。人們見他穿著如此華貴卻沒有戴頭巾，都不禁嘲笑他，後來此事傳到了蘇丹耳裡，蘇丹十分不悅，認為他實在太荒唐。艾拉齊解釋說他此舉是為了避免罪愆，因為當他騎著高頭大馬招搖過市的時候，他突然想起之前從未有人受到如此禮遇，使他過於志得意滿，所以他故意讓自己謙卑些。[48]

有一些評論家認為在艾拉齊接觸伊本·阿拉比的思想之前，他的詩歌更好，更為生動，在那之後的詩歌太過形而上。不過艾拉齊本人及其作品含有一種特別感動人的內涵，尤其是在早期的作品中，有比其他蘇菲詩人更清晰的對於自主追求信仰的渴望與呼喚，反對正統派所追求的那種為了沽名釣譽而遵循的教條。他以囂張又公然的嘲諷來抨擊傳統人士，讓他們深受震驚和刺激。在這一點，蘇菲主義者的動機就像是耶穌反對法利賽人（Pharisees）的教導（〈馬太福音〉二三：一三「你們這假冒為善的文士和法利賽人有禍了！」），而且耶穌的這一點受到許多伊朗穆斯林尊敬（不僅是蘇菲主義者）——直抒胸臆的精神感悟，而避免為虛飾所困。

當我們開始討論薩迪和哈菲茲時，我們所談的便是波斯詩歌的極致。這兩位詩人對於一般伊朗民眾的思想有著深遠的影響，他們二人的詩句已經成為伊朗人日常生活中的口頭用語。以往，波斯語老師會用薩迪的《薔薇園》（*Golestan, Garden of Roses*）來教授學生，讓學生們透過背誦其中的詩句來擴充詞彙量，記住語法與句式的適當用法。在十八世紀時，他的詩句首次翻譯為歐洲語言。《薔薇園》中的一段詩句還被鐫刻在紐約聯合國總部的入口處：

Bani-Adam a'za-ye yek-digarand

Ke dar afarinesh ze yek gawharand
Chu ʿozvi be hard avarad rusegar
Digar ozvha ra numanat qarar

萬民皆自同身來，
瓊華曾取自一胎。
黃泉碧落難孤命，
海角天涯眾同哀。

Tu kaz mehnat-e digaran dighami
Nashayad ke namat nahand adami

世疾同悲仁心佑，
罔顧悲憫非人該。

薩迪大約是在西曆一二一三年至一二一九年間出生於色拉子（這座城市幸運地躲過蒙古之禍，多虧了該城的統治者早早就向蒙古人投降）。在他的作品中，常見其行旅各地的遊歷，但這些內容還存疑點。總之他在一二五六年回到家鄉，並於一二九二年離世。他熟諳蘇菲主義，但並非公開虔信蘇菲主義的信徒。他的作品《果園》（*Bustan, The Orchard*）是一首講述道德故事的長詩，他讚美智慧與美德，呼喚謙卑及善行，同時也尊重常識和實用主義（pragmatism）。他作品中的這些特色可以見諸以下這則「歐瑪爾與乞丐」的故事（這裡提及的歐瑪爾是指遜尼派四大正統哈里發中的第二位）：

> 我曾聽說，暗巷裡有個乞丐，
> 有一天歐瑪爾走在這裡，他踩到了乞丐的腳。
> 這身無分文的不幸者，不知他面前是何人，
> 乞丐從他身邊閃過，怒言道：「你這瞎漢！」
> 正義的長官歐瑪爾說：「我不瞎，但有時不慎足下打滑。我常祈禱真主會寬恕我的罪。」
> 優秀的信士是多麼公正啊！
> 他如此對待地位卑微的人。
> 在明日，心存謙卑的人還有很多事做，而權勢的頭顱已吊死。
> 如果你畏懼末日的審判，請寬恕那些害怕你的人所犯的過失。
> 不要欺壓你的下屬，給他們寬容，因為手心手背都是肉。[49]

有些人認為薩迪的實用主義偏離太遠了，迷失在相對主義（relativism）和超道德（amorality）之中，並引用其作品的句子作為例證。例如《薔薇園》中的第一個故事裡的格言，他說：「變通的謊言比有害的實話更討人喜歡。」[50]但是薩迪並不是唯一一個提出這種建議的文學人物——例如易卜生（Henrik Ibsen）的《野鴨》（*Wild Duck*）中也有類似的道德主題，但不會將易卜生歸類為超道德相對主義者。薩迪的觀點十分多元，有時候也會有矛盾，但這反映了他的作品所呈現的複雜性。評論薩迪是因為他的那些短小警句而聞名，這是符合實情的，因為他有著運用生動的語言來表達深邃思想的天賦（無論時間與世道變化如何影響後世對他的評價）：

那些言談似蜜，面若水仙的人啊，
面紗蓋上你們的笑顏實在可惜，
但是面紗亦非無用，
快將醜陋的蓋上，揭開那美的便好。[51]

再看這句：

究竟是找一個日夜隱居之地，

還是點燃愛的火焰將房子燃起。
隱匿和愛情總是不相匹配。
若你不讓面紗撕破，那就將眼睛閉起。[52]

哈菲茲也出生在色拉子，但比薩迪晚了一個世紀，他生於一三一五年。「哈菲茲」是他的筆名，意指他能背誦《古蘭經》全文。他的本名是沙姆斯丁·穆罕默德·色拉子伊（Shams al-Din Mohammad Shirazi）。關於他生平的記載很少。他在一三九〇年前後去世，當時來自帖木兒（Timur, Tamerlane）的影響力正逐漸顯現出來：這是新一輪入侵、戰爭和大規模的殺戮，可以與蒙古人先前帶來的的殘暴及苦難相提並論。亞瑟·阿貝里（Arthur John Arberry）認為，哈菲茲最後幾首加扎勒詩體作品就是受到這新一輪災難刺激而寫成。

再一次，又一次，時運又脫軸，
只看那美酒和愛人相顧無言，
命運之輪實為玄虛，
昨日高聳的額頭，明日卻化歸塵埃。
……
大地的善欺廣為流傳，

黑夜是待產的母親，黎明將帶來怎樣的嬰孩？
當騷動和血腥的殺戮在天地間上演，
且拿來那血紅一般的酒，讓我再一飲而乾。[53]

但在戰爭與屠殺的煙硝再度籠罩天際之前，哈菲茲將波斯詩歌的既有形式上升至前所未見的表現高度。在以下的這首加扎勒詩，人們所熟悉的意象「酒」和「愛人」之間環環相扣、疊加、相互映射彼此，藉此將當下的情慾，轉化為對精神世界的渴求。詩中說如果愛出現在眼前，就必須完全接納，然後沉浸到酩酊的狀態，因為愛必須全心全意地付出，不可減少一絲一毫。唯有如此，才能理解愛的真意；愛是理想的恩賜、生命的精髓，是提前賜予我們的：

她的髮絲纏繞在一起，她的口齒依然迷醉，
她笑著，唱著愛的歌，端著斟滿的酒杯，
肩膀微潤，衣領扯開。
她的眸目，她的嘴唇已經做好準備。
她坐下。昨夜她在我床前。
朱唇湊近我的耳邊悄聲呼吸，輕輕地說：「這是什麼？」

你難道不是我的常伴情人嗎——還是你已睡著？
智慧之友知道這是偷盜睡眠的酒，它是愛的叛徒，
若他不崇拜這同樣的酒。
哦你們這群拘禮者，快走吧，別和我爭辯。
我爛醉如泥，因為這酒多珍貴。
這是神在永恆之前就已經賜予我們的禮物
無論神倒在我們杯中的是何物，
只管忘情喝吧，管它是天堂之酒還是爛醉如癡的酒。
酒的笑聲，和愛人散亂的頭髮啊，
多少個悔恨的夜晚——就像哈菲茲的懺悔，
被這樣的時刻打破？[54]

類似這樣的詩歌直至今日仍然讓許多伊朗人感到坐立不安。[55]一些篤信宗教的伊朗人會直接說這些詩裡的醇酒及情慾並不是指這些事物本身，它們的含義已經完全上升至精神的層次中，而且那些詩人本身也從不飲酒。無論這件事是真是假（我個人是持懷疑態度），但實情是這些詩作唯有在性愛和醉酒是真實的情形，才有其意義。或者說，這些詩的意義是因為它們本身是真的，因為它們直接扣擊人們的真實經驗，只有偉大的文學才有這種效果。這些

作品好似在提醒我們一些我們本來知道，但早已遺忘的事物，若非如此，這些隱喻只會是一種策略，其對傳統的反抗也只不過是一種姿態而已。以下這首詩比上一首更為尖銳，更具衝擊力。這首詩是寫僵化又好事的宗教權威對人的強加管控（有人強調這種情形與現今的伊朗十分相似）：

Bovad aya ke dar-e maykadeha bogshayand
Gereh az kar-e forubaste-ye ma bogshayand
Agar az bahr-e del-e zahed-ekhodbin bastand
Del qavi dar ke az bahr-e khoda bogshayand

何時他們讓酒館開門？
何時能放開壓在人生羈旅上的手？
如果關上酒館的門能守住清教徒的自愛，
乾脆拿去我的心吧，他們可以拿著它去取悅真主。[56]

後來，哈菲茲的詩作得到歌德等很多歐洲人的青睞及翻譯，他的作品集《迪萬》（詩人的個人詩集通常被稱作 *Divan*）也同樣被伊朗人所珍愛，而且被當作是某種神諭，當人們想要占卜和算命時，伊朗人會隨機翻開一頁，然後期望自己翻開的那首詩可以解釋成美好的預言。除了《迪萬》，只有另一本書會被如此使用——那就是《古蘭經》。

Ay bad, hadis-e man nahanash migu
Serr-e del-e man be sad cabanas migu
Migu na sedans ke malalash girlad
Migu sokhani o dar miyanash migu

哦風，請悄悄地告訴她我的故事，
用一百種語言告訴她我心中的秘密。
告訴她，但不要冒犯她。
在傾訴的字裡行間告訴她我的故事。[57]

十五世紀的波斯詩人並未停止創作，在哈菲茲之後，還有很多重要的詩人，尤其是賈米（Jami）與之後的畢德爾（Bidel）。此時，波斯文學整體所創造出的重要性已經難以超越，它擁有難以想像的大量作品，它們題材各異而且質量上乘。人們可以將此一時期的文學整體與人類的大腦相比，用現代的一些理論學家研究人類意識的方法，來看待伊朗文學：人類的意識並不位於大腦中的任何區域，但大腦的上百萬細胞和神經元透過複雜的交互機制所帶來的反應便是意識。從某個角度來說，這些詩歌和各種隱喻與思想的集合、互動，浮現的就是伊朗人的靈魂。

大概每隔一百年左右，西方讀者便會發現另一位這樣的波斯詩人。在一八〇〇年是哈菲茲，在一九〇〇年是歐瑪爾．海亞姆，在二〇〇〇年則是魯米。西方讀者的選擇，並不完全取決於這些詩人及其作品的優點或本質，而更多地是基於他們的作品是如何被西方詮釋，與時下西方的文學與文化風尚契合，並符合西方人的口味期待。因此，哈菲茲的作品被詮釋為相應於浪漫主義，歐瑪爾．海亞姆則是與唯美主義運動（aesthetic movement）相關，而魯米則不幸地被列為腦袋麻木的新感覺派（New Agery）之友。當然，敏銳且富於想像力的讀者可以避開唯我論的陷阱，尤其如果這位讀者能略懂波斯語。但語言和翻譯反映的是，讀者可能只看到模糊的鏡像，看到的僅僅是讀者自己及時代所需的慰藉，而不是穿越翻譯的鏡子，看見埋藏在詩歌深處或許更令人心神不安的真實深度。

從表面上看，八百年前蘇菲詩人的愛的宗教（religion of love）也許距離今日既遙遠又古老。這些詩人所傳達的更深層訊息要比越來越受歡迎的魯米和阿塔爾（Attar of Nishaqur）的詩歌更難以得其精義。像理查．道金斯（Richard Dawkins）這樣的達爾文主義者，將無可避免地走向無神論，這麼說或許看似離經叛道，但對於知識世界而言，還有什麼比愛的宗教更為拋棄創世論，而接納進化論的呢？達爾文主義和進化論理論以繁殖和愛的行為展現了對於全體生命的強烈關注。這種行為的精神與它背後的神意是生命本身的精神。一個用感情驅力作為神（higher spirituality）的隱喻的宗教，它的追求就是與神合一——這是神在永恆來臨之前，賜予我們的禮物。

帖木兒

在一三〇〇年前後，蒙古伊兒汗國在合贊汗（Ghazan Khan）的統治下已經伊斯蘭化和波斯化，徹底改變了他們掠奪、毀滅及燒殺擄掠的統治方式。他們開始試圖重建那些被他們摧毀的城市，修復那些荒廢的灌溉系統和農業生產。他們在此取得一些成就，大不里士（Tabriz）作為他們的新首都，的確繁榮了起來。亞塞拜然因為氣候更為濕潤，所以那裡有更好的草場，因此很受馬背上的征服者的青睞。偉大的歷史學家拉施德丁（Rashid al-Din）獲得伊兒汗國的資助，他在志費尼等人先前成果的基礎上，完成一部卷帙浩繁的歷史巨著。當時的文化流動也不僅是單向的，波斯細密畫徹底融合了源自中國的審美影響，類似的文化交流實例還有很多。即便如此，雖然伊兒汗國統治下的伊朗顯示了復甦的跡象，但是相較以前，伊兒汗國更貧困，統治上也更加嚴厲。隨著不可避免的決定性趨勢，伊兒汗的帝國開始解體，地方上的諸侯統治者逐漸從中央政權取得獨立，這種情形已經在塞爾柱人及阿巴斯人的統治中經歷過了。在呼羅珊地區的薩卜澤瓦爾（Sabzavar）附近，有一支反叛勢力在十四世紀中葉時聚集起來，他們被稱作薩貝達里（*sarbedari*），意思是「自陷絕境」，他們有平等主義的傾向，並帶有什葉派及蘇菲主義的元素。[58]

正如先前和以後出現的各種運動一樣，薩貝達里也體現了當時盛行於伊朗地方宗教中的折衷主義本質。在其他地方，什葉派與蘇菲主義之間的關係是趨於對立的，但是薩貝達里運動輕易就把這兩種互相矛盾的原則融合在一起，這一創造孕育一種將被證明具有重要作用的大眾宗教。在其他方面，薩貝達里也顯示其重要性——他們再次表現出抵抗入侵者的精神，這種精神自從阿拉伯人入侵之後就埋在人們心裡，在條件成熟的時候，就會出現獨立的王朝，這種情形在蒙古統治開始時就已經存在，[59]而且也會在未來的伊朗歷史中再次出現。這種現象可以讓我們提出有關民族主義的問題，且本書後面的內容或多或少都與這一點有關。[60]在我的觀點看來，我們今天所說的民族主義（nationalism）太過明確地指向十九、二十世紀時構成的現象，這樣的定義對於十四世紀或者十九世紀以前的時代而言，極不適當。但是自從薩珊時代及其以前，我們就能察覺到一種伊朗意識（Iranianness）的存在，這股情感意識超越了對某一特定地方或某一特定朝代的忠誠，它後來也啟發了舒比亞運動、薩曼王朝與菲爾多西。我們雖然不能用「民族主義」一詞來指稱此一現象，但是任何否認此時期所存在的伊朗認同感的說法，都是嚴重歪曲事實且不合邏輯的。

從一三八〇年開始，想要建立自己王朝的地方藩主、正在經歷復甦的城市和農村、勇敢無畏的薩貝達里運動再次被新一輪的草原遊牧民族入侵所壓制了。此次的入侵者是帖木兒（Timur，或 *Timur-e lang*——跛腳帖木兒——Tamerlane，或者英格蘭劇作家馬洛〔Christopher Marlowe〕筆下的 Tamburlaine），他是河中地區的突厥小領主的兒子，他將麾下勇猛的士兵集合成一支有紀律的軍隊，這種軍隊明顯是以成吉思汗的蒙古軍隊為模型而組建的。他娶了一位來自大汗家族的公主，並從此自稱庫爾干（Güregan），也就是「女婿」之意，並以此來攀附前輩的威名。他用這種方式繼承蒙古前輩的威名，同樣也承繼前輩身上的恐怖特質。帖木兒先是在河中地區的幾個城市建立起自己的勢力，以撒馬爾罕為基地，進而對波斯展開入侵。波斯的城市再度遭受劫掠，百姓再遭屠戮，那些有一技之長的工匠倖存者被押解回撒馬爾罕，增飾帖木兒的新花園和宏偉建築。攻打波斯時，他曾用人頭堆成高塔，以震懾敵人（單是伊斯法罕城外，當人們無謂地抵抗帖木兒大軍之後，就堆積起由七萬個人頭堆成的一百二十座塔），他再次讓沙漠掩埋了廢棄的農田和灌溉系統（以錫斯坦地區最為嚴重）。與蒙古人不同的是，帖木兒的征服是以正統遜尼派伊斯蘭教的名義發起的，但是在戰爭過程中，他卻沒有展現出絲毫寬容。在占據波斯，並且打敗莫斯科周圍平原的金帳汗國蒙古軍隊之後，帖木兒轉而攻向印度，他成功奪下了德里。在他又一次向西進攻征服巴格達（又堆積起了九萬顆頭顱）之前，他還擊敗了當時的鄂圖曼帝國蘇丹（巴耶濟德一世，Bayezid I），並將他擄回撒馬爾罕。征服者帖木兒最終於西元一四〇五年死於出兵攻打中國途中。

傳聞帖木兒曾經與哈菲茲見過面，但這應該是杜撰的故事，不過他的確見到阿拉伯歷史學家、思想家伊本・赫勒敦（Ibn Khaldun）。凡是研伊斯蘭世界歷史的學者都不會忽視王朝興衰的周期性，以及遊牧部族的侵略，但是伊本・赫勒敦還提出一個理論解釋此一現象。[61]他的理論先從「部族主義」（asabiyah）說起，此一概念是指一種強烈的群體情感，遊牧民戰士所具有的這種情感來自於遷移的部落生活和沙漠、山區和草原上的艱苦條件，在這種環境下，他們必須彼此相互扶持。正是由於這樣的凝聚力塑造了遊牧民強大的戰鬥力，這讓他們有能力入侵並占領城市定居者的領土，征服他們的城市。但達成此項成就的征服者必須自此鞏固各方的支持，他們必須確保自己不被其他部族成員取代。因此，征服者需要拉攏其他群體——城市居民、官僚體系中的官員與烏里瑪。征服者同樣必須興建宏偉的建築，用華麗的宮廷排場來向他們統治的人民展示其聲威，並請來傭傭兵作為戰士，因為他們更為可靠。到此一階段，征服者最初的部族主義就變得薄弱無力了。最終，統治王朝開始相信自己的神話將一直持續下去，他們花費大量的金錢做徒勞的展示，使得都城內外都逐漸虛弱。烏里瑪與一般市民開始對王朝的衰弱感到幻滅，並準備迎接另一波草原征服者，隨後新的征服者又將建立新的王朝，重蹈此一循環往復的模式。

伊本・赫勒敦的此一理論並未道盡征服者來到伊朗之後，在這一循環模式中所創造出的新元素（但上述理論是大體情形的簡化概要）。我們在歷史中看到，繁榮的絲路貿易在鼓勵貿易活動的同時，也鼓動了掠奪性的入侵，伊朗（尤其是呼羅珊地區）正是由於處於地理位置的要衝地帶，而特別容易被攻擊，如同它所處的地理位置也為它帶來同樣巨大的經濟與文化優勢一樣。隨著阿巴斯王朝與他們的繼任者一次又一次地試圖克服收稅的困難，但他們也在後續的措施中不斷削弱自身。因為官員們變得益加腐敗，並侵吞稅收，所以統治者不得不把收稅的責任交給稅農（tax farmer），但他們卻藉此壓榨佃農，造成農業生產力的快速下降。統治者能夠將土地徵稅權（*iqta, soyurgal*）賞賜給軍人，以換取其軍事上的效忠，不過同時也讓軍人開始認為自己是農民或者地主，而不是戰士。統治者也可以在更大層面上以相似的方式將整個省分交給他信賴的家族，以此換取財政上的貢獻與軍事支持。但正如我們在歷史中所見的，這會讓地方官員的勢力逐漸強大，並足以自立，甚至取而代之（例如，白益王朝）。

伊本・赫勒敦的理論並不能完全解釋此一時期的歷史，他的理論也許更適用於描述他本人居住最久的北非地區的伊斯蘭政權。不過無論如何，他的理論都是十分有用的模型，而且他也解釋了當時人們心底流露的某種態度——伊本・赫勒敦並非發明了這種態度，而是觀察它們——遊牧民通常被認為（他們自己當然也這麼看）擁有更質樸的尚武特質。宮廷則被認為是頹廢衰微之處，而且趨向腐化其成員。烏里瑪通常被視為危機中的權威仲裁者。這些態度都是心理層面的，它們的社會和文化結構深埋於人們心中，並對事件產生影響。

就這本書的目的而言，最重要的是要強調「波斯學者—官僚」這一個小群體所具有的韌性和知識力量，他們對於滿懷英雄氣概的薩珊先祖有著懷舊的情懷，他們從虛偽矯情的官場和宮廷事務中逃離，進入愛與花園的幻夢，或宗教的神秘主義之中，抑或是設計宏偉的宮殿和清真寺，或者沉迷於數學、醫學或天文學的奧妙之中，他們一次又一次身陷危機，也適應並且效力於一位又一位的征服者，最終他們發揮影響力，操縱了征服者，在此一過程中確保了他們的語言、文化及無與倫比的知識遺產的存續（不論是在巴格達、巴爾赫、大不里士或是赫拉特）。在世界歷史中，這是非常不尋常的現象。阿拉伯征服及後繼的各個帝國，無論是阿巴斯、加茲尼、塞爾柱、蒙古還是帖木兒，它們背後所存在的是一個最終證明更為重要的帝國——伊朗人的心智帝國（the Iranian Empire of the Mind）。

帖木兒之後，征服者再次進入那種循環往復模式中，征服者承繼了被征服者身上的特質。帖木兒的兒子沙哈魯（Shahrokh）在赫拉特支持並資助了另一波的波斯文化復興，他的繼任者們延續這樣的政策，從而塑造了偉大的建築、彩色手抄本和細密畫作品，為之後的蒙兀兒帝國、薩法維帝國的文化發展奠定了基礎。如同前人一般，帖木兒帝國也逐漸分裂成為由繼承國割據的分裂王朝，宛如一塊拼布。在十五世紀的後半葉，這些割據政權之中有兩個蒙古化的突厥部落聯盟，它們是白羊王朝（*Aq-Qoyunlu*）及黑羊王朝（*Qara-Qoyunlu*），它們於飽經戰事摧殘的伊朗高原爭奪霸權。後來白羊王朝贏得先機，但又被來自安納托利亞的突厥王朝——即薩法維人——擊敗，他們的追隨者被稱作奇茲爾巴什（*Qezelbash*，意為「紅頭」）。為了理解薩法維人，必須先將視線再次放回西元七世紀，深入了解什葉派的歷史發展。

第四章
什葉派與薩法維王朝

比我更有智慧、更博學的先人們曾領悟到歷史中某種密謀好的情節、某種規則變化的節奏、某種事先就已定好了的運行模式。這些調和一致的情節卻對我隱藏起來。我所能看到的只是急匆匆的一波接著一波的事件，只是事實和現況，它們每一個都是獨特的，我對它們深懷尊重。對歷史學家來說，只有一項萬全之策：他應該指出人類朝代發展中的偶然性與無法預見的地方。這項萬全之策並非憤世嫉俗且令人絕望的教條。在歷史的扉頁上，白紙黑字擺在我們眼前的是歷史進程中出現的各項事實，但歷史進程卻並非自然法則。這一代人所贏得的東西可能會被下一代人所丟失。人類的各種思想有可能流入那導向災難和野蠻之渠。

——H・A・L・菲舍爾（西元一八六五—一九四〇年，英國學者、政治人物）

什葉派的起源

在西元六八〇年的十月初，[1]有一支數量不及百人的隊伍，他們手持武器，帶著家眷來到庫法（Kufa）城的附近，這座城市位於今日巴格達以南不遠處的幼發拉底河畔。這群人來自麥加，他們穿越了上百英里的阿拉伯沙漠來到此處。

正當他們及其領袖胡笙即將進入城鎮時，他們被一千名騎著駿馬的騎兵攔住去路。這群遷徙的人同意向北繼續進發，遠離庫法，途中他們被這一千名騎兵押解監視著。到了次日，又有四千人馬到來，他們帶著命令，要求胡笙發誓效忠於哈里發葉齊德（Yazid）。胡笙拒絕了。此時，他們已經用光了身上攜帶的水，但那數千名士兵卻封鎖了他們前往河邊取水的去路。

接下來的數日裡，不斷有新的命令到達，胡笙及其追隨者眼看著就要被武力制伏了。士兵們組成的戰陣不斷地壓向那一小隊人馬。胡笙試圖讓其追隨者各自逃生，留他獨自一人面對敵人，但他的追隨者不肯棄他而去。他對著步步近逼的敵人喊話，但敵人無動於衷，不久之後，敵軍便開始向他們的營地射箭。胡笙的人馬寡不敵眾，當敵人射來的箭矢如暴雨般傾瀉而來，他們一個接著一個倒下了。他們的帳篷和牲畜也沒能在箭雨中倖免。他們之中有些人試圖反擊，零散地衝向敵人嚴密的包圍隊列，但旋即喪命於刀劍之下。一陣腥風血雨之後，只剩下胡笙自己，他抱著襁褓中幼子的屍身，一支箭插在了嬰孩的喉嚨上。敵人這時已經將他團團圍住，他用盡最後的力氣向敵人殺去，但仍被擊倒在地，隨後被殺死了。

胡笙的男性親屬中，僅剩下當時臥病在床的兒子倖存了下來。在庫法，胡笙的頭顱被送到葉齊德的副官面前，他重重地朝著死者的面額打了一拳，某個旁觀者上前來斥責他竟對真主的先知親吻過的人如此不敬。

胡笙是先知穆罕默德的外孫，他的父親是先知的堂弟阿里，母親是先知的女兒法蒂瑪。一代又一代什葉派穆斯林用上述敘事，銘記先知至親被屠殺的過往。當然，世間的故事都有另外的一面，如果換一個角度，伍麥亞哈里發也許看起來就不這麼邪惡，看起來更像是盡力讓帝國不致四分五裂的務實主義者，而阿里派的人們則不過是一些不合時宜的理想主義者。但對於我們的目標來說，更重要的是去理解什葉派自己是如何看待這一事件的。卡爾巴拉（Karbala）在什葉派伊斯蘭教的早期歷史中是核心的、最具決定性的事件。胡笙的墓地位於卡爾巴拉，此一事件的發生地點是什葉派最重要的聖地之一。每年到了阿舒拉日（Ashura），這裡都會舉辦悲戚的哀悼儀式及宗教集會，人們在這裡抒發內心的巨大悲痛。從那時至今，什葉派穆斯林都沉浸在胡笙殉教的哀怨及殉教的象徵意義中。從殉教的象徵孕育出不平之情，以及交織著背叛與恥辱的感受。

東西方基督教會的大分裂（Great Schism），以及後來天主教和新教的分裂發生於耶穌時代之後的數百年。但伊斯蘭教中的分裂仍然在今日的穆斯林中造成區別和分野，在什葉派和遜尼派穆斯林之間造成齟齬。伊斯蘭教的分裂源自信仰的初始，甚至在卡爾巴拉事件之前，在先知穆罕默德本人在世時就開始了。我們無法適切地將這件事與基督教的分裂做比較。有一種更為恰當的類比方法，即是理查．弗萊（Richard N. Frye）等人所使用的，[2]該類比方法是將更重視律法及傳統的遜尼派伊斯蘭教與猶太教放在一邊，將更強調謙卑、犧牲及宗教繼承的基督教與什葉派伊斯蘭教放在另一邊，將這兩邊的宗教進行比較。阿舒拉日的公開哀悼活動與今天人們仍能在一些天主教國家裡看到的耶穌受難日（Good Friday）活動在精神上是相似的。我在這裡將什葉派與基督教中的某些方面進行對比，並不是在暗示它們在某些形式上相同（它們並非相同），也並不是（幼稚地）鼓勵某種雙方攜手合作的普世教會主義（ecumenism），而是試圖說明一些乍看為人所不熟悉的概念，但是經過類比之後，也許就顯得不那麼奇怪或令人生疏的概念（或至少不比對基督教天主教派還要生疏）。

「什葉」（Shi'a）這個名詞意指「Shi'a Ali」，也就是「阿里黨人」（Party of Ali）。阿里是先知的堂弟，也是最早皈依伊斯蘭教的少數幾人之一。此一時期的什葉派有時也被稱為阿里派，他們僅只是那些支持由先知及阿里的子嗣治理的人們。其他的特徵與教條都是後來才逐漸發展出來的。

從一開始，穆罕默德的追隨者，最早的穆斯林信徒就與當時的統治當局發生衝突。穆罕默德、阿里及其他同伴曾被迫從麥加逃到麥地那，因為當時麥加統治者與他們之間的關係已經惡化到公開敵對的程度。這類情形在伊斯蘭歷史中一再出現，尤其是在什葉派伊斯蘭教的歷史上更是如此。穆罕默德挑戰麥加人的生活方式，他呼籲更具道德意義與虔誠的行為，

《古蘭經》的啟示是神之旨意。麥加當時的權力人士對此的回應則是嘲笑和迫害。在高傲、世俗、腐敗的權威與熱忱、虔誠、儉樸之間的衝突，已經成為數個世紀中的既定文化模式，從那時一直延續到一九七九年的伊斯蘭革命，乃至今日。

什葉派穆斯林相信：穆罕默德生前便指定由阿里繼位，但阿里理所當然的繼位被其他人剝奪了。當阿里在西元六五六年成為第四位哈里發的時候，伊斯蘭教的統治者們已經征服廣闊的領土，疆域從埃及一直延伸至波斯，我們在前面的章節已討論這段歷史了。對於一些阿拉伯部落大家族而言，擴大疆域意味著有新的好處可以攫取，尤其有一些古萊什家族（Quraysh family）的成員，他們在麥加被迫屈服並皈依於伊斯蘭教之前，曾是先知穆罕默德的反對者。除此之外，阿拉伯征服者也必須要採納新的統治模式和接受新的權力關係。

許多穆斯林並不接受這種摻雜了政治交易和現實利益妥協的變化。例如阿里就是如此，他讓自己與之保持疏遠，並且維持虔誠的儉樸生活，每日虔心祈禱。對於心懷不滿的人們來說，阿里自然而然成為關注的焦點。他也被哈里發周圍的那群人厭惡——伊斯蘭社群內部權力與虔誠之間的衝突首度爆發了。當阿里本人成為哈里發，雙方彼此之間的敵意導致內戰（*fitna*）發生。阿里在西元六六一年時曾經試圖達成和平，有一些更為激進的哈里哲派（Kharijite）認為他們受到背叛而刺殺了阿里，阿里之前對手的領袖穆阿維亞（Mu’awiya）利用這一時機掌握大權，成為第一位伍麥亞王朝哈里發。他死後傳位給自己的兒子，也就是哈里發葉齊德。西元六八〇年在卡爾巴拉與胡笙敵對的人正是他。

在什葉派的觀念中，胡笙所領導的反抗與對葉齊德權威的蔑視是淨化伊斯蘭教並將伊斯蘭教帶回其本源的行為。胡笙與先知的血緣關係固然重要，但葉齊德及其宮廷的不虔誠行為也是重要的因素。在他們的宮廷裡，飲酒作樂非常普遍，而且他們也實行很多伊斯蘭教以前的拜占庭與波斯習俗。胡笙原本想取得庫法人的支持，可是葉齊德的軍隊先他一步攻入庫法，並壓制了庫法人。有一些什葉派歷史學家相信胡笙有意在卡爾巴拉從容赴死，他相信自己的犧牲會喚醒人們心中的信念（這又是一點能夠與天主教相對照的地方）。庫法的支持者未能幫助胡笙使得什葉派對卡爾巴拉的記憶累積了強烈的愧疚感。

在卡爾巴拉之後，葉齊德的伍麥亞王朝及其繼任者繼續以伊斯蘭的領袖身分進行統治，他們繼續征服新的領土。為了對什葉派的苦痛及恥辱能夠感同身受，西方讀者可能要試著想像在耶穌去世後，基督教會落入到了猶大、龐提烏斯．彼拉多（Pontius Pilate）與他們的繼任者手中的情況。什葉派將自己視為受壓迫、被驅逐的人，是始終被有權勢者與不義者背叛、羞辱的人（雖然之後有強大的什葉派王朝崛起，並占有遼闊的領土）。他們對受壓迫者抱持著同情與悲憫之心，而且傾向於將受壓迫者理所當然地看作是比富有及掌權者更公義的人，這種心態一直延續在什葉派大眾心中，直至今日依舊如此。早期的什葉派把伍麥亞哈里發看作是不義的篡位者，渴望發動一場起義，讓先知、阿里及胡笙的後嗣重掌社群。這些後嗣是什葉派的伊瑪目——遭受排擠卻是伊斯蘭教正當的領袖，什葉派伊瑪目的後嗣是與伍麥亞王朝、阿巴斯王朝眾哈里發對立的世系。在遜尼派穆斯林掌權的國家裡，什葉派穆斯林多多少少將自己視為被迫害的少數人。

儘管教派分裂了，但是在最初的幾百年中，仍存在著極其自由的思想觀念的交流，關於信仰的觀點有著豐富可觀的多元主義，而且在阿里派或什葉派內部，也有著大量的多元觀點。總的來說，什葉派的神學觀念與法律比遜尼派伊斯蘭教更趨於寬鬆，在神學方面也對理性思維抱持著更開放的態度，更傾向自由意志論，而非命定論。什葉派對伊斯蘭世界所流通的一些非正統的觀念，態度也更開放。造成這種情形的部分原因在於什葉派的聖訓範疇更廣，其中包含什葉派伊瑪目的言行。什葉派神學也與遜尼派有所區別，這是由於什葉派的神學處理一些什葉派的特定問題，例如身處迫害環境之下如何行事。

第六位什葉派伊瑪目賈法里・薩迪克（Ja’far al-Sadiq）發展出應對迫害的策略，此一策略後來被證明頗具爭議性。他提出的策略稱作「塔齊耶」（*taqiyeh*）或「虛掩」，它允許受到迫害的什葉派穆斯林在必要時否認自己的信仰——在這一點上，它與天主教會在面臨天主教改革運動時所頒布的「心靈緘默」（mental reservation）信條，有著驚人的相似，尤其是耶穌會士，他們在相似處境中採取類似的虛掩策略（雖然這種策略早已有之）。這就如同耶穌會士在新教徒那裡得到陰險且用辭狡詐的名聲一般（英語中的形容詞「Jesuitical」〔虛偽的、陰險的〕便是源於此處），塔齊耶策略也讓什葉派在遜尼派穆斯林心中有著類似印象。

有些評論者辯稱賈法里・薩迪克的教令反映出某段時期的什葉派靜默主義——從政治、對立、推翻哈里發政權的行動中隱退。這種靜默主義連同它所蘊含的謙遜與不張揚的美德至少在接下來的數百年中，成為什葉派信仰中的一股清流（直至今日仍然如此）——但是在賈法里在世時，什葉派運動也並沒有完全遵行此一模式，另外還爆發了一些什葉派的叛亂（當然也包括什葉派參與其中的阿布・穆斯林叛亂，並建立了阿巴斯王朝）。賈法里去世後（西元七六五年），更進一步的分裂出現了。有一群人支持賈法里的兒子穆薩（Musa）成為第七任伊瑪目，而另一群人則支持他的另一個兒子伊斯瑪儀（Ismail），伊斯瑪儀派或「七伊瑪目派」（Sevener）的什葉派分支後來得到埃及法蒂瑪王朝（Fatimid）支持。伊斯瑪儀派也引發了惡名昭彰的阿薩辛（Assassins）運動，西方編年史學家對於這個鮮為人知組織的作為，多有歪曲而有所誤述。在十二、十三世紀時，他們在厄爾布爾士山區建立起自己的勢力，在一二二〇年代蒙古入侵以前，他們是一股特別重要的力量。

在西元九世紀時，第十一位伊瑪目離世，帶來了更進一步的混亂（正是他位於伊拉克薩邁拉的陵墓建築的金色穹頂在二〇〇六年被遜尼派極端分子炸毀，引起新一輪遜尼派／什葉派間的嚴重暴力衝突），他去世時似乎並無在世的子嗣。非伊斯瑪儀分支的主流什葉派因此分化為諸多不同派別，每一派各自都有應對此一問題的方式。最終，各派別聯合起來對此問題形成共同的解釋，此一解釋是第十一位伊瑪目原本有一位繼承人，但那名男孩在他父親去世時為了躲避迫害而被藏了起來，或是自己躲藏了起來。在某一時刻，在混亂及危機之際，這位第十二位伊瑪目、隱遁的伊瑪目，就會重新出現在世人面前，並在俗世重新建立真主的正義統治。這樣的解釋與基督教教義中的末日大災、耶穌再次降臨有顯著的相似性（實際上，許多什葉派信徒相信耶穌將與隱遁的伊瑪目一同歸來）。但是這樣的教義也能和瑣羅亞斯德教中的索什彥產生對比。

這一連串的發展進一步地為什葉派信仰注入了救世主性質、認為末日即將到來的觀念元素。但是也為什葉派信仰添加了新的不確定性，以及自我懷疑，並在什葉派穆斯林與世俗及宗教權威之間關係留下永久的問題。如果伊瑪目是唯一的合法權威，如果伊瑪目不再現身，這個世界應該要如何運行呢？什葉派與當時的世俗權威間已存在著問題，但如今在什葉派內部也出現了關於權威的更進一步的問題。

隱遁伊瑪目是第十二位伊瑪目，也就是最後一位阿里的繼任者，那些等待隱遁伊瑪目現身的信徒被稱作十二伊瑪目派——他們構成了最大的什葉派群體。他們的分布十分零散，也許更適合被看作是一種意向（tendency），他們居住在美索不達米亞南部、伊朗中部的庫姆（Qom）附近、伊朗東北部和中亞地區、黎巴嫩，以及沿著波斯灣南岸的地區等地（今日阿富汗、巴基斯坦和印度也有什葉派）。但是在一系列強大的伊斯瑪儀派王朝及其他什葉派王朝相繼滅亡後（例如：法蒂瑪王朝、白益王朝、卡馬特派〔Qarmatians〕），遜尼派的穆斯林統治者占有優勢地位，而且在蒙古人侵略之後，忠誠堅定的遜尼派鄂圖曼帝國崛起，他們牢牢掌控著伊斯蘭世界的西部。

薩法維人

西元十五世紀的尾聲，某個軍事兄弟會組織的勢力開始壯大，他們在具備軍事與政治上的重要地位後，開始謀求更大範圍的擴張。這些人來自伊朗西北、安納托利亞東南地區，由突厥騎兵組成，最初的基地在阿爾達比勒（Ardebil）。此時的安納托利亞東部和亞塞拜然存在著很多類似的兄弟會組織，這些組織或多或少都具有軍事色彩，也或多或少具有極端（*ghuluww*）信仰（正如他們的鄰居所觀察的），他們經常將蘇菲主義、末日將臨、什葉派及聖徒崇拜等元素結合在一起。他們的信仰可以透過八、九世紀的胡拉姆派信徒（Khorramites）一直追溯到伊斯蘭時代以前的馬茲達教根源。[3]他們將那些無依無靠的遊民、四處逃亡的人與反抗部落領袖的們聚集在一起。此外，他們還吸納了蒙古人和帖木兒入侵後所留下的散兵游勇和殘餘勢力。他們將這些人聚攏在一起，並創造出一個權力中心，如同蒙古伊兒汗國之下的呼羅珊薩貝達里叛軍。在十四世紀時，類似的突厥軍事集團也在更西部的地方，透過與拜占庭的一連串成功作戰，開啟了鄂圖曼帝國的立國基礎。

這一支在阿爾達比勒的群體，就是薩法維人，這個名稱是來自他們早期領袖之一謝赫薩菲（Shaykh Safi，西元一二五二——一三三四年），此人既是遜尼派信徒，又是蘇菲主義者，他四處傳播、教導一種經過淨化與修復的伊斯蘭教，這是全新的宗教組織。他本人很可能擁有庫德血統。薩法維人的早期歷史是十分模糊又複雜的題目，但可以大致確定的是：薩菲的繼任者薩達爾丁（Sadr al-Din，西元一三三四—一三九一年）組織並領導了一場運動，創建其財產的繼承與分配制度，將鬆散的聯盟轉變為更有紀律的組織，開始以聯姻和讓利的方式創造範圍更廣闊的部落聯盟。到了後來幾位薩法維酋長統治時，新的組織或各部落（*oymaq*）合併在一起，將他們集合在一起的是彼此間的聯盟關係和宗教狂熱[4]（其中一個元素是他們在精神和軍事上效忠伊瑪目阿里）。在酋長祝奈德（Shaykh Junayd，西元一四四七—一四六〇年）的領導下，薩法維人及其追隨者決定與白羊王朝突厥人結盟，白羊王朝是當時伊朗古老領土上最強大的勢力，經常能對基督徒喬治亞領土發動成功入侵，並發展成為一股重要的軍事力量，後來又與其他當地穆斯林部落組織發生爭戰。

由於上一章討論了蘇菲主義和蘇菲詩歌，所以可能很難把這些狂熱好戰的奇茲爾巴什蘇菲與之前所說的蘇菲視為同類人。但蘇菲主義本身就是廣泛、多元又多面向的，先前提到的愛的門派只是蘇菲主義的一種。有一些蘇菲殺長（Sufi Shayk）是飽學多識的隱居者，他們樂於守貧和沉思。但也有其他蘇菲主義者較少沉思，更常勸人改宗，更為極端，更傾向於以世俗的行為來實現神的意志，對於暴力的態度較為模稜兩可。對於大多數的蘇菲教團而言，蘇菲徒弟對其導師（*pir*）的服從是十分普遍的制度。但是在那些軍事性教團中，這種服從關係具有明顯的軍事涵義，薩法維人便是如此。薩法維人的軍事力量建立在他們麾下突厥戰士的勇武戰鬥力之上，這些人被統稱為「奇茲爾巴什」——因為頭戴紅色帽子而得名。有些奇茲爾巴什不穿護甲，騎在馬背上就衝向戰場，他們相信自己的信仰可以讓他們安然無恙。

多數奇茲爾巴什所信奉的蘇菲主義都很簡單，以群體儀式和集體忠誠度為核心，如同他們信仰什葉主義已經不僅僅是尊崇阿里，而上升到了視阿里為神聖戰士原型的境界。但是如此也算是創造了一種強大的群體感（*asabiyah*）。

我們目前尚不確定薩法維人何時開始轉向什葉派，從當時的宗教背景脈絡上觀察，這一行為含有人為刻意的成分在內。什葉派的概念只是他們雜糅的折衷選擇的一部分。到了十五世紀尾聲，一位新的薩法維領袖伊斯馬義（Esmaʾil）得以將薩法維的影響力，擴展至白羊突厥影響力所及以外的地方。當時的白羊突厥已經被即位鬥爭而削弱了，而伊斯馬義本人就是白羊突厥在一四六〇年代至七〇年代的首領烏尊·哈桑（Uzun Hasan）的孫子，他身上大概也擁有一些他祖父身上的那種領袖魅力和救世主式的領導風格。西元一五〇一年，伊斯馬義和他的奇茲爾巴什追隨者征服了伊朗西北部的大不里士（這裡曾是塞爾柱帝國的首都），伊斯馬義自稱沙王。他當時年僅十四歲。當時的一位義大利訪客對他的描述是白皙、英俊、身材不高、結實強壯、肩膀很寬，而且長著紅色的頭髮，他留著長長的嘴上鬍鬚（這是一個奇茲爾巴什的特徵，在很多當時的描繪上都很普遍），他是左撇子並十分精於射箭。[5]

在他征服大不里士時，伊斯馬義也將十二伊瑪目什葉派（Twelver Shiʾism）作為他所控領土上的新信仰。伊斯馬義的什葉派信仰形式很極端，要求信眾咒罵阿里之前的三位哈里發，這對於十分尊重包括阿里在內的四位正統哈里發的遜尼派穆斯林來說極具挑釁。這樣一來就更加劇了薩法維人和他們的敵人之間的分歧，尤其加深了他們和西邊遵循正統遜尼派的鄂圖曼人之間的矛盾。近年來的研究認為即便早期的奇茲爾巴什內部存在親什葉派的傾向，但是伊斯馬義於一五〇一年所做出的什葉派宣示是一場有蓄謀的政治行為。

在接下來的十年裡，伊斯馬義征服了剩下的伊朗土地與薩珊帝國舊有的所有領土，包括美索不達米亞與之前阿巴斯王朝的都城巴格達。他戰勝白羊王朝的殘部及東北部的烏茲別克人，還鎮壓了各種各樣的叛亂。有兩名叛軍俘虜在一五〇四年被押解至伊斯法罕，他們被穿在鐵釺上烤成了烤肉。伊斯馬義命令他的同伴們以吃人肉來展現對他的忠誠（此事並非奇茲爾巴什成員唯一一次吃人肉行為，吃人是他們某種迷信行為的一部分）。[6]

伊斯馬義試圖以樹立什葉派，鞏固他對新領土的控制（雖然習慣上的觀點說他把伊朗以外的什葉派學者引入該地，這個讓新領土在短時間內實現什葉化的重要一環的說法十分值得懷疑）。[7]他也竭盡全力地鎮壓反對他的蘇菲教團。必須強調的是，儘管在一五〇一年以前的幾百年間，伊朗存在著很強的什葉派元素，在庫姆和馬什哈德也有重要的什葉派聖地，但是正如同伊斯蘭世界的其他地方，伊朗在整體上也是以遜尼派為主的。什葉派的中心位於伊拉克南部的幾個什葉派聖城（shrine cities）。[8]

伊斯馬義曾經寫下一些詩作（主要是用亞塞拜然的突厥語方言，這種方言後來成為薩法維王朝的宮廷語言），他的追隨者很可能曾吟唱他的作品及其他一些宗教歌曲。從下面這首詩中，我們可以大致了解奇茲爾巴什成員的宗教狂熱和軍事自信：

吾名喚作伊斯馬義沙，
站在神的一邊，領導眾勇士。
我的媽媽是法蒂瑪，爸爸是阿里：
我也是十二個伊瑪目中的一位。
我從葉齊德手中奪回爸爸的血。
我知道我就是海達爾（代指阿里）的真身，
永遠活著的克孜爾（Khezr），瑪麗的兒子耶穌，
我是同齡人中的龍鳳，就像亞歷山大。[9]

除了這些過去的偉大人物，伊斯馬義還把自己看成是阿布．穆斯林，也就是西元七五〇年帶領起義，推翻伍麥亞王朝建立阿巴斯王朝的領袖。伊斯馬義試圖利用安納托利亞東部的許多突厥部落對什葉派的信仰繼續向西擴張，但他的幻夢卻被鄂圖曼土耳其的大砲炸得粉碎。在西元一五一四年發生在大不里士西北的查爾迪蘭戰役（Battle of Chaldiran）中，奇茲爾巴什的銳氣被鄂圖曼人挫敗了。傳聞伊斯馬義以劍劈砍一門大砲來洩憤，甚至在砲筒上留下深深的印記。

在這場敗仗之後，伊斯馬義再也不能像之前那樣高度維持奇茲爾巴什成員對他的忠誠了，不但如此，他們也不再相信他的神力。他陷入悲傷之中，整日醉酒。在遜尼派鄂圖曼帝

國和什葉派薩法維王朝之間的戰爭延續了很多年，造成更嚴重的宗教分裂。大不里士、巴格達與伊拉克的聖地城鎮在此之間易手好幾次。什葉派信徒在鄂圖曼境內被迫害及殺害，在安納托利亞東部尤其如此，因為他們被視為實際上或潛在的叛國者。薩法維人將伊朗變成像是今日伊朗的什葉派信仰為主的國家，其間不定期發生迫害行為，尤其是針對瑣羅亞斯德教徒、基督教徒與猶太人，儘管後兩者在表面上以有經人的身分受到保護。人們可以把此時的宗教迫害情形與西元四世紀時羅馬和波斯境內的迫害情形相提並論，當時的波斯是在沙普爾二世的統治之下，而君士坦丁將基督教定為羅馬帝國的國教。

儘管薩法維人本來就有蘇菲主義的傳統，但此時的薩法維君主也開始對蘇菲主義者下手了，他們對蘇菲主義者祭出迫害，唯一遺留下來的蘇菲教團便是薩法維教團自己，其他教團不是消失，便是轉入地下。從長遠來看，此舉最大的獲益者便是什葉派的烏里瑪。這對於烏里瑪來說特別重要，原因在於蘇菲主義者曾經主導或是幾乎主導了伊朗的宗教生活，在鄉村地區尤其如此。但薩法維與鄂圖曼帝國的戰爭削弱伊朗之外的什葉派，鄂圖曼人也在安納托利亞也殺害了許多什葉派信徒。

伊斯馬義所建立的帝國本身就存在著一連串問題。在種種問題中，最主要的問題是奇茲爾巴什在軍事上不受控制，以及由此延伸出的問題，另外還有對突厥人和塔吉克人的不信任（「Tajik」一詞對波斯人而言有貶義）、傾向蘇菲主義者、觀念較為折衷的奇茲爾巴什與城市什葉派烏里瑪所持的沙里亞傳統之間的不合。逐漸地，如同伊本·赫勒敦應該早已預料到的情形，所有的問題都朝向波斯人與烏里瑪所期待的方向得到了解決。伊斯馬義的繼任者是塔赫瑪斯普（Tahmasp，西元一五二四—一五七六年在位），他在未成年時經歷了多年內戰，在他在位期間，帝國西邊的領土被鄂圖曼帝國奪走（包括在一五三四年丟掉了巴格達），東邊的領土落入烏茲別克人手中。他將首都從大不里士遷到了加茲溫（Qazvin），確保安全無虞，但在他死後，內戰再次爆發，此後兩位沙王的統治都在內戰中度過，直至阿巴斯即位才停息。阿巴斯於西元一五八七年登上王位，他用精明的手腕調解了奇茲爾巴什各部落之間的聯盟關係。

阿巴斯大帝

> 阿巴斯作為沙王所取得的成就展現於軍事上的成功，延伸至制度的改革，以及興建宏偉的紀念建築物，因此他被西方人稱作阿巴斯大帝（Abbas the Great）。他是管理天才與軍事領袖，同時也是冷酷無情的獨裁者。在他統治之下的薩法維王朝經歷一段出色且頗具創造力的階段。但是他童年時代所經歷的內戰及慘痛經歷（他的許多親人遭謀殺），使得他的核心人格變得扭曲，既猜忌多疑又殘暴不仁。

阿巴斯大多數的創舉和改革都集中在軍事領域。他刻意將奇茲爾巴什部落的重要性降低，而以新都城伊斯法罕（Isfahan，阿巴斯在一五九八年將政府移到了這裡）為基地，建立起一支新的軍隊。在塔赫瑪斯普時代奠定的基礎之上，這支新的軍隊以新引進的槍砲為核心進行組織，這是新火器的首度大規模裝備，其中包括最新式的大砲和火槍手軍團。這支新部隊的許多特點都仿效了鄂圖曼土耳其軍隊的作法——火槍手軍團相當於鄂圖曼的耶尼切里新軍。部隊徵兵的來源包括奇茲爾巴什（作為新的騎兵單位，*qurcis*），以及城鎮和鄉村中的波斯人（作為步兵）。還有大量喬治亞人、亞美尼亞人和其他民族，也被徵召進入伊斯法罕的軍隊中，至少是以奴僕的身分（成為 *qullar* 或 *ghulams*，作為護衛騎兵，有些也成為步兵）。這樣的軍人遠離家鄉，身處在不怎麼熟悉的環境中，他們的忠誠完全寄託在沙王的身上，因此他們更值得信賴。有許多這樣的喬治亞與亞美尼亞騎兵也擔任指揮官、文官或地方長官。但是即便有這些改進，當沙王作戰時，軍隊的核心仍然是省級的奇茲爾巴什部隊，他們通常也是戰場上的主力。[10]

一如任何一個前工業化國家，他們的軍隊支應十分依賴於土地和稅收政策。奇茲爾巴什部落的首領在此一領域也不得不讓出利益。阿巴斯奪走了這些首領的土地，將這些土地納入文官記錄管理的國有土地，或是將其作為私人暫用的國有土地（*tuyul*）分配給官員，官員只能於在職期間自這些土地上收取所得，而且他們的所得並非土地的全部產量。這些作法是為了最大化官員對政權的忠誠，縮小他們的獨立離心力，以防他們將來可能變成野心勃勃的巨頭。隨著政府對貿易的嚴密控制（尤其是絲綢貿易），國家收入數字激增（絲綢生產集中在吉蘭（Gilan），此一時期波斯的主要貿易是向東至印度，但也向西出口絲綢到歐洲，這些貿易主要是透過亞美尼亞商人進行）。與此同時，阿巴斯利用英國東印度公司（他們在一六一六年得到了波斯貿易權）從葡萄牙人手中奪回對荷姆茲海峽的控制，重建了波斯人在波斯灣的勢力。[11]

若是由較軟弱的君主施行這樣的改革，奇茲爾巴什早就讓他不久於人世了，但阿巴斯卻能在各部落間巧妙施展手段，讓它們彼此對立。而且軍事上的成功讓阿巴斯享有顯赫聲望，讓他做任何事都無往不利。他的軍隊以新式裝備打敗東線的烏茲別克人，重新穩固阿姆河一帶的國境線；他在西線戰場上戰勝了鄂圖曼人，並兩度奪下巴格達。為了鞏固戰果，尤其是在東北部地區，他派出大量庫德族士兵與部分奇茲爾巴什部落，例如，卡札爾（Qajars）、阿夫沙爾（Afshars）部落守護新的邊境。此一重新安置政策也是為了加強他對於各部落的權威，透過分裂他們以削弱其獨立能力。他定期將各地總督輪調，以避免任何人得以建立起自己的地方勢力。他也將許多亞美尼亞人從西北部重新安置到伊斯法罕的南郊的新祝法（New Julfa），那裡的亞美尼亞基督徒及其主教至今仍生活在那裡。

新首都伊斯法罕甚至早在薩珊帝國時期就已是重要城市，當地座落著此後歷代修建的重要建築與清真寺。今日的伊斯法罕大概可以作為全世界最輝煌璀璨的伊斯蘭建築藝術畫廊，其中最重要的建設完成於薩法維王朝。沙王清真寺（Shah mosque）高聳的藍色伊宛、美麗的阿拉瓦迪汗大橋（Allahvardi Khan）、阿里卡普宮（Ali Qapu）和四十柱宮（Chehel

Sotoun）、謝赫魯法拉清真寺（Shaykh Lotfallah mosque）、沙王大廣場（Meidan-e Shah），都是在沙王阿巴斯時期建造或至少是在其任內開始興建，再由後人繼續增建的（當然還包括消失在現代城市的商店、房屋之下的其他宮殿、庭院和果園）。這些建築顯示出薩法維王朝的國力和聲威，以及他們的什葉派伊斯蘭教認同，這些建築的宏偉恢弘很難被後來的建築所超越。

在阿巴斯所取得的眾多成就之中，極為明確的一點是他在位時間長久，確保了他的各項事業得以開花結果。但是這也造成一個棘手的問題——由誰來繼位。對很多君主來說，選擇王位繼承人都是一項難題。在歐洲，繼承人的困擾常在於他們沒有子嗣。這個問題可能帶來各種不同的困難：要求離婚休妻（例如亨利八世），或者是要求把大位傳給女兒或遠親，造成即位鬥爭和戰爭（例如一七〇一至一七一四年的西班牙王位戰爭、一七四〇至一七四八年的奧地利王位戰爭）。但是在伊斯蘭世界裡，繼承的困擾卻大不相同。多配偶制度意謂著君主通常不會有無子嗣的問題，但他們的問題可能恰恰相反——有太多子嗣。這意味著當父王死後，眾多繼承人和各自的支持者便開始為了權力展開爭鬥。這種問題在鄂圖曼帝國乃是習以為常：作為地方執政者的兒子們在聽到父王死去的消息後開始競速趕往京城以奪取王位。最先抵達者可以得到耶尼切里新軍的支持。並將其他王子們處死。後來，鄂圖曼人採取一種更謹慎的方式，他們將可能的繼承人留在蘇丹的後宮裡，直到父王死去。但是這樣的問題在於他們很可能對如何治理國政毫無概念或是無力掌控政府，這種新形式讓大維齊爾（grand vizier）握有越來越大的權力，讓他們能夠以宰相的身分行統治者之實。這種情形是一道難解的謎題。

許多父親都和兒子有爭執與衝突，而且歷史上也充滿君王和皇子間的爭鬥。阿巴斯也不例外，他就是靠廢黜他的父親得以登上王位的。他在這件事上也效法了鄂圖曼人，由於擔心兒子們會推翻他的王位，於是將他們囚禁於後宮。但儘管如此，他還是疑心他們會密謀反對他，因此他把他的兒子們全都刺瞎了，還殺死了其中一人。最終（在他一六二九年去世後），由他的孫子繼承了王位。自此以後，將繼承人囚禁於後宮成為薩法維王朝君主的悲慘慣例。

儘管阿巴斯對阿爾達比勒的蘇菲先人表現得很尊敬，他仍刻意削弱奇茲爾巴什。當努克塔維蘇菲教團（Nuqtavi Sufis）表現出反對他的徵兆後，他處決了一些人，並解散了剩下的教團。與此相反的是，阿巴斯特別傾心於烏里瑪，並且以捐贈（*awqaf*）的方式來支持他們——尤其是在聖城馬什哈德和庫姆。他曾從伊斯法罕步行二十八天穿越沙漠來到馬什哈德朝聖，這件事可以作為他虔誠的一個例子。與鄂圖曼人間持續不斷的敵意，使得進入伊拉克南部的聖城變得十分困難且難以預料，因此沙王本人步行朝聖的例子鼓勵什葉派信徒可以放心地在波斯境內朝聖，此後越來越多的人延續了這一作法。烏里瑪十分感激沙王的支持，並讓烏里瑪組織和薩法維政權緊密聯繫在一起。阿巴斯沙王十分精於建立政府運行系統，以保障政府的收入，在這一點上，他比之前各王朝的統治者都更為成功。但在幾百年的時間裡，有越來越多土地成為宗教性慈善事業的土地，這麼做有時候只是為了逃稅，因為宗教財產是免稅的。[12]

在沙王阿巴斯的統治之下，薩法維王朝在伊朗人的傳統疆域建立了過去數百年都未曾得見的精細、強勢且持久的政府系統。[13]薩法維王朝的政府、行政管理及其促進什葉派伊斯蘭教的制度化，塑造了現代伊朗的大致輪廓。在它的物質文化、金屬工藝、紡織品、地毯織造、細密畫藝術、陶瓷及建築藝術方面，此一時期的創造力也是難以超越高峰之一。由於什葉派和什葉派烏里瑪在此時的主導地位，此一時期在什葉派思想觀念上也是一段具有創造力的時期——尤其是那些伊斯法罕學派（School of Isfahan）思想家，例如米爾·達馬德（Mir Damad）、米爾·芬德勒斯基（Mir Fendereski）、謝赫·巴哈伊（Shaykh Baha’i），以及偉大的默拉·薩德拉（Molla Sadra）的宗教哲學。

薩德拉在西元一五七一或一五七二年出生於色拉子。青年時期的他曾在加茲溫及伊斯法罕學習，他對哲學和宗教知識很感興趣，並且對蘇菲主義深感興趣。他的老師是當時的兩大思想家——米爾·達馬德、謝赫·巴哈伊。他在庫姆等地停留一段時間後，再次回到色拉子，並落腳於此地任教。他的思想發展自伊本·西那（阿維森納）的思想與新柏拉圖主義哲學，但也有傳統的什葉派思想和索拉瓦迪的蘇菲主義／光照學派（Sufism of Sohravardi, Illuminationism），以及伊本·阿拉比的思想。最能體現他這些思想的著作是其《四段旅程》（*al-Afsar al-arba‘a*）。他同時也被認為是存在主義者，因為他堅持存在先於本質。薩德拉的思想在當時極具爭議性，因為他傾向烏里瑪在傳統上所反對的神秘主義。但是在解釋哲學性的理性主義與個人的神秘內在時，使用的方法是將個體反應與研究學習結合在一起，[14]薩德拉將神秘主義加以訓化（domesticate mysticism），[15]將之稱作「*erfan*」，使其被宗教學校傳統所接受。自此後的數百年間，薩德拉的思想一直都是伊斯蘭哲學的中心。

在伊斯蘭世界的東部，波斯文化的影響力依然強韌。正是在這幾個世紀裡，波斯文化在波斯以外蓬勃發展。在鄂圖曼土耳其，波斯語是外交通信使用的語言，突厥詩歌也按照波斯詩歌的格律創作。在中亞的幾個汗國也同樣如此。波斯文化在蒙兀兒印度的影響最大，波斯語是蒙兀兒宮廷所使用的語言，波斯詩歌文化、音樂文化與宗教思想在此興盛起來。但是過往的歷史也持續產生影響，波斯國境周邊的各個遜尼派政權都對薩法維政府持有敵意，這使波斯受到了孤立。有一些詩人和其他職業的波斯人搬去無比富裕的蒙兀兒宮廷，因此有些人將這一時期的印度詩歌稱作薩法維詩歌，另一些人則認為即便它們身上存留著薩法維的影響，甚至以波斯語創作，但因為是在印度寫成，因此應該予以貼上印度的標籤。關於這些詩歌作品質量的問題，同樣有兩派看法，偉大的伊朗評論家巴哈爾（Bahar）不喜歡這些作品，而十九世紀中葉的一般評論是負面的——這些詩歌作品較為乏味，對意象的使用趨於生硬，且缺乏真正的內涵。在某種程度上，這樣的觀點反映出人們也對一七六〇年代以後的取代薩法維風格的詩歌運動（只是在波斯本土而已）有著相似看法，人們在薩法維時代的詩人那裡看到了更多值得讚賞的特點。

不論對品味的判斷如何，我們可以毫不猶豫確定的是，從伊斯坦堡到德里，再到撒馬爾罕，在這片廣袤的地域上一直有波斯化的文學文化延續著，這一波斯文化的影響對當時以及後來的詩歌創作造成了強烈的影響，尤其是對於突厥語、烏爾都語更是如此，而且也反映波斯文化對於當地更大範圍上的知識領域、宗教思想及宮廷文化的影響。但是由於某些原因，這些文化反而在波斯人自己的首都是最微弱的，因為波斯宮廷中的語言是突厥語，而且比起喜愛詩人，他們反而更偏愛神學家。[16]

此前的幾百年裡（儘管在這段時期裡穿插著暴力和不確定性），在伊朗的文化空間中由於政治不穩定，存在相互競爭的政治實體，在這樣的社會條件下，對於宗教的多元性與相對的思想自由有較大的寬容度（雖然時而不穩定）。在強大的薩法維王朝統治時期，傳統伊朗高原的核心領土相對安全，且不受外來侵略，相較於過往幾百年所受戰爭之苦，這絕對是彌足珍貴的，但是之前所享有的自由也因此受限了。

薩法維王朝的什葉主義與他們統治下的烏里瑪從一開始就有極端和不寬容的傾向，而這種傾向又由於與鄂圖曼帝國的衝突而加劇了。薩法維從一開始就比之前的遜尼派統治者更加熱衷於宗教，但是我們必須嚴謹看待此事。蘇菲主義在這時已經越來越不受歡迎，而且蘇菲主義的知識生活已經被導入到了宗教學校（madreseh，馬德拉沙）之中。之前總是有冒牌的穆拉（宗教老師）比那些真正有學識的對手們還要極端激進，以此吸引城鎮中不服管教的年輕人，而且以往什葉派所遭受的迫害，並沒有在他們成為主要教派之後讓他們對其他易受迫害的少數族群抱持同理心。異教徒宗教不潔（*najes*, religious impurity）的概念，尤其以猶太人為最，使得少數信仰不同者的處境普遍惡化。曾有命令要求猶太人須配戴具有辨別作用的紅色布標，他們在法律上的證詞幾乎毫無效力，他們不能穿相配的鞋、精緻的服飾及腰帶，他們絕不可走在路中央或走近穆斯林身旁，他們不可進入商店裡觸碰商品，他們的婚禮必須秘密舉行，如果他們受到穆斯林辱罵，只能保持緘默等等……。[17]以上這些可能會成為法律的內容，可能反映了極端主義穆拉的意志，並非真正的生活現實，當時各地的實際情形也有著極大差異，但它還是呈現了某些人的態度，並看似正當化了其他人的行為。（這與伊斯蘭教對待有經人的寬容精神，完全背道而馳，令人聯想起歐洲基督教區在中世紀及其他時期所施行的相似惡政。）人道、飽學的穆拉作為在鄉村和城鎮裡的權威人物，通常是猶太人、基督徒和瑣羅亞斯德教徒最重要的保護者。[18]但也有少數穆拉經常鼓動人們反對這些少數人群。

有一些跡象表明，即便在烏里瑪成員內部，也有人認為薩法維統治機構與什葉派神職人員之間的緊密關係並非一種健康現象。過於緊密的關係導致穆拉在爭取薩法維沙王所提供的利益時，忽視了深植於什葉主義之中對政治、王權與世俗權力的強烈厭惡（這也許是什葉派最吸引人的特徵了），他們在沙王提供的高官厚祿及各種利益面前墮落了。[19]貪慾經常導致失去節制的行動，此種狀況導致什葉派高級神職人員在薩法維王朝滅亡時，也一同成為陪葬者。

沙王阿巴斯於西元一六二九年去世後，薩法維王朝仍延續了一個世紀之久，但是除了沙王阿巴斯二世在位的中興時期之外，帝國在其餘的時間裡都處於停滯不前的狀態。一六三八年，巴格達再度被鄂圖曼帝國奪去，一六三九年所簽訂的《佐哈布條約》（*Treaty of Zohab*）確定了鄂圖曼與波斯之間的邊境界線，這也是今日伊朗和伊拉克的國界。阿巴斯二世在一六四八年自蒙兀兒人手中奪取了坎達哈（Kandahar），但帝國的東線從此以後就平靜了下來。

在軍事上，薩法維王朝的巔峰時期大概就是沙王阿巴斯與阿巴斯二世在位的期間了。儘管馬歇爾．哈濟生（Marshall G. Hodgson）認為，薩法維帝國、鄂圖曼土耳其帝國與蒙兀兒印度是當時世界的三大火藥帝國，不過相較於另外兩個帝國，薩法維人的軍事戰術與組織結構隨著火藥武器的引入，卻只帶來小規模變化。在波斯軍隊中，與其說加農砲、滑膛槍在其他地方改變了戰爭模式，不如說它在波斯只能算作一種附屬兵種。菲爾多西的文學作品描繪的那種戰爭傳統——波斯人騎在馬上，用長矛和弓箭抵禦聲音刺耳、樣子怪異的火藥武器。波斯人的騎兵在面對敵人時經常處於劣勢，但他們並未如同鄂圖曼人與蒙兀兒人那樣採用重型火砲和更精良的攻城技術。伊朗高原的各個地點之間距離遙遠，缺乏河道運輸，而且地形崎嶇與糟糕的道路狀況也不適合運送沉重的大砲。大多伊朗城市都沒有城牆，或者僅由修建於幾百年前的殘破城牆所保護。在當時，歐洲等地已經開始興建工程巨大、複雜且花費昂貴的防禦工事，以應付重型火砲所帶來的挑戰，但波斯的軍事革命卻遲遲沒有完成。[20]

在薩法維王朝末期的幾位君主身上，酒精也許特別能夠代表他們的無能。自從沙王伊斯馬義及更久之前，飲酒就已經成為奇茲爾巴什集體儀式的一部分，此一行為的根源可能來自中亞的蒙古及突厥部落的古老傳統，但也有極端蘇菲主義作法與波斯「戰爭和宴飲」（*razm o bazm*）的傳統。據傳，伊斯馬義在一五〇八年征服巴格達後，他曾坐在底格里斯河上的船裡觀看處決敵人的情景，[21]可是我們也看到飲酒加速他在查爾迪蘭戰役中的挫敗，某些記載顯示，酒精或許是他早逝於一五二四年的死因。酒精在伊斯蘭文化中普遍不受喜愛，飲酒這項被禁止的誘惑似乎在波斯宮廷圈子裡盛行（西方讀者大概可以粗略將這種情形比擬於飲酒在英國及其他新教社會的特色，但過去他們的宗教權威通常對酒類消費持負面態度）。沙王塔赫瑪斯普曾經在一五三二或一五三三年時開始實施禁酒，直到他於一五七六年去世，不過當時的人們還是將酒精看作是他的繼任者沙王伊斯馬義二世、沙王薩菲（Shah Safi，一六二九—一六四二年在位）、沙王阿巴斯二世（一六四二—一六六六年）的死因或部分原因。[22]

這樣的現象也許與君主的道德評斷有關，飲酒者常被認為是較為失敗的統治者，因為對飲酒行為持否定態度的作者可以將飲酒作為君主失敗的充足解釋（或至少是失敗的跡象），以此來說明統治者無能、怠惰，或在道德上具有缺陷，以及人品低劣（沙王阿巴斯一世也飲酒，卻沒有損害他的名聲）。沙王蘇萊曼（Shah Soleiman）的統治時期就可以被看作是這種現象的典型。

蘇萊曼於一六六六年登上王位，自此統治了接下來的二十八年。一份當時的記載說：

> 他高大、魁梧，且精力旺盛，對於一個君主來說，有一點太女子氣——他長著羅馬人的那種鼻子，他的鼻子與其他五官搭配得很好，他有藍色的大眼睛和中等大小的嘴，留著黑色的鬍鬚，修剪得圓滑並一直往後延伸，甚至到了他的耳朵。他的舉止和藹可親，簡直算得上完美。他的聲音令人愉快而且有男子氣概，說話很溫柔而且十分迷人。當你向他行禮的時候，他也會稍微前傾他的頭，表示禮貌，他這麼做的時候總是面帶微笑。[23]

沙王蘇萊曼在他大部分的在位時間都默默無聞，有一次例外是在他統治初期的一六六八至一六六九年，他出乎意料地派遣軍隊攻打馬贊德蘭（Mazanderan）的強盜國王施丹卡·拉辛（Stenka Razin）及其頓河哥薩克（Don Cossacks）。在此期間興建了一些精美的清真寺和宮殿建築，但我們可以將這些建築視為越來越豐厚的宗教獻金的實體象徵物，以及君主與宮廷越來越心胸狹窄及目光短淺的傾向，這兩者從長遠上看都是有害的。蘇萊曼對政府管理毫無興趣，他把國務交給他的官員們。有時候他強迫他的官員（尤其是那些特別虔誠的官員）用格外巨大的酒器（稱為 *hazar pishah*）喝酒，一飲而盡，以取樂自己。有時那些官員喝到醉倒在地而被抬走。如果他們仍然站得住，那麼沙王可能會出於玩笑，命令他們解釋其對於政府重大事務的看法。[24]

沙王蘇萊曼本人極為嗜酒，雖然他偶爾也會為了健康或宗教的因素而突然節制飲酒。[25]

他在後宮中長大、接受教育，這自然導致他熱愛享樂，對其他事情無所顧慮。他對於外部世界和宮廷之外的事情知之甚少，也興趣缺缺。他只想要繼續過著那種奢靡的生活，享受過去未能享有的奢侈。有些當時的記錄記載他在喝醉時會變得格外凶狠，有一次他下令刺瞎他的兄弟，有時還會下令處決別人。

儘管缺乏強而有力的君主，這卻證明了薩法維王朝政府及其官僚體制的強大與成熟。在其他穆斯林國家，這種情形經常導致維齊爾或權臣成為掌握實權的統治者，在伊斯法罕，其他重要官員（以及控制後宮的沙王姑媽瑪莉雅姆．貝岡〔Maryam Begum〕）的影響力看起來足以阻止任何一人獨掌權勢。但是時間一長，官員們就越來越謀圖他們個人及派系的利益，抵制競爭對手，並越來越輕視國家的利益。官僚系統本來就不是一個道德機構。如果要官僚系統不走上歧途，就需要嚴格的管理者與定期推行的改革，以此鞏固官員們的服務精神。如果官僚機構的管理者怠忽政事，那麼底下的官員們也會有樣學樣。

隨著沙王對政事的不聞不問，政治取向的烏里瑪團體在宮廷的影響力也就越來越強大。有一位高級神職人員穆罕默德．巴克爾．瑪吉雷西（Mohammad Baqer Majlesi）開始參與迫害少數群體的政策（至少是對信奉印度教的印度商人如此）。這樣的政策喚起人們本性中最壞的部分，從而提高政權的受歡迎程度。[26] 迫害行徑是偶然發生，而且無法預料的，有時集中在印度人或猶太人身上，有時則是針對亞美尼亞人，有時也針對蘇菲主義者、瑣羅亞斯德教徒或遜尼派穆斯林。但大致上來說，雖然猶太人和基督徒至少都享受到作為有經人所受到的保護，可是少數群體在法律上是處於不利的地位的，他們面對日常的羞辱，在面對心懷不軌的暴民煽動者時十分脆弱，那些煽動暴民的教士有可能藉由煽動針對猶太人、基督徒或者其他群體的城市暴動來謀求更大的聲望。瑪吉雷西在沙王蘇萊曼的統治惡化過程中所負的責任一直以來都是爭議話題（例如，他的著作《對猶太人的迅速打擊》〔*Lightning Bolts Against the Jews*〕在闡釋伊斯蘭教法對少數族群的規定時，比它的題目所表現得更為溫和），[27]但是他的確是很有影響力的人物，他很快就在繼位的統治者那裡成為主導人物。在他連篇累牘的著作中也包括對遜尼派和蘇菲主義的嚴厲抨擊。這場運動不只是瑪吉雷西一個人造成的（他的觀點或許比一些人的觀點還更溫和，但相較於另一些人則更激進），但是必須銘記在心的是：這只是當時什葉派中的一股力量，其他的什葉派烏里瑪對於瑪吉雷西的壓迫政策，則有所非議。[28]

在沙王蘇萊曼的統治接近尾聲時，薩法維王朝的政權看似強大，但實際上已經被嚴重削弱了。它的地標性建築看起來輝煌無比，但曾經以寬容思想獨樹一幟的波斯知識世界，此時卻被目光狹隘的統治者所領導著。

第五章

薩法維王朝的滅亡、納迪爾沙、十八世紀的過渡期與卡札爾王朝的展開

Morghi didam neshaste bar bareh-e Tus
Dar pish nahade kalleh-e Kay Kavus
Ba kalleh hami goft ke afsus afsus
Ku bang-e jarasha o koja shod naleh-e kus

我看見圖斯城牆上有一隻鳥，
牠所站立之處曾經掛著卡烏斯的頭顱，
牠曾對著那頭骨悲鳴喊叫，

像戰鬥一般的鈴聲今何處，那戰鼓的轟鳴哪裡聽？

（被認為是歐瑪爾．海亞姆所作）

根據一則廣為流傳的故事，當沙王蘇萊曼於西元一六九四年七月（伊斯蘭曆一一〇五年）即將離世時，他還未決定由哪個兒子繼位，他將他的大臣和心腹們召至身邊，告訴他們：「如果你們渴望安逸，便推舉胡笙．米爾札（Hosein Mirza）即位，若你們想要為國家帶來榮耀，那就讓阿巴斯．米爾札（Abbas Mirza）登上王位。」[1] 蘇萊曼才剛離世，後宮的宦官就決定由胡笙．米爾札即位，他認為這個繼承人比較容易受他們控制。胡笙的姑婆瑪莉雅姆．貝岡，是後宮人事的操控者，她也喜歡胡笙，因此胡笙理所當然地繼位了。

類似這樣的故事為歷史學家提出了難題。這些傳聞雖然十分生動，卻不符合現代歷史書寫的風格，而且儘管這些故事在當時廣為流傳，但是故事的很多細節仍然過於牽強，令人難以盡信。例如，沙王臨死前所說的話、兩位王子睿智的人格特點、官員們見利忘義的選擇——這些情節實在太過巧合。不過如果全盤否定這些故事的內容，那就與全面接受所有的故事一樣錯誤。即使故事中的那些原話實際上並未被說過，將這些故事視為動機和事件所顯示的大致情形，較為合理。從上述故事中，我們看到沙王的任性和疏失，甚至對於重大的政事也不負責任，我們可以從其他史料中證明此一印象。正如忽於政事所必然帶來的結果，沙王蘇萊曼有意將繼位大事懸而未決，權勢過大的官員們選擇了他們認為最可操控的王子即位，這個故事也描繪了胡笙的個性和大臣們做此決定的動機。

最初時，蘇丹．胡笙表現得如同穆罕默德．巴克爾．馬吉雷西，既虔誠又正統，這正是有權勢的宮廷神職人員內心所希望的。在神職人員的影響下，皇家酒窖中的藏酒被搬往皇宮前的廣場（*meidan*）上公開銷毀。在胡笙的加冕典禮上，這次並沒有傳統的蘇菲授劍的環節（反映薩法維王朝的蘇菲起源），新蘇丹讓馬吉雷西取而代之，完成了這一環節。在不到一年的時間裡，酒館、咖啡室與妓院都奉命關門，賣淫、鴉片、「彩色草藥」（colorful herbs）、同性性交、公開音樂、舞蹈及賭博都被禁止了，同時受到禁止的還有一些無害的娛樂活動，例如放風箏。女子被要求待在家中，還必須行事低調，不可以和親屬以外的異性廝混在一起，且須穿著伊斯蘭式的服裝。新的法令遭到財政官員反對，他們警告如果頒布以上法令，財政收入將會受到重創，其損失相當於每日損失五十公斤黃金，因為政府從色情業與各種形式的娛樂業中徵稅頗豐。為了確保新法令能夠廣為宣傳，法令在清真寺中宣讀，還刻在一些地方門楣上方的石頭上。後來，一條命令規定馬吉雷西作為伊斯蘭教長老（Shaykh ol - eslam），並得到帝國全境所有維齊爾、省長與世俗官員的遵從。任何打破此條例者（或者曾經打破條例者）都會受罰。[2]這可以說是某種伊斯蘭革命。

然而，在蘇丹．胡笙即位的幾個月後，他似乎比他的父親更加嗜酒，他的姑婆瑪利亞姆．貝岡（可能也受到馬吉雷西其他攻擊女性自由舉動的冒犯）宣布重新執掌宮廷。蘇菲主義在這一時期仍然沒落，但沒有遭到全力壓制。宗教法令沒有對宮廷產生約束，在那裡宗教法令似乎受到了普遍的藐視，但是教令助長了重新出現的對少數群體的不寬容和壓迫氛圍。事後證明這樣的情形對於邊境省分尤其不利，遜尼派在那些省分占多數，特別是俾路支斯坦（Baluchistan）、赫拉特、坎達哈、希爾萬（Shirvan）。這就是馬吉雷西於一六九九年去世時所造成的局面，其他的神職人員此後也延續了他的精神。

蘇丹·胡笙是脾氣溫和、心地善良的人。在他的性格裡不存在一分一毫的殘暴，找不到任何關於他下令處決的記載（他和他的父親都在位二十八年）。他偏好幽靜退隱的慵懶天性，致使他厭惡受到打擾或為麻煩困擾。這些跡象可被稱為今人所說的缺乏自理能力（institutionalized），是對宮廷以外的外部世界或陌生人缺乏自信的結果。他喜愛珍饈和美酒，但同時又虔誠信教並且仁慈，他將自己的全部精力都澆注在位於伊斯法罕西南部的法拉哈巴德（Farahabad），那裡建有新的花園亭榭建築群。他的大臣和官員們鼓勵他把國政交給他們全權處理，並免於為責任所擾。他的另一大喜好是閨房之樂。他的特使在國土各地尋找貌美的女子（除了猶太人以外的任何民族以及宗教信徒），並將她們送往伊斯法罕，以充實沙王的後宮。經過一段時間後，如果有女子懷孕，她們將會被帶離後宮，並許以金錢及禮品。某些女子後來嫁給有地位的望族，所以如果生下男嬰，他們將成為望族的繼承人。[3]

人們也許會認為，如果世界上能有更多這樣的君主，那麼這個世界將會變得更好。沙王蘇萊曼、胡笙他們個性溫和、消極，感興趣的事情不過是建造娛樂的亭臺樓榭或是修建花園、宴飲及聲色犬馬。但是政治與戰爭就如同自然界一般，厭惡真空狀態的出現。在一七〇〇年，波斯的情形還不錯：邊疆安定，傳統上的敵人們也與波斯一樣安定，或是正在為更重要的國家問題分心。波斯的經濟狀況曾經引起爭論，現在看來經濟衰退的跡象主要是國家沒能適應經濟形勢變化的表象。[4] 支配、排擠並傷害亞洲經濟的歐洲貿易擴張，在此時才剛要開啟。波斯的建築師依然設計出美輪美奐的建築：位於伊斯法罕的馬達爾伊國王學校（Madar-e Shah madreseh）是華美的薩法維建築風格的最後一道餘暉。雖然沙王不聞不問，但是薩法維王朝的國家機器依然持續運作並發揮功能，仍然有能力提高稅收（儘管本應收到更多），而且還有一支強大的軍隊。但是薩法維王朝的核心是脆弱的，外部世界仍舊如同蒙古時代及其後的侵略者一樣殘酷和爭強好勝。薩法維王朝滅亡的故事是一個有力的提醒，它要人們銘記一個國家最基本的要務永遠（而且應該要始終如此）是國家安全——這一點被馬基維利稱為「*mantenere lo stato*」，也就是「維護政權」，至於其餘的事情，諸如宮殿、精緻的宮廷、宗教捐獻、公園及花園、華美的服飾、繪畫、寶石等等，雖然令人愉悅，但不過只是過眼雲煙。

阿富汗叛亂

薩法維王朝解體的主要驅力是來自坎達哈的阿富汗吉爾札伊部落（Ghilzai tribe）。部落領袖米爾・維茲（Mir Veis）十分富有、掌握各種人脈關係，而且擁有對窮人和朋友慷慨的聲譽，因而使他在阿富汗人之間十分受歡迎，阿富汗人極其看重簡樸作風與信仰虔誠，厭惡浮誇。在坎達哈欺壓一方百姓的薩法維總督特別受人厭惡，此人是支持什葉派利益的喬治亞人，他很擔心米爾・維茲的聲望會造成叛亂，因此他將米爾・維茲送到伊斯法罕，此舉反倒讓米爾・維茲親眼目睹了薩法維政權的虛弱。

如同大多數說普什圖語的阿富汗人，米爾・維茲也是遜尼派穆斯林。當他在伊斯法罕時，他得到沙王允許，前去麥加參加朝聖，他在麥加時獲得反抗薩法維統治的教令（fatwa）。當米爾・維斯回到坎達哈以後（他憑個人魅力就讓沙王蘇丹・胡笙相信他的忠心），他於一七〇九年組織了一場成功的叛亂，並殺死了擔任總督的喬治亞人。此後有一連串軍隊從伊斯法罕被派遣到此地鎮壓叛亂，有證據表明至少有一位維齊爾曾試圖重振國家，並重建在蘇萊曼沙王時期遭到廢止的火砲部隊。但是來自伊斯法罕的遠征失敗了，他們的失敗反而鼓動了赫拉特的阿布達利阿富汗人（Abdali Afghans of Herat）也發起叛亂。身處伊斯法罕的大臣們嫉妒那些行事積極的官員，於是就把那些官員調離他們原先的職位，沙王卻無力介入其中調停。當政權的威望變得不堪，在薩法維的其他領土上，有人宣布脫離薩法維統治，也有人發動叛亂，俾路支斯坦、呼羅珊、希爾萬和巴林島嶼都發生此類動亂。瑪莉雅姆・貝岡試著督促沙王採取更果斷的措施來重建秩序，但收效甚微。她似乎在一七二一年之前就已經去世了（這對她來說算是幸運）。

米爾·維茲在一七一五年離世，但是在一七一九年，他的兒子馬哈茂德（Mahmud）對伊朗高原發動襲擊，攻擊行動的範圍最遠到達克爾曼（Kerman），他們占領了城市並且造成巨大的破壞。這次攻擊行動一舉成功，促使馬哈茂德於一七二一年時再次捲土重來，阿富汗人及俾路支人與他一同參加了這次的冒險行動。馬哈茂德本人的性格十分不穩定，但反常的是，也許正是這一點讓他取得此次出兵的成功。當他在克爾曼和亞茲德遇到麻煩時，一位謹慎的領導者可能會做出撤退的決定，但是馬哈茂德反而更加勇猛地轉向薩法維帝國的首都進軍。薩法維王朝的維齊爾動員了一支人數遠遠超過敵人的軍隊來對付阿富汗人，雙方人數的比例可能高於二比一，但在一七二二年三月八日的貢納巴（Golnabad）戰役，波斯軍隊的指揮官們被宮廷矛盾所分化，在戰鬥中各自為戰，互不協作。蘇丹·胡笙則穩坐在伊斯法罕（換作沙王阿巴斯的話，他絕對不會如此）。沙王的喬治亞衛隊在戰場上遭到圍攻並被全數殲滅，而維齊爾所指揮的軍隊則在一旁袖手旁觀，沙王的阿拉伯盟友出擊洗劫了阿富汗人的輜重，而不是幫助被圍困的友軍。波斯裝備的大砲還沒來得及射出幾發砲彈就被擊潰，剩下的薩法維軍隊逃離了首都。

此時，大概連阿富汗人自己都難以置信這種好運，他們包圍了伊斯法罕（他們的人數根本無法發動成功的攻城戰，也缺乏火砲來摧毀城牆）。從三月到十月間，首都經歷了一場可怕的圍城，城內的人們逐漸面臨饑饉，後來他們不得不吃鞋子的皮革及樹皮，當時也有關於吃人的記載。輸入補給或是向外求援的機會都被堵死了，不過沙王的兒子塔赫瑪斯普成功逃脫了，他開始在波斯北部尋找援助，但卻得不到回應。最終，在十月二十三日，沙王騎著一匹借來的馬，從曾在法拉哈巴德（Farahabad）供他嬉戲遊樂的花園裡騎馬出城，把他的都城和王位讓給了馬哈茂德·吉爾札伊（Mahmud Ghilzai）。

當阿富汗人占領伊斯法罕之後，鄂圖曼人藉機征服了伊朗的西部省分，其中包括大不里士、克爾曼沙赫及哈瑪丹（儘管遭到了許多居民的強烈反抗）。俄國的彼得大帝不樂見鄂圖曼人的勢力在此一地區不受控制地擴大，因而發動他最後一次戰役並占領了裏海南岸。俄國對裏海南岸的占領並未遇到有力抵抗，薩法維人於十六世紀建立起來的政權如今可算是滅亡了。在伊斯法罕，遠離坎達哈大本營的馬哈茂德只能控制相對很小的部分前薩法維領土，他的精神狀態也越發狂暴錯亂與妄想偏執。在一七二五年的二月，他在宮殿中親手殺死了幾乎所有的薩法維王室的男性成員，直到前任沙王胡笙親自阻攔，他才停了下來。在此之後，馬哈茂德已經陷入瘋狂，並死於疾病或謀殺，他的堂兄弟阿什拉夫（Ashraf）取代了他的王位。阿什拉夫最初許諾會保護已退位的蘇丹·胡笙，但在鄂圖曼人試圖重新確立他的王位之前，阿什拉夫先發制人地砍下了胡笙的腦袋。

對於很多波斯人來說，一七二〇年代都是一段悲慘的日子。由鄂圖曼人統治的領土上，有些人開始淪為奴隸（之所以准許什葉派信徒成為奴隸是因為鄂圖曼人將他們視作異端而非穆斯林）。在阿富汗人所控制的區域，波斯城市居民或是農人常常遭到他們的攻擊和掠奪，阿什拉夫還宣布一項法令，要求按照最低等級的族群階層來對待波斯人，其地位比基督徒、瑣羅亞斯德教徒及猶太人更低。[5]在不同占領者之間與持續抵抗的人們那裡，戰事經常出現，經濟受到嚴重擾亂，導致貧困、困苦與艱難的處境更加惡化。

塔赫瑪斯普的奴隸

在這時，有一個年輕的軍閥名叫納迪爾・庫里（Nader Qoli），他來自古老的阿夫沙爾奇茲爾巴什（Afshar Qezelbash）部落，他在混亂和無序的年月中開始一步步地積蓄實力，成為波斯東北部呼羅珊省的地方勢力。根據當時文獻記載，他長得高大英俊，一雙暗色眼睛閃耀著智慧的光芒。他對敵人毫不手下留情，但是對於服從他的人則是寬宏大度。若有需要，他能令那些他想要吸引的對象留下深刻印象。他精力充沛，總是樂於在馬背上馳騁，他是熱愛馬匹的優秀騎手。他的聲音極其宏亮（據說有一回他光是靠怒吼就讓一支叛軍放棄叛亂的念頭——當叛軍聽到他下達進攻的命令時，才恍然大悟自己面前的敵人非同小可）。[6]

在一七二六年秋天，薩法維王朝好似又重新恢復了生機，因為這位聲音宏亮的指揮官加入了塔赫瑪斯普的戰陣中（塔赫瑪斯普是沙王胡笙之子，他被支持者擁立為沙王，儘管他此時正在伊朗北部面臨阿富汗人和鄂圖曼人的攻擊），隨後他們再度征服呼羅珊的都城馬什哈德。為了感謝他的輔佐，塔赫瑪斯普賜給他「納迪爾・塔赫瑪斯普・庫里・汗」（Nader Tahmasp Qoli Khan）的稱號，意思是「塔赫瑪斯普的奴隸」。這是表彰其忠誠的榮譽，但事實證明這位塔赫瑪斯普．庫里．汗可比奴僕強悍多了。和納迪爾相比，塔赫瑪斯普集合了他父親和祖父身上的所有缺點，他做事效率低、懶惰、報復心重、酗酒。一個人的教養往往會左右其後續的命運。當時有一位大臣曾經評論，塔赫瑪斯普在位期間，不會獲致任何成功，因為他總是喝醉，而且沒人能夠勸阻他。[7]

透過發動一場懲罰性質的戰役，討伐赫拉特的阿布達利阿富汗人，納迪爾鞏固其地位，也在塔赫瑪斯普的宮廷樹立起他的主導地位。到了西元一七二九年，納迪爾終於準備好攻打占據伊斯法罕的阿富汗人。當時，希臘商人與旅行家巴希里．瓦塔澤斯（Basile Vatatzes）生動記敘了納迪爾軍隊的日常操練，他讓軍隊隨時做好戰鬥準備。我們知道這是他整個軍旅生涯的常態，但尚無其他史料如此鉅細靡遺地描述其軍事操練。

瓦塔澤斯記載了納迪爾騎馬進入操練區域，對他的軍官們點頭致意。他有時會停下馬來靜候片刻，檢視集合起來的軍隊。最後他會詢問軍官當日要進行那種陣型或武器操練。隨後操練就開始了：

> 他們會從各種位置發起進攻，他們有戰車和反戰車的演練，然後將陣型收攏，衝鋒，然後分散戰陣，隨後再於同一地點收攏戰陣，再後撤，後撤途中發動防守反擊，迅速地集合與解散……而且他們在馬背上操練各種兵器，他們在操練中使用真刀真槍，但是備加小心以防傷害到同伴。

他們練習陣型的變動，騎兵也精於使用單兵作戰武器：矛、劍、盾和弓箭。射箭的靶心是一顆放置於立杆頂端的玻璃球，士兵騎在馬上朝向靶杆疾馳，然後將箭射向玻璃球。很少有人能夠射中目標，但納迪爾本人會親自示範，他騎著馬向前全速衝刺，搭弓拉箭時，雙臂的姿勢就像翅膀一般開闔，三、四次嘗試，能命中目標兩、三次，看起來就像是一隻雄鷹。騎兵部隊的訓練會持續三個小時，步兵也一同訓練。

> 至於步兵——我的意思是指那些拿火槍的士兵，他們按照各自單位集合，然後對著目標射擊，並且持續演練。如果（納迪爾）看到哪個普通士兵能夠持續表現出色，他就會提拔他擔任百人長或五十人長。他鼓勵所有的士兵勇猛作戰、精於戰術，並累積經驗，用一句簡單的話說，他本人就是軍人精神的寫照。[8]

在瓦塔澤斯的記敘中，對於騎兵與單兵操練的記載十分精彩，但最重要的是他對步兵訓練的描述，並記錄在訓練中使用了昂貴的火藥。這顯示出納迪爾認為必須盡量增強軍隊火力到最大限度，這一點被證明是至關重要的一件事。從上面的摘錄中也可以看到他對軍官選拔的態度。因為在其麾下，軍隊必須行動迅速、有智謀，並靈活用兵，因此需要有優秀的軍官向軍隊傳令。每天三小時的操練日積月累，納迪爾的戰士擁有高標準的控制力和紀律，所以在戰場上，他們的移動和拚殺就像是納迪爾本人意志的延伸。瓦塔澤斯的記錄顯示出納迪爾以身作則，使他的軍隊深受影響，他的行事原則也帶到了戰場上。訓練、火藥武器、紀律、控制力與個人榜樣是他在戰爭中取得成功的關鍵。納迪爾對軍隊的轉型也已經讓他們掌握巨大優勢。

到一七二九年底為止，納迪爾已經在三次戰役中擊敗阿富汗人，並且奪回了伊斯法罕。塔赫瑪斯普在舊都復辟為沙王。但是納迪爾先迫使塔赫瑪斯普做出讓步，將徵稅支持軍隊的權力交給他。他才同意繼續追剿敗走的阿富汗人。得到了徵稅權的納迪爾，靠著他的軍隊建立起一個國中之國。

在納迪爾及時將殘留的阿富汗占領者消滅之後，他繼續驅逐了波斯西部的鄂圖曼人，隨後突然將矛頭轉向東方征服了赫拉特。在所有的這些戰役中，他現代化、精於火藥武器的軍隊都遠遠領先於他的對手們，充分地表現出他的軍隊足以應付阿富汗騎兵衝鋒和鄂圖曼地方部隊的進攻。但當他在赫拉特時，他得知塔赫瑪斯普趁他不在時，重啟了與鄂圖曼人的戰爭而且戰敗了，還簽下一份極為羞辱的和平條約。納迪爾發布了聲明抗拒這份條約，並且揮師西進。他公開以此方式表達自己的態度，並尋求大眾支持他的行動，這是極其驚人的舉動。

在西元一七三二年夏末，他終於來到伊斯法罕，並準備了一場精心策劃的行動。納迪爾故意將塔赫瑪斯普灌醉，隨後讓這位薩法維王朝的沙王以酒醉姿態出現在什葉派大臣和軍官們面前。集合起來的貴族在納迪爾的催促下，他們宣布塔赫瑪斯普不適合擔當大任，讓他尚在襁褓中的幼子阿巴斯取而代之，成為沙王。納迪爾繼續作為實權的掌控者，並在幼主的登基大典上宣布，他要輔助幼主「用韁繩勒住坎達哈、布哈拉、德里及伊斯坦堡統治者的脖子」。當時在場的人認為這不過只是一場吹噓罷了，但是一連串的事實證明他們看錯了。

納迪爾的第一要務就是再次攻打鄂圖曼，而後重建波斯西部與北部傳統上的邊境線。在第一場戰役中，他就在鄂圖曼轄下的伊拉克遭遇了麻煩。鄂圖曼軍隊中有一批最精銳的部隊，他們在經驗豐富的指揮官帶領下向東進軍，以解巴格達之危。這場戰爭與納迪爾過去所經歷戰爭的難度不同。他過度自信地將他的軍隊在巴格達城外分成兩部分，試圖切斷送入巴格達圍城的補給，但是他的這一決定帶來巨大的失敗，他只好被迫撤退。在數月之後，他以極迅速的方式填補了失去的人手和裝備。這使得不幸的城市居民及農民遭受沉重的壓榨。納迪爾重啟與鄂圖曼的戰爭，他在基爾庫克（Kirkuk）附近擊敗鄂圖曼軍隊。隨後他率軍向北進攻，於一七三五年六月在葉里溫（Yerevan）附近，給予一支新鄂圖曼軍隊毀滅性的打擊。在此後的和談交涉中，雙方同意恢復在西元一七二二年之前的傳統邊境線，隨後鄂圖曼人撤退了。俄國人在這場戰爭中與納迪爾結盟，對抗鄂圖曼人，俄國人欣然見到自己盟友的表現，並撤出裏海沿岸的波斯領土（吉蘭的潮濕氣候導致許多俄國士兵患病身亡）。

納迪爾沙

除了坎達哈以外，納迪爾現在已經在薩法維波斯的所有傳統領土上重新建立了控制，他決定是時候自立為沙王了。他隨後在墨干平原（Moghan plain）的一次集會上，在所有大貴族、部落首領與重要神職人員的歡呼聲中，加冕為沙王。此舉並未受到太多反對，但據說大穆拉曾於私下表示，應該要存續薩法維王朝的統治，而被勒死。年幼的阿巴斯被廢黜了，薩法維王朝的統治終於畫上句點。值得注意的是，儘管納迪爾沙後來獲致專制殘酷的名聲，有關大穆拉的不幸結局，也有些異議（事件本身也透露出政治訊息），但他在登上權位的過程中完全沒有使用政治暴力，這一點與許多前人及後來者都不一樣。他廢除塔赫瑪斯普的王位與在墨干平原舉行加冕儀式都不是靠暗殺行動完成，而是藉由謹慎的籌劃、政治宣傳、計謀及強大的軍事力量完成的。在這些所有的手段之上，最重要的是他的軍事成就所帶來的聲望。

墨干平原上還發生了其他具有重要意義的事件。納迪爾沙終止了什葉派冒犯遜尼派穆斯林的慣例行為（尤其是咒罵前三位哈里發的儀式環節），他將此行為的廢止作為他登上王位的前提條件。納迪爾沙的宗教政策有著多重目的。改善與遜尼派的關係可以加強軍隊中大量遜尼派力量對他的忠誠，他之所以在軍中建立起遜尼派的勢力，是為了避免過於依賴什葉派的傳統主義者，這些人通常有支持薩法維人的傾向。他的新政策並非激進的教條。宗教上的少數派被賦予更多寬容；他對亞美尼亞人十分慷慨大方，他的統治時期被後來的猶太人視作一種迫害的解脫（雖然各種少數族群在他的統治之下，一同遭受了暴力壓迫及沉重的賦稅壓力，在他統治的末期尤其如此）。[9] 對於納迪爾沙來說，施行宗教政策使他可以更容易得到什葉派清真寺和什葉派聖地的背書，這對他的軍隊來說，又是一筆額外的資金來源。在波斯國土境內，納迪爾沙只是對宗教實踐的形式稍作修改，而非推行全套的遜尼主義。但是在波斯國境之外，他自己及其國家以改信遜尼派的面貌示人[10]——此舉讓納迪爾沙作為鄂圖曼蘇丹可能的競爭對手，爭奪整個伊斯蘭世界領導權。假若他維持著正統什葉派身份，他就不可能實現霸權。

在宗教政策上，納迪爾政權所採取的原則與之前的薩法維政權截然不同，他也在其他方面，尤其是在對待少數族群的方式上，顯示出他的政權不同於前朝，他還將他的兒子們派往各地擔任總督，而非將他們禁錮在後宮之內。在後宮規模這件事上，他也表現了現代意識，他頒布命令禁止擄掠女性——再次與前朝產生了尖銳的對比。

加冕為沙王，隨著西部邊境的安定，以及對波斯核心領土的掌控完成之後，納迪爾沙開始向東進軍，攻打坎達哈。新發動的戰爭帶來各種苛捐雜稅，大部分地區都飽受壓榨，使得國家的經濟幾乎陷入了停頓。在經過長時間的圍城之後，納迪爾沙攻陷了坎達哈城，但他並未停下腳步。他藉口蒙兀兒政權為阿富汗殘兵提供庇護，藉機越過波斯與蒙兀兒帝國的固有邊界，奪取喀布爾，並且一路向著德里進軍。在德里北邊的卡爾納（Karnal），納迪爾沙遭遇了蒙兀兒皇帝穆罕默德沙（Mohammad Shah）。波斯人的兵力在數量上遠不如蒙兀兒軍隊，但由於納迪爾沙的軍隊精於操練且善用火藥武器，蒙兀兒軍隊的指揮官們又如同一盤散沙，納迪爾沙獲得了勝利。他的勝利有很大一部分原因是得益於蒙兀兒軍隊的指揮官騎著大象作戰，大象遇到槍砲聲後，很容易受到驚嚇並失控，牠們擾亂了蒙兀兒軍隊的騎兵及所有在大象行進路線上的部隊。

在卡爾納戰役獲勝的納迪爾沙繼續向德里進發，在西元一七三九年三月來到了德里。他到達後不久，德里就爆發了反抗運動，有些波斯士兵被殺。波斯軍隊身處異鄉，遠離故土，他們面前是蒙兀兒帝國的巨大財富，納迪爾沙付不起任何讓事態失控的代價。他下令執行殘酷的大屠殺，估計有三萬人死亡，其中大部分受難者是無辜平民。在此之前，大體上納迪爾沙沒有造成過大規模的流血（至少在戰場之外是這樣的）。不過在德里之後，他可能認為當初的顧慮是多餘的。

納迪爾沙運用融合恫嚇與權謀的手段，從蒙兀兒皇帝那裡奪取了價值不斐的金銀珠寶，並且接收了印度河以西的所有蒙兀兒領土。那些財寶的價值也許高達七億盧比。如果把這個數目放在當時的時代背景中，相當於法國政府在整個七年戰爭（Seven Years War，一七五六－一七六三年）的花費，其中還包括法國付給奧地利哈布斯堡王朝的補償金，以及所有陸上和海上的戰爭支出，費用大約是十八億法國銀幣（livres tournois）。這個數目在當時大致相當於九千萬英鎊（sterling）——納迪爾沙在德里所掠奪的戰利品，估計是八千七百萬五千英鎊。他所帶走的一些最大、最漂亮的鑽石，例如：著名的「光之山」（*Kuh-e Nur*）、「光之河」（*Darya-ye Nur*），還有「月之冠」（*Taj-e Mah*）——這些著名的鑽石在接下來的數十年間將經歷複雜且充滿血腥的歷史。

納迪爾沙並未打算吞併整個蒙兀兒帝國。他征服德里只是為了確保有足夠的錢，繼續支持他向西征服的戰爭，因為當時波斯的財政已經捉襟見肘，在他加冕成為沙王時就已經不足以支撐戰事了。

納迪爾沙所發動的各場戰爭提醒我們，波斯在該地區中具有的中心地位，在許多方面，波斯的中心地位至今依然存在。曾被納迪爾沙包圍的城市——巴格達、巴士拉、基爾庫克、摩蘇爾、坎達哈、赫拉特、喀布爾，這一連串地名與二十一世紀初年在此地發生的事件，特別為世人所熟悉。而這些納迪爾沙曾攻打的所有城市，波斯人都不是局外人。雖然納迪爾沙及其薩法維前輩們都是突厥血統，並且在宮廷中使用突厥語，但受到波斯文化的影響，從德里一直到印度北部的宮廷及行政機構，全都使用波斯語，伊斯坦堡的鄂圖曼宮廷也經常在外交通訊中使用波斯語。在波斯確立霸權的德里至伊斯坦堡等地，從某些方面來說，這一帶居民自然而然會覺得此地回應著早期帝國的波斯特色，以及隨處可見來自波斯文學、宗教及藝術文化的影響。

納迪爾沙透過吞併印度河以西的蒙兀兒領土，消除了阿富汗群山的地理屏障作用。也就是說，假若他的政權延續下去，他的帝國可能會進一步擴張至印度。其他的一些跡象也支持類似的判斷，其中包括他在波斯灣建立了一支艦隊，此舉大大地促進帝國各地之間的交通，他還採用一種能夠與盧比相互兌換的新貨幣。如果納迪爾完成其統治版圖（尤其是如果聯通巴士拉、巴格達與更遠地方的貿易路線可以開通），並且加以明智地管理，將會釋放出可比千年前阿巴斯王朝統治時期的貿易及經濟潛能。然而，這一切終究沒有發生。

在從印度歸來的途中，納迪爾沙發現他的兒子禮薩・庫里（Reza Qoli）趁他不在時處死了薩法維王朝的沙王塔赫瑪斯普與阿巴斯。納迪爾沙對此十分不滿，後來又得知禮薩・庫里趁他人在印度時組織了壯觀的隨從排場。納迪爾沙的憤怒更上一層了，於是他撤除其子的總督職位，並且將他羞辱一番。從此他們的關係開始惡化，他也開始懷疑他的兒子正在密謀推翻他。

從印度出發後，納迪爾沙對突厥斯坦發動了成功的戰役，並且繼續討伐叛亂的達吉斯坦（Daghestan）列茲金（Lezges）部落首領，但是他此時時運不濟。當地的列茲金部落展開游擊戰，不與他正面交鋒，不時設下埋伏，攻擊納迪爾沙軍隊的補給線。納迪爾沙的軍隊面臨食物短缺的危機，他本人也生了病。他的病最初是因為瘧疾引發了肝臟疾病，隨後又因飲酒過量而加重病情。自從他從印度回來，病情就越來越嚴重，還伴隨著暴怒，隨著時間越久，他變得越來越失控與瘋癲。西元一七四二年夏天，當他在達吉斯坦的時候，他被告知禮薩・庫里曾於一七四一年五月唆使針對他的暗殺行動，地點在薩瓦德庫（Savad Kuh）的森林裡。禮薩・庫里對此矢口否認，可是納迪爾沙並不相信他，他下令將其雙目刺瞎，免得他爭奪王位。

他在達吉斯坦遭遇的失敗、他的病痛，以及刺瞎自己兒子後產生的巨大悲痛讓納迪爾沙陷入了危機。這場危機使他崩潰，他再也沒有從中恢復過來。也許是由於童年時期的貧窮與卑微，納迪爾沙把家庭視為其中心，家庭成員的忠誠對他而言，重要性是不容質疑的，也是他建立政權的固定支點。如今其基礎已崩壞，他不再精力充沛，他的行動也不再無往不利，他經歷著激烈的心理和生理的雙重崩潰。他在達吉斯坦的惡劣天氣中撤軍，沒能征服達吉斯坦的列茲金部落，也無法（按照數月前就已經訂好的計畫）集結新的力量，再度進攻鄂圖曼帝國轄下的伊拉克。

當他集結了一支三十七萬五千人的軍隊，這個數目比十三年後上演於歐洲舞台的七年戰爭的主角——奧地利和普魯士軍隊數目加起來還要多。[11]這在當時是世界上最強大的單一軍事力量，對於波斯的國土面積來說，這是一支無法長期維持的巨大軍隊（直到一九八〇至一九八八年間的兩伊戰爭前，伊朗軍隊規模從未到達過如此龐大的數量）。據估計，在十八世紀時，鄂圖曼帝國有三千萬上下的人口，蒙兀兒帝國大約有一億五千萬人，波斯的人口可能在阿富汗叛亂後，就從九百萬跌至六百萬。同一時間，用戰爭和苛捐雜稅支撐新的戰爭所導致的後果出現了，波斯的經濟開始崩潰。[12]

在納迪爾沙的故事中，軍隊、徵稅以支持軍隊成為循環往復的主題。他的軍隊究竟是遊牧戰群，還是一支現代化的軍事力量呢？更為宏觀的問題是：納迪爾沙的統治方式究竟是舊式，還是革新呢？這個問題是一個極端的混合狀態。納迪爾沙本人曾不斷將自己與帖木兒相比，他在很多公開聲明中強調他的突厥血統與帖木兒王朝的血緣。他為自己的孫子取名為沙魯克（Shahrokh），這正是帖木兒的兒子與繼任者的名字。他還曾將帖木兒的墓石從撒馬爾罕運到波斯，用以建造自己的陵墓，後來他才將墓石歸還（可惜在路途中斷裂為兩半）。在一些場合中，他把自己描述成神對罪人的怒火，這是早先的亞洲征服者所慣用的手段；尤其是在他從印度回來後，他控制政府的殘暴手段使他不像是現代意義上的執政者，而讓他與遊牧軍閥有更多共同之處。

不過他也絕不僅只是簡單的部落首領。在繼位順序中，他終其一生都處於弱勢的一方。他並非出生於阿夫沙爾部落的領導階層，在他後來的生涯中，很多重要敵人都來自阿夫沙爾部落。從一開始，他擁有不同類型的追隨者，尤其是庫德族與賈拉伊爾部落（Jalayir tribesmen）。後來他擯棄其什葉派傳承，轉而傾向遜尼派（至少在公關層面如此），並且最為仰仗他麾下的阿富汗部隊。正如其他的波斯領導者（拿破崙也如此），他與家族近親的關係十分緊密，在政治上大量拔擢近親，但是在更廣闊的人際關係方面，他是一個機會主義者，因此將他的王朝稱作「阿夫沙爾王朝」（*Afsharid*），極其具有誤導性。他的名字「納迪爾」意指是「罕見」、「奇才」——這確實是名副其實的名字。他的確是自成一格的權勢新貴。

納迪爾沙十分擅長操作他的政府機構，他首先進行了意義重大又徹底的稅收改革，他對行政系統的管控十分緊密。他的宗教政策在精神本質上是新穎的、寬容的。我們當然不應該過度誇飾，但當時有些紀錄顯示，他對於女性有異乎尋常的周到。在軍事問題上，他是徹底的現代派。他創立了海軍的雛形，在今人眼中，他很多舉措幾乎如同一場軍事革命。

在歐洲，傑佛瑞．帕克（Geoffrey Parker）就是這樣描述納迪爾沙統治時期的波斯。正是在他的統領下，波斯軍隊在歷史上首度讓大部分士兵都裝備火藥武器，他特別重視演習與訓練，將軍事操練視作必不可少的環節，這是在一個世紀前的歐洲已發展體現出來的特徵。因為軍隊在規模和費用上皆大幅提升，因此納迪爾沙被迫提升軍隊在圍城作戰中的能力。他重塑政府行政系統，這是為了確保其組織更有效率。所有這些特點都是發生在歐洲的軍事革命（Military Revolution）中的典型要素。

如果納迪爾沙能夠統治得更久、更睿智一些，假如他能夠將王位傳給一位有能力的繼任者，他成功的軍隊將會為波斯政府帶來行政的轉型並刺激經濟，正如帕克等學者所指出，這樣的情形已經在歐洲發生了。這樣的情形能夠為伊朗帶來現代化的政府機構，讓伊朗有能力抵禦接下來一百年的歐洲殖民勢力介入。如果上述推論成為事實，納迪爾沙很可能在伊朗與中東地區歷史中，成為俄國的彼得大帝一般的人物——殘酷無情，用軍事改革將國家帶向新的發展道路上。在一七四〇年代初，他似乎已經準備好了要完成偉大事業——當時的人們都已經屏息以待，觀察他是否能夠成功奪下鄂圖曼的伊拉克，並且在整個伊斯蘭世界建立起他的統治。當時他已經完成整個計畫中的大部分任務。但不幸的是，納迪爾沙在其生命最後五年中的精神錯亂，意謂他在軍事革新所付出的代價已讓波斯變成一塊荒漠，而不是一個欣欣向榮的國家。他貪得無厭地索求金錢，導致自身的敗亡，也帶來王朝的覆滅。

納迪爾沙的軍隊於西元一七四三年入侵至鄂圖曼的伊拉克，他的軍隊迅速奪取大部分省

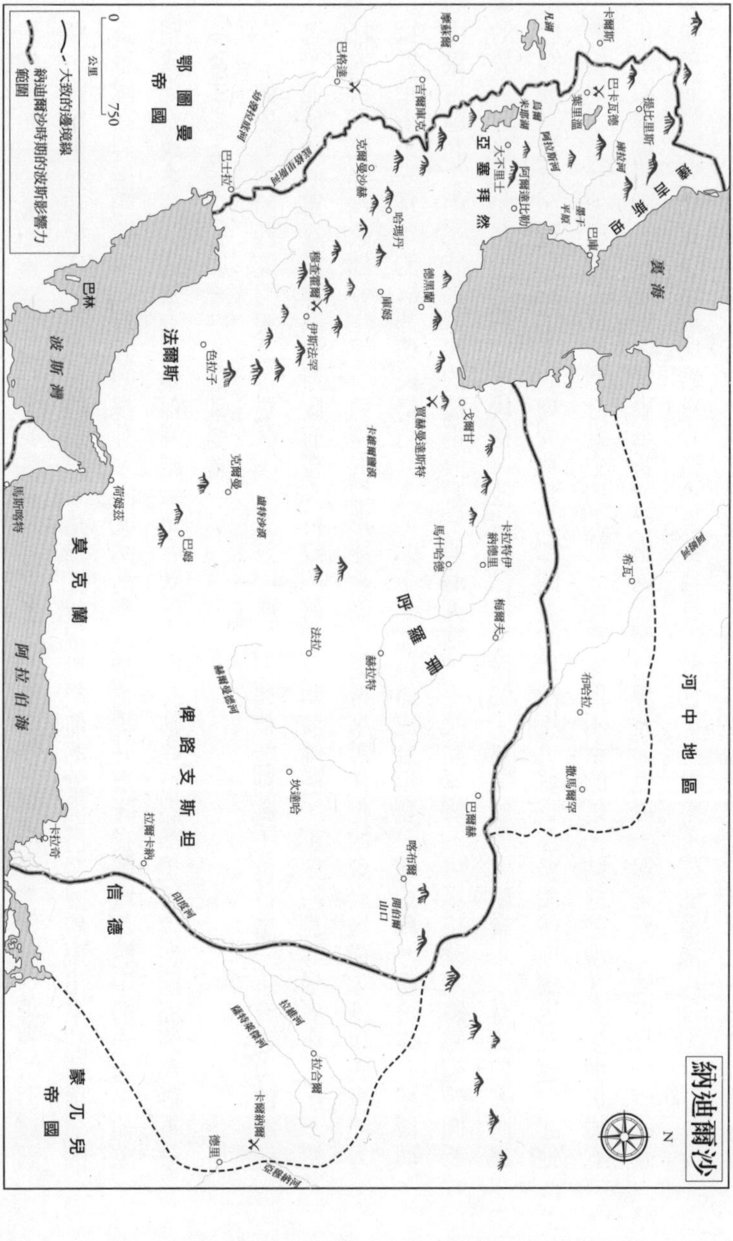
納迪爾沙
N
鄂圖曼帝國
喬治亞
亞塞拜然
裏海
法爾斯
波斯灣
莫克蘭
阿拉伯海
俾路支斯坦
信德
蒙兀兒帝國
河中地區
呼羅珊
卡爾斯
凡湖
摩蘇爾
吉爾庫克
巴格達
巴士拉
巴林
提比里斯
巴卡瓦德
大不里士
阿爾達比勒
巴庫
庫拉河
阿拉斯河
底格里斯河
幼發拉底河
克爾曼沙赫
哈瑪丹
德黑蘭
伊斯法罕
設拉子
戈爾甘
賈赫曼達斯特
卡維爾鹽漠
盧特沙漠
克爾曼
巴姆
荷姆茲
馬斯喀特
馬什哈德
卡拉特伊納德里
梅爾夫
希瓦
布哈拉
撒馬爾罕
巴爾赫
赫拉特
法拉
赫爾曼德河
坎達哈
喀布爾
開伯爾山口
拉爾卡納
卡拉奇
印度河
拉維河
薩特萊傑河
拉合爾
卡爾納爾
德里
亞穆納河
大致的邊境線
納迪爾沙時期的波斯影響力範圍
0
750
公里

分，但卻無法拿下那些主要城市。他包圍了巴格達和巴士拉，還帶來了新的攻城火砲狂轟基爾庫克，這座城市很快就投降了，可是在摩蘇爾，他遇到的抵抗則更加頑強。他的新式攻城火砲毀壞了摩蘇爾的城牆，也破壞了城內，不過他發起的數次進攻皆不成功，也讓他損失了大量士兵，隨後他也不再有意願與耐心進行耗時的圍城戰。在一七四三年的十月，波斯人開始撤退，納迪爾沙向鄂圖曼帝國提出和談的提議。摩蘇爾的戰役標誌著他妄圖壓制鄂圖曼蘇丹的雄心宣告失敗，也代表著波斯對伊斯蘭世界擁有的巨大優勢的結束。這又是另一個重要的轉折點。

他最後一輪搜刮民脂民膏與強行徵用的舉動是為了填補進攻達吉斯坦時的損失，並支應一七四三年的戰事，這導致了全波斯的貧困和憤怒。在阿斯塔拉巴（Astarabad）、色拉子等地爆發叛亂，此次叛亂的領導者是穆罕默德·哈桑汗·卡札爾（Muhammad Hasan Khan Qajar），他的兒子於這個世紀稍晚建立了卡札爾王朝。在一七四四年初，納迪爾沙撤回到哈瑪丹，距離動亂地點較近，以求能夠鎮壓反抗。叛亂在極為殘酷的手段下遭受鎮壓，色拉子和戈爾甘被摧毀，這兩個城市都豎立起兩座白色的塔，上面布滿內凹的壁龕，裡面擺放著被處決的上百人的頭顱。

後來納迪爾沙才終於認清鄂圖曼人根本沒打算接受他的和平請求，並且還有一支新的鄂圖曼軍隊正朝向前線地區進發。他的兒子納斯魯拉（Nasrollah）擊敗了其中的一支鄂圖曼軍隊，納迪爾沙又於一七四五年夏天在葉里溫附近擊敗另外一支鄂圖曼軍隊。這場戰役是他的最後一次大勝。一年後，雙方舉行了和談。但是到這時，納迪爾沙的壓迫統治又導致新的叛亂爆發——他的軍隊與收稅官每至一地，都會大肆搜刮一番，就好似他們也是侵略者一般。他對財富索求無度，已經到達瘋狂的程度，殘酷的毆打、斷肢與殺戮已變成普遍行為。他身體上的病情更進一步加重了他精神上的不穩定。到了一七四六至一七四七年冬，他對錢財的瘋狂索求擴展至他的家庭核心內部與近臣謀士，所有人都人心惶惶。他的侄子阿里·庫里（Ali Qoli）拒絕再順從他，並且加入錫斯坦的叛亂。和之前的叛亂不同，阿里·庫里及其同夥聯繫到了納迪爾沙身邊最親近的成員們。在西元一七四七年的六月，納迪爾沙在馬什哈德附近被自己的近身侍衛刺殺，他們衝進了他在後宮睡覺的帳篷。一名刺客在他拔劍試圖抵抗時，砍下了他的胳膊，另一人趁勢砍下了他的頭。[13]

納迪爾沙成就的短命本質是他在伊朗境外並不知名的原因之一，但這不足以充分解釋其中原由。在十八世紀時，納迪爾沙曾一度引發同時代歐洲人的關注，並留下相關記敘，但到了十九世紀，他幾乎被遺忘了。為何結果會是如此呢？

我們可以毫不誇大地說，原因可能在於納迪爾沙的剛勁與成就無法符合維多利亞時代人們對於東方所具有的粗略認知。在他們根深蒂固的觀念裡，東方就是頹廢與腐敗，被殖民統治的前提已經滿足，而且需要被殖民。從純粹的英國觀點來看，他的軍事成就掩蓋了後來克萊武（Clive）與威靈頓（Wellington）在印度取得的那場勝利，而且也可能與英國人認為歐洲武器本就更具優勢的迷思（這正是英國帝國主義概念體系中的重要因素）相衝突。到了二十世紀後半葉，歷史上的偉大人物（正如同托馬斯·卡萊爾〔Thomas Carlyle〕所描述）應該不再是以前被人們頂禮膜拜的大英雄，而且當時人們普遍對征服者不再感興趣，這也使得人們更忽略納迪爾沙。

納迪爾沙的史官米爾札·馬赫迪·阿斯塔拉巴迪（Mirza Mahdi Astarabadi）則遠非如此興味索然，他將納迪爾沙取得的勝利看作是他受到真主眷顧的標誌，認為納迪爾沙的統治是真主的意願。這種觀點連同其他方面的正面態度，讓馬赫迪的記錄成為納迪爾沙自己觀點的延伸。作為納迪爾沙生前的官方歷史文書，馬赫迪的這些記載裡不會表現出任何激進的獨立思考。這位見過納迪爾沙的獨立觀察者曾描述他為「睿智、謙遜、有禮、細心和值得尊敬……」，他煞費苦心地精確記述日期和地點，只有少數地方有偶然的疏失。馬赫迪早在納迪爾沙的早年就已經陪同在他身邊，但是他傾向於為發生的事件錦上添花，有時還刻意遺漏一些會對納迪爾沙有負面觀感的行為。

米爾札·馬赫迪所述歷史的最大缺憾是沒有記載納迪爾沙於一七四二年刺瞎禮薩·庫里雙眼一事。今日史學界基本上都認為米爾札·馬赫迪的大部分記載內容都是納迪爾沙在世時的編年史。但是在數年後，他增添了一部分內容，以敘述納迪爾沙生命的最後幾個月與被刺殺之後的事情。在這些內容中，在納迪爾沙生前必須要隱藏起來的評斷浮出了水面。他在這些篇幅中敘述了納迪爾沙做了很多殘忍的事，但是並無法讓他平靜下來，反而使他更為暴躁。他還記載有多少人為了逃避納迪爾沙的壓迫而遠離家園和城市，隱居在沙漠、深山裡或是移民他方。米爾札・馬赫迪在其歷史書寫的最後一段章節裡，很恰當地總結了納迪爾沙的一生。他寫道：

> 從納迪爾沙的統治之初，直到他從花剌子模歸來與出兵達吉斯坦，他全心全意地管理他的帝國和司法行政，在這些方面，伊朗人願意將他們的生活交由他來保護，但是在這以後，他全然改變了他的行為。在一些不懷好意的煽動下，這位不悅的君主聽信奸細的讒言，刺瞎了禮薩・庫里的眼睛。他優秀的兒子，也是最得他喜愛的兒子就這樣折損了。在盛怒下的殘暴過後，這位父親馬上就悔不當初，納迪爾沙變成瘋子一般的人。此後，來自帝國各地的壞消息，更增添了他的怒火。[14]

地獄的新地圖

在納迪爾沙死後的數十年間，一切都陷入了混亂、破壞、暴力與苦難。任何心存善念、期待信仰得到重建的讀者還不如跳過這幾頁內容。在納迪爾沙被刺殺後，他的侄子阿里・庫里自稱沙王，將自己更名為阿迪爾沙（Adel Shah，字面意思是「公正之王」——實在是反諷），他派兵進入納迪爾沙在呼羅珊地區卡拉特伊納德里（Kalat-e Naderi）的大本營。他在那裡殺死了納迪爾沙的許多親屬，甚至後宮懷孕女子的肚子也被剖開，殺死未出世的繼承人，但納迪爾沙其中一個兒子與一個孫子倖免於難。

在納迪爾沙一手組建起來的軍隊內部，各軍官與軍中各族群的勢力都受到鼓勵，彼此相互競爭，可是一旦納迪爾沙身亡，就無法再讓他們保持團結一致了。這就像是亞歷山大死後，他留下的軍隊立刻分裂為追隨各自首領的不同勢力。阿富汗人的指揮官阿赫邁德汗・阿布達利（Ahmad Khan Abdali）是納迪爾沙在一七三八年於坎達哈的監獄中將他釋放的，他曾在納迪爾沙的軍帳中抵抗刺殺者，此後他帶著吉爾札伊和阿布達利等阿富汗部落，離開波斯回到家鄉。在沿途中，他獲取了大量財寶，其中包括納迪爾沙從德里搶奪到手的鑽石「光之山」。當他回到坎達哈時，他被推舉為杜蘭尼王朝（Durrani dynasty）的第一位沙王，以坎達哈、赫拉特和喀布爾為核心建立了國家。這個王朝後來發展成為現代阿富汗*。從這個角度來看，可以說阿富汗是在納迪爾沙手下人的基礎上建立起來的。另一位在納迪爾沙手下效力的指揮官是喬治亞人伊雷克利（Georgian Erekle），此人曾隨納迪爾沙到過德里，他後來在喬治亞建立起了獨立的王國。納迪爾沙曾經在呼羅珊集合起來的其他民族與各部落在他被刺殺後，也都回到各自的故鄉，其中有卡里姆汗（Karim Khan）領導的贊德部落（Zand tribe）的一小部分人，他們原本是來自洛雷斯坦（Lorestan，最早也許有庫德血統），另外

* 關於阿赫邁德沙與阿富汗的故事，可參見：塔米・安薩里，《沒有規則的競賽——阿富汗屢遭阻斷，卻仍不斷展開的歷史》。——編者註

還有阿里・馬爾丹汗（Ali Mardan Khan）領導的巴赫提亞里（Bakhtiari）部落。

阿迪爾沙無法持續掌控一個充斥著失業軍人的貧窮國家，一年多之後就被他的兄弟易卜拉欣（Ebrahim）推翻了。此後還有其他統治者輪番登場，但是也都依次被推翻，其中有納迪爾沙倖存下來的孫子沙魯克，之後是薩法維沙王蘇萊曼的後代執政，隨後他又被沙魯克取代（儘管他在此期間被刺瞎了雙眼）。沙魯克的統治從一七五〇年持續到一七九六年，似乎得到了阿赫邁德沙・杜蘭尼的支持甚至保護，他尊重沙魯克為納迪爾沙的後代。但從一七五〇年代初開始，在馬什哈德的政權已經很少能在呼羅珊以外的地方產生影響了。[15]

阿迪爾沙的兄弟易卜拉欣起初控制了伊斯法罕，但是當他向東移動之後，卡里姆汗・贊和阿里・馬爾丹汗・巴赫塔里（Ali Mardan Khan Bakhtiari）占據了西部省分，他們之間達成協議並以另一位薩法維王朝王子伊斯馬義三世（Esma'il III）的名義進行統治。後來卡里姆汗一步步消滅了他的對手們，他在一七五四年殺死了阿里・馬爾丹汗，在一七五九年罷黜了伊斯馬義。此外，他不斷地和外部對手交戰，以確保政權得以穩固，這些對手包括阿札德汗（Azad Khan），此人是納迪爾沙手下的另一名阿富汗軍官，他當時控制了亞塞拜然；還有穆罕默德・哈桑汗・卡札爾（Mohammad Hasan Khan Qajar），他的勢力集中在馬贊德蘭。卡里姆汗同樣也與鄂圖曼人作戰，並征服了巴士拉，這是納迪爾沙從不曾達成的。

在這樣一個血雨腥風的混亂年代裡，卡里姆汗・贊德的統治就像是風暴圈中的一個安全又平靜的小島。在阿富汗叛亂的年代與納迪爾沙的統治時期，許多伊朗的城市都受到戰爭與鎮壓的破壞，例如，克爾曼就不只經歷一次這樣的悲劇，分別發生於一七一九年和一七四七年，並且於一七九四年又再度遭受嚴重破壞。到了一七五〇年時，曾經的首都伊斯法罕大部分地區都變成了荒漠，只有貓頭鷹和野生動物出沒其間。在薩法維王朝末期時，這裡還是一個有五十五萬居民的繁榮都市，[16]也是世界上的大都市之一，規模與當時的倫敦差不多，甚至還比倫敦稍大一些。到了一七二二年的圍城之後，伊斯法罕只剩下十萬居民，儘管後來又有很多逃離家園的居民再次回歸，但是城市人口數量在阿富汗人占領時持續下降。在一七三六年前後，這裡只剩下五萬人口。[17]據估計，由於戰爭、疾病與移民的關係，波斯的總人口從十八世紀初的九百萬人下降到十八世紀中葉時的六百萬人，甚至更少。直到一八〇〇年，人口數才出現了明顯的增長，[18]與此形成對比的是，英格蘭的人口從一七〇〇年的六百萬人，上升至一八〇〇年的九百萬人上下。這期間的貿易活動跌落至之前的五分之一。[19]

儘管國家已經衰弱至此，以鄂圖曼帝國和沙皇俄國為主的外部勢力卻沒有像一七二二至一七二五年那樣干涉。部分原因是他們各有其困擾而無暇顧及，但肯定也因為之前介入的慘痛教訓，讓他們不敢輕啟戰端，以免重蹈覆轍。

波斯整個十八世紀都可以看作是一個眾多部落復興的時代，[20]參與其中的主要各方都在這百年間爭奪領導權，他們是阿夫沙爾部落、贊德部落和卡札爾部落，他們爭取的方向一致。許多部隊在內戰中廝殺，大多數徵召自各個遊牧部落的騎兵，波斯三成五左右的人口仍然由這些人所組成。這些部落的面貌十分複雜，並且總是處於變動之中——有各種不同的術語來解釋不同種類的部族、再細分的部落組織、部落和部落聯盟，隨著時間的變化，這些部落之間的聯盟關係也不斷出新和改變。如果不說千年的話，這些部落至少在好幾百年的時間裡與定居於城鎮鄉村的居民，處於不和諧的緊張關係。部落和定居的人民通常有族群、語言或宗教上的差別，或者是三者的綜合。部落人民居住在更艱苦的山區和貧瘠地帶，他們對自己邊緣化的存在也感到忿忿不平。他們畜養牲畜，再用剩餘的牲畜進行貿易，以皮毛和肉類供給城鎮和鄉村。所換來的貨品是那些他們不能生產的東西，比如有些其他種類的食物，同樣地還有武器。但是也存在更為開放的交換形式，雙方經常有安全和保衛方面的交換，這方面的情形或多或少是在暗中進行的。農民可以付給當地部落首領一些貢品，以免於在收割季節受到侵擾，或者是免於受到部落力量的突襲，否則一些居民會被擄走淪為奴隸（在東北地區特別如此）。或者在某些情形下，當地的部落首領可能會在更正式的安排之下，被吸收為地區性的執政者，負責收稅而不再是收取保護費。但大致上而言，部落及其首領面對定居居民通常更占上風，他們可以藉由此優勢以政治手段得利。但他們的主導力在二十世紀到來之時被翻轉了。

卡里姆汗・贊德並沒有納迪爾沙那種永不知足的戰爭狂熱和征服慾望。他的政府系統遠不如前者嚴密。在他廢黜伊斯馬義之後，卡里姆汗拒絕自稱沙王，而是以「*vakil-e ra'aya*」的身分統治，這個詞的意思是人民的代表或攝政者。這樣的選擇聽起來像是一個更現代的頭銜，或許也反映他感受到人民對和平的渴望。他在其領土上重新恢復什葉派宗教，放棄了納迪爾沙的遜尼派試驗。卡里姆汗把色拉子選為首都，並修建清真寺、優美的花園和宮殿，這些建築至今依然聳立。他消弭了人們對一七四四年叛亂的驚恐，並且美化了這座誕生過薩迪與哈菲茲的城市。卡里姆汗在這裡的統治直到他一七七九年去世。他是無情、強悍的領袖，在當時的艱苦年代中，這是領袖必須具備的特質，但是他也得到謙遜、慈愛、實用主義與善政的好名聲，這和他的對手們正好相反。他的聲譽在他所處的醜陋、暴力的時代中顯得更加明亮耀眼。

重啟戰爭

卡里姆汗於一七七九年去世後，波斯再次陷入令人悲痛的內戰。此時相互廝殺的雙方是贊德部落的不同王子，與以馬贊德蘭為基地的卡札爾部落。阿卡・穆罕默德汗（Agha Mohammad Khan，穆罕默德・哈桑汗・卡札爾之子）將卡札爾人團結起來，此人在一七四七或一七四八年時曾經落入阿迪爾沙之手，當時他只有五、六歲，阿迪爾沙下令將他閹割。自此之後，他被卡里姆汗扣作人質，但是得到了善待。[21]他長大後十分聰明、務實，但殘酷無情且脾氣火爆，他的殘忍也隨著年齡的增長而增加。他從來都無法走出自己失去男子雄風的創傷，在當時描繪他的畫像經常是以眉頭緊鎖的模樣與沒有鬍鬚為特徵。

卡里姆汗死後，阿卡・穆罕默德逃向了北方，並成功招撫了曾經與其家族結仇的卡札爾部落的各支系家族，但是他卻和自己的兄弟鬧翻，企圖建立自己的統治。阿卡·穆罕默德的崛起十分穩定地建立在卡札爾部落血緣傳承的基礎上，這遠比納迪爾沙在阿夫沙爾部落中的繼承基礎穩固許多。在始終支持他家族的約穆特突厥（Yomut Turkmen）盟友的幫助之下，他戰勝了他的兄弟，掃除在馬贊德蘭地區的贊德勢力，並開始向厄爾布爾士山脈以南進軍。但是當他來到德黑蘭郊外時，迎接他的只是緊閉的城門。城內的市民禮貌地告知他贊德人統治著伊斯法罕，這意味著德黑蘭的居民也必須遵從贊德人（暗示說，如果阿卡·穆罕默德能夠奪取伊斯法罕，他們也同樣會遵從於他）。阿卡·穆罕默德由此向伊斯法罕進軍，於西元一七八五年初奪取該城。在他向西的成功戰役後，德黑蘭也適時地在一七八六年三月歸順。從這時候開始，人們明顯意識到他的企圖是成為整個國家的統治者。自那以後，德黑蘭就一直是這個國家的首都。

在阿卡·穆罕默德成為最高統治者之前，他還有許多戰爭要打，他對於南方領土的統治遠稱不上穩固。伊斯法罕在此時還曾幾度易手，但是贊德人同樣無法站穩腳根，他們的領導者賈法爾汗（Ja’far Khan）在一七八九年一月被刺殺了。此後贊德部落的統治家族內部開始相互傾軋、爭奪領導權，直到卡里姆汗的年輕姪孫魯特夫·阿里汗·贊德（Lotf Ali Khan Zand）於一七八九年進入色拉子，建立起他的統治。

魯特夫·阿里是一個年輕又有領袖氣質的人，對於那些記得他叔公偉大威望的人們來說，將希望寄託在這個年輕人身上是理所當然的事，但是在軍事上，他從一開始就處於劣勢。他在一七八九年六月擊退了阿卡．穆罕默德的進犯，但是當他於一七九一年向伊斯法罕進軍時，色拉子爆發叛亂，使他腹背受敵。他折返往色拉子，卻無法奪回他之前的首都，只能被迫對該城展開包圍戰。色拉子人此時向阿卡．穆罕默德求援，並將魯特夫．阿里汗的家人交給他作人質。魯特夫．阿里汗仍打敗了卡札爾人與色拉子的聯軍，但在一七九二年，當阿卡．穆罕默德本人親自率領大軍南下時，色拉子城再次被攻陷，這時候阿卡．穆罕默德表現出發狂的憤怒與心狠手辣的殘忍，使他後來變得臭名昭著。在這時候，他看到一枚以魯特夫．阿里的名字鑄造的錢幣，他為此大發雷霆，並下令將其兒子閹割。

魯特夫．阿里汗發動的奇襲眼看就要成功，他原本能贏得戰爭。當阿卡．穆罕默德逼近色拉子時，他和他的卡札爾軍隊駐紮在古代波斯波利斯與伊斯塔克爾的遺跡附近。當夜幕降臨，魯特夫．阿里帶著一小隊人馬接近他的營帳，他們藉著夜色掩護，從四面八方開始發動進攻。營地隨即陷入混亂，魯夫特．阿里派了三、四十人衝入大營，一路殺到阿卡．穆罕默德的個人大帳，而阿卡．穆罕默德只有幾名火槍兵負責守衛，他的性命已經危在旦夕。正在千鈞一髮之際，阿卡．穆罕默德的一名大臣跑來告訴魯特夫．阿里說，阿卡．穆罕默德已經逃走了。於是魯特夫．阿里下令部下停止殺戮。這時候，許多人都帶著洗劫敵人營帳得來的戰利品四散而去。當黎明來臨，魯特夫．阿里才發現可怕的現實正出現在他面前——阿卡．穆罕默德仍在軍中，他並沒有逃跑，卡札爾的軍隊也在他的周圍重新集結起來。魯特夫．阿里汗被人數占絕對優勢的卡札爾軍隊團團圍住，而自己身邊只剩下一千人。他只好迅速撤退，隨即向東逃去。[22]

自此之後，魯特夫．阿里汗的支持者們就逐漸離他而去了，他奪取了克爾曼，但是阿卡．穆罕默德汗也向克爾曼進攻，並且包圍該城。在西元一七九四年的十月，卡札爾軍隊利用叛徒攻入城內，魯特夫．阿里汗不得不逃往巴姆（Bam）。阿卡．穆罕默德下令克爾曼的所有女人和小孩都送給他的士兵為奴，還未被殺死的男子則被刺瞎。為了確認他的命令確實執行，剜下的眼球放在大筐裡帶到他面前，並傾倒在地板上——兩萬顆眼珠傾瀉而出。約翰．馬爾科姆爵士（Sir John Malcolm）記載，那些被刺瞎的男子後來遊蕩至波斯各地乞討，講述他們在城市陷落後所發生的災難故事。[23]

在巴姆的魯特夫．阿里汗遭到背叛，被捆綁送到阿卡．穆罕默德面前。阿卡．穆罕默德下令讓他的突厥奴隸用「魯特的族人（people of Lot）所做的事情」對待他（意為同性性交）。在群體強姦後，魯特夫．阿里汗被刺瞎雙眼，並送至德黑蘭囚禁，在獄中被折磨至死。[24]

阿卡．穆罕默德汗如今毫無疑問地成為伊朗高原的霸主。他隨即轉向西北部，率軍進入喬治亞，重新在該地建立起波斯統治，並於一七九五年九月征服第比利斯（Tbilis）。這場戰役十分激烈，喬治亞人儘管人數居於劣勢，但是數度幾乎獲勝。在第比利斯陷落後，有上千人被殺，一萬五千女子和兒童淪為奴隸。不過在一七八三年時，喬治亞國王已經將自己置於俄國的保護之下。波斯人對第比利斯的破壞引起聖彼得堡方面的憤怒，隨後他們將在高加索地區給波斯帶來恥辱。

在西元一七九六年春天（伊斯蘭曆一二一〇年），阿卡·穆罕默德於墨干平原加冕，這裡正是納迪爾沙六十年前加冕的地方。在加冕的典禮上，他穿著裝飾了「光之河」和「月之冠」鑽石的臂帶，這些寶物都是從魯特夫·阿里汗那裡奪得（之前屬於納迪爾沙），阿卡·穆罕默德汗很喜歡珠寶。在加冕後，他向東進入呼羅珊，接受納迪爾沙的孫子沙魯克的投降。他對沙魯克加以折磨，直到他交出了更多珠寶才作罷，這些珠寶同樣是納迪爾沙從德里得來的。此後不久，沙魯克在達姆甘（Damghan）不治身亡。

阿卡·穆罕默德沙得以繼續控制薩法維帝國曾經統治的大部分領土，例外的地區是阿富汗人居住的各省。但是他卻沒能享受大權（或享受他的珠寶）太久。一七九七年六月，當他在今日的納戈爾諾—卡拉巴赫（Nagorno-Karabakh）地區作戰時，他的兩名僕役殺死了他。他曾經將這兩人判處死刑，但第二天就改變了主意將他們釋放。

宗教變化：革命的種子

十八世紀的波斯不只殺戮與悲慘之地。在大多數時間內，很多遠離主要城鎮（雖然不是多數）的地方享有相對的安寧。其他方面的發展得以進行，什葉派神學在宗教—社會結構上發生了改變，長遠看來有其至關重要的重要性。古老的傳統和理性之爭，可以一直追溯到阿巴斯王朝時期穆爾太齊賴派（Mu’tazilis）與其對手的爭論，這場爭論在十六、十七世紀時又以一種不同的形式，重新浮上水面，表現為阿赫巴里學派（Akhbari school）與烏蘇里（Usuli school）學派之爭，這場爭論直到十九世紀才得到最終的解決。阿赫巴里派聲稱，普通的穆斯林大眾應該自己閱讀、解釋《古蘭經》，並不需要有中間媒介。流傳下來的先例（聖訓）——尤其是什葉派伊瑪目們的先例——已經是最好的指導了。而烏蘇里派則摒棄這則教條，堅稱「伊智提哈德」（*ijtihad*，基於理性的權威解釋）有其必要，並且要求擴大學術訓練的範圍，現行的學術訓練只對烏里瑪組織內部天資極高的學者們開放，這些智者被稱作「穆吉塔希德」（*mojtahed*，也就是釋法者）。烏蘇里派還認為幾乎所有的人類行為領域都存在著伊智提哈德的空間（阿赫巴里派則抓住這一點，辯稱那些前人沒有在宗教文本中提出判決先例的事物，應該交由世俗力量來處理）。

雖說阿赫巴里派的觀點更接近傳統上遜尼派的觀點，而且在傾向遜尼派政策的納迪爾沙統治時期，幾乎贏得了這場爭論，但烏蘇里派還是贏得這場爭論的最終勝利，這在很大程度上歸功於一位大釋法者的領導，他名為阿卡·穆罕默德·巴克爾·貝赫畢哈尼（Aqa Mohammad Baqer Behbehani，一七〇六—一七九〇年）。[25]在卡札爾王朝時，這場爭論才算是完全塵埃落定。在這一局面的基礎上，一種演繹（interpretation）理論和等級制度的（hierarchy）理論隨著時間推移而發展出來。這種理論要求什葉派的每位穆斯林都要有一位「*marja-e taqlid*」（瑪爾加，模仿榜樣〔object of emulation〕*），或者說是「宗教模範」。

這樣的榜樣必須是還在世的人，是一名穆吉塔希德。在實踐中，這意謂著每一代人之中將只會有一位或者兩位穆吉塔希德，這有助於創立穆吉塔希德等級制度，這些人之中更具權威的人後來被賦予更多榮譽頭銜：霍加圖伊斯蘭（*hojjatoleslam*, proof of Islam）、阿亞圖拉（ayatollah, sign of God）及之後才出現的大阿亞圖拉（grand ayatollah）。（如同其他地方的情況，對榮譽頭銜的競爭使得頭銜的含金量下降，只要有更多人得榮譽頭銜，就必須創造出更新且更高人一等的頭銜。）[26]

如此一來，對於一個仍然正式聲稱大地上的一切權威都不具有合法性的宗教而言，當隱遁的伊瑪目依然缺席，就讓少部分的宗教學者反常地擁有了巨大的潛在權力。這種權力最終讓那些宗教學者不僅在宗教事務上享有權勢，而且在政治上也大權在握。烏里瑪的地位獲得更進一步的鞏固，因為那些最有權勢的宗教領袖都住在鄂圖曼轄下伊拉克境內的納傑夫和卡爾巴拉，波斯政府當局對此鞭長莫及。什葉派伊斯蘭教從此開始具有等級制度性結構，這種結構與基督教教會的等級制度可有一定程度的比較，而明顯與較無等級制度的猶太教、遜尼派伊斯蘭教有所區別。獲益於後見之明來看待這時的狀態，各種信念的結合、對世俗權威正當性的否決、支持受壓迫者、有組織性的神職人員等級制度，所有這一切都正在導向一場宗

---

* marja的意思是榜樣，taqlid是指模仿或者效法。具有瑪爾加身分的人，即是一般穆斯林大眾在生活實踐上的榜樣或是諮詢對象。——譯者註

教革命。

在什葉派的宗教文化中，還有一個更重要的元素自古一直延續至今——什葉派民眾的各種宣示活動，其中最重要的就是阿舒拉日遊行與殉難表演（*ta'zieh*）。每一年，伊瑪目胡笙在卡爾巴拉殉難紀念日這一天，伊朗等地的什葉派穆斯林都會在城鎮和鄉村中舉行悼念遊行活動，紀念這一痛苦的日子。這場活動就像是重現葬禮的遊行，人們對卡爾巴拉殉難者的哀傷與熱愛在遊行中得到充分體現，使此一活動如同真實葬禮般生動。在巴札中的各行業公會與祖哈內（*zur-khaneh*，英雄體育——傳統的男性組織，將人們集中起來，進行各種劇烈運動的健身會——但是通常具有宗教上的內涵）中的壯漢們都會動情地表現出虔誠與悲痛。有的人抬著象徵胡笙棺材的又大又沉重的棺材道具，以及代表胡笙戰旗的條幅，還有一些人用鐵鍊鞭打自己。有的人用劍將自己的頭割傷，但這樣過分的舉動被宗教權威所禁止。阿舒拉日的集會可以為人們帶來巨大的悲痛感、苦澀感、受到不公對待的感受與疚感（因為庫法人本應該救胡笙），讓人們再次體驗到卡爾巴拉所發生的那場殘酷事件。西方新聞媒體經常以遊行活動的畫面來描繪什葉派的宗教狂熱，可是此一活動的悲痛情緒、內疚與對受難的表現（有時候甚至會真流血）其實與歐洲等地的許多天主教國家的耶穌受難日遊行，有著驚人的相似度。如果把他們活動進程的錄影交互在一起對照，人們就會看到雙方的悲痛、眼淚與參與者的強烈情感幾乎是難以辨別的。

殉難表演是一種宗教性的街道劇場形式，在伊斯蘭世界裡是獨一無二的（但在精神及功能上與中世紀歐洲的宗教神秘劇相似）。再度重申，表演的主題通常是卡爾巴拉，但是表演可以集中於劇情的某些面向和角度。表演者的臺詞大家都耳熟能詳，觀眾也有可能加入表演之中。人們觀看時會哭泣並表現劇烈的情感。殉難表演通常會在穆哈蘭月（一月）舉辦，但傳教者（*rowzeh-khans*, preachers）會在一年當中的任何時間，為人們吟誦即興的版本。在十九世紀，許多伊朗的士紳顯貴為了顯示自己的虔誠，會為殉難表演的演員興建演出場所。在此之前，他們都是在帳篷或者即興於某個街角進行表演。[27]

所有這些宣示活動都在提醒什葉派穆斯林銘記他們宗教裡的核心事件，但與此同時，也在抒發一種以受到不公對待的感受為中心的宗教情感，這種情感可能從什葉派曾於不同時空中或多或少遭受過的社會不公義及壓迫直接轉化而來。街道遊行活動中的情緒與慣例也能作為一種集體行動和團結一致的先例與標準，這在伊朗人的歷史上出現過好幾次。

但是若把阿舒拉日的悲痛塑造成為街道遊行甚至暴民暴力的訓練場或出發地的話，就屬於顯而易見的扭曲了（儘管發生過例外情況）。那些與什葉派聯繫起來的更普遍常見的特質是：被動的憂鬱、謙遜質樸、堅信人們應該要恭順地自我奉獻以及在不利情形下也默默行善的美德。

西元十八世紀的伊斯蘭世界（這個概念本身就值得質疑——在伊斯蘭的術語中，我們主要討論的是第十二世紀，而且這段時間並不能精準地與兩種曆法系統準確對應）通常被描寫為衰敗倒退的時期。我們很容易就能看到為何會出現這種說法——鄂圖曼帝國丟失了領土，薩法維王朝覆滅，蒙兀兒王朝也同樣如此，三大穆斯林帝國的失敗引領著歐洲殖民統治的到來。這些現實都是無可置疑的，但是人們通常都忽略了此時伊斯蘭世界也發生了其他重要變化，也有發展和活力的跡象出現。有些變化在當時就極為重要，有些則包含了未來重大發展的起因。前文已經討論了納迪爾沙統治時期的重要性（這段統治的重要性在後來的一八〇四至一八二八年的波斯俄國戰爭時顯露無遺），此外，阿赫巴里和烏蘇里學派的爭執及其後續發展也對未來什葉派烏里瑪在伊朗的發展十分重要，這對於理解二十世紀的伊朗革命來說是不可或缺的。

這一時期的伊斯蘭世界還有其他意義重大的發展——尤其是阿拉伯半島上崛起的瓦哈比主義（Wahhabism）。這是發生在遜尼派內部的一次原教旨主義運動（fundamentalist movement），他們極端仇視蘇菲主義、什葉派與任何偏離一神教的跡象，以及被他們視作「創新」的事物——所有的這些內容都被認為異端（按照一些記載[28]的說法，瓦哈比運動的建立者阿布多·瓦哈比曾於伊斯法罕學習過一段時間，但是這樣的說法十分值得懷疑）。瓦哈比主義堅持回歸到它的擁護者心目中伊斯蘭教的最初原則，由穆罕默德本人及其最早追隨者們所示範的。隨著瓦哈比主義者和紹德家族結盟，瓦哈比主義在阿拉伯半島不斷擴張勢力，直到十九世紀初，他們已經在狂熱下摧毀無數聖祠和陵墓，並於一八〇二年洗劫了卡爾巴拉，此舉對什葉派穆斯林而言，無疑是一大震撼和挑釁。截至一八一八年，鄂圖曼軍隊已經擊敗了紹德家族，並重新掌控阿拉伯半島與聖地。但是紹德家族與瓦哈比派在二十世紀時捲土重來，控制了阿拉伯半島的大部分地區。

法提赫·阿里沙

阿卡·穆罕默德沙死後，波斯本可能再度跌入混亂和內戰的深淵，一如先前卡里姆汗·贊德離世後的局勢。但上述情勢並未發生，很大一部分原因是由於阿卡·穆罕默德沙在一七八〇年代以後的遠見。他平息了卡札爾部落的不滿，準備讓他的侄子法提赫·阿里汗及法提赫的兒子阿巴斯·米爾札（Abbas Mirza）依次接班。[29]當時在亞塞拜然局勢頗為動盪，法提赫·阿里便率軍重建其權威。他在加茲溫附近戰勝了敵人，隨即懲治刺殺老沙王的凶手，並將阿卡·穆罕默德的屍體安葬在納傑夫。西元一七九八年三月二十一日這一天是波斯新年（Noruz），他在這一天舉行了加冕典禮。

由於各種偶然與不相關的某些原因，法提赫·阿里沙（Fath Ali Shah）在伊朗歷史上的地位很值得一提。其中的一個原因是在他的統治下，突然有歐洲人開始旅行至波斯，並且提供了大量關於波斯的記錄，他們還作為政府代表，處理外交任務。而且因為法提赫·阿里的統治正巧與革命戰爭、拿破崙戰爭同一時期，歐洲各大勢力都在爭相競逐新的盟友。另一個原因是法提赫·阿里沙鼓勵新一波的肖像畫風潮，他最喜歡的繪畫主題就是他自己蓄留及腰的黑鬍子並佩戴各式武器、珠寶的肖像畫，因此他那引人注目的肖像畫得以大量流傳至今。

不同於他的叔叔或卡里姆汗．贊德、納迪爾沙這樣的先輩統治者，法提赫．阿里沙熱愛華麗輝煌。另一項讓他留名於史書的是，他那令人詫異的子嗣數量——據統計，直至他統治結束為止，他一共有一百五十八名妻子所生的二百六十個兒子。最後，他統治了相對較長的時期（三十七年），從這一點來看，他本人就是時代的標誌。

這些因素結合在一起，沙王法提赫．阿里給人留下相當負面的印象，這也許並非完全公允。很多從當時波斯傳回歐洲的報導裡，時常含有誹謗性的內容，有時候則做出無知的判斷，並帶有偏見地將波斯與歐洲相比較。許多人都沒有完全認識到波斯在此前一個世紀中所經歷的創傷和破壞，他們也不理解波斯不同的國家與政府性質。此外，不能迴避的事實是，波斯在法提赫．阿里沙的統治期間將極富價值的大片高加索領土割讓給了俄國，在對抗俄國人的戰爭中，波斯軍隊的表現也讓他在歐洲人心中的印象大大折損了。

但是從另一個角度來看，法提赫．阿里沙的統治看起來倒是比較成功的。他在其叔父所取得的成就之上，避免嚴重內戰的爆發（這件事本身就算是非同小可了），而且在他的統治下，出現了經濟活動的穩定恢復與繁榮。波斯丟失了領土，但保住了獨立地位，並讓大部分國土免受戰爭威脅和國際衝突的破壞。情況原本有可能更糟。約翰．馬爾科姆爵士也許是當時最博學、最客觀的外國觀察者了，他在一八一四年時寫道：

幸運的是，現在的波斯比此前長久以來的日子更幸福也更安定；當政的君主已經在位十七年，他的統治相對溫和公正，使他在波斯歷代統治者中列於高位。[30]

遭遇西方：外交與戰爭

在法提赫．阿里沙的統治期間，波斯和西方各勢力的關係，不論從長期或短期的結果來看，並未造成太大的傷害。從歐洲各國的角度來看，波斯的行動合乎邏輯，即便短視近利，也是由於戰時的需求所造成。但從波斯人的角度來看，當時的作法顯得浮躁且愚蠢。

一開始的情況很順利。歐洲人首次成功簽定的條約是由英國東印度公司完成的，他們對於這類事務瞭若指掌。一八〇〇年，歐洲人派出年輕的約翰．馬爾科姆（後來成為歷史學家）與超過五百人的隨行人員，其中包括有一百名印度騎兵作為護衛。波斯人對於這等同於皇家排場的商業代表團，留下深刻印象。拿破崙於一七九八年侵略埃及，此一舉動震驚了印度及倫敦的帝國政府，而且法國於一七九六年向德黑蘭派出使團，引起英國的警覺。英國決定與波斯結盟，以確保印度西部的安全，並且可以對抗阿富汗對印度北部的襲擊。在一八〇一年一月，政治和商業條約簽署，按照條約內容，法國將無法在波斯立足，法提赫．阿里沙同意如果阿富汗進攻印度北部，他將會對阿富汗發動進攻。英國人同意如果波斯遭到阿富汗或法國攻擊，將會為波斯輸送「大砲及戰爭物資」。東印度公司的商業特權在波斯得到確認與加強，穩固的盎格魯—波斯聯盟似乎就此形成了。[31]

但是對波斯而言，俄國才是條約中的最大不確定因素；俄國對波斯的威脅，遠比法國更迫切。阿卡·穆罕默德在一七九五年血洗第比利斯之後，俄國就成為喬治亞的保護國，並且在一七九九年駐兵於喬治亞，在喬治亞國王死後，俄國便廢黜了喬治亞的君主權，實際上吞併了其領土。法提赫·阿里汗繼續努力維護波斯對喬治亞的主權，但是沒能成功，俄國將軍們認為可以將俄國的前線繼續向南推進，一直到達阿拉斯河為止。一八〇四年，由殘忍的欽察諾夫（Tsitsianov）率領的俄國軍隊攻占了詹賈（Ganja），並屠殺了約三千人，其中包括在一間清真寺裡避難的五百名穆斯林。隨後他們與法提赫·阿里沙之子阿巴斯·米爾札的軍隊在葉里溫城外打了幾場無關緊要的戰役。但是如同納迪爾沙付出了代價才領略到的，後來俄國人才意識到高加索地區確實是一片難以用兵之地，托爾斯泰、萊蒙托夫的文學作品也確認了這一點。戰爭比欽察諾夫所預料的情況困難許多，不久後，波斯人便用計殺害他。當時俄國人對巴庫（Baku）的波斯總督表示可以進行談判，但波斯總督懷疑俄國人心懷不軌，因此就做好刺殺的準備。當欽察諾夫與總督各自在三名隨從陪同下，來到會面地點時，總督的侄子開槍打穿了欽察諾夫的胸口。[32]

與此同時，英國對波斯的興趣已經消退。在和法國人保持了短暫的和平後，兩國再次敵對，在一八〇一年以前，英國已經開始擔心俄國想要與法國同謀對付印度，但他們此時已經和俄國結盟，反對拿破崙。這時候的法提赫·阿里沙援引一八〇一年的條約，要求英國幫忙在高加索抵抗俄國，但英國人在權衡利弊後，決定維護他們與北方盟友的關係，因而對波斯盟友的要求視而不見。

此時，法國從中嗅到了機會，趁機提議與波斯聯合。一八〇七年五月，法提赫・阿里沙同意與法國簽署《芬肯施泰因條約》（*Treaty of Finckenstein*），這份條約簽署的地方在東普魯士，此時拿破崙的軍隊在經歷血腥的埃勞戰役（Battle of Eylau）後得到休整，企圖重啟對俄進攻。此一條約簡直就是之前波斯英國兩國條約的翻版——波斯同意驅逐英國人並進攻印度；拿破崙承認波斯對喬治亞擁有主權，並承諾在對付俄國人時，提供軍事協助。法國加丹伯爵（Comte de Gardane）帶領使團前往德黑蘭履行這些條款。但是在他還沒到德黑蘭時，拿破崙就於一八〇七年六月在弗里德蘭（Friedland）擊敗俄國人，並於一個月後與俄國沙皇在提爾西特（Tilsit）簽訂了同盟合約。這場外交舞會又跳了一輪，又要交換舞伴了。

德黑蘭的法國軍事顧問正在幫助波斯軍隊入侵印度，英國這時候再次察覺到與法提赫・阿里沙結盟的重要性。迫切的需求讓兩支相互競爭的使團同時奔赴波斯，他們分別是來自倫敦政府的使團與來自印度的東印度公司政府使團，他們雙方對於哪一方能在波斯占有更多特權，並未達成共識。來自倫敦的使團由哈佛・瓊斯爵士（Sir Harford Jones）率領，另一團從孟買出發，再次由約翰・馬爾科姆率領。馬爾科姆一團率先抵達波斯，卻未獲准越過布什勒（Bushire），這是因為法提赫・阿里沙和法國人之間的合約規定。經歷徒勞無功的三個月後，馬爾科姆在一八〇八年八月坐船回到孟買。但法國的加丹正處於十分尷尬的處境，他正在訓練波斯軍隊，他們真正唯一的興趣就是與俄國正在進行中的戰爭，波斯的目標則是重新征服喬治亞。如今，俄國和法國成為盟友。哈佛．瓊斯在馬爾科姆失敗的地方取得了成功，他在一八〇九年三月來到德黑蘭。加丹對此十分生氣，一個月後就離開了波斯，扔下了法國對波斯的合約承諾。

瓊斯達成了友誼協定（Treaty of Friendship）與同盟關係，確保波斯取得比一八〇一年條約更嚴密的保證。波斯藉此將得到援助對抗任何歐洲勢力的入侵，即便英國已經和該國有單獨的和平條約，只要波斯不是開戰者，英國也會提供援助。援助的形式是英國軍隊出兵，如果無法出兵，將會以補償金、大砲、火槍與英國軍官提供援助。這使得波斯不能對印度做出任何危及英國利益的舉動，並且在阿富汗人入侵印度的情形下，出兵協助英國。

但是儘管英國人鼓勵法提赫．阿里沙繼續和俄國進行代價極大的戰爭，當一八一二年拿破崙攻打俄國時，英國又和俄國成了盟友，因此英國想要在高加索幫助波斯對付俄國的意願消失了，如同一八〇一年條約簽定後的情形一樣。對英國而言，波斯與俄國在高加索的戰事是必須平息下來的尷尬處境。雖然波斯軍隊在法提赫．阿里之子阿巴斯．米爾札的帶領下，浴血奮戰並取得了一些成果，但是他們的損失更慘重，最大的一次失敗出現於一八一二年十月，在阿拉斯河附近的阿斯蘭都士（Aslanduz）。英國在雙方中間調停，到了一八一三年十月，雙方在戈勒斯坦（Golestan）簽定和平條約。這份條約是一個巨大的羞辱，波斯保住了葉里溫、納希契凡（Nakhichevan），但丟掉了阿拉斯河以北的全部領土，其中包括達吉斯坦、希爾萬、喬治亞，以及達爾班特（Darbent）、巴庫、第比利斯、詹賈，這些城市在上千年的時間裡都屬於波斯帝國的一部分。[33] 條約中還有條款規定，唯有俄國才能在裏海保有戰艦，俄國將有權承認並支持波斯王位的合法繼承人（賦予俄國介入皇室繼位事務的角色，事實證明這一點的危害極為嚴重）。當條約的內容遍傳國內，波斯人陷入巨大的憤怒之中，城鎮中好戰的穆拉帶頭要求重啟一場對抗俄國人的聖戰。阿巴斯・米爾札只將條約視為一次喘息的機會，並在他所控制的亞塞拜然，奮力集結了現代化的裝備軍力，這一支軍隊能與俄國軍隊交戰而不落下風。

結果卻不如人意。對俄國的戰爭於一八二六年再次爆發，阿巴斯・米爾札一開始得到了英國的援助（英國在一八一五年終於擊敗了拿破崙，從此開始再度反對俄國）。好鬥的俄國將軍葉爾摩洛夫（Yermolov）竭盡全力地離間俄國的新臣民，過度詮釋《戈勒斯坦條約》的條款，進一步激怒波斯人。事實證明，葉爾摩洛夫在和平時期比在戰爭中更好鬥，波斯人在這時取得一些勝利，隨後向第比利斯與裏海沿岸進軍。許多當地的領導人都加入波斯的陣營，葉爾摩洛夫放棄了詹買。但是不久後，俄國的援軍抵達，又有更多善戰的指揮官加入戰局，戰爭旋即又爆發了。這時候，英國人拒絕提供更多的援助，他們拿出一八〇九年條約中的條款，表明如果波斯是先開戰者，英國就不必履行援助。阿巴斯・米爾札的軍隊在該年失敗，他的兄弟穆罕默德・米爾札則在另外一場戰役中戰敗，詹買再次被奪走，波斯人退回他們一開始的根據地。一八二七年，俄國人繼續向前推進，在十月初奪取葉里溫，同月又拿下了大不里士。

高加索的群山與森林是理想的游擊戰場所，尤其是第二場戰爭，在當地部落遭到俄國人壓迫時，如果波斯人能夠在此時發動游擊戰，他們很有可能已經成功了。列茲金人（Lezges）與車臣人就曾用這種戰術，在一七四〇年代戰勝納迪爾沙，他們能夠在一八三〇年之後長達數十年的戰事中，為俄國人帶來極大的難題（就像戰爭參與者之一——文豪托爾斯泰在他最偉大的短篇故事《哈吉穆拉特》與《哥薩克》中所證實的那樣）。但是波斯人認為自己能夠與俄國人匹敵，渴望在開闊的戰場上與俄國人對壘。高加索山區的貧苦遜尼派部落在幾世紀以來慣用一種打了就跑的戰術，波斯人蔑視這種戰術，這就是他們的錯誤了。他們不夠靈活，也誤判了俄國在軍事上的優勢。

一八二八年二月，在土庫曼查（Turkmanchai）締結了和平條約，波斯不得不接受比《戈勒斯坦條約》更加屈辱的條件。波斯失去了葉里溫，邊境退至阿拉斯河。波斯要付給俄國兩千萬盧布的賠款，所有的戰俘將被送回俄國領土，連二十年前或是更久以前的俘虜也不例外。按照同時期的商業協定內容，俄國商人可以在波斯自由活動，並且很大程度上不受波斯法律的管轄（這樣的內容很適合被看作是投降書）。[34]

這份條約之後有一段暴力而且非外交的後續。普希金的朋友亞歷山大·格里波耶多夫（Alexander Griboyedov），一位精通文學的人，以俄國全權大臣的身分來到德黑蘭，確保條約的履行，特別是關於歸還戰俘一事。除了其他被俘人員，他也要解救波斯家庭中的被俘女性，她們最初是被俘虜的基督徒，隨後改變了宗教信仰。有一些這樣的女子並不想被解救，但俄國人開始干擾私宅事務，引發群情激憤。曾經鼓動戰爭的德黑蘭穆拉提醒其追隨者，叛教是死罪，並下令巴札應該歇業。一八二九年一月三十日，憤怒的人群聚集在俄國大使館門前，有一份記載指出，有一名哥薩克士兵在房頂上開槍打死人群中的一個小男孩。[35]人們衝進了大使館，發現並打死了一名曾經侍奉過沙王的亞美尼亞閹人，還有兩名女子被帶走，也有人在與保護建築物的門衛哥薩克人的衝突中喪生。喪生者的遺體被送到了清真寺，隨後人們又回來衝進使館殺死了所有俄國人，唯一的例外是有一個人假扮成波斯人逃走了。格里波耶多夫相信沙王本人是暴力背後的指使者。他死前最後說出的話是：「*Fath Ali Shah! Je mèn fous!*」（法提赫・阿里沙！你等著瞧！）[36]

法提赫・阿里沙也許能做點什麼來控制流血局面，但是很難說他有什麼特別值得被指謫的地方（有一些俄國人也指責英國大使煽動暴民，這也體現了英俄兩大勢力當時在波斯的對抗，但實際上，這種指責並無事實基礎）。沙王不得不派出一個代表團到聖彼得堡致歉，平息此事。

波斯與俄國之間的幾場戰爭及其後果，體現出了法提赫・阿里沙所統治之國家的許多重要現實。在軍事和經濟實力上，波斯無法與歐洲列強抗衡。阿巴斯・米爾札在一八二六年率領進入高加索的軍隊約有三萬五千人，比四十年前打內戰時的軍隊人數還多，但是在一八一二年與拿破崙作戰時，俄國軍隊在波洛迪諾（Borodino）一天傷亡的人數就比這三萬五千人還多了。俄國很難將軍隊派至高加索，並且提供持續的給養，但是俄國的人力和戰爭資源的

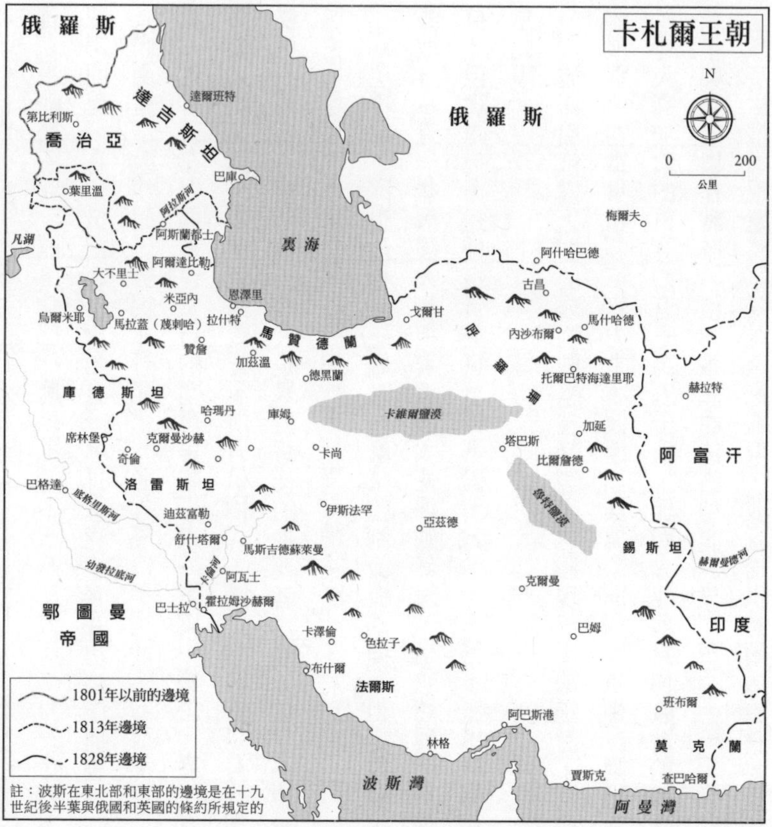
卡札爾王朝
N
0
200
公里
俄羅斯
俄羅斯
達吉斯坦
達爾班特
第比利斯
喬治亞
巴庫
葉里溫
阿拉斯河
凡湖
阿斯蘭都士
阿爾達比勒
裏海
大不里士
米亞內
恩澤里
烏爾米耶
馬拉蓋（蔑剌哈）
拉什特
馬贊德蘭
贊詹
加茲溫
德黑蘭
戈爾甘
呼羅珊
梅爾夫
阿什哈巴德
古昌
馬什哈德
內沙布爾
托爾巴特海達里耶
赫拉特
庫德斯坦
哈瑪丹
庫姆
卡維爾鹽漠
席林堡
克爾曼沙赫
卡尚
塔巴斯
加延
阿富汗
奇倫
比爾詹德
巴格達
洛雷斯坦
底格里斯河
伊斯法罕
亞茲德
迪茲富勒
舒什塔爾
馬斯吉德蘇萊曼
錫斯坦
赫爾曼德河
幼發拉底河
卡倫河
阿瓦士
克爾曼
鄂圖曼帝國
巴士拉
霍拉姆沙赫爾
印度
卡澤倫
色拉子
巴姆
布什爾
法爾斯
班布爾
阿巴斯港
林格
莫克蘭
賈斯克
查巴哈爾
波斯灣
阿曼灣
1801年以前的邊境
1813年邊境
1828年邊境
註：波斯在東北部和東部的邊境是在十九世紀後半葉與俄國和英國的條約所規定的

儲備是波斯軍隊難以望其項背的，即便波斯軍隊在演習、訓練與參謀工作方面趕上了俄國，也還是如此。

關鍵不在於，波斯士兵不是好士兵，也並不在於他們的軍事技術落後（還沒落後）。只是，卡札爾王朝與歐洲列強國家的組織形式相比，兩者的國家形式不同，卡札爾王朝尚未開始轉型。[37]它對國土的控制是鬆散的，透過的是代理人和當地各個部落的聯盟。國家的官僚體制規模很小，只圍繞在皇室周圍，與之前薩法維王朝時沒有什麼不同。據估計當時波斯仍然有三分之一至半數人口是遊牧或者半遊牧的放牧人口。[38]省級執政者通常是部落首領，他們實行獨立統治，很少受到首都干預。他們送往首都的稅收金額是他們扣除自己開銷之後的金額，通常只有很少的一點錢（阿巴斯·米爾札的軍隊主要是從亞塞拜然招募的，因為他曾是亞塞拜然的治理者）。為了籌措戰爭資金，法提赫·阿里沙讓出了王室的土地，這件事加強了權力轉移的趨勢。納迪爾沙一定會用不同的方式處理，但是很顯然，納迪爾沙的統治留給後人的教訓在於：當野心、更大的統一程度、中央集權化、軍國主義化與更高的稅賦等諸多因素一同作用，造成的後果就是重要支持者的疏離，創造出反對者和叛亂，也導致了內戰發生。波斯在納迪爾沙之後的所有統治者，從卡里姆汗·贊德開始，甚至連阿卡·穆罕默德沙也包括在內，似乎都汲取了納迪爾沙的教訓，他們都拒絕了納迪爾沙的模式，接受更為鬆散的國家，以此換取穩定與眾人同意的統治。

故事的另一面顯現的是，當時大部分伊朗人也更傾向這種統治方式。在波斯較小的城市及村莊中（大多數人依然居住在這樣的地方），在亞美尼亞和希爾萬的戰事是千里之外的事情，大概只有零星（而且不準確）的消息傳至人們耳中；至於卡札爾人和贊德人之間的內戰，更不必說納迪爾沙和阿富汗人時期的叛亂，無論是這些戰爭所造成的直接影響，或是經濟混亂所引發的間接影響，這些事情對一般伊朗人帶來的影響要多得多。那些悲劇至今仍然留在伊朗人的記憶之中，大多數伊朗人都對這樣的事情不再發生而深感慶幸。在法提赫．阿里沙的統治下，伊朗的傳統社群恢復了一定程度的繁榮。

但是，對戰爭的推波助瀾，以及煽動殺死格里波耶多夫一事，也顯示出穆拉們對人們的影響力，還有部分穆拉至少與城鎮中部分民意之間的緊密聯繫（人們總是先入為主地認為所有穆拉的思維方式都是一樣的——但是事實並非如此）。在之後的幾十年間，其他歐洲列強向波斯要求特權，就像俄國在土庫曼查獲得的一樣，主流民意開始越來越憤怒，他們怪罪卡札爾王朝君主無能，無法保住波斯的主權和尊嚴。

第六章

卡札爾君主的危機、一九〇五年至一九一一年的革命與巴列維王朝上臺

「發生任何變化都將導致情況惡化，所以越少變化發生就越對我方有利。」

——出自索爾斯伯利勳爵（Lord Salisbury）於一八七九年所寫的一篇關於波斯事務的文章

「我們難道是蠟做的嗎？」

——出自一八五五年三月時的沙王納斯魯丁（Naser od-Din Shah）之口[1]

法提赫・阿里沙在一八三四年離世，他的兒子阿巴斯・米爾札是他早在多年以前就指定好的繼承人，但他不久後也離開了人世。這意味著另一位皇子穆罕默德將繼承王位。穆罕默德沙上臺後，獲得俄國、英國的支持，並且完成了和平的交接（兩國經過準確地評估，認為他會支持他們在波斯的各項特權），不過穆罕默德沙的統治對波斯人而言，卻無甚益處。雖然此時波斯與歐洲國家之間在發展上的差距已經明顯越拉越大，但這位沙王並沒有做出什麼努力來促使國家進步，而且也不熱衷於維護國家的核心利益。他的第一位宰相實際上是改革者，但是沙王在一八三五年下令將他絞死。波斯的商人群起抗議湧入市場的歐洲廉價商品，尤其紡織品在進入波斯市場時只需繳納極低的關稅甚至免稅，這種情形對國內的手工業者造成嚴重的損害，摧毀了他們的生計（然而那些從事進口生意的商人悄不作聲地取得了極大利潤）。

也許是由於對戰敗的反應、土庫曼查條約的羞辱、外國人與外國勢力影響日益不受歡迎，在一八三〇年代，波斯出現針對少數族群的攻擊，尤其是針對猶太人。這種傾向與以前相同，也是由處在邊緣地位的傳教者及穆拉所領導（一如大多數宗教中的宗教狂熱主義者與理論家），他們罔顧其信仰中所固有的人道、尊嚴觀念，激起了極端主義和仇恨。一八三〇年，大不里士爆發了一場嚴重的暴民襲擊，導致當時猶太人幾乎全數死亡或逃離（和中世紀歐洲的攻擊事件相似）。此事的起因是出於一則不實指控——猶太人殺害了一個穆斯林小孩。[2]在亞塞拜然其他地方也發生類似的事件，導致整個亞塞拜然省猶太人逃離。在色拉子，出現強迫猶太人的改宗事件。一八三九年時，馬什哈德發生暴動，許多猶太人在溫和的什葉派介入之前遭到殺害。自此以後，這地的猶太人若非被迫改宗，就是選擇逃走。[3]許多年後，改變信仰的猶太人仍然有自己的社群，這樣的秘密社群名為「賈迪迪」（jadidi），在其他各地，許多這樣的猶太人仍然私下實踐猶太教禮儀，有一些人後來又重新改宗，信奉猶太教（儘管面臨著被指控叛教的危險）。在一八六六年，裏海附近的巴博勒（Babol）與一八九二年的哈瑪丹等地都爆發了類似事件。[4]猶太人和其他旅行者記錄了所目睹猶太人的處境，他們通常住在貧民窟，時常面臨低級的威嚇和侮辱（然而在世紀末時，至少某些地方的猶太人得到了地位的改善）。在同時期的伊斯蘭世界，也發生了迫害情形，在一些迫害事件中，我們可以看到來自歐洲的排猶觀點也是要素之一。[5]毫無疑問，只有極少數穆斯林積極參與攻擊事件，證據顯示某些烏里瑪盡力阻止或限制攻擊事件，但是在其他時間和地點，若非大多數人袖手旁觀，這類事情是不會發生的。在這段時期裡，亞美尼亞人逐漸免於迫害之擾。

儘管在即位時得到英國、俄國的支持，在穆罕默德沙統治期間，英國與俄國在波斯、阿富汗及中亞地區的事務上依然立場敵對，此一敵對關係後來被人們稱作「大博弈」（*the Great Game*）。在一八二六至二八年間的戰爭中，英國人支持波斯對抗俄國，如今俄國則鼓勵穆罕默德沙透過向東進攻赫拉特、坎達哈，取得失去領土的補償（兩地在納迪爾沙統治時與在此之前的久遠歷史中，都屬於波斯領土）。英國反對任何侵犯阿富汗的念頭，因為這將會威脅到印度，使俄國更容易進入印度。一八三七年，穆罕默德沙派兵攻打赫拉特，他包圍此地長達好幾個月，[6]但被迫於一八三八年撤退，因為英國此時已經占領了波斯灣上的哈爾克島（Kharg Island），並要求波斯自阿富汗撤軍。一八四一年時，穆罕默德沙又在新條約中送給英國更多貿易特權。

哈吉・米爾札・阿卡西（Hajji Mirza Aqasi）是穆罕默德・沙的第二位宰相（他是沙王殺害前宰相的工具），他傾向蘇菲主義，並鼓勵沙王也傾向於蘇菲思想。法提赫・阿里沙過去曾謹慎地安撫烏里瑪，但穆罕默德沙的蘇菲主義傾向使他很不受烏里瑪歡迎，這使得什葉派對世俗政權的潛在敵意更為加深。

巴布運動，納斯魯丁沙和阿米爾・卡比勒

在穆罕默德沙統治時期，伊朗境內還發生了另一場運動，這場運動被稱為巴布運動，並致使巴哈伊教（Baha'i）興起。這場運動的緣起是在一八四四年（伊斯蘭曆一二六〇年）——千禧年熱衷人士期待這一年已久，因為這是第十二位伊瑪目隱遁的一千年紀念。某個什葉派分支的追隨者被稱為謝赫派（Shaykhism），他們從十八世紀時就認為隱遁伊瑪目一定有一道門（Bab，巴布）與信徒溝通。當一二六〇年到來，有一些謝赫派信徒越來越興奮地認為這道門將在這一年中現身，隨著時間推移，他們覺得一位來自色拉子的非凡、虔誠

的年輕人就是「巴布」（溝通之門）。在西元一八四四年的五月，他宣布自己的確是巴布，並開始傳道來衝撞烏里瑪所存在的缺點。他的傳道內容及其追隨者越來越激進，他也為此被監禁。他呼籲更善待女性（因此吸引了許多女性追隨者）、呼籲伊斯蘭教解除對利息的禁令、司法刑罰不應那麼殘酷、小孩應該得到更好的對待。從某一方面來看，他傳道的內容是開明先進的，從另一方面來看，他傳播的內容並不如同溫和正統什葉派的傳教那樣符合傳統、循序漸進。但是在一八四八年，他與他的追隨者開始宣傳巴布本人就是隱遁的伊瑪目，他們的信仰是新的宗教，已超越之前伊斯蘭教的神啟。這一點改變了巴布信徒的立場，使他們直接與烏里瑪對立起來。

最引人注目、最激進的一名巴布信徒是來自加茲溫的女子，名為塔荷蕾・阿因（Qorrat al-Ain），她公然扯下面紗，作為沙里亞法（shari'a law）已經被拋棄了的徵兆。她本人是女詩人，與烏里瑪針對神學問題展開辯論，並開始傳播女性解放。她一度被驅逐到伊拉克，但是後來又回到波斯。與巴布一樣，她也被逮捕，但是在被軟禁的情況下，她仍然持續聯絡追隨者。

當穆罕默德沙於一八四八年死去，他十七歲的兒子納斯魯丁即位，這當然也得到了英國人與俄國人的支持。這位年輕人的樣貌看似心思縝密且聰慧，有一雙深色的大眼睛，並散發輕柔飄忽的氣質，他經常沉迷於波斯民俗故事的書海中，長達數個小時之久。[7]

新沙王登基以後，法爾斯、馬贊德蘭和贊堅（Zanjan）等地爆發叛亂，巴布教徒牽涉其中有牽連的叛亂，這些叛亂都被政府力量殘酷地鎮壓了。在這些動盪之後，世界上的其他地區也爆發此起彼伏的社會運動，這些事件相互聯繫，巴布也在一八五〇年於大不里士被處決（相傳執行槍決的射手不得不開了兩槍，因為第一槍子彈只打斷了綑縛他的繩子，反倒讓他掙脫），此後巴布教徒與君主間的敵意迅速升高。一八五二年八月，三名巴布教徒試圖刺殺沙王——但沒能得手。塔荷蕾．阿因之後也被關押她的人殺害，同時被殺的包括大多數的運動領導者，巴布信徒被視作異端、叛教者，遭到殘酷迫害。這個新宗教同時成為世俗權威及宗教權威集團的眼中釘，如此一來，即使他們成功使得很多人相信這個宗教，但他們的勝算還是微乎其微。有數千名信徒死亡，其餘則逃離了這個國家。

即便是在流亡中，這股運動仍在繼續壯大。到一八六〇年代時，運動分裂了，一個名叫巴哈烏拉（Baha'ullah）的新領袖宣稱他自己就是巴布曾經預言的新先知（「巴哈烏拉」這個名字就是「神之宣明」的意思）。大多數巴布的追隨者跟隨了巴哈烏拉，從此以後，這一運動開始被稱為巴哈伊教。此後在伊朗境內，幾乎每隔十年，巴哈伊信徒都會遭到迫害或是殺戮。

在波斯女性的歷史中，塔荷蕾．阿因及其所提倡的女性解放故事是個重要的歷史時刻，對伊朗社會整體也同樣重要。她的故事有許多令人意想不到的地方。如果站在二十一世紀初的觀點上來看，伊朗當政的是一個伊斯蘭政權，人們通常（並非完全準確）認為在一九七九年革命以後，伊朗女性就被重新賦予了傳統的社會角色，有人可能會認定在二十世紀以前，為了符合社會傳統，伊朗女性被關在家門中，除非戴上厚厚的面紗才能出門，但是這並非全部的真實情形。在工業化和城市化帶來巨大的社會變化之前，社會結構是十分不一樣的。在一九〇〇年以前，多達半數人是遊牧和半遊牧人口，在這樣類型的社會中，人們緊密地結合在一起，通常居住在經濟和地理上的邊緣地帶，女性角色在這種情形下有必然更平等，也更少受到限制。大體上，女性主導家庭內部事務，男性則主要管理家畜與牧群，男人不在家時，女性（通常是一群女性角色）會對重要事務做決策，並且負起相關責任，隨著時間演進，家族所有人都會扮演一部分角色。[8]傳統上的部落服飾在今日的伊朗依然隨處可見，通常都是顏色鮮豔、引人注目的顏色與花樣，並且很少見到面紗。

其餘民眾大部分是農夫與勞工。但即便是在他們之中，女性也扮演著核心的經濟角色，並有一定的獨立地位（在這樣的情況下，所有處在貧窮階層的女性都可以被看作是地位獨立的）。女性必須在田地裡辛苦勞作，除了收割之外，或許還要負責大部分的日常農務。必須再次重申，那種從頭蓋到腳的「chador」（罩袍）通常不適合在以上這些日常活動穿著。

即便是在大部分人都相對貧窮的小鎮和城市裡，家庭中的多數女性都要外出工作。此外，還存在大量的色情業者，教義的管束在她們身上一定是很難彰顯的。因此人們印象中的穿著黑袍、極少踏出家門，在家中也與親屬之外的男性相隔離的女子典型形象是很少見的，這種情形在一九〇〇年以前是很不典型的狀態。當它確實發生時，也僅限於城鎮中的中產階級與上流階級（該社會階層恰恰是在歷史記載中最常見的，也是人們常在文學及閱讀課堂接觸到的階層——他們大概只占全部家庭人口的百分之四，甚至更少）。然而，上述裝束與行為舉止曾經是許多男性難以在現實中實現的渴望。人們可能認為遮蔽全身的罩袍是某種菁英階層的癖好（elite fetish），此一現象與十九世紀歐洲的某些風尚相似，都有限制女性行動自如的意味；這類裝束對於任何形式的工作來說，都既不實用，又不相配。對一個男人來說，妻室出門在外，不受男人控制，尤其在城鎮裡，會讓男人有被嘲弄、輕視的潛在可能（可能還有部分原因是城鎮中的妓女）。對於妻子或已婚女性而言，被留在家中或出門時不露出顏面，是奢侈的，也是夫家社會地位的展現。人們很容易就會忽略或低估伊朗社會中，男性之間運用比喻詞語的含義與暗示。與其說它是宗教與社會傳統的產物（在《古蘭經》和早期的聖訓中很少有關於這件事的正當性申明，因為這種習俗是源自不同的社會狀況），不如說它更大程度地支撐著宗教與社會傳統。對於物質商品的擁有存在其運行模式和社會影響，對於女性的占有同樣也是如此。

隨著人口穩定與城鎮化，人們在某種程度上變得更富裕的時候，更多的限制加諸在大多數女性的身上，她們留守家中、佩戴厚重嚴肅的面紗。但我們不應該將這種情形視為工業化前伊朗社會的典型現象。更準確地說，這種情形對大部分伊朗女性而言，是二十世紀的創新。

在沙王納斯魯丁即位時，與巴布教徒的衝突只是他所面臨的眾多問題之中的一個。此期間在呼羅珊地區爆發一場歷時兩年才得以平復的叛亂，還有一場發生在德黑蘭的兵變，以及一場嚴重的宮廷鬥爭，英國與俄國勢力都參與其中，這是因為雙方都害怕對手在波斯宮廷中取得先機。在這種複雜又危險的形勢下，沙王的宰相阿米爾・卡比勒（Amir Kabir）試圖使政府走向改革，他試圖激起沙王對處理國政的興趣。他對年輕沙王的影響，早在納斯魯丁還是王儲及亞塞拜然總督時就已經開始了，他在納斯魯丁身旁輔佐，是其得力助手。俄國人認為他有親英立場，因此不喜歡他，但是英國人也同樣對他不抱好感。[9]

阿米爾・卡比勒能力很強又有才智，他致力於輔佐君主，維護國家利益。他進行金融整頓，節省很多政府開支，尤其減少了大臣的薪水和撫恤金（此舉不可避免地招致某些大臣的怨恨）。他設立了一所國立技術學院（Dar al-Funun，德黑蘭大學的前身）。這所學校在各種技術上都具備西方標準（後來還翻譯、出版了西方的技術書籍與文學書籍）；他還在軍隊裡推動了全面的改革，為軍隊更新最新式的裝備；他改善農業，甚至建立一些製造業工廠。所有這些措施都在三年內完成，這也顯示出未來可能有更大成就與前景。但阿米爾・卡比勒並不擅長宮廷鬥爭，他錯誤地替納斯魯丁沙同父異母的兄弟求情，同時得罪沙王與對宮廷擁有巨大影響力沙王母親。對阿米爾・卡比勒的批評，讓沙王逐漸失去對他的信任。西元一八五一年十一月，他被沙王解除宰相一職，並被派去卡尚。在一八五二年初，在大臣和親戚慫恿下，納斯魯丁沙與他的父輩一樣，下令殺了他的前宰相。隨著阿米爾・卡比勒之死，任何推進波斯社會發展的力量都消散了，此時在世界上的其他地方（不僅僅是歐洲），工業化與重要的結構變化都在加速進行著。

醜陋姊妹：俄國、英國與讓步

新的宰相，米爾札．阿卡汗．努里（Mirza Agha Khan Nuri）接任了阿米爾．卡比勒的職位，事實證明此人更受宮廷喜愛——他作風腐敗，對宮廷提出的要求總是有求必應，他再也沒有向前推進改革了。在接下來的十年之內，俄國對波斯的影響占了上風，因此波斯軍隊出兵試圖重新征服赫拉特。他們在一八五六年十月成功占領這座城市，但也引發了與英國的戰爭。英國軍隊來到布什爾，並再度打敗了波斯軍隊，波斯不得不再次提出和談。巴黎和平協議（Peace of Paris）於西元一八五七年三月簽署，條約規定波斯放棄任何對阿富汗領土的要求。在一八五八年，努里也被革職，納斯魯丁沙開始親自執政，自己作為行政首長，不過他的統治沒有達到令人滿意的效果。[10]

在接下來的十年間，英國與俄國繼續積極干涉波斯政府，沙王有時候僅存名義上的獨立性。顯然，沙王不願意從事任何會引起歐洲勢力不快的行為，他有時候可以冒犯其中的某個歐洲勢力，這是因為他有其他歐洲國家支持，但是他卻無法同時擺脫這些勢力對於波斯的束縛。例如，當世界各國都在修建鐵路時，理所當然地，興建鐵路就被視作發展的象徵。鐵路也會帶來交流與商業的益處，這對波斯來說也是十分有利的事情（尤其是考慮到伊朗高原上各地之間的遙遠路程與艱難的路況）。可是在這段時期裡，波斯境內沒有任何鐵路建設，只因為英國與俄國都出於各自的戰略考量，而不喜歡修建鐵路的計畫——火車能夠迅速將敵人的軍隊運送到他們的邊境。直到一八九六年，納斯魯丁沙統治的後期，整個波斯只有一條鐵路線，這是比利時人修建的一條窄軌鐵路，路線是從德黑蘭通往五英里之外的一間小聖祠。這裡是沙．阿布杜．阿吉姆（Shah Abd ol-Azim）的陵墓，在接下來幾年中，一些重要的歷史事件都與此地息息相關。[11]

此時，英國、俄國在波斯真正的利益是什麼呢？他們干涉波斯事務帶來多大程度的破壞呢？有許多不同因素存在於這些問題的答案之中。十九世紀時，英國與俄國支持不同的事務，他們代表不同的歐洲發展模式。英國支持或說公開表現出的是進步、自由主義、科學、商業與改良措施。俄國所支持的則是歐洲的傳統規範，以新技術延續、維護舊王朝君主的統治現狀，並支持東正教會，反對政治激進主義。它們雙方在波斯有各自不同的利益和目的，也有不同人群支持它們。但不論這兩國給人留下怎樣的印象，它們所考慮的都是各自的戰略利益。英俄對各自利益的追求早在拿破崙時代已經赤裸裸地表現出來了，至於波斯人的利益，那只是他們考量中的枝微末節。英國與俄國都有範圍更廣闊的優先考量事項，它們的首要考量的絕不只是在波斯發生的事。英俄兩國都竭盡所能地想要在競爭中領先，但是在波斯事務上，它們經常滿足於達成臨時的協定，讓波斯處在停滯的狀態，什麼變化都沒有，是英俄雙方都滿意的狀態。從某方面來說，兩國的敵對競爭也有其好處，這讓任何一方都不能將波斯獨吞為自己的殖民地，可以這麼說：英國在十九世紀時阻止了俄國勢力全面控制波斯，反之亦然。但負面的效果是，兩國都對改變抱持懷疑態度，或者懷疑有力的波斯改革者把事態弄得複雜，或是使得對手得利。隨著時間越久，連沙王本人也開始對改革產生懷疑。這樣的結果導致伊朗的停滯狀態。

在沙王個人統治十年之後，沙王在一八七一年再次任命宰相，這位米爾札・胡塞因汗（Miraza Hosein Khan）曾是沙王派駐海外的外交官，主要在伊斯坦堡任職。在伊斯坦堡時，他目睹鄂圖曼帝國推行坦志麥特改革（Tanzimat reforms）的成果。他深信波斯也需要進行類似的改革，並且鼓勵沙王能夠親自出國參訪，親眼目睹其他國家的發展。一八七二年，米爾札・胡塞因・汗成功勸說沙王同意簽署《路透特許權條約》（*the Reuter concession*）。這份條約極為重要，是一份最為廣泛又徹底的發展藍圖，其中包括修建一條從裏海通往南方的鐵路，以及採礦權和改善各種工業與經濟狀況的條款。這份條約本應帶來好處，但是它的條款將一大部分的國家主權交給一位外國人——路透男爵（Baron de Reuter，出生在德國的英國猶太人，也是路透社的創始人）。作為簽約回報，沙王收到四萬英鎊的預付款。

在幾十年間，隨著外國人逐漸滲透其市場，伊朗的經濟發生了很大的變化。伊朗的很多商品無法與廉價的進口商品競爭，農業則越來越以出口為導向（以棉花和鴉片為例）。國內食品生產能力減退是多次發生嚴重饑荒的原因之一，尤其在一八七〇年至一八七一年間，據估計有十分之一的人口死於饑荒。[12] 很多人對這樣的變動感到憤怒，並且反對《路透特許權條約》。在一八七三年，沙王從歐洲之行返國後，堅決要求解除米爾札・胡塞因汗的職位。他適時地離職了。

俄國人也強烈反對路透特許權，沙王在歐洲時也發現英國人對這一條約並不十分熱衷。隨著國內的反對聲浪越來越尖銳，沙王有了足夠的理由在同一年廢止路透特許權，但關於預付款一事的長久爭論隨之而來，沙王堅持不退還預付款。最終，在一八八九年，路透得到另一份條約作為補償——他被允許建立波斯帝國銀行，該機構有獨家特許的印鈔權。此時，英國人能夠利用路透阻止俄國實施其所推行的鐵路提案。但到了一八七九年，俄國幫助沙王建立由俄國人指揮的伊朗哥薩克旅（Iranian Cossack Brigade）。這支軍事力量成為伊朗最現代化、紀律最嚴明的軍事力量，他們效忠於沙王，不過同樣也是俄國施加其影響力的工具。

在一八七〇年代，英國政府曾經一度考慮對波斯採取更積極的態度，這本可讓波斯和英國成為真誠的盟友，而不是傻子和騙子的關係。[13]這個可能性來自於俄國征服中亞，尤其是希瓦汗國（Khiva Khanate）於一八七三年向俄國投降；同樣也因為英國影響力在阿富汗的消褪。在一八七九年，索爾斯伯利勳爵（作為外交大臣）將英國對印度的「靜觀其變」（masterly inactivity）統治政策廢止，並開始考慮一個將赫拉特交給納斯魯丁沙的方案，與此同時，還有來自英國政府的資助計畫，幫助波斯進行內部改革。波斯本應成為英國的合作人、盟友，並作為英國殖民防禦體系中的關鍵一環，而非英國展示其破壞行動力、阻止俄國擴大影響力的舞臺。幫助波斯崛起，而非使其落後，原本符合英國的利益。在倫敦，由團長馬爾科姆汗（Malkom Khan）帶領的波斯外交代表團與英國人展開了交涉，但是最終納斯魯丁沙突然中斷交涉進程。英國相信這是因為俄國的介入而受阻。之後的英國自由派政府對重啟談判並不熱衷，機會就這樣喪失了。這樣的情形說明，波斯發生的事情在英國所追求的實利政治考量中並不是不可或缺或非得處理的，波斯的事務並不一定會影響大英帝國作為一個帝國的地位。一份不顧及他人利益的政策，或是一份現實政治的政策，很多時候只是因為怠惰與缺乏想像力，勝過其他因素。制定不顧他人利益政策的決策者，也不比道德主義者更能預測未來，但這種人至少知道不可以被指責為不切實際的理想主義者。有時這樣的傾向就會導致那些憤世嫉俗、罔顧他人利益的人得以掌權。那些真正有遠見的從政者有時會堅持主張：「如果原則方向是正確的，那麼政策上的一些小變化也將得到自我修正」，不過原則通常會在執行的過程中失去，而犬儒主義（cynicism）與短視近利（short-termism）則會成為主流。長遠來看，英國對波斯政策中的犬儒主義造成了巨大破壞。

馬爾科姆汗在十九世紀後半葉是重要人物。他出生於一八三三年，父親是一位歸信伊斯蘭教的亞美尼亞人，他的父親極為讚賞約翰・馬爾科姆爵士，因此也將他取名為馬爾科姆。馬爾科姆汗在巴黎受教育，回到波斯後於技術學院任教，但是沙王對於他的改革觀念和影響力都心存猜疑，此後派任他為駐外使節就含有放逐在外的意味。最終，在一八八〇年代末期，馬爾科姆汗離職，在倫敦創辦一份報紙《法律報》（*Qanun*），宣傳結束專制政府、建立以憲法為基礎的法治。他的報紙在伊朗國內受高等教育的菁英階層中廣為流傳，在納斯魯丁沙死後，馬爾科姆汗重新回到政府工作。他在一九〇八年去世。

具有改革思想的官員們在整個一八八〇年代的政府中來來去去，但若無沙王全力支持，他們無法落實任何改革。沙王繼續和外國人協商特許權，不過在一八九〇年的菸草特許權一事太過離譜，把壟斷權力交給一間英國公司，使其在毫無競爭的情形下得以購買、銷售與出口菸草。此事遭到競爭對手聯合的強烈反對，他們包括地主、菸草農，因為他們被迫以定價銷售菸草；還有來自巴札的商人，他們再次發現自己被排除在有利可圖的經濟業務之外，反對聲浪還來自廣大的讀者們，他們閱讀來自海外的新改革內容和具有民族主義傾向的報紙；烏里瑪也反對菸草特許權，因為他們和巴札商人聯繫緊密，不樂見外國人出現在這個國家。透過穆各種利益的聯合形成一種經典的模式，這種聯合模式在後來的社會運動中一再出現。透過穆拉在全國各地的聯絡網（利用新發明的電報系統），在一八九一年，全國幾乎所有的大城市都爆發大規模的抗議活動，反對特許權，大不里士爆發了近似叛亂的抗爭運動，軍隊在德黑蘭向人群開槍，導致更進一步的抗議示威。伊朗最重要的穆吉塔希德之一——哈吉・米爾札・哈桑・色拉子伊（Haji Mirza Hasan Shirazi）在一八九一年十二月發布一條教令，要求全民抵制菸草，這項教令在全國各地引起廣泛響應，甚至連沙王的妻子們都停止吸菸了。在一八九二年初，政府被迫取消特許令，並背負了一大筆債務。

菸草特許權所引發的眾怒讓納斯魯丁沙備受打擊。從此之後，俄國人的利益開始在宮廷中更占優勢，沙王開始追求更強硬的政策，減少與歐洲的接觸，禁止海外的波斯語報紙進入國內，限制教育的普及擴散，而這正是他之前所熱衷的。他再次傾向保守、反改革的大臣們

（那些不知道布魯塞爾究竟是蔬菜，還是地名的大臣們如今更受沙王寵愛）。[14]

賈瑪魯丁·阿富汗尼

無論伊朗與中東地區的思想家們在最初面對西方的態度是困惑、反對、憤恨，或是不加批判地全盤接受、較謹慎地接受、抵抗或改革，到十九世紀後半葉時，他們普遍都捨棄了自己最初的態度。在這些思想家中，賈瑪魯丁·阿富汗尼（Jamal al-Din al-Afghani）是十分重要的一位。儘管從他的名字來看，他是一個阿富汗人，但是他可能出生在伊朗，於一八三〇至四〇年代成長在什葉派穆斯林家庭。後來他到處遊歷，足跡遍及印度、阿富汗、歐洲，一八七〇年代有幾年住在埃及。有人認為他之所以自稱「阿富汗人」，是為了能更容易被周圍的遜尼派環境接納。在他的足跡所及之處，他總是吸引眾多追隨者，他們強烈擁護抵抗歐洲人影響力的觀點。他的精力充沛，並具有領袖氣質，特別擅長接近各國的有權勢者，但是他也有極端自大與厭女的傾向。

更具體地說，他無論在阿富汗、埃及、蘇丹還是伊朗，他都竭力反對英國的影響力，他對於俄國的態度可算是搖擺不定（ambivalent）。阿富汗尼希望看到伊斯蘭世界的復興，相信伊斯蘭的啟示必須要靠理性之光加以重新審視，以此讓伊斯蘭教的啟示可以適應於不同時代的情境。他堅稱在伊斯蘭教與改革，或伊斯蘭教與科學之間不存在任何的矛盾。以伊斯蘭教為基礎的科學可以與西方科學及技術方面的成就匹敵，或甚至超越。但阿富汗尼本人的態度經常游移不定，而且有時自相矛盾，甚至對伊斯蘭教也是如此。他在不同時間、不同聽眾面前所提出的訓示也不甚一致。在他的思想背後，能夠看出謝赫派（Shaykhism）與神秘主義的內容，這也能反映出他曾接受的傳統教育。不過與其說他是苦行禁慾者或是宗教教條論者，倒不如說他是政治人物與務實主義者（pragmatist），而且他不具有聖徒的聲譽。他當時與好幾個穆斯林國家的政府都有短暫的密切關係，雖然這些關係經常以負面結局收場，但他為後來的伊斯蘭主義思想家帶來了重大影響，對於埃及、伊朗思想家的影響尤大（無論是什葉派烏里瑪，還是遜尼派烏里瑪，他的思想對於接受傳統訓練的他們來說，過於創新了）。[15]

阿富汗尼在一八八〇年代應伊朗沙王之邀回到伊朗，但他們見面之後，兩人並未出現觀念上的交匯。至少對當時的沙王來說，阿富汗尼的思想太過於反英。後來阿富汗尼曾一度離開，再回到伊朗，而後又於一八九一年遭驅逐出境，原因是伊朗市面上出現明顯受他影響的攻擊外國特許的小冊子，他只好前往伊拉克。

身在伊拉克的阿富汗尼是反對菸草特許運動中的重要人物，他在抵制菸草教令之前，與哈吉・米爾札・哈桑・色拉子配合得十分密切。阿富汗尼十分活躍於《法律報》與《星報》這兩份海外的主要波斯語報紙，它們分別出版於倫敦與伊斯坦堡。當一八九五年阿富汗尼在伊斯坦堡時，前因犯米爾札・禮薩・克爾曼尼（Mirza Reza Kermani）拜訪了他，他們一同討論了未來的行動計畫。克爾曼尼於一八九六年五月一日回到伊朗。當時沙王正在沙‧阿布杜‧阿吉姆（Shah Abd ol-Azim）的聖祠，克爾曼尼假扮成請願者刺殺了沙王。不久後沙王被埋葬在那裡，克爾曼尼於同年八月被當眾處以絞刑，阿富汗尼於一八九七年罹患癌症去世。

這場刺殺行動的某一方面顯示了伊朗對猶太人態度的複雜情結。在審訊克爾曼尼時，克爾曼尼說他原本有更早殺死沙王的機會，那天沙王正在公園中，如果他選擇在那時候動手，他可以更輕易地脫身，不過因為他知道當時有很多猶太人在場，而那些猶太人將會被指控為凶手。克爾曼尼不想讓刺殺行動歸咎於猶太人，也不希望接下來引發可能會針對猶太人的暴力襲擊。[16]每當出現傳播反猶或是煽動暴民的人，都會出現許多受過良好教育、抱持人道關懷的伊朗人、宗教人士等人，幫助猶太人和其他的少數族裔，這是一件關乎良心之事（並不取決於那些少數族裔是激進主義還是不同信仰）。

沙王突然被刺殺，原本可能會導致局勢失控與混亂，但大臣們隱瞞沙王遇刺的消息，並且讓哥薩克旅維護德黑蘭的秩序，直至納斯魯丁指定的繼任者穆扎法魯丁（Mozaffar od-Din）得以從大不里士趕來繼承王位。

滑向革命

當穆扎法魯丁繼位成為沙王時，他正在養病，身邊圍繞著一群貪婪的侍臣和黨羽。這些人在大不里士時就已在他身旁，等待機會入主德黑蘭。如今沙王根本就沒有體力與意志力控制他身邊的這些人。起初他有一位改革派的宰相阿敏．歐杜勒（Amin od-Dowleh），此人特別致力於改善教育，鼓勵創辦新式學校，其中也包括女子學校。審查制度在此時被廢除，沙王允許人們成立各種文化和教育組織。這些組織多數都是民間組織，獨立於官方，也很少接受政府資助，但穆扎法魯丁沙比他的父親花了更多的錢在他的宮廷，此外，還要支付頻繁去歐洲治病的昂貴開銷。除了取消菸草特許權所造成的負債之外，納斯魯丁沙已成功地讓國家財政走上正軌，但儘管阿敏．歐杜勒努力地控制開支，在穆扎法魯丁沙當政期間政府負債還是增加了，導致政府必須向俄國借債，並允許俄國新的壟斷特許權。在阿敏．歐杜勒的各種財政創新政策中，其中一項是讓一位比利時人擔任海關專管，但是因為宰相無法保證能夠拿到英國提供的貸款，沙王還是在一八九八年將其解職了。新任宰相名為阿敏．歐蘇丹（Amin ol-Sultan），他請來了比利時人約瑟夫．瑙斯（Joseph Naus）擔任海關大臣。後來瑙斯漸漸成為握有權力的財務大臣。[17]

新的海關方案讓很多巴札商人感到反感，在此一方案中，商人們要比以往支付更多費用，而且他們所付出的金額比外國商人多出許多。來自俄國的貸款也不受歡迎，同時烏里瑪也反對建立新式學校建立，因為新式學校削弱傳統上烏里瑪對於教育權力的掌控。此外，人們也對沙王經常去歐洲旅行心懷不滿。審查制度的終止與結社自由讓人們更容易公開批評政府，更滿足於新知識分子的取向，他們由懷抱各種信念的人組成，包括自由主義者、民族主義者、社會主義者與伊斯蘭改革主義者，他們基於各自或相互重疊的理由反對君主制。當時是變革與動亂慢慢發酵的時代，同時也是憤懣與不安的時代。

連同不久前應允的各項外國特許權，漁業特許權於一九〇一年轉交給了英國企業大亨威廉·諾克斯·達西（William Knox D'Arcy），這項特許權被證明比它所包括的內容具有更深遠的影響：達西被許可在伊朗南部進行石油勘探。

此時英國人正自認在最新一輪的大博奕中落後俄國，他們決定在一九〇二／〇三年聯絡一些烏里瑪成員（尤其是阿亞圖拉阿卜杜拉·貝赫畢哈尼〔Ayatollah Abdollah Behbehani〕），鼓動他們反對海關方案、比利時人與俄國貸款。這其中包含金錢上的交易。在一些城市中，烏里瑪鼓動抗議浪潮，但是聲浪最終導向了反對外國人和非穆斯林。在一九〇三年夏天，伊斯法罕和亞茲德的暴動導致一些巴哈伊教徒被殺害，也發生針對猶太及基督徒少數族裔的攻擊事件。

在接下來的一年中，伊朗的農產歉收，日俄戰爭也在這一年（一九〇四年）爆發，俄國在一九〇五年也發生了革命，伊朗北方進口因此受到波及，物價變得更加昂貴。戰爭結果造成的影響也極為深遠，勝利的日本在這場戰爭中讓俄國大受羞辱（即便俄國有英國人幫助建造的戰艦，仍然被擊敗），這樣的結果讓伊朗的知識分子大受鼓舞，因為這場戰爭表明歐洲帝國主義者的主導並非不可撼動。與此同時，一九〇五年初，商業中斷使大不里士、德黑蘭等北方城市的小麥價格上漲百分之九十，糖價上漲百分之三十三。由於海關收入下滑，政府也受打擊。沙王只好再向俄國借錢，俄國提供了三十五萬英鎊，但條件是俄國指揮官將領導波斯所有的軍事單位。沙王拒絕了這一條件，轉而提高國內關稅，並推遲支付給當地債權人的還款，這讓巴札商人身上的壓力更加沉重了。[18]政府面臨的財政困難也意味著有些烏里瑪成員的薪水無法支付。

在西元一九〇五年六月，穆哈蘭月（伊斯蘭曆一月）的紀念活動轉向經濟與宗教因素混合而成的抗議示威。兩百名商家與放貸者關上店門，走向沙．阿布杜．阿吉姆聖祠，抗議最新的政府法案，並要求政府解職擔任海關總長的比利時人瑙斯。抗議者紛紛傳看他在一場化妝舞會上打扮成穆拉的照片。仍承受著病痛折磨的沙王只好與示威者展開對話，他向示威者保證在之後的歐洲之行歸來後，一定會滿足他們的要求。但是他沒有兌現承諾。在一九〇五年十二月，德黑蘭巴札裡有兩名糖品商人被德黑蘭總督判處鞭腳刑罰，理由是他們對糖的定價過高。他們其中一位是巴札裡德高望重的老人，他個人曾捐款維修巴札及三座清真寺。他辯稱自己並非坐地起價傷害市場，而是俄國造成的時局讓他無從選擇。

巴札再次停業，這一次有超過兩千名商人、宗教學生、烏里瑪與各行各業的人聚集在市中心的清真寺，他們發起抗議，隨後再從清真寺步行至沙．阿布杜．阿吉姆聖祠，帶頭的是穆吉塔希德貝赫畢哈尼和賽義德・穆罕默德・塔巴塔巴伊（Seyyed Mohammad Tabataba'i），人們在聖祠中避難（took sanctuary），並要求撤換下判決的總督，執行沙里亞法，解除瑙斯的職務，建立代表大會（representative assembly）或「*adalatkhaneh*」（House of Justice，公正之屋）。政府起初的態度十分冷漠，但是巴札停業超過了一個月，沙王最終才將總督解職，並接受抗議示威者的要求。

不過在接下來的幾個月裡，沒有任何召開代表大會的跡象。在一九〇六年夏天，爆發了由神學院學生組織的進一步抗議示威，此時政府正在對一些極端派別傳教者採取行動，其中有一名「賽義德」（*seyyed*）被警察射殺（「賽義德」即被認為是有先知穆罕默德後裔血緣的人），這件事帶來巨大的波動效應，貝赫畢哈尼、塔巴塔巴伊與兩千名烏里瑪成員，以及他們的學生離開德黑蘭，前往庫姆（該城市從此成為伊朗神學研究的中心），另外有大量商人、穆拉等人聚集在德黑蘭北部哥爾哈克（Golhak）的英國公使夏宮庭院，尋求庇護（*bast*，人們確信英國的使館人員尊重伊朗的庇護傳統）。聚集人數最終高達一萬四千人，他們的住宿及其他需求是巴札商人同業公會所安排的。這樣的局面意謂著烏里瑪和巴札同時進行罷工抗議，這讓首都德黑蘭立即陷入癱瘓，哥爾哈克的宿營地成為政治討論與投機的溫床，自由派與民族主義知識分子也加入抗議群眾，傳達他們的理念。所有的這一切行動都觸及透過立憲（*mashruteh*）限制沙王權力的議題，人們要求代表大會成為更具體的機關，人們進而要求成立一個具有適當代表性的國民議會（馬吉利斯，*Majles*）。透過烏里瑪組織的協調，類似的組織從全國各地發給沙王許多支持國民議會的電報。

立憲

八月五日，當抗議者在哥爾哈克尋求庇護已近一個月時，因為哥薩克旅的俸祿被拖欠而有譁變之虞，受此威脅的穆扎法魯丁沙只好讓步，簽署命令召集國民大會。在一九〇六年十月，首屆議會召開並迅速制定了立憲草案，憲法的核心結構以《基本法》的形式體現，沙王於十月三十日批准了草案。僅僅五天之後，沙王就離開了人世。立憲是一件具有重要意義的事件，它不僅對伊朗歷史來說是大事，也為整個地區與世界史造成了影響。早在一八七〇年代，一場發生在鄂圖曼土耳其的運動，名為「新鄂圖曼」（Yeni Osmanlilar, Young Ottomans），就已經建立起類似於國民大會的組織，該組織的目標是重塑鄂圖曼帝國，將其改造為一個立憲君主制國家，但此一試驗只維持了幾年時間。而伊朗的立憲運動雖然通常被看作是一場以失敗告終的嘗試，不過卻產生更長久的影響。立憲運動產生的議會得以存續，立憲運動取得的各項成就也在二十世紀餘下時間裡持續發生作用。在革命初期階段所取得的成功是以和平、有尊嚴的抗議方式達成的，完全沒有發生流血事件。

議會不是在全民基礎上選舉而成，而是以有條件的投票權為基礎，分兩階段運行，主要代表中產和中產以上階層，他們是最先發起抗議的人。有選舉權的人包括地主（只有中等規模以上的地產所有者）、神職人員、神學院學生、商人與巴札裡擁有中等以上生意規模的同業公會成員。在每個地區，這些有選舉權的人推選出一個代表團作為地區性的國民大會，他們提名一百五十六名議會成員（不包括直接選舉的德黑蘭）。從數字上來看，在議會中具有主導力的是巴札商人與行業公會中的德高望重者，其觀點大致分為自由派、溫和派及保皇派，而溫和派的人數遠多於其他兩類。貝赫畢哈尼、塔巴塔巴伊支持溫和派，但他們本人不是議會成員。在議會之外，無論是在首都德黑蘭還是其他地區的中心城市，選舉刺激了各種政治社團（*anjoman*, political society）進一步出現，其中一些社團勢力強大，能夠對議會本身的審議造成影響。有一些社團是職業公會，其他也有地區性社團，比如亞塞拜然社，還有一些民族或宗教社團，例如猶太社和亞美尼亞社，而且還前所未有地出現女性政治社團。當時伊朗各地都激盪著一股政治行動和辯論的熱潮，從報紙種類激增，也能看出這一點——從革命前的六種激增至一百多種。[19]對於觀念比較傳統和保守的人而言，這樣的熱潮本身就已令人不安，對於烏里瑪中的保守成員來說就更是如此了。

議會希望能夠執政，而且是在全新原則之下執政。憲法（在形式上有效延續至一九七九年，其基礎為比利時憲法）明確聲明沙王的王權來自於人民，是人民信任的體現，並非真主的授與。烏里瑪的權力以及烏里瑪的思想框架也在憲法中得到宣示。什葉派被認定為官方宗教，沙里亞法得到承認，宗教法庭被賦予了重要角色，而且將由五人組成的高級烏里瑪委員會來嚴格核查議會所通過的法案，來確認其宗教合法性，該五人委員會的職權將延續到隱遁伊瑪目歸來為止——只有隱遁伊瑪目才享有這樣的權力。非什葉派少數群體的公民權益也得到保護，這一事實可以在很多猶太人、巴布教徒、亞美尼亞人等參與立憲工作而得到體現。猶太人和亞美尼亞人擁有他們各自保障的議會席位（儘管第一屆猶太代表在遇到其他議會成員的反猶情緒後宣布退出，此後猶太人選擇了貝赫畢哈尼來代表他們——這是穆吉塔希德善待少數族裔猶太人的又一重要例證）。[20]

世間所有革命都關乎動向與變化——這是顯而易見的事。革命也事關領導權。伊朗的立憲革命標誌著卡札爾王朝時代政府的實質終結，革命承諾引領國家進入到政府管理的時代，以更普遍、更法治、更現代的原則來實行統治。但事實上，因為各種原因，這次革命很少與上述的內容有關，反倒是迎來了一段衝突與充滿不安的時代。這次立憲是一場大變革、一個分水嶺。但除了上述變化，大多數革命也會帶來變革動能、人群內部的變化，以及與革命相關的價值系統之變化。參與革命的人們也在革命過程中，發現自己的期望、設想與信念受到了挑戰，在有些情形下被顛覆或扭轉了。正如其他革命一樣（尤其是法國大革命），立憲革命讓許多出乎意料之外的後果成為可能。

發動革命的核心階層是烏里瑪和巴札商人，雖然他們表達意見的方式是新式的，但是他們的動機在根本上是保守的。他們想要去除外國勢力的介入，恢復傳統的商業模式和宗教權威。打從立憲革命的最初階段，烏里瑪就是主導者，他們擁有賦予抗議示威合法性的權力，抗議活動也與烏里瑪等級制度及關係系統相匹配。可是一旦他們進入到英國公使館尋求庇護，就意謂著他們必須考慮「下一站是哪裡」的問題。在這一點上，烏里瑪沒有給出清晰的指示。顯而易見的是，只是要求大臣下臺和解除政令是不夠的。之前的抗議已經無法保證沙王將來會善待他們了，而且沙王也是不可信賴的。呼籲立憲並非只是為了一個模糊的概念，立憲也不是那些西化人士獨享的概念；對立憲的追求是要國家宣布變革，立憲所帶來的變革要比之前嘗試過的所有改革都更為深遠。立憲的時代的確已經來臨——它是一個連烏里瑪的領袖都已接受的西方概念。但無論當時烏里瑪是否已經意識到，他們對於立憲的接納會在很大程度上將主動權與繼此之後的領導權交給那些擁有立憲精神的人們——也就是自由主義者和民族主義者，他們所效仿的榜樣是世俗的西方模式。他們大多數都是國家官僚體系中的一員，是阿米爾．卡比勒的精神繼承者，他們渴望政府體系能夠按照西方標準來進行改革（尤其是金融、教育與司法體系）。我們可以將這些人看作是新知識分子，他們突然具備了挑戰傳統知識份子（烏里瑪）的重要性。這些人絕大多數是來自亞塞拜然與大不里士的國民議會代表，他們之中最傑出的領導者之一，賽義德．哈桑．塔奇札迪（Seyyed Hasan Taqizadeh）就是來自這一地區。他們的行動綱領擴不只擴及至立憲，很快就讓烏里瑪成員們意識到這場革命的發展方向是他們始料未及，也絕不希望的走向。

穆扎法魯丁沙的繼任者是他的兒子穆罕默德．阿里沙（Mohammad Ali Shah），他的個性比他的父親更傾向專斷獨裁。雖然他上臺時宣誓忠於憲法，但是從一開始他，就打算要扭轉革命局勢，恢復之前的完全君主制。在一九〇七年和一九〇八年上半年，議會通過改革稅收與金融的議案，對教育與司法也將做出改革。實行司法改革一事特別令烏里瑪不滿，此舉在烏里瑪眼中是要削弱其傳統權威。

謝赫．法茲魯拉．努里（Shaykh Fazlollah Nuri）正好可以代表當時許多烏里瑪成員及其追隨者在觀念上的變化。努里在一九〇五年時是德黑蘭最重要的穆吉塔希德，在一九〇五至〇六年間曾支持人們進行抗議活動。但是到了一九〇七年，他辯稱議會與議會的計畫已經偏離抗議人群的初衷，神聖法律不容侵犯和變動，他也不接受其他宗教信徒在法律面前得以與穆斯林享有同等地位，他認為立憲派正在輸入「不信教者（比如西方人）的風俗和作法」。他一度率領一隊抗議者進入沙．阿布杜．阿吉姆聖祠，在那裡，他們對立憲派人士的攻擊變得更加猛烈，而且公開表達支持君主制，並反對議會，聲稱議會不具有合法性。他同樣也譴責猶太人、巴哈伊教徒和瑣羅亞斯德教徒，誇大他們在立憲運動中的作用。在神學研究的中心城市納傑夫（Najaf），一些神職人員發出支持努里的電報。[21] 其他的穆吉塔希德，比如塔巴塔巴伊，則更樂意接受西方觀念，並贊成將西方觀念作為政治結構的框架，以應對隱遁伊瑪目缺席期間對世俗事務的管理。但是我們應該公允地說，努里比當時很多烏里瑪成員都更清楚洞悉立憲主義的發展方向與（站在烏里瑪的角度來看）危險性。革命加速各種思潮在人們心中發酵，各種觀念混雜在一起的混亂年月也對烏里瑪產生了影響。在烏里瑪成員之中，並沒有形成團結一致的意見（這就與任何知識分子圈子的情形相似）。最終，另外一群在呼羅珊地區的神職人員以納傑夫為陣地，對努里展開撻伐，他們攻擊努里不是穆斯林。

此時的情形就好比《伊利亞德》（*Iliad*）史詩中的奧林匹斯山眾神在特洛伊戰爭期間彼此展開的爭論，在德黑蘭（和其他地方）出現的激進派與保守派之間的齟齬，就如同在納傑夫的穆吉塔希德之間的爭論一樣激烈。在一九〇六年以前，這些爭論中最引人矚目的人物是穆罕默德．卡濟姆．呼羅珊尼（Mohammad Kazem Khorasani），他是很多什葉派信徒的瑪爾加（*marja*，烏蘇里什葉派中的宗教權威，教徒效法的榜樣人物）。他支持塔巴塔巴伊在憲法和革命初始時所提出的綱領。但是革命給烏里瑪群體帶來的發酵作用，讓努里得以在德黑蘭成為領軍人物，呼羅珊尼把陣地輸給一位更保守的對手——賽義德．穆罕默德．卡濟姆．亞茲迪（Seyyed Mohammad Kazem Yazdi）。此時發生的權力轉換也在穆斯林的禮拜儀式中有所體現：信徒們統統跟隨自己所選擇的瑪爾加做禮拜，據一份記載指出，當權力轉移在最高潮時，只有三十幾人跟隨在呼羅珊尼的身後做禮拜，而亞茲迪的信徒則多達好幾千人。後來在納傑夫還爆發各派支持者之間的暴力衝突。[22]

在一九〇八年六月，沙王認為人心所向已足以支持他展開行動了。當他的宰相被刺殺後，他派出哥薩克旅對議會發動進攻。軍隊向議會大樓開火，直到馬吉利斯代表團投降才停火，隨後國民議會被關閉。許多核心成員遭到逮捕與處決，其他一些人，例如賽義德．哈桑．塔奇札迪則逃往國外。沙王發動的政變在德黑蘭取得了成功，但並未在所有省分達到目的。在大不里士，來自地方的立憲派人士代表團及其支持者們（尤其是在極具領袖氣質的前土匪薩塔爾汗〔Sattar Khan〕帶領之下）成功地抵禦住來自國王勢力的進攻，守住了大不里士。

在一九〇七年，出於擔憂德國在海外的急遽擴張，英國與俄國終於放下彼此間的芥蒂，達成雙方關於波斯利益的條約，並連同法國一起組成同盟。這份條約對於越來越受人們重視的波斯國家主權沒有絲毫尊重（證明英國在一九〇六年對革命的保護幾乎沒有什麼實際上的重要性）。這份條約把波斯分成三大區域：波斯的北方領土是俄國的勢力範圍（包括大不里士、德黑蘭、馬什哈德與伊斯法罕——幾乎全部主要城市），接壤英屬印度的東南地區是英國的勢力範圍，中部領土則是雙方的中立區。

這份條約帶來的一大後果在於：俄國向來對於任何形式的民眾運動抱持反對態度，因此，俄國認為他們有義務在一九〇八年的沙王政變之後，派兵重建卡札爾王朝在大不里士的統治。但是一些革命者逃往吉蘭，並繼續與當地人一起繼續抵抗。在一九〇九年七月，伊斯法罕的革命者與當地的巴赫提亞里部落（Bakhtiari tribe）結盟，他們成功拿下伊斯法罕，此後革命者配合著南部的行動，一起向德黑蘭進發。穆罕默德・阿里沙逃至俄國公使館，隨後遭到罷黜並流亡俄國。他的接替者是他的年輕兒子艾哈邁德（Ahmad，但他直到一九一四年七月才加冕）。

立憲派人士再次取得控制權，但革命已發展到一個新的、更加危險的階段。新的議會成立（他們提出新的選舉法，對保守派成員加以讓步），但是激進派與保守派之間的齟齬更進一步加深了，武裝行動也影響了重新恢復的革命。很多武裝起來的團體占據了首都德黑蘭，並且拒絕解散。一些巴赫提亞里部落的高階人士也得到政府職位。烏里瑪也分裂成各個派別，有許多派別與保皇派結盟，他們拒絕完整的立憲主義提案。但數日之後，保守派烏里瑪的領導者努里遭到逮捕，並且在一九〇八年六月，由於與沙王政變有所牽連而遭到審判，並被處以絞刑。這時候又發生一連串暗殺行動，各個政治派別都捲入這些暗殺行動中——貝赫畢哈尼遭到暗殺，沒過多久，薩塔爾汗也死於暗殺。激進派（議會中的民主黨）發現他們遭到巴札商人譴責，人們說激進派是異端和叛徒，其中一些人（包括塔奇札迪在內）被迫出走。這時候有流言說民主黨人的背後有巴布教徒的同謀，這時候還發生針對猶太人的攻擊（一九〇九年在克爾曼沙赫，一九一〇年在色拉子），與往常一樣，煽動者是一些傳教士和邊緣穆拉。後來在一九二二年時，德黑蘭爆發一場針對猶太人的嚴重暴亂，這場暴亂被禮薩汗（Reza Khan）鎮壓了下來。[23]當時在很多省分都出現暴動，造成國家稅收困難，部落首領在一些地方奪權，打家劫舍成為司空見慣之事。為了解決眼下的問題，也為了制衡俄國派駐的哥薩克旅在波斯的影響力，議會建立起一支由瑞典軍官所訓練的憲兵隊伍。

白馬王子

儘管面臨著重重困難，政府仍然持續向前推行新政，他們指派了一位年輕的美國人——摩根．舒斯特（Morgan Schuster）來擔任財政顧問。舒斯特提出目的明確、範圍廣泛的各項提案，以落實法律、秩序和政府對地方省分的掌控，同樣也開始推行更謹慎的財政手段。他開始一步步地讓這些提案產生效果。他滿足伊朗人的期望，或者說，至少滿足至少一些伊朗人的期望——在這一點上，英國的現實政治曾讓他們大失所望。如今，美國看來成為伊朗長久以來在西方苦苦找尋的夥伴。美國反對封建、反對殖民，作風現代，並且不是帝國主義者。這真是一個和善的外國勢力，至少這一次，它尊重伊朗，視其為權利主體，而不是任人擺布的工具。人們認為在各種文學和民間故事中，只有數量有限的那幾種情節橋段，所有偉大勝利也都有著類似的情節發展。如果真是如此，假如我們把十九世紀的英國與俄國看作民間故事中的醜陋姊姊，那麼這時候的摩根．舒斯特（再延伸到整個美國）就成為伊朗眼中的白馬王子。但是這個故事並沒有大團圓結局。

俄國反對舒斯特任命的一名英國軍官，任命這名軍官是為了組建一支新的憲兵隊（用於保障稅收），由於英俄雙方不能在他們的勢力範圍內採取令對方不滿的行動。英國也對這位比自己更醜陋的姊姊瞭若指掌。舒斯特對此作出大致正確的評估，他認為俄國的深層動機是要讓波斯政府保持財政破產的狀態，並因此處於弱勢（乞求俄國貸款的境地），這對俄國來說，能夠更容易地操控波斯政府。任何讓波斯政府擁有可靠財政基礎的努力都是對俄國利益的威脅，舒斯特的改革正產生了這樣的威脅。俄國人為此下達最後通牒：舒斯特必須離開。有一隊女性抗議者湧入議會，要求拒絕俄國的最後通牒，議會同意她們的呼籲，堅稱美國人舒斯特將繼續履職。但是俄國人派兵前往德黑蘭，當他們大兵壓境的時候，巴赫提亞里部落和內閣中的保守派發起一場政變。在一九一一年十月，舒斯特和議會雙雙被遣散。[24]

舒斯特後來寫了一本書，內容是關於自己在伊朗的那段時期，書名是《絞殺波斯》（*The Strangling of Persia*）。在這本書中，他讚美了那些在立憲革命期間與他共事的人們所具有的高尚勇氣及決心（雖然現在讀來會感到行文冗長，且具說教意味）。這本書解釋了當時波斯與革命的諸多事情，同時也表現了舒斯特對這個國家的態度，還不時進一步解釋美國曾被伊朗人如此愛戴的原因。關於議會，他這樣寫道：

> 相較於這個國家曾經存在的各種團體，我更能真實地看出議會是波斯人最大的渴望。在立憲政府機構所面臨的困難情形下，這一點就表現得更加淋漓盡致了。議會得到大多數波斯人的忠心支持，單是這一點，就足以證明其存在的理所應當。然而俄國和英國的政府，它們不曾間斷地指揮其在德黑蘭的公使去爭取特許權，完全沒有認識到那段日子——一千二百萬人的私事、生活與利益完全掌握在一個輕易就被恫嚇與賄賂拉攏的暴君手中——已經過去了。[25]

把立憲革命失敗的所有罪責歸咎於外國人並不完全正確。革命已經造成議會中不同派別的仇恨，並且帶來了暴力。他們的分裂也是造成一九一一年十二月失敗結局的原因之一。人們可以觀察與推斷（尤其是在其他革命的革命者使用暴力的情形），如果革命並未在此時被澆滅，也許還會出現更嚴重的暴力情形，也可能會造成具有特大破壞性的長期影響。但是這樣的推斷走得太遠，我們都無法預料後續發展的結果。各國發生的革命也許有彼此相似之處，但是它們都沒有時刻表，也沒有一張藍圖，更何況波斯的立憲革命源自波斯獨特且又與眾不同的政治條件與社會情形。在一九一一年十二月之前，立憲運動中既有積極因素，同樣也有消極因素。大體上而言，正如舒斯特所指出的那樣，波斯政府擁有人民的廣泛支持，其首要目標是解決國家所面臨的經濟結構問題。革命者和人民在運動中表現出高度團結，他們一致反對外國干涉內政。人們對於立憲政府與他們選舉出來的議會懷有極大熱忱。這種熱忱已經強大到足以扭轉一場政變，而且也強大到足以在後續幾年中維持憲法原則，尤其是在一九一九至一九二〇年期間更是如此。所有這一切，讓那些高高在上評斷伊朗或中東國家在文化上不適合立憲、代議或（後來的）民主政府的說法不攻自破。如同其他時空環境下的人們一貫的抉擇，當可以選擇這樣的政府組織形式時，伊朗人同樣也趁勢緊緊抓住了它。

波斯、石油、戰艦和第一次世界大戰

在這段期間，甚至在一九〇六年，抗議者尋求英國公使館庇護之前，新的發展動向就已經讓英國開始重新調整對伊朗的態度了。最遲在世紀之交，英國、法國、俄國三國的傳統敵對關係已被對德國迅速竄升之威脅所取代了。（為了對抗德國）法國與俄國在一八九四年結盟，英國與法國在一九〇四年結盟，而英法俄三方在一九〇七年組成三國協約（Triple Entente）。對英國而言，最尖銳棘手的就是德國在此一時期的軍艦建造計畫。自從一八〇五年的特拉法加海戰之後，英國就在全世界的大洋上保持無人能及的絕對優勢，這對日不落帝國的安全來說是重要的保障。在威廉二世皇帝的帶領下，德國開始以極高的速率建造現代化的戰艦，威脅到英國皇家海軍對海洋的掌控權。英國的造船廠也因此開始建造戰艦以對抗德國的造船計畫。一九〇六年時，英國推出無畏號戰艦，這一型戰艦一舉超越了之前的所有戰艦，結合了速度及其簡化武器裝備火力的優勢。在一九一二年，英國海軍以效率更高且體積更小的石油替代煤礦，作為戰艦燃料。英國國內雖然有豐富的煤炭資源，然而他們必須到其他地方尋找石油。在一九〇八年時，在達西特許權（D'Arcy concession）的條款規定下，伊朗西南部胡澤斯坦的阿赫瓦茲（Ahwaz）附近發現了大量石油（這是中東最先發現石油的地方）。

幾十年來，由於波斯位於英屬印度的西北邊境上，對英國來說具有重大意義（在英法俄三國協約關係達成後，其重要性也許稍有下滑），但現在胡澤斯坦的石油儲量對於整個大英帝國的安全而言，具有至關重要的意義。由於英國與俄國的條約，英國的勢力範圍迅速向西擴展，囊括了波斯灣沿岸的其餘部分與油田所在地。此時成立的英波石油公司（Anglo-Persian Oil Company, AIOC）開始開採石油，在一九一四年時，英國政府買下該公司的大部分所有權。

在一九一一年之後的十年間，英國逐漸成為伊朗的外部控制者，部分原因是石油礦產，但也包含英國對手們相繼落隊的緣故。這段時間是混亂、窮困與苦難逐步加深的時期。在一九一一年十二月的政變後，俄國在北方勢力範圍內的一些城市裡對革命者開槍，尤其是在馬什哈德，當抗議者們到伊瑪目・禮薩的聖祠處尋求庇護，俄國砲兵居然朝向聖祠開火。全國上下都感受到沉重的褻瀆與羞辱。英國大使館在一九一四年的報告中指出，中央政府出了德黑蘭幾乎沒有任何的影響力。[26] 英國人與俄國人在各自的勢力範圍內進行控制，但是他們的控制遠稱不上絕對，能證明這一點的就是在吉蘭地區成功發動起了森林運動（Jangali movement）。此一運動的領導者是具有領袖魅力的領導人庫切克汗（Kuchek Khan），這場運動始終具有爭取獨立的性質——獨立精神也正是啟發立憲革命的精神（法爾西語的「Jangal」一詞為「森林」之意，意指裏海沿岸地區的茂密森林）。

一般的說法是伊朗立憲革命結束於一九一一年，但是定下這樣的日期實在有些武斷。革命所建立的憲法並未被推翻，新的國民議會得以在一九一四年十二月召開。革命的精神、理想和立憲派人士的期待並未被摧毀。在此之後接連發生的事件中，立憲派總是一次又一次地重新浮出水面。這場立憲革命是伊朗歷史的分水嶺，因為早期人們稍顯稚嫩的思想萌芽逐漸匯集在一起形成了有形的政治形式，人們的思想觀念也得以轉型、改變並獲得長久存在的重要意義。而且，隨著人們對風行於德黑蘭各處的政治辯論的關注，而且地區性的代表大會也把自己的代表團派往國民議會，這些進展都產生了增加向心力與團結的作用，加強了那些代表團成員心中的民族主義者情懷。吉蘭地區的反抗（以及後來亞塞拜然的反抗）具有民族性的目標，而不是分離主義。事態已經不可逆轉地再回到一九〇六年以前的情形了。

在第一次世界大戰期間，儘管波斯政府宣布保持中立，但是國家仍然被不同地區駐軍的不同勢力分割。當時俄國人的勢力在北部，但同時也有森林運動的勢力存在；在德黑蘭的軍隊——哥薩克旅和瑞典憲兵（至少在名義上）聽命於政府。鄂圖曼帝國是俄國的敵人，他們進犯波斯西部和北部，他們的盟友是德國人。對大部分地區而言，所有這些軍事單位都並未強大到足以占領一大片地區，或樹立權威的支配力，在這裡的大多數戰鬥都並不激烈，而且也不具任何決定性。但是在西北方向，鄂圖曼人和俄國人的廝殺十分激烈，使當地的村莊和人民遭受了嚴重的破壞。在鄂圖曼人和德國人保護下的克爾曼沙赫，立憲運動一度又有復甦的跡象，在一九一五年的一段時間內，當鄂圖曼軍隊和德國軍隊與南方的卡什加宜（Qashqai）等部落結盟，他們在北方戰績優異並取得了很多進展，使得他們在此處的前景看起來很光明。英國撤走了駐哈瑪丹、伊斯法罕、亞茲德與克爾曼的英國領事館。

但是在南方，英國人於一九一六年建立了一支名為南波斯步槍兵團（South Persia Rifles）的部隊，這支武裝力量的主要任務是保衛油田。他們與巴赫提亞里人、一些胡澤斯坦的阿拉伯部落和五部落聯盟（Khamseh confederation）也有十分緊密的聯繫。儘管有才華卓越的德國冒險家威廉．瓦斯姆斯（Willhelm Wassmuss，此人曾被拿來與阿拉伯的勞倫斯相提並論）精心策動的游擊戰，但英國人還是逐漸占據上風，使伊朗的立場轉向反對德國與鄂圖曼帝國，同時在更宏觀的戰爭形勢下，俄國在一九一七年十月革命爆發後撤出其軍事力量。在一九一八年停戰之前，瓦斯姆斯在伊斯法罕附近被俘虜，英國恢復了在波斯的勢力。

在大戰結束時，這個國家的狀況已經到了糟糕至極的地步。在一九一七與一九一八年曾發生嚴重的饑荒，部分原因是戰爭打亂了貿易及農業生產。俄國十月革命對伊朗貿易帶來毀滅性的影響，在一九一四年以前，伊朗百分之六十五的貿易都是對俄貿易，但是在第一次世界大戰結束時，伊朗的對俄貿易比重已衰減至百分之五。在伊朗爆發饑荒後的一九一八與一九一九年，流行全球的大流感疫情也接踵而來，此外還有許多人死於斑疹傷寒症。搶劫在當時也很普遍。儘管英國軍隊駐紮在伊朗的部分地方，但是還有許多武裝部落，森林運動的戰士們仍然控制著吉蘭大部分地區。森林運動者最初時是親立憲主義者，但後來越來越受到俄國布爾什維克的影響，在一九一八年夏天，在某些布爾什維克分子的幫助下，他們迫使鄧斯特維將軍（General Dunsterville）率領的英國軍隊從吉蘭地區撤退。自從一九一八年一月開始在波斯上任，鄧斯特維當時已經對森林運動有更多了解。他在其日記中寫道：

> 我收到一封電報，說我已於裏海的目的地恩則里（Enzeli）被一些稱為森林運動分子（Jangalis，這名字起得正有提示性）的人包圍了，這些人極度仇視英國，他們的背後有德國人的支持。[27]

但是在政治上的混亂局面至少沒有引發原本預期的嚴重後果。地方部落首領對各地的治理，畢竟比卡札爾王朝的統治更上軌道。這一時期的某些記載表明，此時曾出現對立憲主義理想的幻滅，以及對強大政府的嚮往，但並不清楚這是否為當時的普遍心態，也不清楚這兩種心態是否必定同時出現。[28]

在第一次世界大戰結束後，英國在中東地區同時面對了一連串複雜且嚴重的問題，這些問題的決議在不同的脈絡下對未來有著深遠的影響。擺在戰勝國面前亟待解決的首要問題是戰後鄂圖曼帝國領土的大小與歸屬，以及鄂圖曼帝國解體後，巴勒斯坦、敘利亞與伊拉克的定位和邊界劃分問題。英國考慮要抑制或推翻在俄國新起的共產黨政權。所有的這些考量都要顧及英國已經衰減的經濟力量，戰爭為英國造成了嚴重的債務問題，而且還要面對美國威爾遜總統所大力提倡的新式國際關係哲學，他倡導民族自決的民主原則，這一點已大大動搖了英國帝國主義的根基。伊朗的民族主義者欣然接受威爾遜主義原則，並再次受到了鼓舞，認為在各大強權之中，美國才是伊朗的最大希望。但一如當時其他中東國家政府（尤其是埃及），伊朗也被排斥在凡爾賽的和談之外。

《英波條約》與禮薩汗

此時英國作為戰勝國，已掌握對波斯的霸權，但也因處處受到牽制，並分心於其他地方的各種重要事務，而捉襟見肘。當時的英國外交大臣寇松勳爵（Lord Curzon）對波斯十分了解，他曾以自己在一八八九至九〇年的波斯之旅為基礎，寫了一本深思熟慮的權威作品，書名是《波斯和波斯問題》（*Persia and the Persian Question*）。這本書雖然在很多方面表現出對波斯人處境的同情，但他似乎忽視了波斯人心中的最指導性原則，也沒有從極具重要性的波斯立憲時期汲取經驗教訓。[29]在一九一九年，他提議，甚至試圖強力推行一份《英波條約》（*Anglo-Persian agreement*），這份條約將波斯的地位降低為英國的保護國（protectorate），這與英國同時在伊拉克、巴勒斯坦推行的強制條約相同。這份條約把波斯的軍事與經濟職責交付給英國人，這顯然與之前的各種特許權條約類似，而且換湯不換藥；條約許諾波斯人一些基礎設施方面的發展，與一大筆現金——價值兩百萬英鎊——大部分將會被繁複的英國文書、官員及顧問以薪水之名吞噬殆盡。

年輕的艾哈邁德沙所掌管的政府溫順地接受了上述條約（於一九一九年八月正式簽字），但是當人們得知條約細節後，從民主派人士一直到烏里瑪成員一致反對此份條約。雖然這份條約的部分內容有益於國家發展，但有傳聞指出，英國人為了促成此一條約簽定，使出了大量賄賂手段，受此傳聞影響，《英波條約》變得更加不得人心了。所有的社會輿論都在譴責這份條約，無論是社會主義者，還是民族主義者，無論是前議會成員，還是主要的穆吉塔希德都對這份條約大加撻伐，後者甚至從卡爾巴拉發來了譴責條約的電報。在亞塞拜然更爆發了叛亂，叛亂者主張民主派與立憲派所秉承的原則，並且把亞塞拜然省的名稱改成為

「阿札迪斯坦」（Azadistan，自由之地），這場叛亂一直到九月才被鎮壓下來。沙王的政府把五名議會的領導成員處以國內放逐，但連政府中的條約簽署者都逐漸意識到來自各方反對條約的意見，並避免召開通過條約法案的議會會議（在憲法的規定下，如果沒有得到議會通過，條約內容將無法合法執行）。英國人打算強行讓條款通過，他們帶著英國軍官來給軍隊下令，但這只是導致政府更快崩潰，以及宰相於一九二〇年六月辭職。[30]

身在倫敦的寇松勳爵仍期待能夠以強力硬推《英波條約》通過。但在當地的英國指揮官則對此不敢苟同——對於他們與其他在伊朗的人來說，這份條約就像是一個注定毀滅的計畫。曾經由鄧斯特維指揮的英國軍隊已經遭受森林運動及其布爾什維克盟友的成功抵抗。自一九二〇年十月起，英國軍隊開始改由愛德蒙·艾恩塞德將軍（General Edmond Ironside）指揮。他們兩人的身上都具有愛德華時代（英王愛德華七世）的美德，兩人都與文學作品有些關聯：鄧斯特維是吉卜林（Rudyard Kipling）的小說《學院復仇記》（*Stalky & Co.*）中「Stalky」的原型，而據說艾恩塞德將軍的生平，啟發約翰·布辰（John Buchan）創作了筆下的英雄理查·韓奈（Richard Hannay）。

駐紮在加茲溫的英國軍隊從吉蘭地區撤出後，他們既不受波斯人的歡迎，也不被波斯人信任。這樣的狀況很危險，讓民族主義者已經不再害怕英國人了。艾恩塞德是一個有才能、堅毅且有決斷力的職業軍人，他曾經受命為哥薩克旅重新裝備武器（此時的哥薩克旅已經壯大至師級規模），並且也從裏海沿岸撤退到加茲溫附近。他剛一接到赴任波斯的派令，就已經下定決心要僭越軍階行事。他勉強得到了沙王的同意，解職了哥薩克旅中所有留下來的俄國軍官，他認為波斯軍隊與士兵雖然都還不錯，但是俄國指揮官卻十分腐化，而且他們有反英情緒，也有被布爾什維克分子滲透的嫌疑。當寇松得知此事，他雖然反對，可惜為時已晚。艾恩塞德一再向波斯哥薩克士兵重申，他無意藉機給他們派任英國軍官，隨後派任了波斯軍官。透過他的副手史密斯中校（Lieutenant Colonel Smyth），艾恩塞德選擇讓前中士禮薩接手最重要的職務，行使實際的指揮官職權。艾恩塞德的考量隨著時間而演進，英國的地位會下降，那時候布爾什維克分子很可能會進一步奪取德黑蘭，如果真有這樣的事情發生，波斯的哥薩克士兵很可能會倒向布爾什維克。他經過仔細考量，認為可以趁英國在波斯仍占據有利地位時，先讓哥薩克士兵接手，如此一來，英國軍隊就有和平撤離波斯的可能性。此後不久，一九二一年一月，艾恩塞德在他的日記中寫道：

> 以我個人來說，我的意見是我們應該讓這些人在我消失之前離開……實際上，一個軍事獨裁者將會解決我們的棘手問題，而且能讓我們不必承擔任何風險，就得以離開這個國家。[31]

此時英國在波斯所扮演的角色充滿著爭議，但是沒有直接證據可以證明這是一場陰謀。有人認為世界政治的運行就是透過陰謀與同謀者完成的，這樣的見解十分危險，而且具有誤導性。艾恩塞德知道他想要的是什麼；他想要英軍撤出波斯（他個人原本預定於四月時離開波斯，但是他的啟程日期卻被提早到二月十八日），他想要放下對波斯的監管。此時他所需要做的就是讓哥薩克士兵明白，如果他們站出來反抗政府，英國不會對此出面干預。艾恩塞德認為，不必徵求倫敦方面的意見，也無須通知駐德黑蘭的英國公使館。艾恩塞德是出色的軍人，這一連串事件也說明，他具有超強的政治意識，他選擇禮薩汗擔當此任也證明了這一點。同樣的，禮薩汗也具有超乎人們預料的敏銳政治頭腦，或者說一般士兵通常沒有的政治敏感度。

一九二一年二月十六日，禮薩汗帶領他手下的兩千五百名哥薩克士兵，從他們在加茲溫附近的營區出發前往德黑蘭。在二月二十一日，他們在沒有遭遇抵抗的情形下抵達首都，沙王准予他建立一個新政府，新政府的首腦是一名民族主義記者，名叫賽義德·齊雅·塔巴塔巴伊（Seyyed Mohammad Tabataba'i，請注意不要和釋法者賽義德·穆罕默德·塔巴塔巴伊相混淆，後者已於一九一八年去世）。禮薩汗自此開始擔任武裝部隊總司令（Sardar-e Sepah）。數月之後，塔巴塔巴伊離職，他由於削弱宮廷而得罪了沙王，因為提議給軍隊任命英國軍官而得罪了禮薩汗。在這段過渡期裡，禮薩汗成功結交了新朋友，並且擴大了自己的支持度，成了繼任政府的有力保證人。他鞏固了自己的地位並開始擔任國防大臣。

在同年晚些時候，禮薩汗向吉蘭地區進軍，攻打森林運動的軍隊，他很快就戰勝了他們（森林運動的蘇維埃盟友在與波斯政府簽訂新條約之規定下，已經離開）。他們的領袖庫切克汗逃到大山裡，但隨後死於大雪之中。後來人們找到他的屍體，並割下他的首級，送往德黑蘭。在取得這一重要的前期成功之後，禮薩汗的首要目標就是讓國家機構的收入穩定下來，增強兵力，並且在波斯全境加強政府的控制，這就意謂著要對巴赫提亞里、盧爾（Lurs）等部落採取強硬手段，隨後對亞塞拜然的希爾萬沙與東北方向的土庫曼人也動用武力。他還針對西南地區與英國人結盟的一個阿拉伯部落採取行動，並且再度取得成功。由於這些部落在過去經常被外國勢力所利用，也因為自古以來存在於遊牧民與定居市民、農耕者之間的敵意，這些行動受到大多數波斯人支持。

第四屆議會於一九二一年召開，禮薩汗在議會中透過拉攏保守派人士，得以讓人們支持他的改革計劃。一九二三年，他自任為宰相，沙王則去了歐洲，這也成了一次沒有歸期的旅行。在這一年的年末，第五屆議會召開了，此後通過一項充滿爭議的提案，（在烏里瑪爭取到宗教學生免於被徵召的讓步之後）引入徵兵制度。在一九二四年，禮薩汗（受到凱末爾在土耳其改革的啟發）鼓勵人們支持建立共和國運動，並獲得四輛附有裝甲的勞斯萊斯車，以助他在德黑蘭維持秩序。但是他誤判全國民眾的心態，不得不辭職一段時間，擱置了建立共和國的計畫。在一九二五年，透過到納傑夫朝聖，禮薩汗鞏固了人們對他的支持，暫時隱藏他的西化目的；他還給自己選擇了巴勒維（Pahlavi）這樣一個名字，這個名字獲得民族主義者的共鳴，因為巴勒維是前伊斯蘭時代的中古波斯語言。一九二五年十月，（在人們得知艾哈邁德沙打算回國之後）議會廢除了艾哈邁德沙與卡札爾王朝。年底之前，一場相關人士的會議完成了從卡札爾王朝到巴勒維王朝的權力過渡，禮薩在一九二六年初加冕為沙王。艾哈邁德沙再也沒有回國，並於一九三〇年於巴黎去世。

禮薩汗的掌權有一部分原因是那些懷有個人意圖的英國軍官在一九二一年支持他，但若將他的成功看作是英國外交政策的勝利，或是將他看作是英國傀儡則是不正確的。正好與此形成對比的是，艾恩塞德支持禮薩汗是因為他看到目前的英國政策已經失敗。禮薩汗抓住了艾恩塞德給他的機會，但是並沒有做出今後一定站在親英立場的承諾，而且也沒有跡象表明艾恩塞德曾期待或要求類似的承諾。一九二一年的沙王政變及其後續事件所形成的結果是各方利益的臨時組合。對於伊朗人民來說，把禮薩汗的成功看作是人們在一場失敗的民主試驗後，希望能有一個騎著白馬的英雄強人來結束政治混亂，這樣的觀點並不完全正確。從一九二一年至二六年這段時間已經被人們拿來和納迪爾沙攝政一直到一七三六年的加冕相提並論了。在這件事上，禮薩汗的確也以軍事上的成功鋪墊了後來的執掌大權，但是這樣的對比雖然似乎動人，但是卻並不完全貼切。和其他的各項事物一起，立憲革命已經瞄準了現代化、中央集權、強大政府和結束外國勢力介入的目標。禮薩汗在議會的默許下於一九二五—一九二六年成為沙王，這是因為議會認為他能夠完成上述的那些目標，而這些目標正是之前的數次嘗試都沒能做到的。他在很大程度上證明了議會對他的信心是正確的，但是他的改革成功是以自由的、代議的政府為代價得到的。在一定程度上說，他即是立憲革命的終點，同時也是立憲革命的產物。[32]

第七章

巴勒維王朝與一九七九年的革命

「最大的勇敢莫過於成為一個國王帶著勝利穿過波斯波利斯。」

——馬洛（Marlowe）

禮薩汗在一九二一年政變後成為武裝部隊總司令（Sardar-e Sepah），那一年他正值四十二歲。儘管在他加冕稱王之後，出現諸多關於他身世的臆測，以及繪聲繪影評價其傳奇故事，但人們對他準確的出身背景知之甚微，只知道他來自馬贊德蘭的薩瓦德．庫赫（Savad Kuh）地區，他出生在位於茂密樹林中的阿拉施特村（village of Alasht）。有些傳聞說他的家族有突厥血緣，另一種傳聞則說普什圖血緣。他仍在襁褓時，他父親似乎就去世了，他的母親將他帶往德黑蘭，在他舅舅家中長大。因為舅舅家與哥薩克旅有聯繫，年輕的禮薩十五歲時更成為哥薩克軍團的一員。他身材高大又健壯，外表嚴厲與厚重的下巴。他後來任命一些受過良好教育的技術人員，幫助他完成其現代化計畫，他們發現禮薩的言談粗鄙，舉止令人尷尬，有些人嘲諷他缺乏文化素養，但是沒人膽敢當面輕蔑他，所有人在他面前都噤若寒蟬。[1]

雷厲風行之人

在禮薩汗的各項行為舉止當中，最突出的就是其處事態度和動機。他不同於之前的卡札爾王朝統治者，他掌權並不只是為了成為沙王或是統轄之目的——他鄙視那種無能的統治作風。巴勒維王朝是一個很奇特的君主制政權，他們沒有真正的傳統根基，禮薩汗之所以能夠加冕稱王，只是在於他沒能建立起共和國制度。成為沙王非其真實目的，他也並不打算止步於此。他背後的目的是為了能夠掌控國家，讓國家強盛，發展國家實力，使其達到能夠真正獨立；他想要為國家帶來現代化，讓波斯能夠在平等地位上與列強周旋，為了抵禦外國干涉而完成強大軍隊之組建，以確保自己的命令能在國外執行，俾使波斯能像其他現代國家一樣，享有完全的獨立自主。上述目標以及為了實現這些目標所使用的專制手段顯示出禮薩汗的軍隊出身背景，以及他在哥薩克軍團生涯中受到的俄國影響。起初，他必須與議會達成妥協，但時間足以證明他絕非自由政治表達的擁護者。除此之外，他還有一個仿效榜樣——土耳其共和國第一任總統凱末爾（Kemal Atatürk）。凱末爾擁有成功的軍事生涯，他在土耳其擁有絕對的權威，他推行世俗化與民族主義準則，有強大的軍隊作後盾。他對於由國家主導的工業化與經濟發展有著強烈決心。沙王禮薩與法西斯主義關聯頗多，但是此時的世界正屬於獨裁者的年代，無論獨裁者信奉的是法西斯主義、共產主義或其他理念。至少在一九二〇年代，禮薩沙毫無理由不去緊追隨土耳其的發展腳步。

一九二六年的伊朗仍然是個由農村、部落和小城鎮所組成的國家，工業極少，全國人口僅有一千兩百萬，絕大部分人口都是文盲。巴札市集的貿易模式與經濟生活已經和更廣闊的世界經濟相適應，在德黑蘭與其他的大城市，已經出現表面上的現代化象徵，比如街道霓虹，汽車與柏油路，但是以更宏觀的角度來看，國家的一切都與納迪爾沙統治時期並無太大不同。

在禮薩沙所推行的各項轉型過程當中，最首要的核心任務就是擴大軍隊。軍隊是沙王的優先考量與最大興趣之所在，而且他之所以強制推行大多數發展，主要在於這些實施可以為他實現目標——塑造一支強大、高效且現代化的軍隊。他的計畫是組建一支五個師規模的軍隊，以德黑蘭及其他省會城市為基地，每個師長統帥一萬人，這項計畫宣布於一九二二年一月，但問題在於徵兵困難，以及財政和裝備上能持續支撐下去。一九二六年，這支部隊仍缺員百分之二十。儘管一九二五年六月通過了徵兵法案，不過這條法案仍然在實施時遭到強烈反對。在一九二九年，法爾斯等地的卡什加宜等部落發起嚴重的叛亂。徵兵措施直到一九三〇年才得以落實，而且直至一九三〇年代中期或更久之後，徵兵制才得以在部落地區常態實行。到了一九三〇年代末，軍隊兵力已達十萬名軍人，理論上應有高達四十萬人的擴充潛力。[2]

儘管有如此規模，除了較出色的德黑蘭中央師以外，其他地方的軍事力量效能並不特別出色，而且由於地方性的反抗行動，地方長官仍然採取臨時招募部落士兵，此徵兵方式已行之數百年之久。一般情形下招募的士兵士氣低落，而且他們的軍餉不高——占多數的大額軍費都花費在武器裝備上——其中包括坦克（從捷克斯洛伐克的 Skoda 公司訂購）、火砲（來自瑞典）、飛機（到一九三六年為止已經裝備了一百五十四架飛機）、槍枝和其他物資。在一九二〇年代，高達百分之四十的政府支出用於軍隊。雖然隨著整體財政預算的金額提高，花費在國防上的國家收入整體比例有所下降，但是軍隊仍然分配到日益增長的石油收入的全部增長額。[3] 在一九二二年至一九二七年之間，國家金融事務是由另一位美國人所統籌，此人名叫亞瑟·米爾斯普（Arthur Millspaugh，在這之前，伊朗人曾試著讓舒斯特回來）。儘管雙方關係一開始時是融洽的（而且公眾反對任何英國或別的外國人上任，但是卻支持美國人在波斯任職），但是在米爾斯普約束了沙王的軍事支出後，沙王最後還是對他越來越不滿。在他們發生爭執後（禮薩·巴勒維曾說過：「一個國家豈容兩個沙王並存」[4]），米爾斯普已經不可能繼續任職，他在一九二七年辭職。

新政權的第二項重大舉措是改善國家的交通運輸基礎設施。一九二七年時，全國有五千公里的道路適合汽車運輸（其中有三分之一是由外國軍隊於第一次世界大戰期間所修建）；到了一九三八年，道路總長臻至兩萬四千公里。在一九二五年，伊朗只有兩百五十公里鐵路，但是到一九三八年為止，這一數字已經到達一千七百公里——不過當時因為道路汽車運輸比鐵路運輸更便宜，所以公路發展有超越鐵路發展的趨勢。在禮薩沙的統治下，投資到工業中的資金數目和投資到鐵路建設上的數目相仿，在代替進口商品的國內生產上尤其如此——例如：紡織品、菸草、糖及其他食用與飲用產品，其中有半數投資來自於私人資本。與土耳其所取得的進步相比，[5]伊朗在此時期的轉型似乎並不突出，就更不用提史達林的蘇聯在同期的進展了（但蘇聯有高得多的人力消耗）。但無論如何，這樣的成就十分值得讚賞的，尤其是考慮到禮薩沙起步時的落後基礎與之前王朝的失敗。

更加引人注目而且長遠看來更加重要的成就——就是推廣教育。學校受教育人數從一九二二年的五萬五千一百三十一人，增長到一九三八年的四十五萬七千二百三十六人。到了一九二四年，在學的小學生人數為三千三百人，到了一九四〇年為止，人數為二萬八千二百人。雖然在部落地區開始有規模很小但運行成功的初創學校，可是全國大部分鄉村人口都並未受惠於學校系統，學校系統遠沒有普及於全國。有很多對於學校的教育方式太過狹隘和死板的批評，學校只是用死記硬背的方式上課，缺乏知識上的刺激。這樣的情形也反映出學校系統的主要目的：培養出高效率而缺乏想像力的軍官與文官。禮薩沙不想教育出新一代的自由思想者，不想讓這些人反對他的統治和鼓動大眾。但如同其他國家的情形，教育是一件很難控制的事情，然而許多受教育的人開始對沙王的威權統治提出批評，這正是沙王想要極力避免的事情。在整個三〇年代，有少數非常重要的菁英人士得到政府獎學金而前往海外大學學習（尤其是在法國），在一九三五年，德黑蘭的第一所大學也開始興建了。這所大學在一九四〇年有四百一十一名畢業生，在一九四一年時首度頒發了博士學位。[6]

從禮薩沙作為沙王的角度上看，他毫不留情地鞏固自己的權力和他政權的獨裁本質。儘管他的上臺得到國民議會的同意，但是像穆罕默德．摩薩台（Mohammad Mossadeq）和賽義德．哈桑．摩達勒斯（Seyyed Hasan Modarres，烏里瑪在議會中的首席代表）這樣的反對者早已預見他的上臺將會侵蝕憲法中的自由元素，因此曾阻止他成為沙王。摩薩台對他的反對十分堅定（此後一度被捕入獄），但是在加冕後，摩達勒斯和其他人都試圖與禮薩沙達成讓步，給國民議會和立憲政府留有一定空間。有立憲派人士得以擔任禮薩沙政府的大臣職位，其中（後來）包括哈桑．塔齊札德（Hasan Taqizadeh），他於一九〇六至一九一一年間占有顯著地位。但是這些立憲派人物鮮少有人在任內順心如意，一連串官員遭到解職、關押或流放，有時只是因為沙王的疑心或他想藉此重申自己的個人權威。摩達勒斯本人並未接受任何公職，但是他的妥協仍然失敗了，他在一九二八年被捕，被收押在呼羅珊並於一九三八年在做禮拜時被殺害。忠心的大臣如鐵穆爾塔什（Teymurtash）、菲魯茲（Firuz）、達瓦爾（Davar）也被關押，死在獄中或被迫自殺。塔齊札德則幸運地以半流放的方式被送往國外。像是艾什奇（Eshqi）、海達雅（Sadeq Hedayat）與阿里夫（Aref Qazvini）之類的作家和詩人遭到尺度越來越緊的審查，自由表達的權利受到了侵害，在本世紀的前幾十年中出現的文學創作大爆發也被扼殺了。

薩迪克・海達雅（Sadeq Hedayat）是二十世紀伊朗最偉大的作家之一。他於一九〇三年出生在德黑蘭，一九二〇年代在法國求學。年輕的海達雅醉心於浪漫的伊朗民族主義，他把伊朗的大多數問題都歸咎於七世紀時的阿拉伯征服。他的短篇故事和小說包括《求赦》（*Talab-e Amorzesh, Seeking Absolution*）、《迷途的狗》（*Sag-e Belgard, Stray Dog*）和他最著名的作品《盲眼貓頭鷹》（*Buf-e Kur, The Blind Owl*）。在他的作品中集結了對日常瑣事的描寫、奇幻的想像和諷刺，他拒斥宗教、迷信行為與伊朗人生活中的阿拉伯文化影響（有時候使用令人不悅的生動詞彙），他的文學以創新、現代主義的風格，加以對現實生活無情又真實的觀察，到達了世界文壇的最高水準。海達雅還把卡夫卡、契訶夫與沙特的作品翻譯成波斯文，同時他也熱愛歐瑪爾・海亞姆的詩歌。一九五一年時，海達雅在巴黎自殺身亡，到了二〇〇六年，他的作品遭到艾哈邁迪內賈德（Ahmadinejad）政府完全查禁。[7]

另一名在一九五一年殞落的文壇作家是穆罕默德・塔齊・巴哈爾（Mohammad Taqi Bahar），他本人既是詩人又是偉大的波斯詩歌評論家。巴哈爾將波斯文學史的理論架構向前推進一大步，特別是他支持十八世紀晚期詩人否定薩法維風格而偏愛回歸十、十一世紀的波斯詩歌風格，他把這樣的文學現象稱為「文學的回歸」（*bazgasht*）。在巴哈爾的生活年代，有另一股詩歌新風潮出現在伊朗文壇（就如同海達雅的創新散文一樣），這股新風潮與立憲運動時期的民心變化聯繫在一起。這一變化中的第一位範本人物是內瑪・玉錫之（Nima Yushij），他生於一八九五年，卒於一九五九年。內瑪用一種新的寫作方式進行創作，他打破許多傳統波斯詩歌的寫作格式，汲取他從大自然得來的直接觀察，並從中衍生出新詞彙和新意象，而進行創作。許多年來，他的自由式詩歌遭受傳統觀念文人的抵制，但是在幾年之後獲得文壇的肯定。他的創作成為後世詩人的榜樣，尤其對法魯克札（Forugh Farrokhzad，一九三五—一九六七年）的創作產生重大影響。[8]

一九三四年，禮薩沙在土耳其與凱末爾會面，這次訪問象徵著兩個政權之間的相似性。這兩位領導人身上的民族主義、現代主義、世俗主義、西化特徵都十分顯著。禮薩沙的教育政策讓女子學校得以建立，並廢除女性配戴面紗。他想讓伊朗與伊朗人看起來既西化又現代——男人也必須穿著西式服裝，他一度下令所有人必須配戴西式帽子，[9]這使得大街上在一夜之間到處充斥著西式軟帽（bowler）與硬圓帽（fedoras）——他的專斷已經到達異想天開的程度。就像在土耳其一樣，沙王推行了語言改革運動，藉以除去非波斯語來源的詞彙（尤其是波斯語中的大量阿拉伯語詞彙），並用波斯詞彙來代替這些外來詞。起初為了讓自己的執政有別於卡札爾王朝時期的萎靡不振、衰敗與民族恥辱，他在一九三五年的波斯新年這一日下令所有外國政府都必須在官方交流中捨棄「波斯」這一稱呼，並代之以「伊朗」——這是伊朗人自己使用的古老名稱。在一九二七／一九二八年，他終結了自《土庫曼查條約》以來的屈辱協定，外國人在伊朗不再享有特殊權利，並在伊朗官方面前不再享有治外法權。

但是禮薩沙的西化改革程度並未像凱末爾進行得那麼深入。例如，雖然進行了語言改革，但是伊朗並未像土耳其那樣將字母改為拉丁字母。而且他雖然去除了一些對伊朗來說最為糟糕的外國干預事項，但他還是不得不接受英國人繼續在伊朗南部開採石油的事實。在石油開採一事上，伊朗政府雖然能得到一筆重要收入，不過相比石油這種國家重要資源的真實價值來說，這筆收入只是不成比例的一點零星收入而已。在一九二八年，時任宮廷大臣的鐵穆爾塔什（他當時是沙王最親近的顧問）曾致函英波石油公司，宣布當初的達西石油特許權必須要重新協商（按照當時的條款，伊朗人僅能從中得到百分之十六的微薄利潤）。在接下來的幾年中，雙方的協商難有進展，於是沙王在一九三二年介入此事，他單方面廢止了特許權。英國人此後向波斯灣派出軍艦，將此事提交給海牙國際法庭。此後不久，沙王認為鐵穆爾塔什在協商一事上辦事不力，解除了他的職務並將他關進監獄，在一九三三年十月將他在獄中殺害。最終雙方重新修訂了合約條款，只是將伊朗的利潤分成提高至百分之二十，特許權的有效期卻被延展至一九九三年。[10]

情形不同的是，凱末爾統治下的土耳其沒有經受任何類似的外國剝削。而且他本人從始至終都享有巨大的個人威望。反觀禮薩沙，他在一九三〇年代已經幾乎喪失所有曾力挺他上臺的支持者。在立憲革命期間，烏里瑪已經見識到他們最不樂見的事態，尤其是他們原本插手的教育和法律事務（到一九三〇年代末為止，烏里瑪成員中既有威信又有油水可撈的法官與公證人角色已經完全被改革廢止了）。烏里瑪成員仇視西方服飾和廢除面紗的命令，並且在一九三五年發起了對此發展的抗議，這次抗議導致一場在馬什哈德的伊瑪目禮薩聖祠（Imam Reza shrine）內的大屠殺，有上百名抗議者死於沙王軍隊的自動步槍下，這件事更加深人們對於沙王政權的憤恨。[11]在巴札市集裡，由於沙王對一些特定商品實行壟斷，以此來刺激國家機關的收入，但是在巴札裡經商的商人們則對此十分不滿。高壓、審查制度和關閉報社的舉動也讓自由派和知識分子們心生不滿，就更別提受人們歡迎的政治人物冤死獄中的事情。甚至在軍隊中也有積怨。因此當一場新爆發的戰爭帶來新危機時，禮薩沙的身邊已經沒有什麼朋友了。[12]

換湯不換藥的醜陋姊妹

一般的說法是英國與蘇聯於一九四一年占領伊朗是由於因為禮薩沙的親德、親納粹立場，盟軍擔心如果他們不採取行動，那麼德國人就會捷足先登。但真實情況遠比上述說法更為複雜。一九四一年英蘇共同介入伊朗時，德國武力並未對伊朗直接構成威脅。德國是在此之後的一九四二年夏天才向西南方向進軍，意圖奪取巴庫和高加索油田。沙王本人雖然在某種程度上曾經支持過德國人，但是在伊朗國內，他一直抗拒著德國影響。

但是當希特勒在一九四一年六月進攻蘇聯，英國在中東地區的地位也出現了危機，這時英國與蘇聯結成了盟友。英國的最核心利益是蘇伊士運河和伊朗油田安全。一九四〇年，英國成功擊退義大利企圖從利比亞突破埃及的攻勢後，隨著德國北非軍團和隆美爾的到來，英國在北非就一直處於守勢。在一九四一年春，英軍被迫向亞歷山卓方向撤退，留下了受困於托布魯克（Tobruk）的駐守軍隊。幾乎在同一時間的四月，伊拉克爆發了抗英叛亂，由於這一事件得到了德國支持，因此英軍必須介入並在五月底完成了對伊拉克的占領。受到這一發展的刺激，英國在六月分派出了英軍和自由法國軍隊進入黎巴嫩，推翻了與納粹結盟的黎巴嫩維琪法國政府。

我們可以從當時的時代背景中看到，在盟軍所面臨的危險與不確定處境下，英國與蘇聯在一九四一年八月對伊朗的接管更像是執行地區宏觀戰略政策中的一部分；也是全面戰爭邏輯中勢不可擋的一部分。但是伊朗的確還有其他層面上的重要性。希特勒在一九四〇和一九四一年初在挪威、丹麥、波蘭、法國、南斯拉夫與希臘所取得的勝利，意謂著英國和蘇聯彼此支援的通道僅限於北方充滿危險的北極至摩曼斯克（Murmansk）線路，抑或是在更南方的地方找到替代路線。而且當希特勒的巴巴羅薩進攻計劃橫掃了白俄羅斯與烏克蘭，蘇聯急需從西方得到支援，來裝備新的軍隊，藉以頂替那成千上萬被德國人趕入戰俘勞力營的蘇聯戰俘。從波斯灣到裏海的漫漫長路雖然一直以來充滿荊棘，但如今卻似乎是問題的答案（到戰爭結束為止，一共有五百萬噸的補給物資取道伊朗的公路和鐵路被送往蘇聯——雖然這在整體上看來，只是援助量相對較小的一部分）。

禮薩沙自從一九三〇年代起，就已經開始與納粹政權打交道了，德國外交官曾經鼓勵沙王的語言雅利安化政策。在一九三〇年代的十年期間，有更多德國技術人員和工程師來到伊朗——沙王選擇將他們看作是英國人的替代對象，當時沙王和周圍的人已經對英國人心生厭惡和懷疑。但是沙王對於德國介入伊朗事務也同樣深惡痛絕，無論是萌芽發展中的納粹團體，還是其他的共產主義者或任何可能威脅到他政府的團體，他都感受到同等的憎惡。一九三七年，一些具有明顯親納粹傾向的學生團體成員被逮捕，他們的領袖隨後在獄中被殺，這和沙王其他眼中釘的下場一樣。在一九四〇年，一名重要的瑣羅亞斯德教徒被警察當街射殺，因為他的兒子在德國製作親納粹的廣播節目。在一九三七年，一群馬克思主義者也被逮捕，他們之中的多數人都被判處重刑，這些人後來組成了親共的圖德黨（Tudeh party，人民黨）。[13]這些發展都反映出當時歐洲正處於法西斯主義和共產主義之間充滿仇恨的政治兩極化狀態。當初用政府獎學金在歐洲大學裡求學的一小部分菁英子弟就有人成為上述的極端分子。當時還突發一股可怕的反猶新聞報導，導致了一九三〇年代的伊朗猶太人愈發焦慮（有可能促使移民巴勒斯坦的人數上升），但是認為一九四一年八月以前的伊朗人和伊朗政府普遍有親納粹和親德國情感的說法也算是有些誇大。歷史學家亞伯拉米安（Ervand Abrahamian）曾經表示盟軍對伊朗的介入並不是為了推翻親納粹的沙王，而是率先一步行動，藉以阻止一場針對沙王的親德國政變，這類事情已在伊拉克發生過了。[14]

盟軍要求伊朗驅逐境內的德國公民，此舉毫無疑問只是一個即刻向伊朗開戰的藉口。

當這個要求遭到拒絕，盟軍立即在一九四一年八月入侵伊朗，而沙王傾注如此多關注和金錢的軍隊（這一點可以和納迪爾沙瘋狂擴軍所導致的失敗相提並論）只是做了一點象徵性的抵抗，三天後，沙王命令他的部隊停止抵抗。英國和蘇聯在伊朗中部會面後，於一九四一年九月十七日進入德黑蘭。

沙王此時退位，將王位交給他的兒子穆罕默德・禮薩（Mohammad Reza），盟軍對伊朗的控制持續至一九四五年戰爭結束。禮薩沙和兒子的父子關係看起來就像是軍官與下屬之間的關係。穆罕默德・禮薩・巴勒維曾於一九三〇年代在瑞士接受教育，這讓他和他的父母關係疏遠，也讓他和即將被他統治的人民格格不入。穆罕默德・禮薩天資十分聰慧，但是在社交上十分害羞且異於常人——來自他的教育背景和他與父親的冷淡關係。

盟軍的入侵導致禮薩沙的退位，但是他的離開卻受到大多數伊朗人的贊同，有人說他失去民心的狀況會導致盟軍無法在他留任的情形下管控伊朗（即使他接受了盟軍的安排，情況也依然如此）。[15]禮薩此後流亡到了南非，並且在一九四四年七月於當地去世。在一九四一年十二月，美國宣布加入盟軍，並對德國、日本宣戰，因此美國軍隊也在一九四二年加入英蘇對伊朗的占領中。在一九四三年末，盟軍首次在德黑蘭召開重要的首腦會議（德黑蘭會議），他們達成共識，將在戰爭結束後的六個月內撤出伊朗。盟軍還在這次會議上商討作戰計畫，其中包括在一九四四年於西歐開闢第二戰場的計劃。

恐怖的猶太大屠殺也波及至伊朗。在一九四二年，有一群來自波蘭猶太貧民窟和村莊的猶太難民逃到了蘇聯，他們先是被臨時拘禁在西伯利亞，然後隨同其他波蘭人一起被火車載離蘇聯，他們沿著裏海沿岸，歷經諸多苦難來到了德黑蘭，他們在當起得到伊朗猶太社區和錫安組織的幫助。他們在此得到休養後，最終有八百四十八名孩童前往巴勒斯坦。[16]

與此同時，一名卡札爾王朝的皇室後裔——被稱作伊朗辛德勒的阿布杜·胡笙·薩達禮·卡札爾（Abdol-Hosein Sardari Qajar）——正在巴黎照看伊朗的大使館原址，當時大使館的主要功能已轉移至維琪（Vichy）。薩達禮手上有許多空白護照，當一九四二年納粹開始驅趕巴黎的猶太人時，他開始為他們提供伊朗猶太人的身分（有許多人得以在巴黎住了幾年）。他還從德國在巴黎的官方那裡得到伊朗公民將不會被拘押或傷害的保證。但當巴黎猶太人面臨越演越烈的迫害，沒有伊朗親戚的法國猶太人也開始投奔於他，他們急需他的幫助。當薩達禮得知納粹所犯下的巨大罪行，他將超過五百本以上的伊朗護照交給這些猶太人。在戰後，伊朗政府指控他濫用護照，但是這項指控得到沙王穆罕默德·禮薩的特赦。薩達禮於一九八一年去世，二〇〇四年才被西蒙·維森塔中心（Simon Wiesenthal Centre）追加頒獎。在戰爭結束後，當人們問到他在巴黎的作為時，他曾說：「幫助伊朗公民是我顯而易見的職責。」而當人們提到他為那些非伊朗公民的猶太人所提供的幫助時，他則說：「那是作為一個人的職責。」[17]

在同一時間，盟國部隊保持著他們對伊朗的控制，巴勒維政府的權力受到嚴重限制。但是一九四四年舉行的選舉產生了自一九二〇年代以來首次的代議議會。許多立憲運動時的熟悉人物再次出現在人們面前，尤其是賽義德・齊雅・塔巴塔巴伊和穆罕默德・摩薩台；他們之中的許多人同樣都是民族主義地主和官員，這些人在禮薩汗成為沙王之前就在政治上十分活躍，只是現在他們都年歲已高而已。穆罕默德・禮薩沙在他的加冕儀式上肯定地表示他將以立憲君主的身分統治伊朗。

被侵略的恥辱、盟國軍隊的存在、戰爭帶來的食物短缺和經濟衰落、以及政府的虛弱導致了另外一波政治行動的出現，民族主義情感顯得尤其突出。其中的關注焦點再一次聚集在英波石油公司利潤的不平等分配上面。伊朗的石油工業在當時仍然是中東地區最大、發展最完善的工業。通過英波石油公司繳交的稅金，英國政府從伊朗石油那裡得到了比伊朗政府更多的利潤（在一九三三至一九五〇年間幾乎是兩倍多的利潤）。[18]普遍怨恨盟軍的占領，但英國與蘇聯比美國更不受歡迎。這一點我們可以從另一位人物——亞瑟・米爾斯普——的回歸一事上得以看出來，他在一九四二年十一月重操舊職，負責掌管伊朗的國家財政。雖然米爾斯普帶著他一貫的勤勉態度開始工作，但是他缺乏政治敏感度，而且也對伊朗當時的社會情況缺乏了解，他試圖結束食品津貼與國有企業私有化的政策，招致了普遍的反感，這也導致他在兩年後再度去職。

沙王希望利用親美感情換取美國支持。他發表了一場演說，在演說中，他將伊朗的民族主義、對獨立的渴望和美國的民族主義做出對比（引用美國在十八世紀從大英帝國中獲得獨立的《獨立宣言》）。這位年輕的沙王感覺到在遭受盟軍占領的情形下，他有必要在如火如荼的政治辯論中獲取民眾支持。這段時期就像立憲運動期間，新的報社、新的政黨如雨後春筍般出現。到一九四三年為止，德黑蘭一共成立了四十七家報社，到一九五一年時，報社已經增加至七百家之多。[19]在眾多新成立的政黨中，最具重要性的是一九四一年成立的有親共色彩的圖德黨。在當時的知識分子中間，普遍有親圖德黨、傾向馬克思主義的風氣。[20]當時私營電臺的發展速度也十分迅速，電臺進一步匯聚人們對國家大事的關注，所發生的各種事件有了更大影響力，甚至連偏遠農村的居民也能關注於國家事務的討論。

隨著大戰逐漸落幕，蘇聯是否真的會從亞塞拜然省撤離的擔憂開始躍然於紙上。蘇聯利用這一地區的社會民主傳統與圖德黨的強硬立場，採取帝國主義政策，這樣的情形預示、促使了即將來臨的冷戰對抗。蘇聯還煽動亞塞拜然的親蘇維埃分裂主義運動。他們中間既有庫德族（Kurdish），也有亞塞拜然人（Azeri）——相較於後者，前者對分離運動有更高的熱情。蘇聯的目標是在當地以另外一種形式重建一九〇七至一九一四年間的俄國勢力範圍。到一九四六年一月為止，英國和美國軍隊已經撤出了伊朗，但是蘇聯軍隊仍占據著亞塞拜然省，充當圖德黨人和分離主義者的保護人（當時在國內其他地方出現了對圖德黨辦公室的襲擊）。蘇聯軍隊和伊朗軍隊在亞塞拜然省的邊界地帶展開對峙。在西北地區的如此情形之下，德黑蘭的民族主義熱情高漲。像阿赫邁德．卡斯勒維（Ahmad Kasravi）等受人敬重的知識分子開始寫文章警告國家可能遭受完全分裂的危險。

卡斯勒維於一八九〇年出生在大不里士，最初是一名宗教學校的學生，他曾參與過亞塞拜然的立憲運動那些跌宕起伏的事件。當他得知他於一九一〇年所看到的彗星被歐洲的天文學家解釋為一八三五年出現過的哈雷彗星的回歸，從此他就拒絕再接受宗教訓練了——「我很高興，而且對歐洲的知識這樣清晰又容易理解而感到興奮」。卡斯勒維從一名教士候補人員轉變成為對烏里瑪展開刻薄批評的知識分子，他也對當時伊朗社會的許多方面進行批判。他寫了一本小冊子，名叫《有餘糧的哈吉們信什麼宗教？》（*What is the Religion of the Hajjs with Warehouses?*）*。另一本小冊子名叫《哈桑燒了哈菲茲的書》（*Hasan is Burning his Book of Hafez*），他在這本書裡抨擊的是他所得到的觀察，例如很多伊朗人用偉大詩人們的詩句來表述自己的情感的現象。卡斯勒維把他的精力都投入在立憲主義原則與建立世俗政府之上——他是民族主義者，他攻擊伊朗人在語言和其他方面的差別分裂了伊朗人，在他看來，這削弱了伊朗人。他在教育部任職多年，同時也是記者和作者。在一九四六年，他遭到伊斯蘭極端分子的暗殺，殺手追隨的是一名自稱納瓦布·薩法維（Navvab Safavi）的人。[21]

卡斯勒維的重要之處體現在好幾個方面。他代表了伊朗的一股思想流派，這種思想在巴勒維王朝時期十分典型，體現在很多方面。在一九六〇、七〇年代時，它再度變得重要，他們認為什葉派落後，並把國家的衰弱和失敗歸咎於什葉派宗教。他的思想對那些在巴勒維王朝得到發展機遇的中產階級來說特別有影響力。他抨擊人們對波斯詩歌的熱愛，

---

* 哈吉，Hajj，可以指參加過麥加朝聖之旅的穆斯林。——譯者註

這一點十分值得玩味，因為它再一次表現出了那些偉大的波斯詩人的文化向心性（cultural centrality），以及詩人們表達出的模糊曖昧之特性（ambiguity），這種不明說的曖昧是伊朗文化中一直存在的現象。就像瑞．默塔希德（Ray Mottahedeh）曾寫的那樣：

> 事實上，作為伊朗文化之核心的模糊曖昧特性在波斯的詩歌中表現得最為自由與明顯。波斯詩歌所表達的並不是一個亟待被解開的謎，而是一個無解的謎團。在波斯詩歌中，任何的事物其實都另有所指；在波斯詩歌背後所暗藏的內在精神空間中，有成百上千的變形，其模糊的特性最終會與個人的感情價值達到共鳴，這種共鳴必需要保有其私密性，因為若只是把它按照寓言故事來對待，或是用任何其他形式的解說來做意譯只會將這種模糊性再次置於公開領域中，因此，對波斯詩歌的理解要在維持其模糊性的領域中進行。[22]

言歸正傳。在經過了緊張對立、談判協商與英美兩國施加壓力後，蘇聯終於宣布他們將會撤出伊朗。截至一九四六年五月，所有的蘇聯軍隊都撤出了。伊朗軍隊開始進駐各地，這在伊朗人民的眼中有點像是伊朗又有軍隊了。但是在同年的晚些時候，軍隊以血腥手段確立了中央政府對國家的控制。對許多伊朗人來說，之前發生的事情已經讓人們對蘇聯喪失了信任，卻並未損及人們對圖德黨的信任。他們在政府中的影響力越來越大，並且在內閣裡占有席位，他們推動制訂新的勞工法，而且還制訂了勞工最高工作時數和最低工資。但是在一九四九年，圖德黨遭到指控——涉嫌參與煽動針對年輕沙王的一樁暗殺行動，圖德黨因此遭到查禁，此後他們只能透過地下行動和依靠同情他們的作家和記者來擴大他們的影響力了。美國受惠於蘇聯喪失民心，趁機增加了他們在伊朗的利益，美國人開始擔任技術人員、協助軍隊的訓練與從事其他的援助項目。伊朗民族主義者們對伊朗能夠在亞塞拜然地區維護領土統一而歡欣鼓舞，如今得以將注意力放在其他亟待解決的問題上——尤其是最重要的石油問題。

摩薩台

一九四九年反抗沙王的暗殺未遂事件，引發了一段長期的危機、示威與戒嚴。沙王於一九五〇年任命新總理阿里·拉茲瑪拉（Ali Razmara），但他卻不受人民歡迎——人們懷疑他的親英立場，而且他本身的軍方背景更令人擔憂沙王是否打算重啟他父親於一九三〇年代所偏重的軍事化專制政府。與此同時，穆罕默德·摩薩台集合起一支廣泛的議會成員聯盟，並稱之為民族陣線（National Front），他們的核心要求就是石油國有化（很多人相信他也與圖德黨合作）。沙王政府希望能與英波石油公司協商，重新修訂石油特許權的條款，但是英波石油公司對伊朗所提出的利潤五五分成的提議，反映十分遲緩，而當時利潤五五分成已是世界各地石油合約中的標準。在一九五〇年的議會選舉中，民族陣線大聲疾呼石油國有化的議題，他們的勢力得到了大幅增漲。到了一九五一年三月，拉茲瑪拉遭到暗殺，凶手是殺死卡斯勒維的同一組織。在當時形勢下，摩薩台作為全國呼聲最高的政治人物，順理成章地成為總理。

一九五一年，摩薩台已經年近七旬。他是卡札爾王族後裔，曾於巴黎和瑞士留學，擁有法律博士學位。他曾經抗議一九一九年的英波協定，隨後還反對禮薩沙上臺並因此招來牢獄之災，他在一九四〇年代出獄，並在此後成為重要人物。他的一生都致力於促使伊朗國家完整並成立立憲政府的理想。在他的領導下，議會於一九五一年三月十五日經過投票同意，將伊朗石油國有化，並且在四月二十八日，議會任命摩薩台擔任總理一職。

隨著英國開始對伊朗施行禁運，英國的技術人員也離開了胡澤斯坦的石油工廠，石油國有化的局面陷入了僵局。沒有石油出口就沒有了石油收入，政府還要對石油設備進行維護並支付工人薪水，這一切造成了財政漏洞，逐步引發了大筆負債與更大層面上的經濟問題。摩薩台前往美國，希望獲得貸款，卻吃了閉門羹。美國的石油公司加入抵制伊朗石油的陣營，美國政府也越來越擔憂在石油國有化運動中顯而易見的共產黨力量（圖德黨領導了罷工和抗議示威）。事後看來，當時美國所採取的立場似乎很奇怪，僅是石油國有化政策在國內各個階層、各種意見管道所獲得的普遍支持就足以證明這一點，但是這場運動提出反英口號，並且帶有一些反西方的聲音。以當時的氣氛（尤其是在參議員麥卡錫和艾森豪政府上臺後），在美國人眼中，這場運動背後的共產分子運動與蘇聯的支持已經足以抹黑石油國有化的努力了。

儘管面臨越來越沉重的經濟困難，摩薩台逐漸意識到他對抗英國時無法從美國那裡得到助力，摩薩台依然獲得議會和全國的鼎力支持，並於一九五二年繼續擔任總理一職。但是在民族陣線的聯合陣營裡，不同派別之間的緊張關係有所加劇，圖德黨雖然明顯掌握優勢，但也發生越來越多的抗議示威活動。政府採取了新的改革措施，其中包括更加偏向於維護農民利益的改革，而不是鞏固地主利益。摩薩台利用他所擁有的廣泛支持，希望進一步限制君主權力——這是他一直以來的目標。但是當一九五二年夏天，摩薩台為了對應越來越不安的局勢，他向沙王提出要求，希望得到任命戰爭部長的權力，沙王拒絕了他的要求，摩薩台隨後辭職。他的繼任者立即宣布和英國開啟談判，解決石油爭議，全國爆發反對此一決定的示威遊行——圖德黨在其中發揮了至關重要的作用）。沙王立即向摩薩台妥協，並重新任命摩薩台，後者在這一年的年底直接中斷了伊朗與英國的外交關係。

最終，在一九五三年八月，一場密謀行動意圖將摩薩台解職，並計畫讓札赫迪將軍（General Zahedi）取而代之。札赫迪是一名虔誠的保皇派，但是這場陰謀並未奏效，因為摩薩台可能透過圖德黨事先察覺到政變的意圖，得以先發制人，阻止政變發生。沙王逃出國外，反君主派人士開始暴動。摩薩台派出警察和軍隊以控制局面，成功壓制了這場暴動，但此舉也動搖許多原先擁護摩薩台的支持者，圖德黨也因此疏遠了他。因此，當兩天之後的八月十九日那一天，爆發新的示威遊行時，這次遊行的目標便直指摩薩台本人，摩薩台的支持者卻置身事外。支持阿亞圖拉阿布—卡西姆．卡沙尼（Ayatollah Abol-Ghasem Kashani）的巴札商人們參與了這場示威——阿布—卡西姆．卡沙尼曾是民族陣線的重要支持者，但是後來轉換了立場；此外，許多人是在美國中央情報局（CIA）的金錢利誘下而參與示威遊行，中情局將這次政變行動的代號命名為阿賈克斯行動（Operation Ajax）。很多德黑蘭南部的黑社會成員暗中參與此次行動中——例如黑幫首領「無腦沙班」（Sha'ban Ja'fari Bimokh, Sha'ban the Brainless）也參與其中。[23] 隨著示威行動落幕，摩薩台遭到逮捕，軍隊和札赫迪開始控制局勢，沙王也從海外歸來。摩薩台被軍事法庭審判並被判決叛國罪，他被軟禁在居所中，直至一九六七年去世。

若非摩薩台自己犯下一些錯誤，這場政變或許不會發生。而且事實上，政變差點失敗，但若不是英國軍情六處（British SIS）和美國中情局暗中運作，當時勢必不會發生這場政變。[24] 然而，此次政變的真相直到多年以後才浮現檯面，其中內情即便時至今日仍然尚未完全明朗，自此之後，伊朗人將罪責全都歸究於英美兩國政府，且始終對其痛恨不已。認為伊朗政治中所發生的任何事情都暗中由外國勢力操縱的印象自此深植於人們心中，導致在接下來的幾年裡衍生許多未經證實的陰謀論。在大多數意識形態、各個階級與宗教信仰者心中，摩薩台成為了民族英雄。

這場政變在其他方面也具有重大意義。政變致使美國在伊朗建立穩固地位，美國也因此成為巴勒維政權的主要盟友和保護者，並達到其削弱蘇聯共產黨分子影響的目的，但是政變也削減美國此前所享有的魅力——伊朗人民普遍認為美國是品德高尚的泱泱大國，迥異於舊有的列強勢力。此次事件需要經過時間沉澱，人們才能充分理解其重要性。一段時間以來，某些伊朗人仍然相信或期待美國受到英國欺瞞，美國的根本價值將會再次證明他們和舊列強不同。但自此之後，美國再也不是「白馬王子」了。我們可以對比英國在一八七〇年代與其他時候所做的決定，這些決定顯然都是為了滿足英國當下短期的利益，英國只是把伊朗看作是實現其他目的的工具而非盟友。長遠來看，相比英國在此百年前的所作所為，摩薩台下臺致使美國利益蒙受巨大損害，其嚴重程度是當時人們所難以想像的。

一九五一年至五三年間所發生的事件也讓許多伊朗人對年輕沙王心生嫌隙，在隨後數十年裡，民眾對沙王的支持充其量只能稱作是曖昧不明。在伊朗境外，伊朗實現石油國有化的目標所造成的重大影響，席捲整個中東地區。人們普遍接受的說法是伊朗這段經歷影響了納瑟（Jamal Abdal-Nasser）在埃及的作法，他以摩薩台為榜樣，於一九五六年七月，將蘇伊士運河收歸國有。無論是好是壞，這都不會是伊朗最後一次預先顯示出中東地區的普遍發展動向。

摩薩台時期讓許多年輕的伊朗人對於政治和迎來改變的機會感到幻滅。賈拉勒伊·阿赫邁德（Jalal Al-e Ahmad）就是這群年輕人之中的一員，他是心思複雜的人，他反對很多事情，只對少數事情含糊不清地表示支持。他出生於一九二三年德黑蘭的一個烏里瑪家庭，但後來（在閱讀了卡斯勒維的著作後）轉向了反宗教的人生，再後來，他受到哈利勒．馬利基（Khalil Maleki）的影響，成為馬克思主義者，沙王在一九三七年逮捕的一群人當中就包括了馬利基。但從長遠來看，賈拉勒伊．阿赫邁德的行事作風過於批判，也太過個人主義了，不可能成為傳統的馬克思主義者如同馬利基，他也不滿圖德黨在二戰結束後不得不聽從蘇聯的作法。他積極支持摩薩台，在摩薩台垮臺之後，他戲劇性地公開聲明退出政治事務。如同卡斯勒維一般，他也對古典的波斯文學傳統感到反感，他偏愛簡潔的寫作風格，因此模仿一般大眾所使用的白話波斯語。他最有影響力的想法是「*gharbzadegi*」——通常被翻譯為「西方毒藥」（Westoxication）或者「西方病」（West-strickenness），他在他的演說與一九六二年所出版的同名書籍中提出上述觀點。他的這一觀點抨擊的是學校教育，指其不加批判便全盤接受、鼓吹並傳授西方思想，這種教育結果培養出既非真宗伊朗、亦非正統西方的民族與文化。他曾以莫拉納．魯米（Mawlana Rumi）講過的一則故事來做比喻，故事中有一隻烏鴉某天看到鷓鴣優雅的走路姿態，牠試著模仿鷓鴣走路的樣子，但沒有學成，於是牠一遍又一遍地練習，結果卻忘了烏鴉該怎麼走路，而且始終沒有學會鷓鴣走路的姿態。

隨著時間過去，賈拉勒伊．阿赫邁德逐漸重新回歸宗教（起先曾仿效海達雅的方式，鄙夷、嘲諷宗教），但是他始終反對許多烏里瑪成員的迷信和空洞的傳統主義——諷刺他們「當墓地的看門人就心滿意足了」。後來，他關注於伊朗將其石油財富浪費在荒謬的進口事物上，而這些物品是上一代伊朗人不曾想要的東西。他還關注於穆罕默德．禮薩沙為了標榜巴勒維王朝統治背景，所建造的虛假造作的歷史遺產。賈拉勒伊・阿赫邁德為伊朗文學帶來了一些西方現代主義頹廢反常的元素，同時還保持著濃厚的伊朗觀點的語調。他將保羅・沙特與卡繆的書翻譯成波斯文，但是他堅決秉持真誠治學與探求真切實在的生活方式，他的這些處世原則並未借鑒自任何人。他早逝於一九六九年。作為一名現代主義的英雄，他的妻子西敏・達內西瓦爾（Simin Daneshvar）後來揭露了他在婚姻生活中性情乖戾且自私，使他的地位稍稍受到減損。他深刻影響了所有與他同時代及其之後的伊朗知識分子。[25]

穆罕默德・禮薩沙的統治和白色革命

推翻摩薩台的政變結束了自一九四一年禮薩沙下臺後開始的多元主義時代，隨之而來的是穆罕默德・禮薩沙長期獨攬大權，在這段時間裡，他的統治很少受到憲法約束。關於石油的爭議以一份財團協議結束，伊朗所拿到的利潤和英波石油公司（該公司在一九五四年更名為BP石油）一樣多，其中，百分之四十的股份由美國公司持有。石油收益增長帶來了工業發展，促使政府可以擴張財政支出。就像在禮薩沙時期一樣，大部分的開支都花費在軍事裝備上面，來自美國的軍事援助在一九五三至一九六三年間增長到五億美元。許多政界人士都認為用在軍事預算上的經費過於龐大，在一九五九年，此一爭議導致計畫與預算組織（Planning and Budget Organisation）領導人阿布・哈桑・艾布提哈（Abol-Hassan Ebtehaj）

辭職。[26] 沙王就此回應，毫不掩飾地與西方結盟，並且在一九五四年，恢復與英國的外交關係。但自一九五三年開始，所有人都明瞭，美國已經成為控制伊朗的主要外部勢力。

自從政變之後，沙王政府就牢牢掌控住政權。一九五四年第十八屆國民議會參選人名單是由沙王政權所挑選，議會也如預期地配合政府。一九五五年，沙王解除札赫迪的職務，將實權掌握在自己手中。摩薩台的民族陣線遭到解散，同情圖德黨的人們遭到安全局（自一九五七年起被稱為SAVAK，中文譯為「薩瓦克」）殘酷無情地追捕。在美國中情局和以色列秘密間諜組織摩薩德的幫助下，薩瓦克益發壯大，並且手段也越發殘酷血腥。議會——由沙王的支持者所控制——成立了兩個傀儡政黨，分別為民族黨（*Melliyun*, National Party）和人民黨（*Mardom*, People's Party）；人們將這兩個組織戲稱作「拍手黨」和「舉手黨」。[27] 烏里瑪的重要成員，如卡沙尼、阿亞圖拉博魯傑迪（Ayatollah Borujerdi）都曾支持過一九五三年的政變，原因是他們不喜歡摩薩台的世俗化傾向和圖德黨的影響力。此後，他們繼續支持沙王，沙王和博魯傑迪之間的關係尤其融洽。但是隨著時間的延續，許多其他神職人員日益感到不滿，並懷有敵意。

伊朗的人口在此時已經從二十世紀初的一千兩百萬人增長至一九三八年的一千五百萬人，到了一九五〇年，人口已臻至一千九百三十萬人，此一人口數字到了一九六八年，攀升至兩千七百三十萬，一九七六年到達三千三百七十萬人。儘管沙王政府大力發展工業，在教育上也同樣投入大量資金，但鄉村地區依然落後。當時也有數目可觀的私人投資，在一九五四至一九六九年間，平均每年的經濟增長率達到了百分之七或百分之八。[28]除了軍事支出，政府也投入鉅資進行大型、華而不實的建設工程，例如修建水壩，新的水壩建造工程有時根本沒與應該連結起來的灌溉網絡相通，在大變革的時代常常出現這類事情，新工程讓舊工程相形見絀，因此舊的工程就被擱置起來不聞不問，而且變革時代所帶來的利益並未被公平分配。但無論如何，這一時期的物質生活水準普遍提升，新興的、受過良好教育的中產階級增加了，包括企業家、工程師和經理人，以及舊有的行業——教師、醫生和律師。

一九五七年，一位洞察力敏銳的英國外交官預示接下來德黑蘭的緊張局勢，將於一九六〇至一九七〇年代趨於緩和，提前區分了西化的北方城市與較為傳統、貧窮的南方特性，兩者之間的分野。他寫下這段文字：

> 這裡的穆拉們在每天傍晚時分都會對著座無虛席的聽眾傳道。大多數這樣的講道內容都是關於宗教復興的內容，充滿激動人心的渲染力，但是知識標準低下。然而，一些知名傳道者的講道吸引了城鎮中的知識分子，他們的講道內容中含有理性的歷史分析與大量值得學習的內容……除了凱迪拉克牌轎車、旅館、古董店、別墅、遊客及外交人員這些庸俗膚淺、虛假拙劣的事物逡巡在我們日常生活之中……，我們在阿舒拉節（Moharram, i.e. Ashura）第十日看到看到的德黑蘭就像是另一個世界、另一個時代，以及另一種文明，但一夜暴富的北方和老舊南方之間的區別不僅僅是貧窮、缺乏教育與

髒亂。貧民窟擁有團結又緊密的自我意識和群體感，這種意識在擁有氯化消毒自來水、柏油路，以及街燈不穩定的富麗街區中則全然匱乏。中產階級人士不認識他們的鄰居，而貧民窟的居民則對街坊四鄰瞭若指掌。在貧民窟，貌似幸福的百事可樂文明尚未摧毀舊有的生活方式，在這樣的生活方式中，每個人的舒適與安全都建立在自動自發、不受警察監管的傳統規範之上。在城市南方，人們的行為舉止和道德比在塔姬莉詩區（Tajrish）的別墅中更加嚴格——傷害鄰居、騷擾他人的妻子、對孩童施加暴行，都會招致自自發性的報復，而不必經過訴訟或審判決斷。[29]

在一九六〇年，沙王進一步推行了土地改革，但是在這時候，經濟發展已經開始趨緩，美國政府（在一九六一年甘迺迪政府上臺後）也給沙王施加推動自由化的壓力。很多老資歷的烏里瑪成員反對土地改革的方法（他們透過宗教捐獻得來的高價土地財產受到了政策威脅，而且許多人都認為對財產權的侵犯是違反伊斯蘭教義的事情），博魯傑迪發布了一條反對這一政策的教令，改革舉措被阻擋下來。在美國催促之下，沙王解禁了民族陣線。民族陣線對沙王的批評隨同經濟上的種種問題導致了罷工和遊行示威爆發。到了一九六三年初，沙王重新提出一系列改革計畫並將此一計畫稱為「白色革命」（White Revolution）。在這份計畫中，包括更新的土地改革政策、國有工廠私有化政策、女性投票權，以及年輕的城市受教育者進入鄉村地區並解決文盲問題等政策。儘管民族陣線對此計畫提出杯葛（他們堅稱此一計畫應該由依憲法選舉的議會作為代表和執行），但是此舉在全民投票中獲得高度支持，在六百一十萬名享有投票資格的選民中，有五百五十萬人投票支持該計畫。[30]此一計畫得以通過，進一步助長並擴大伊朗國內已經開始進行的變革。

但是在一九六三年初，有一名在烏里瑪階層之外、鮮為人知的神職人員開始在庫姆傳道，他抨擊沙王政府腐敗、忽視窮人，並且在對美關係中，未能維護伊朗主權，這名神職人員名為阿亞圖拉魯霍拉・何梅尼（Ayatollah Ruhollah Khomeini），他也反對沙王出售石油給以色列。何梅尼此舉正值一九六一年阿亞圖拉博魯傑迪去世時，當時許多伊朗的什葉派信徒都不知道由誰來接任瑪爾加（*marja-e taqlid*，宗教模範）一職。在三月的伊瑪目賈法爾・薩迪克（Ja’far Sadeq）殉難日這一天，軍隊和薩瓦克秘密警察突襲了何梅尼所在的馬德拉沙並逮捕他，同時還殺死幾名學生。他很快就被釋放了，但是他仍然繼續抨擊政府。在六月三日，這天是那一年的阿舒拉節（伊斯蘭曆的一月十日），他發表了特別強硬的演說，兩天後，他再次遭到逮捕。[31]當他被逮捕的消息為人們所得知，德黑蘭和其他一些主要城市爆發遊行示威的活動，藉著人們悼念伊瑪目胡笙的緊張氣氛，在接下來幾天裡，再次爆發了範圍更廣泛的示威抗議。沙王頒布戒嚴令，派遣軍隊進駐街頭，（至少）上百名抗議示威者在抗議活動結束前慘遭殺害。這些人的死亡，尤其這一切發生在阿舒拉節，讓這些死者和卡爾巴拉的殉道者產生了聯繫，而另外一邊的沙王政府則看似當年的暴君葉齊德。

何梅尼於八月間被釋放，但是儘管薩瓦克宣布何梅尼答應會保持沉默，但是他的言論依舊犀利，於是他再一次被逮捕。最終，他在一九六四年被驅逐出境，起因是他發表了一場嚴厲抨擊伊朗政府和美國政府的演說，當時這兩個政府達成了一條新法案，美國軍事人員在伊朗境內享有相當於外交豁免權的特權。何梅尼在演說中說：

> 他們貶低伊朗人的地位，伊朗人簡直比美國的狗還不如。如果有人開車撞死一條美國人養的狗，他會被懲處。就算是沙王本人開車撞死了一條美國人的狗，他照樣也會被懲處。但如果是美國廚師開車撞到沙王，即便沙王是國家元首，但也不會有人有權力對此做些什麼……[32]

不久後，議會通過了這條新法案，隨後美國提供兩億美元的貸款用於軍備——所有與條款相關的事情，都讓人能聯想起納斯魯丁沙統治期間和外國人所協議達成的各項條款。被驅逐出境的何梅尼先是前往土耳其，隨後到了伊拉克，後來沙王向伊拉克政府施壓，讓他不得進入什葉派中心城市納傑夫。最終，他在一九七八年落腳於巴黎。在伊朗，抗議示威平息了下來，只是偶爾在德黑蘭大學和烏里瑪成員才有抗議活動。對沙王來說，他從這段時期的經驗中認知到，他能夠仰仗強硬手段，將抗議示威暫時壓制住；從長遠而言，他相信他的發展政策將會讓人民受益，並能鞏固他的統治。

何梅尼

魯霍拉·何梅尼出生於一九〇二年伊斯法罕和德黑蘭之間的一座名為霍梅（Khomein）的小城鎮。他的家族有「賽義德」（seyyed，先知的後代）頭銜，他們家族好幾代族長都是宗教學者，最初可能來自內沙布爾（Nishapur）。他的一位祖先曾於十八世紀遷居印度，住在勒克瑙（Lucknow）附近的秦圖（Kintur），後來何梅尼的祖父從印度遷回波斯，並在一八三九年時定居於霍梅。他的祖父名為賽義德·阿赫邁德·穆薩維·印地（Seyyed Ahmad Musavi Hindi）。他在當地購置一棟大房子，享有財富和身分地位。阿赫邁德的兒子穆斯塔法曾在伊斯法罕、納傑夫、薩瑪拉學習，迎娶了顯赫教士家庭的女兒。他在烏里瑪組織中屬於上層階級，地位高過那些以擔任老師、法庭公證人或者傳教士來維持生計的穆拉。他的身分地位使其成為當地的重要人物，他似乎是在調解當地一場糾紛時被謀殺，這件事發生在一九〇三年，當時他第三個兒子魯霍拉才僅僅六個月大。[33]

魯霍拉在霍梅長大，正逢立憲革命和第一次世界大戰期間的動盪歲月，那時霍梅小城多次被盧爾部落（Lori tribesmen）搶劫。一九一八年，他的母親死於一場霍亂疫情，這讓他成了孤兒，當時他正要到附近的蘇丹納巴德（Soltanabad）的宗教學校就讀。也許缺失父愛與早年喪母的悲痛激發年輕魯霍拉的抱負，讓他在學業上取得出色的成就。後來他搬往庫姆，頭戴賽義德的黑色纏頭巾，成為謝赫·阿布杜卡里姆·哈艾里（Shaykh Abdolkarim Ha’eri）

的學生。在庫姆，他接受傳統的邏輯教育與宗教法律教育，[34]在一九三六年前後成為穆賈塔希德（釋法者），他在如此年輕的年紀就能達到這樣的成就，也預示了他的成就。從那時起，他開始教書及寫作。他總是顯得有些特立獨行，對詩歌和神秘主義（erfan）有所興趣，較為保守的穆拉應該不會贊同他的這些行徑。他閱讀了默拉・薩德拉（Molla Sadra）的著作《四段旅程》（*Four Journeys*）、伊本・阿拉比的著作《智慧的斜面》（*Fusus al-Hikam*），他最初著墨的內容是關於神秘主義和哲學的評論文章。在一九三〇年代，他師從米爾札・穆罕默德・阿里・沙哈巴迪（Mirza Mohammad Ali Shahabadi），學習哲學和神秘主義，此人是神秘主義的權威，相信為普通百姓講解宗教思想時，應該要用人們聽得懂的語言。沙哈巴迪反對禮薩沙的統治，也影響了何梅尼的政治觀點。[35]

何梅尼有強烈的自我意識，並且對於身為烏里瑪階層的一員有所自覺，他總是穿戴得體又整潔——不像有些年輕穆拉對於衣著與外貌並不關心。他留給很多人的印象是冷漠與矜持，有些人甚至覺得他很傲慢，但是他的朋友圈與身邊的學生都知道他私底下是個慷慨、活潑的人。基於他本身的教師和穆拉身分，他覺得有必要做出權威榜樣，安靜又有威嚴。在一九四〇與五〇年代，他一直在庫姆教書。我們也許可以認定他當時一方面支持阿亞圖拉卡沙尼反殖民、反英活動（卡沙尼曾在一九四二至一九四五年間被英國囚禁）；在另一方面，支持阿亞圖拉胡笙・博魯傑迪更趨於保守和沉靜，傾向靜默主義，鮮少過問政治的態度。[36]但是何梅尼所具有的博聞強識、好奇心與不拘於傳統的特點，讓他不同於阿亞圖拉卡沙尼、博魯傑迪。在潛力上，他更具創造性和創新能力，他仍然權且遵從於烏里瑪階級體系中的上級領袖。博魯傑迪於一九六一年三月去世後，何梅尼成為阿亞圖拉，當時，為數眾多的學生受到何梅尼的吸引，而且越來越多學生前去聽他講授關於倫理的講座，很多人將他視為瑪爾加與效仿對象。

一九六三年和一九六四年發生的事情讓何梅尼與摩薩台一同成為反對沙王的主要政治人物，當時摩薩台仍然處於軟禁，使其影響力被大為消減。雖然何梅尼本人並不贊同立憲主義，但是他在公眾場合中一直小心翼翼地對憲法做出正面評論。[37]他對於規範美軍地位的新法律，大力抨擊，無疑讓他贏得民族主義者的支持，某些民族主義者可能之前一直不信任神職人員。賈拉勒伊．阿赫邁德等知識分子給予何梅尼熱情的支持。他表達人民普遍感到不滿的議題，並避免提及可能分裂支持者陣營的話題。他採用的這種政治手法將會讓他成為未來的國家領導人。

但是從一九六四年開始，何梅尼就被逐出伊朗，從表面上看來，他完全在伊朗政治圈中消失匿跡。從某種意義上而言，伊朗的政治本身就是流亡的，存在於伊朗學生和其他海外人士之間。在伊朗國內，新聞受到控制和審查，選舉繼續被操縱，薩瓦克則追捕、逮捕與監禁圖德黨活動人士與其他異議人士。

石油產業的蓬勃與擴張

土地改革計畫從一九六三年開始實施，但結果好壞參半。規定土地被徵收的地主保有一座村莊，但有些地主卻能夠逃避規定，例如，將地產移轉到親屬名下，或是興建機械化農場，因為農場機械化可以免稅。大約兩百萬農民第一次擁有了屬於自己的土地，他們之中的一些人甚至開始有了盈利的基礎。但是對更多人而言，他們得到的耕地太小，致使他們無法謀生，而且由於眾多的農業勞動者在改革前沒有佃農的耕種權，因此，他們在土地改革中被排除在土地的重新再分配之外。因為這次改革伴隨著整體農業機械化的普及化，因此對於這些勞工而言，工作機會突然變少了。最終造成的結果是農村地區失業，促使人口從農村移遷入城市，尤其是前往德黑蘭尋找工作。數據表明，在一九七二至一九七三年的一年間，伊朗國內的每年人口移動率達到了百分之八，[38] 到了一九七六年，德黑蘭已經發展成一個人口高達四百五十萬的城市。

在德黑蘭，這些人住在城市南部邊緣的窮困地區，此處生活條件不比村鎮的棚戶區更好。他們傾向於與同村莊或同地區的人成群地定居下來，通常他們會認識一位來自同一地區的穆拉，在這種顛沛流離的情形下，穆拉會被賦予更大權威。[39]

一九六三年到一九七〇年代後期，伊朗經濟蓬勃發展，人均國民生產值從兩百美元上升至兩千美元。[40] 工業煤炭、紡織品與汽車製造等新產業的工業產出也有顯著提升，從而創造出大量的新工作機會，吸收了增長的人口，以及大量離開農業的人口；然而，工業薪資偏低，政府支出也擴大了教育普及與醫療服務——小學就學人數從一九五三年的一百六十萬人，增長至一九七七年的四百多萬人。新的大學和技術學院成立，註冊入學人數從兩萬四千八百八十五人，增加至十五萬四千二百一十五人。在海外留學的學生人數從一萬八千人以下上升至八十萬人以上。醫院床位從兩萬四千一百二十六床增加到四萬八千張床位。生活條件、衛生環境及醫療服務有所改善，皆有助於嬰兒死亡率大幅下降，人口急速增長，一直持續到一九九〇年代。在一九七〇年代中期，伊朗有半數人口在十六歲以下，三分之二的人口在三十歲以下——他們將成為革命的一代。[41]

當伊朗獲利於石油財富的同時，投資數額的大幅攀升也令人眼花繚亂——尤其是在沙王與石油財團重新談判條款之後，伊朗對於石油開採規模和價格掌有更多控制權。在一九七三年的贖罪日戰爭（Yom Kippur war）之後，石油價格翻漲一倍，到了同年底，沙王領導其他的石油輸出國家組織（Organization of the Petroleum Exporting Countries, OPEC）要求提高油價，石油價格又翻漲了一倍，他們聲稱石油沒有跟上其他國際貿易商品的價格，以此為由，要求提升石油定價。然而，更多資金迅速輸往石油系統之中，但是大筆資金還是回到了西方國家——尤其是進入到美國與英國的口袋——以大量的軍事採購換取資金。沙王從英國購買的酋長式坦克比英國陸軍所擁有的數量還多，並且購入美國最新型的 F-14 戰鬥機。

但是在經濟過熱的狀態下，有太多資金競逐數量太少的商品，伊朗經濟陷入瓶頸與短缺狀態，通貨膨脹急遽上升——以德黑蘭的房租和食品漲價尤其嚴重。起初，沙王將物價上漲歸咎於小貿易商，並且派遣黑幫流氓（由薩瓦克在背後支持）進入巴札裡，逮捕所謂的「牟取暴利者」和「囤積者」。商人們的店舖被關閉，有兩萬五千人被判處罰金，還有八千名商人被判刑入獄——這一切對於潛在的經濟現實，沒有任何改變。逮捕和罰款讓巴札裡的工匠和商人憤慨不已，他們原本就已經覺得自己的營生受到了進口商品、新工廠、市區商店與超市的衝擊。

包括政府在內的各界人士都察覺到發展中的經濟已經失控。在一九七七年的年中，新上任的總理推出一項新的、通貨緊縮的經濟政策，旨在讓經濟恢復一些穩定，但結果是失業率突然飆升，剛剛湧入到城市裡的人不是失業就是根本找不到工作。通貨膨漲與突然出現的經濟衰退，窮人感受最為深刻，但所有人或多或少地都受到了影響。對德黑蘭的中產階級工程師、經理人和專業人士來說，房租太貴，而那些與新企業有關係的人，則感受到財政緊縮政策的影響。

一九七〇年代的德黑蘭是個很奇特的地方。這裡有許多極為富有的人——這些人的富裕程度是大多數歐洲人夢寐以求的——但是也有很多貧窮的人，這些窮人比在西歐看到的任何窮人都還要窮困。這座城市的大部分地區已經是混凝土的建築物，核心地區只有幾座古老的宮殿和政府建築。儘管交通壅塞問題嚴重而且街景醜陋，古老伊朗的樣貌仍然見於街上穿著罩袍的女子與黃昏時的禱告聲中。西方無處不在，尤其是美國，從到處都在販賣的可口可樂、百事可樂，到美國汽車與美國廣告——但人們對於無所不在的美國，經常感到厭惡和緊繃（同時，也含有對於美國的羨慕，以及對於經濟發展的渴望）。

一九七〇年代的德黑蘭，美國人隨處可見。筆者和詹姆士・畢爾（James A. Bill）估計，一九四四年至一九七九年間，有八十萬至八十五萬美國人曾經居住或造訪過伊朗，伊朗的美國居民人數從一九七〇年的不到八千人，增加至一九七九年的近五萬人。僅是在伊斯法罕的國防工業，就僱用一萬名美國僱員。其中當然有一些美國人試圖理解這個國家，但許多美國人並非如此。最大多數情形下，這些美國人過著完全與伊朗人分隔的生活，他們通常住在美國式的住宅社區裡，而且在美國福利社購物（US commissary，全世界最大的美國福利社就在伊朗），許多英國外籍人士的生活方式與此類似。德黑蘭的美國學校只招收持有美國護照的孩童（與其他國家的美國學校相比，這並不尋常），有人建議讓美國學校裡的學童學習有關伊朗的知識，此意見卻未被採納——某位學校董事會成員在一九七〇年表示，當時學校的政策是「排除伊朗元素」。在一九六〇年代中期，德黑蘭的一間美國醫院聘請了一些受過良好教育的伊朗護士，以增補醫院人力。這些伊朗人被禁止說波斯語，甚至是他們之間的交流也是如此，而且員工餐廳只供美國公民使用，伊朗護士被排除在外。伊朗護士不得不在清潔工的房間裡用餐。醫院只照護美國病人，有一天，一名絕望的父親試圖把孩子帶進醫院求救，因為他的孩子剛剛在外面的街道上被一輛汽車撞成重傷，結果醫院卻請他們離開，去找其他間醫院。其他美國人，主要是那些為美國和平工作團（Peace Corps）工作的人，他們與一般伊朗人一起工作，並深受讚賞。但是大多數在伊朗的美國人只是為了賺錢和享受他們在國內無法享受的奢侈生活：

> 隨著這場淘金熱開始，簽署赴伊朗的合約人數也開始增加，美國人的存在也開始擴散到伊朗各處。美國最好與最糟的一面都展現於伊朗各大城市間。隨著時間推移，前去伊朗的人數越來越多，比例越來越高的追求財富的人、金融拾荒者、找不到工作的人，以及那些從東南亞回來、美夢幻滅的人，都前往伊朗去尋找他們的出路。那些擁有上億美元合約的公司需要人力，在時間壓力下，這些公司開始不加篩選地隨便僱用前往至伊朗的人員。在伊斯法罕，仇恨、種族主義與無知集於一身，美國僱員以敵視且具侵略性的行為，應對伊朗社會。[42]

伊朗人也回敬了他們。美國居民與伊朗人之間發生的事件，導致報紙出現關於酗酒與猥褻的美國人的報導，從而助長了反美情緒。

伊朗社會內部存在著另一種緊張氣氛。德黑蘭南部的年輕人，剛從鄉下的傳統地區來到德黑蘭，他們不是還沒找到工作就是收入微薄，他們看見美麗年輕的中產階級女性（如果他們搭乘公車或計程車，來到城市北部），她們口袋有錢，穿著西方時髦的衣服在街道上穿梭，不論獨自一人或是與其他女性結伴，炫耀著她們的自由、金錢與美貌，從某種角度來看，她們的舉動也是不道德的。[43]在廣告看板上，俗艷的半裸女性繪畫為最新上映的電影做廣告。地位及沒有地位不僅僅只是金錢上的問題，它還關乎於性和慾望的問題。德黑蘭曾是一個充滿憧憬的地方，但是在一九七〇年代末期，對許多人而言，它變成一個充滿怨恨的地方、慾望受挫與理想落空的地方。

在羅伊．莫塔賀德（Roy Mottahedeh）一篇很有啟發性的文章裡，他將這一段時期的德黑蘭稱之為蒙太奇時代，當進口的零件在德黑蘭這座城市裡組裝起來，往往不能令人滿意，而且從來都不夠完整——這時期德黑蘭的一切似乎都「與機場緊密相連」：

德黑蘭人開玩笑時，他們把各偷工減料的伊朗版本的外國思想，稱為伊朗蒙太奇的真實範例。[44]

最明顯的例子就是到處可見的箭牌汽車（Paykan cars），這種汽車就在德黑蘭附近用進口組件組裝起來（設計取自英國的 Hillman Hunter 系列車型），但是同樣的原則也可以在其他地方看到或想像得到——在腐敗的地產交易中，在偷工減料的大型建築中，在混亂的交通中，在隨處可見的新標語及沙王的雕像上。

隨著一九七〇年代進展，沙王政權的政治文化一方面變得更加殘酷和專制，另一方面也變得疏離和衰弱。薩瓦克在那幾年有了新目標——準備以武力反抗政權的激進運動：主要包括馬克思主義者的費達伊（Feda'i）與人民聖戰組織（Mojahedin-e Khalq Organization, MKO）——這兩個組織具有伊斯蘭教與馬克思主義相融合的色彩。薩瓦克擴大其規模，動用酷刑變成了常態。一九七五年，國際特赦組織宣布沙王政府是世界上侵犯人權最嚴重的政權之一。之前在議會中的兩個「拍手黨」變成了一個，被稱作復生黨（*Rastakhiz*）——該黨的角色就是為沙王的一切舉措鼓掌叫好。政治就相當於誰能在大庭廣眾下公開奉承沙王：

> 沙王的唯一的過失是他對待人民太過慈愛——他的思想太過偉大，已經不是我們能夠妄議的了。[45]

沙王本人很少遇到一般的伊朗人，他只是乘著直升飛機從一座宮殿飛往另一座宮殿，而一次又一次的暗殺企圖也總尾隨著他，他總是在一個特製的防彈玻璃看臺中，觀看花車遊行和其他儀式。一九七一年，他在波斯波利斯、帕薩爾加德的歷史古蹟舉行了一場儀式，紀念由推測而來的波斯帝國兩千五百周年。這是一場規模無比宏大的自大狂盛宴。世界各國領袖都受到邀請，但是那些有君主頭銜的人則享有優先待遇，因此，衣索比亞的海爾·塞拉西（Haile Selassie）就受到了特別禮遇，而法國總統龐畢度則排在禮遇順序的後方，龐畢度對此感到不滿，所以只派出總理代為參加。[46]成千上萬人打扮成古代的米底人、波斯人，這次活動的電視轉播透過衛星被傳送到世界各地，貴賓們享用香檳與各種進口奢侈品（這次盛會由巴黎的馬克西姆餐廳在三個有空調的巨大帳篷及五十九個稍小的帳篷中，負責提供餐飲服務——有傳言說整場盛會的花費高達兩億美元）。[47]沙王發表演說，宣稱他繼承居魯士大帝一脈相承，並且宣告古老偉大的伊朗重生了。

然而，阿契美尼德王朝對於大多數伊朗人而言，意義並不重大——他們大概也從未去過波斯波利斯，他們對古代伊朗的認知來自於菲爾多西《列王紀》中的故事，既不是來自希羅多德，也不是來自考古遺址中的發現。長期以來，伊朗有一股反宗教、世俗化的民族主義思想潮流，這種思潮訴諸於前伊斯蘭（pre-Islamic）的伊朗帝國傳統，但它就像是一根纖細的蘆葦，承載著統治政權的自我投射重擔。對大多數伊朗人而言，伊朗文化遺產是伊斯蘭遺產，而波斯波利斯的觀宴景象讓伊朗人徒留困惑。何梅尼從伊拉克傳來對此事的譴責，陳述說伊斯蘭教在根本原則上與君主制對立，痛斥伊朗國王們的罪行褻瀆了伊朗的歷史典籍上的書頁，甚至那些被人民看作是明君的國王實際上也是「既卑鄙且殘酷」。[48]沙王還用居魯士登上王位的那一年作為元年的曆法，從而代替了伊斯蘭曆，此舉再一次激怒大多數伊朗人，並且為此感到不解。

對於伊朗的一些少數族群來說，沙王穆罕默德．禮薩統治時期是一段享有相對自由與不受迫害的美好時代，尤其是一些猶太人、巴哈伊教徒更是如此，由於他們的文化重視教育，因此得以享有一定程度的富裕生活。但是一些城鎮裡的猶太窮人依然遭受二等公民的對待[49]，在這段時期，許多伊朗的猶太人移民至美國與以色列。沙王在一九六七年通過新的家庭保護法，促使離婚法更加平等與公平，特別是規定了子女監護權的判定取決於法庭對具體情形的裁定，而不是簡單地將監護權判定給父親。

沙王的統治是成功與失敗的混合體；既非全好，也不全壞。一些大肆誇耀的經濟和發展成就令人印象深刻，但也有一些膚淺與浮於表面的印象。但是歸根結底，沙王統治的重要失敗主要是在於政治上——沙王無意於恢復代議制度的計畫，他對於異議的唯一解決辦法就是鎮壓。如果他能成功使君主制得到人們擁護，也許他可以持續更久的統治時間——他反而讓君主制更加失去了民心，與一般伊朗人的看法及關注的事脫節。在某種意義上，自相矛盾的是，也許部分原因在於他長期對抗地下馬克思主義者，沙王也犯了馬克思主義分析（Marxist analysis）的錯誤：他誤以為只要確保物質繁榮能夠成功發展，其他一切都將會水到渠成。但是很少國家經濟能夠無限期的持續增長。

到了一九七七年，如果沙王不是受到來自美國吉米·卡特（Jimmy Carter）新政府的實際壓力，那麼就是沙王感覺到了卡特和他的顧問團隊不再像之前的美國政府那樣縱容這位殘忍的盟友，於是沙王開始慢慢減輕一些鎮壓手段。在二月時，一些政治犯被釋放，後來在法庭規則上有所改變，允許犯人有更適當的法律代表，並可以在民事法庭而非軍事法庭接受審判。沙王與國際特赦組織會面，同意改善監獄條件。五月，一群律師上書沙王，抗議政府介入法庭案件。到了六月，三名民族陣線的抗議者——卡里姆·桑家比（Karim Sanjabi）、沙普爾·巴赫提亞爾（Shahpur Bakhtiar）、大流士·弗魯哈（Dariush Foruhar）上書給沙王一份更大膽的抗議信，在信中批評沙王的專制統治，要求修復立憲政府。六月末，自一九六四年就被強力壓制的作家協會重新開辦，也表達了相同立場並且呼籲撤除審查機制（很多領導成員都是圖德黨的同情者，或大體上是思想左傾的人士）。七月時，沙王以被認為傾向自由派的賈姆希德·阿穆澤加爾（Jasmshid Amuzegar），替換了擔任十二年總理的阿米爾·阿巴斯·胡韋達（Amir Abbas Hoveyda）。在同年秋天，有更多政治組織組建或者重建起來，其中包括由桑家比、巴赫提亞爾與弗魯哈三人所領導的民族陣線及自由運動（Freedom Movement），後者的領導者是邁赫迪·巴札甘（Mehdi Bazargan）、易卜拉欣·亞茲迪（Ebrahim Yazdi），他們的自由運動與民族陣線是親密的盟友關係。[50]

在十一月十九日這一天，作家協會在歌德學院（Goethe Institute）舉辦了詩歌之夜活動——這是此一系列活動的第十個晚上。當時有一萬名學生在場，警察卻試圖中斷活動。學生們衝上街頭抗議，警察開始攻擊學生，導致一名學生死亡、七名學生受傷，約有一百名學生遭到逮捕。這一次，民事法庭很快就進行審問，並將他們無罪釋放。

此時，在流亡期間的何梅尼不斷發表批評政權的訊息與演說，這些訊息和演說通常是以錄音帶的形式偷偷運往伊朗傳播。何梅尼將他反對政府的理論，發展成一套完整的伊斯蘭政府理論。他在一本書中提出這一理論，書中內容基於一九七〇年他在納傑夫的演講，書名叫作《伊斯蘭政府：法學家的攝政》（*Hokumat-e Islami: Velayat-e faqih, Islamic Government: Regency of the Jurist*）。[51]在這本書裡，之前兩個世紀中助長烏里瑪發展成等級制度、並讓烏里瑪成為隱遁伊瑪目代表的烏蘇里派思想，發展到邏輯上的極致，並允許烏里瑪進行直接統治。這就是對書中專有名詞「*velayat-e faqih*」（法學家的攝政）的解釋。在這個專有名詞中的「*vali*」是「攝政者」（regent）或「代表」（deputy），是握有實權者的代理人——這是十八世紀時卡里姆汗・贊德在登上沙王王位之前，為自己賦予的頭銜。「*valayat*」是該詞的名詞形式，可翻譯成「攝政」（regency）、「護衛」（guardianship），或「代表者」（deputyship），如果再擴展詞義，就是「執行代表或攝政之職的權力」。專有名詞中的「*faqih*」指法學家，伊斯蘭法律方面的專家——「*figh*」。這一概念上的邏輯在於沙里亞（shari’a）的來源是真主的話語和先知的典範，是為了規範人類的行為，是世間唯一具有合法性的法律。在隱遁伊瑪目的缺席期間，穆賈塔希德是解釋、執行沙里亞的合適人選。因此很顯然，他們也是施行統治的合適人選。除了他們之外，難道還能有別人能夠勝任嗎？由此為出發點，何梅尼要求廢除沙王，並建立伊斯蘭化的政府；他明確又始終如一地要求全國人們明白這一點（至少，人們認為他們能能夠明白——但是何謂伊斯蘭化政府則一直不太明確），這也使他益發成為反對沙王的焦點。

「法學家的攝政」的原則並沒有被全體的烏里瑪所接受，實際上，很多烏里瑪成員都不接受這樣的原則。但是自第一次世界大戰以來，烏里瑪在傳統上所擁有的社會權威角色已經被世俗化的巴勒維王朝大力排擠及削弱。在一九六〇與一九七〇年代，穆罕默德・禮薩沙統治期間（作為白色革命計畫的一部分），沙王政權甚至曾試圖以對國家負責的清真寺和穆拉此一新的宗教架構，取代傳統的烏里瑪。民眾對這個國家的宗教計畫（din-e dawlat）響應不高，卻成功地進一步將作為一個整體的烏里瑪組織，推向了沙王的對立面。一九七〇至一九七二年間，德黑蘭大學和庫姆出現動盪後，阿亞圖拉蒙塔澤里（Ayatollah Montazeri）、阿亞圖拉塔勒卡尼（Ayatollah Taleqani）被捕，並被判處國內流放。[52]但是當圖德黨人、民族陣線、暴力激進主義者與薩瓦克之間長年進行爭鬥和衝突時，由穆拉與宗教領袖所形成之非正式的全國網絡，已經進入每個社會階層、每個巴札同業公會與每一座鄉村。在一九七〇年代末，其影響力依然如故，如同一九〇六年的情況；這種情形持續存在反映出伊朗什葉派社會的另一種權威的來源。在「法學家的攝政」與何梅尼的理論中，烏里瑪擁有具備決定作用的政治原則和領導者——這些是他們在一九〇六年時所缺乏的。

到一九七七年末，沙王已經得罪了烏里瑪，也得罪了巴札裡的商人，並且製造出龐大、貧窮且孤立無援的德黑蘭勞工階層。他同樣也得罪了許多受過教育的中產階級，這些人本來是他的支持者，他卻用殘酷的鎮壓和侵害人權的作為，失去了他們的支持。有一些中產階級人士曾經經歷過一九六〇年代末和一九七〇年代歐洲的左派政治經驗，更進一步激化了他們與沙王之間的矛盾。但還有另外一股重要力量影響這一代人的想法——阿里・沙里亞提（Ali Shariati）。

沙里亞提出生於一九三三年呼羅珊的薩布札瓦爾（Sabzavar）附近。他長大後十分外向、活潑且極為聰慧，是個有著強烈幽默感的年輕人，很喜歡藉由捉弄他的老師來取樂。他的父親十分支持與時俱進發展的伊斯蘭教，沙里亞提受到父親影響很大，同時他也深受海達雅及叔本華、卡夫卡等西方思想家的影響。後來他進入馬什哈德大學，隨後又前往巴黎留學，跟隨馬克思主義教授學習，閱讀格瓦拉、沙特的文章，他還與馬提尼克出身的理論家、革命行動者弗蘭茨·法農（Frantz Fanon）交流，並且在一九六四年獲得社會學博士學位。他的政治行動主義也吸引了薩瓦克的注意。他於一九六五年回到伊朗，先是在馬什哈德教書，後來到德黑蘭執教，他的演講總是座無虛席，他寫了一系列重要書籍，並且發表一系列重要演說。他所傳達的主要信息是什葉派伊斯蘭教提供它獨有的社會正義和反對壓迫的思想觀念。這一點始終被偽什葉派迷信和維護君主制所掩蓋，*但是宗教基本的真理卻是永恆不變，其核心是胡笙及其同伴的殉道。沙里亞提並不是馬克思主義者，但他可以說是以革命的形式重塑了什葉派伊斯蘭教，與馬克思主義模式相仿——「到處都是卡爾巴拉，每天都是阿舒拉節。」[53]對於沙王政權而言，難以掌控他那太過尖銳評論。他在一九七二年入獄、一九七五年被釋放，之後處於軟禁狀態，他於一九七七年獲准去英格蘭，但同年六月，因為心臟病突發猝死於英國，然而伊朗人普遍相信他是被薩瓦克所謀殺。何梅尼從未直接贊同沙里亞提的思想，但他也從未譴責過沙里亞提的思想。沙里亞提所抱持的激進伊斯蘭主義既是全然伊朗的，又是完全現代的，強烈影響了一九七〇年代即將長大成人的一代學生。[54]

經歷了通貨膨脹以及隨之而來的經濟衰退與通貨緊縮，許多伊朗人——包括富裕的伊朗人——都開始懷疑穩定增長與經濟安全的前景。當時還發生一系列事件，讓沙王本人看起來很愚蠢或與現實脫節，最近一次的類似事件發生在一九七七年底，沙王訪問美國華盛頓期間，電視攝影機捕捉到他與卡特總統互碰香檳杯，並擦眼淚的樣子——因為白宮附近爆發了反對他到訪的示威活動，美國警察使用催淚彈驅散人群，然而風卻把催淚瓦斯的煙霧吹進白宮草坪。一位獨裁者可以蠻橫不講理，但是愚蠢的形象對獨裁者的危害極大。

革命

在一九七八年一月，有一篇文章刊登在《消息報》（*Ettela'at*），這篇文章攻擊神職人員與何梅尼是「黑反動派」。這篇文章由政府授意的某個人撰寫，並獲得王室認可，但是被獨立編輯的報紙《世界報》（*Kayhan*）拒絕刊登。這篇文章歪曲事實，而且編造虛構內容，暗示何梅尼是外國人（從他祖父出生在印度、他的名字中帶有「印地」），還說他是前英國間諜及詩人（最後這項指控倒是真的，這麼說是為了削弱他在神職人員那裡的威信：因為大多數的烏里瑪都從《古蘭經》中尋求支持，而不贊成詩歌）。[55] 這篇文章立刻在庫姆引發一場抗議示威，上千名宗教學生聲討政府是「葉齊德的政府」，並要求政府道歉，要求立

* 有關黑什葉派（Black Shi'ism）、薩法維什葉派（Safavid Shi'ism）的內容，詳見沙里亞提所提出的「紅什葉派」、「黑什葉派」理論。——譯者註

憲，並讓何梅尼回國。雙方爆發衝突，多名學生被警察槍殺。次日，人在巴黎的何梅尼讚揚了學生的勇氣，並呼籲更多示威活動。當時最重要的什葉派領袖之一——阿亞圖拉沙里亞提馬達里（Ayatollah Shari’atmadari），譴責了槍擊事件。

經過四十天的傳統哀悼儀式過後，巴札和大學都關閉了，有十二座城市爆發了和平的示威遊行，其中，大不里士的警察再次對人群開槍，造成更多傷亡。如同一場偉大革命之肺沉穩地呼吸，示威活動以四十天一次的規律持續著，並且得到烏里瑪全體一致的支持（儘管許多教士呼籲人們前往清真寺哀悼，而不是示威抗議）。示威活動的規模變得越來越大，也更加暴力，人們舉起了寫著「沙王去死」的標語。到了五月底，局勢出現了一段平靜時期（由於各種原因，包括阿亞圖拉沙里亞提馬達里曾呼籲人們不要再上街抗議，以避免更大傷亡），但是在七月時，馬什哈德出現了一次暴力事件，有警察對一位民眾開槍。到了八月十九日這一天，阿巴丹（Abadan）的雷克斯電影院被縱火，約有三百七十人喪生，這一事件至今仍然存在著爭議。政府和反對派互相指控對方，但是根據後來發生的事件、審判和調查顯示，一名與烏里瑪人物有所聯繫的激進伊斯蘭組織應為這次事件負起責任。[56]在當時，人們的心情沉痛，大多數民眾都遷怒於薩瓦克。

此時的抗議示威活動主要是由中產階級學生和傳統巴札中的中產階級商人參加，他們的示威行動得到工廠工人的罷工支持而擴大，工人們的不滿來自於政府採取的財政緊縮政策。[57]八月時值伊斯蘭曆的萊麥單月（齋月），這個月爆發了許多大規模的抗議示威，在齋月結束後的西曆九月，更多示威活動發生。沙王政府發布禁止示威的法律並且實行戒嚴令，但是到了九月八日，在德黑蘭和其他城市中，又出現大規模的抗議行動。政府在德黑蘭南部勞工階層居住的地方，設起了路障，政府還派遣武裝直升飛機及坦克；路障前的群眾則以汽油彈（Molotov cocktail）做回應。在嘉樂廣場（Jaleh Square），手無寸鐵的人群拒絕解散，隨後被軍隊就地槍殺。

在後來被人們稱作黑色星期五的九月八日這一天，傷亡讓人民對沙王的怨恨到達到無可挽回的地步。倖存的人們要求沙王下臺的聲浪無法平息，何梅尼早在一九七〇年就已經提出沙王下臺的呼籲了。到了同年秋天，幾乎所有反對派團體都與何梅尼及其計畫締結聯盟。卡里姆·桑家比、邁赫迪·巴札甘逃往巴黎。他們與何梅尼見面，宣布他們以民族陣線及自由運動的名義支持何梅尼。示威和暴力事件仍在持續中，沙王此時罹癌的病情日益嚴重，但消息並未向大眾公開，在鎮壓和讓步之間徘徊；他釋放了政治犯，並解散了復生黨。他在電視上發表演說，聲稱已明白人民的意見，將會舉行自由選舉，彌補之前犯下的錯誤。[58]

但是一切已經太遲，當秋天已逝、冬天來臨，更多工人用更多時間參與罷工，在穆哈蘭月*，暴力再次加劇。在加茲溫，坦克碾壓示威者，導致一百三十五人死亡。在阿舒拉節這一天（當年西曆的十二月十一日），德黑蘭街頭爆發百萬人模規的大型示威。阿舒拉節過

---

* 穆哈蘭月：伊斯蘭曆元月，阿舒拉日是這個月的第十日。——譯者註

後，幫派在街頭出現任意遊蕩，有越來越多跡象表明軍隊再也不可靠；特別是在庫姆與馬什哈德，軍隊裡出現大量逃兵。此時，美國總統吉米・卡特對沙王的支持幾乎被消磨殆盡了。在美國企業辦公室、甚至是美國大使館遭到攻擊之後，許多美國人離開伊朗。沙王對於局勢失去了控制，在一九七九年一月十六日這一天，他離開了伊朗。二月一日，何梅尼回到了德黑蘭。

第八章
革命後的伊朗：伊斯蘭復興、戰爭與對立

當教會的存在受到威脅時，就會不受道德戒律之約束。為了統一這個最終目的，任何手段之施行都是神聖的，即便是欺詐、叛變、暴力、買賣教會職位、監禁、死亡也無所謂。因為所有手段都是為了群體著想，個人必須為了公共的利益而犧牲。

——狄德里希・馮・尼海姆（Dietrich of Nieheim），凡爾登主教，西元一四一一年（引自阿瑟・庫斯勒的小說《正午的黑暗》）

何梅尼乘坐從巴黎飛往德黑蘭的法國航空客機——班機事先就明確取得了降落許可——一位西方記者採訪他對於返回伊朗有何感受。他回答說「*Hichi*」——「nothing」

（沒有）。[1]這句對於無趣新聞報導的暴躁答覆，並不表示他對於伊朗或伊朗人民福祉漠不關心。何梅尼的回覆含有精辟的特質，考驗人們的解讀。

不論人們是否認同何梅尼，他於一九七九年二月一日抵達德黑蘭時，無庸置疑成為了舉國上下關注的焦點。在某種意義上，人們尊重並理解何梅尼，何梅尼也是如此。大約三百萬人歡欣雀躍地歡迎他回來。這與何梅尼對於自己的看法相符——他的精神發展觀點是伊本·阿拉比（Ibn Arabi）筆下所描述的完人（Perfect Man）。[2]他認為透過慈悲、宗教儀式與紀律，可以實現其目標——內心世界可以映照出自我以外的世界，反之，內心世界也成為體現真主意志的管道。當何梅尼離開機場時，他的座車好不容易才穿過人群，從機場前往貝赫什提札哈拉墓地（Behesht-e Zahra），向那些在過去幾個月示威活動中被殺害的殉難者致敬，當他經過人們身旁，人們不僅高呼「真主至大」（*Allahu Akbar*），還高喊著「何梅尼！哦！伊瑪目」的口號。在什葉派的神秘主義（erfan）中，伊瑪目和「完人」是同一概念。自從第十二位伊瑪目遁世（消失）後，還未曾有人榮獲「伊瑪目」頭銜（很多位階較高的烏里瑪從未接受將此頭銜授予何梅尼）[3]。追隨者與群眾並未直接表明何梅尼就是隱遁伊瑪目現身，但是意思非常接近。幾百年前，阿拉伯詩人法拉茲達（Farazdaq）在麥加見到第四位什葉派伊瑪目之後，他寫道：

> 出於謙遜，他的目光低斂。人們出於對他表示的敬畏，也垂下了目光。他面含微笑，

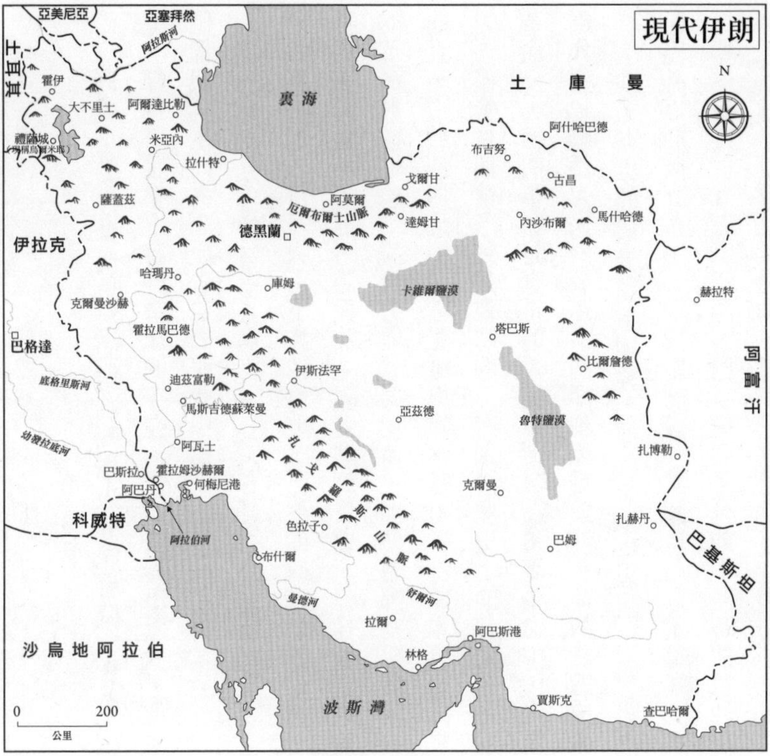
現代伊朗
亞美尼亞
亞塞拜然
阿拉斯河
土耳其
霍伊
大不里士
阿爾達比勒
裏海
土　庫　曼
N
阿什哈巴德
禮薩城
米亞內
拉什特
布吉努
古昌
戈爾甘
阿莫爾
厄爾布爾士山脈
達姆甘
內沙布爾
馬什哈德
薩蓋茲
德黑蘭
伊拉克
哈瑪丹
庫姆
卡維爾鹽漠
克爾曼沙赫
赫拉特
塔巴斯
霍拉馬巴德
巴格達
比爾詹德
阿富汗
伊斯法罕
迪茲富勒
底格里斯河
馬斯吉德蘇萊曼
亞茲德
魯特鹽漠
幼發拉底河
阿瓦士
扎博勒
巴斯拉
霍拉姆沙赫爾
阿巴丹
何梅尼港
扎格羅斯山脈
克爾曼
科威特
色拉子
扎赫丹
阿拉伯河
布什爾
巴姆
巴基斯坦
曼德河
舒爾河
拉爾
阿巴斯港
沙烏地阿拉伯
林格
波斯灣
賈斯克
查巴哈爾
0　200
公里

神態靜默。[4]

這就是為什麼何梅尼面對咄咄逼人的記者時，會有那樣的回應。在邁向「完人」之路上，穆吉塔希德不容許情感的存在，也不表露出感受。他與群眾合一，群眾也與他同在，他們都與真主同在。或者他們如此相信。

一九七九年的革命不僅只是（而且甚至可能不是）一場宗教革命。經濟衰退以及中產階級對於過去許多人所支持的腐敗、高壓的政權感到幻滅，才是革命的重要因素，同樣還包括對美關係不平等，讓民族主義者感到反感。但什葉派組織為革命提供了強大助力，為不同的革命群體增添了凝聚力與共同使命，即便對那些明顯沒有宗教信仰的人而言，也是如此。而且，由於何梅尼的清晰思維與領袖魅力，為原本分崩離析的團體和行動帶來了團結的向心力，儘管這個情形只是暫時的。有別於歷史上的其他革命（尤其是一九一七年的布爾什維克革命），伊朗革命是真正的人民革命，在這場革命中，大批群眾的行動對於革命結果具有關鍵作用，雖然人民對於革命的即刻反響並非革命的長遠成果，卻是人民意願的真實表達。

沙王在位的最後幾星期裡，他任命了民族陣線的領導人沙普爾·巴赫提亞爾為總理，而巴赫提亞爾宣布了一項措施計畫，試圖以此計畫重建立憲政府和局勢安定，包括舉行自由選舉（自從一九五三年起，巴赫提亞爾曾於不同時期被沙王囚禁過多年）。但是民族陣線宣稱與巴赫提亞爾脫離關係，何梅尼也譴責這一舉動，宣稱巴赫提亞爾的政府是非法政府。自何梅尼返國之後，他始終堅持此一看法，於二月五日任命自由運動組織的邁赫迪・巴札甘為總理。革命委員會（Komiteh, revolutionary committees）成立，並開始與那些脫離軍隊、圖德黨、費達伊與MKO的人一起合作，攻擊沙王政府的辦公建築，其中包括薩瓦克惡名昭彰的埃溫監獄（Evin prison）。在帝國衛隊部分成員做出最後一搏後，軍隊止戰，於二月十一日宣布他們將保持中立。[5]巴赫提亞爾辭去總理一職並躲藏起來，兩個月後，他逃離了伊朗。從那時起，革命者就控制了局面。革命委員會把巴勒維政權的資深元老集中起來，在一所學校的教室外舉行革命審判，並將他們處決了；其中包括在二月十五日被處決的前薩瓦克頭目納斯里將軍（General Nassiri）。何梅尼本人所親自領導的革命議會（Revolutionary Council），透過穆拉們之間的聯繫，與革命委員會保持著聯絡，他開始以這種方式，冷酷無情地剷除所有不利於國家未來願景發展的對手。

革命委員會在伊朗全國各地成立，但並不是所有委員都如此容易受到何梅尼權力的中央控制；尤其是在西北地區，本來就有當地的左派傳統，革命熱情轉向爭取更廣泛的地方自治權，庫德斯坦陷入徹底的叛亂與分裂主義。在一九七〇年代，沙王曾經支持伊拉克庫德族武裝抵抗伊拉克政府，但他的支持只是為了向伊拉克政府施壓，迫使伊拉克在其他地方做出讓步；當沙王一得到他想要的好處，立刻就將庫德族丟在一旁，而伊拉克庫德族在反抗後被鎮壓，處境十分淒慘。這些事情發展就如同在一九二〇年代與一九四〇年代再次發生的伊朗分離主義運動，革命再次激起了庫德民族主義。作為伊朗的眾多民族和宗教少數群體之一，庫德族的民族認同感發展得最為強烈，他們與伊拉克、土耳其及敘利亞的庫德族有著很強的聯繫。庫德族在伊朗革命後的叛亂最終還是被鎮壓了，此一過程中所經歷的痛苦遭遇，預示他們將迎來比一九八〇年代的伊拉克庫德族更慘的境遇。

甚至早在回到伊朗之前，何梅尼就已經發表演說，批判沙王的左派反對者。到了一九七九年三月底，他推翻了沙王政權，伊朗舉行全民公投得到百分之九十七的投票者支持，通過了伊朗成為伊斯蘭共和國。五月，他成立了伊斯蘭革命衛隊（Islamic Revolutionary Guard Corp, Sepah-e Pasdaran），作為鞏固政權的武裝力量，平衡軍隊的力量，並資助後來被稱之為真主黨（Hezbollah）的街頭戰士。沙王的巴勒維基金會（Pahlavi Foundation）所擁有的豐厚資產被移交給新成立的受壓迫者基金會（Bonyad-e Mostazafan），該組織成為何梅尼政權規劃社會政策，以及掌握政治任命權的手段和工具。

處決舊政權成員的舉動震驚了溫和派與自由派（包括巴札甘本人），以及世界各地許多起初樂見沙王政權倒臺的人。殺戮在三月中旬停止了一段時間，但在四月胡韋達被槍決後又繼續執行。何梅尼最初曾呼籲人們保持溫和克制，但是在年輕激進派分子要求為前一年所逝去的示威者復仇的壓力之下，何梅尼默許了這些激進分子的行為。年輕的伊斯蘭極端分子是何梅尼的武器，用以對抗伊斯蘭革命中的其他對手。[6]到了四月和五月，何梅尼清楚意識到鬥爭的嚴重性與失敗所帶來的後果，當時他的幾位親近支持者被暗殺，其中尤以摩爾特札・莫塔哈利（Morteza Motahhari）的暗殺事件特別值得注意。

自何梅尼流亡歸國的那一刻起，什葉派烏里瑪的影響力比以往都還要大。但是在地位較高的烏里瑪成員看來，何梅尼有幾分像是新貴，而且他所創建的伊斯蘭政權充分反映出他的個人特色，並至少與傳統什葉派同樣地強烈。在伊斯蘭革命期間，還有其他重要人物備受推崇，但是當群眾熱烈歡迎何梅尼從流亡歸國，這些人物旋即不再受到注目。這些人之中最有名望的是阿亞圖拉賽義德・卡齊姆・沙里亞提馬達里（Ayatollah Seyyed Kazem Shariʿatmadari），他在一九七九年主張採取較溫和的路線，但他的主張很快就被壓制了。他的一些支持者被處決。何梅尼後來撤消了沙里亞提馬達里作為瑪爾加的身分——這一決定是所有人都始料未及的。對許多什葉派高階人士來說，「法學家的攝政」本身還是一個可疑的新概念，他們之中有好幾位在一九八〇至八一年間曾經發言反對此一概念。但他們也在恫嚇下噤聲了。何梅尼及其支持者完全鞏固並掌控了伊朗的局勢，他們所秉持的原則是「法學家的攝政」，但這個理念從未在伊朗烏里瑪之中獲得普遍支持。[7] 此後，伊斯蘭的價值觀得以重申，其中包括烏里瑪成員再次擔任法官、以及重新採用沙里亞法。儘管沙里亞法在一些方面以法律的方式得到中央通過，從而變得現代化了，但某些極端慣例仍持續實行，例如，對通姦者處以石刑（雖然並不常見），從而引起了國際社會的批評。

到了一九七九年秋天，自由派與溫和派看似日益被邊緣化。在夏季期間，何梅尼成立了伊斯蘭共和黨（Islamic Republic Party, IRP），巴札甘起草了第一份憲法草案——類似於刪減了君主權力的一九〇六年憲法——但遭到效忠於何梅尼的烏里瑪所組成的專家會議徹底改寫。在自由派與左派人士大肆抵制並指控選舉舞弊之後，召開了專家會議。憲法的最終版本建立了至今仍在伊朗運行的制度，而且反映了何梅尼「法學家的攝政」的理念：日常的政府應該是世俗的，但最終權力掌握在那些盡忠職守於伊斯蘭政府的宗教領袖手中。憲法規定了總統選舉、議會選舉與市政委員會選舉，但是也建立起由十二名神職人員和法官組成的監督委員會，這個委員會有審核及批准參加選舉的總統候選人，並有權批准或否決由議會所通過的立法。最重要的是，憲法確定了何梅尼本人及其繼任者在憲法中的最高地位。何梅尼有權任命監督委員會半數成員、批准總統的任命，並任命革命衛隊及其他武裝部隊首長，雖然何梅尼運用憲法鞏固他所取得的權力，但他自始至終都準備使用暴力且不受法律管轄的手段，來達到其目的，取得並維持政治上的主動權，聽任對手去爭論已發生事實的是非對錯；最後這一點，何梅尼聲稱這是他從一九二〇年代神職人員從政者賽義德・哈桑・摩達勒斯的話所摘錄而來：「先出擊，然後任由別人抱怨。不要成為受害者，也不要抱怨。」[8]

在該年夏天一場共同議定的競選活動中，報刊評論自由受到箝制了。真主黨攻擊了報社以及政黨辦公室，四十家報社關閉，其中兩家最大的報社《消息報》與《世界報》，改由穆斯塔札凡集團（Bonyad-e Mostazafin）接管。與此同時，在以各種手段除去了薩瓦克的主管及官員後，薩瓦克逐漸轉變成為伊斯蘭的國家機構（同時還包括埃溫監獄）。在一九八四年，薩瓦克被重新命名為情報與國家安全部（Ministry of Intelligence and Security, MOIS）。

一九七九年十一月，美國准許沙王赴美醫治癌症（沙王最終於一九八〇年七月因癌症去世），受到此一消息的刺激，學生們闖進德黑蘭美國大使館，並將外交人員脅持為人質。起初人們認為這只不過是又一次學生示威（類似事件已經在二月發生過了），但是當何梅尼支持學生，此次示威事件便衍生為人質危機，巴札甘及其自由運動的政治家同僚辭職。在一九八〇年初，根據新憲法的制定，阿布．哈桑．巴尼薩德爾（Abol-Hassan Banisadr）被推選為新任總統。他獲得包括中產階級與自由派在內的廣泛支持，在接下來的一年半時間裡，他設法盡力解決人質危機，並維護傳統合法性及世俗政府的原則，但是與在他之前的巴札甘一樣，他最終也未竟其志，並於一九八一年被何梅尼彈劾。

何梅尼同時利用人質危機來維持革命的不穩定性與危機感，用以打亂對手的自亂陣腳。在同一段時間內，他下令肅清有宗教分離主義與反革命意見等嫌疑的公務員，開始關閉大學，藉以清除左派人士並推行伊斯蘭教義（學校在一九八二年才重新開放，但最初的規模大為縮減），並指使革命委員會與真主黨強迫女性配戴面紗。美國總統卡特於一九八〇年四月派出直升機，試圖營救人質，此舉更助長了危機感的持續。由於人質危機所造成的羞辱、營救行動失敗，以及卡特隨後競選連任未果，上述這些因素結合在一起，致使美國民眾普遍敵視伊朗，這種敵視態度至今仍妨礙了兩國試圖和解的嘗試。當卡特於一九八一年一月卸任後，人質終於獲釋。大多數伊朗人，包括支持該行動的激進分子在內，以及參與其中的人，現今他們都認為挾持人質是嚴重的錯誤。

在革命初期，何梅尼與伊斯蘭共和黨必須對抗國內外的強大敵人，但每一次，何梅尼都忠於他的基本原則，總是先發制人，讓對手措手不及，至少他在對付國內的反對者是如此。有人認為，伊朗革命分子本來是寬容的，且富有人道，由於經歷過戰爭的壓迫與敵人的殘忍，他們身上才會強加上恐怖與鎮壓。但這樣的說法禁不起檢驗，因為即便何梅尼以柔和的方式應對事件，但從一開始，何梅尼就充分意識到，如果他任由對手取得先機，那麼，他可能不會有第二次機會。因此他殘酷無情地清除了他的對手。

最嚴峻的兩大挑戰來自MKO與薩達姆·海珊（Saddam Hussein）。MKO最初支持革命，但在一九八〇年十一月，何梅尼抨擊他們是「monafeqin」（偽善者），這個詞是指那些宣誓效忠先知穆罕默德後又叛教的人。MKO的領袖被指控蘇聯間諜的罪名，而入獄十年。[9]真主黨又攻擊了該組織的總部。MKO以示威及街頭暴力回擊，隨後用炸彈成功殺害許多何梅尼的支持者，隨後，他們的領導者被流放國外。一九八一年六月，伊斯蘭共和黨總部遭到兩顆炸彈襲擊，超過七十名何梅尼最親密的夥伴及顧問遇難，其中包括何梅尼的得力助手阿亞圖拉貝赫什提（Ayatollah Beheshti）。隨後眾多MKO的支持者被殺害（罹難的支持者高達數以千計，其中某些人被公開處決）[10]或被監禁。MKO自流亡起，先是落腳於巴黎，後來到了伊拉克，持續反抗伊朗政府並發動暴力攻擊；隨著時間推移，MKO逐漸淪為準軍事性質的組織，在很大程度上為伊拉克復興黨（Baathist）的利益服務。

何梅尼及其支持者也一直在對付亞塞拜然的自治運動與在伊朗庫德斯坦爆發的庫德民主黨（Kurdish Democratic Party, KDP）武裝叛亂，這場叛亂直到一九八四年才終於被鎮壓下來。圖德黨是最後一個不與何梅尼及其追隨者站在同一陣線的主要政治團體（費達伊黨分裂後，其多數成員開始與圖德黨結盟）。圖德黨曾基於僵固的馬克思主義而支持何梅尼，認為一九七九年的革命是小資產階級革命，且是社會主義革命的前奏。時至一九八三年，何梅尼開始向圖德黨發難，指控他們是為蘇聯效命的間諜，並圖謀推翻伊斯蘭政權。七十名主要圖德黨成員遭到逮捕，有些被處決，有些則在電視上招供。圖德黨和費達伊黨遭到了查禁，只剩下伊斯蘭共和黨與規模較小的自由黨（Freedom Party）是仍被獲准運作的黨派。自由黨在其領袖易卜拉欣．亞茲迪領導之下，在嚴格受限的局勢下，持續運作。*

戰爭

一九八〇年九月，薩達姆．海珊的軍隊入侵伊朗，開啟長達八年的戰爭，加劇了伊朗政權所面臨的壓力。兩伊戰爭的起因眾說紛紜——不論薩達姆是否趁伊朗處於疲弱而伺機攻擊伊朗，希望能以迅雷不及掩耳之勢奪得阿拉伯河（Shatt-al Arab）等地（試圖導正十年來一直不利於伊拉克的阿拉伯河歸屬爭議）；抑或是伊朗於一九七九／一九八〇年的宗教與革命宣傳顯然有意掮動伊拉克什葉派發動革命，繼而達到推翻海珊政權的目的，此舉從而導致薩

* 易卜拉欣．亞茲迪已於二〇一七年八月去世。——編者註

達姆．海珊唯有開戰，此外別無選擇？然而不論兩伊戰爭的起因為何，薩達姆都是侵略者，他入侵並占領了伊朗領土，在那場毀滅性極大的戰爭結束之前，伊朗輸出革命（其中一項具體成果是一九八〇年代早期，促成真主黨於黎巴嫩建立）的籌畫逐漸褪去。高達一百萬伊朗人死於這場戰爭，整整一代人再次被烙印上什葉派殉教者的象徵。除了正規軍與伊斯蘭革命衛隊，大批志願參加戰爭的巴斯傑民兵（Basij）也被招募入伍了，其中包括年僅十二歲的男孩。政權不斷強調阿舒拉、胡笙與卡爾巴拉的殉難，呼籲在戰爭中堅持下去，以此激勵軍隊繼續作戰。伊朗方面的大量傷亡部分是由於他們採取人海戰術，以對付裝備更加精良的伊拉克軍隊。這種軍備上的不平衡是西方國家政策所導致的結果，雖然西方國家宣稱保持中立，卻向伊拉克提供各類最先進的武器，伊朗人則受限於沙王十年前所購入的軍備，且軍備配件已散缺不全。西方提供給伊拉克的軍火還包括化學武器技術，用以對付伊朗士兵與伊拉克北部庫德族平民，後者被海珊當作叛亂者對待。這場戰爭也造成什葉派信徒被隔離在納傑夫、卡爾巴拉及薩瑪拉等聖城之外。

戰爭初期，伊拉克占優勢，在胡澤斯坦*造成了巨大破壞，致使成百上千的伊朗難民逃亡。但是伊朗於一九八二年春天進行反攻，伊拉克疲於迎戰，伊朗收復了失地，重新占領霍拉姆沙赫（Khorramshahr），迫使海珊撤退至邊境。但是，伊朗擴展了他們的戰爭目標，要求海珊政權下臺及巨額賠償。此後，輪到伊拉克採取防禦的守勢，但是伊朗只能奪得少許領土；其中最著名的是一九八六年二月攻占法奧半島（Fao peninsula）。寄望伊拉克南部的什葉派起義支持伊朗在伊拉克南部發起的攻勢，事實證明只是幻想而已；如同一九八〇年海珊期盼胡澤斯坦的阿拉伯人能夠起義，卻期待落空。地面作戰已陷入僵局。

從一九八四年開始，海珊攻擊伊朗在波斯灣的航運，試圖破壞伊朗的石油出口。伊朗以其人之道還治其人之身，導致後來著名的油輪戰爭（Tanker War）。美國等未參戰的國家派遣軍艦駛入波斯灣，以保護國際水域的航運，但是在一九八八年七月，一艘美國軍艦——文森尼斯號（USS Vincennes）在一名熱血指揮官帶領下，闖下災難性的大禍，該軍艦在追逐幾艘伊朗砲艇時，駛入伊朗領海，在一連串失誤之後，以兩顆艦對空飛彈擊落一架伊朗民航客機，殺死了客機上的兩百九十人。美國雷根（Ronald Reagan）政府對此所提出的解釋，大多是誤導性的不實之處，以及辯解之詞多過於懺悔。後來，雷根為那艘軍艦的指揮官文森司令頒發戰役勳章。許多伊朗人堅信，那起民航客機墜毀絕非意外事故，而是蓄意所為。在美伊關係中，另一起不太光彩的插曲發生在稍早的一九八六年，當時美國官員為了伊朗的地對空鷹式飛彈，將一貨倉的飛彈零件從以色列帶往德黑蘭（外加特拉維夫市猶太烘焙坊所出爐的巧克力生日蛋糕及其他禮物），這起事件後來被稱作伊朗門事件（Iran/Contra affair）。美國這次大膽的嘗試在曝光和失敗之後，警示了兩國之間接觸的風險，以及彼此間的誤解。[11]

---

* 伊朗的重要石油產區。——譯者註

當地面戰爭陷入僵局，伊朗和伊拉克轟炸了對方的首都及城鎮，並且用遠程飛彈、從空中投彈轟炸，進行無差別攻擊，造成許多平民死亡（城市戰〔War of the Cities〕）。到了戰爭末期，在雙方交火中，伊拉克占據上風，並且在地面作戰中重新奪回法奧半島等地的伊拉克領土，這意味著前線幾乎完全回到一九八〇年九月的局勢。最終，由於戰爭所帶來的恐怖代價越來越大，向卡爾巴拉進攻的夢想卻毫無實現的跡象；在議會發言人拉夫桑賈尼（Akbar Hashemi-Rafsanjani）的說服之下，何梅尼接受了被他形容為「一杯毒酒」（the chalice of poison）的調停。拉夫桑賈尼或許是基於錯誤推斷，而得到正確的結論，他以文森尼斯號軍艦擊落民航客機的事件為例，堅稱美國將永遠不會允許伊朗在戰爭中獲勝。何梅尼允許總統哈梅內伊（Ali Khamenei，一九八一年當選總統，並於一九八五年連任）於一九八八年七月宣布，伊朗將接受聯合國第五九八號決議，同意停火。

死亡和重建

一九八九年六月三日，何梅尼去世，在貝赫什提札哈拉墓地的葬禮上，大批群眾情感宣洩的場面，可與他十年前流亡歸國的盛況相提並論。由於被情緒淹沒的哀悼群眾一度試圖撕下他的壽衣，以作為紀念，他的棺木必須經由直升機才能安全運送。何梅尼生命最後的幾個月籠罩在結束兩伊戰爭的艱難決定，這件事可能危害了他的健康，但是他也患有癌症與心臟疾病。在這最後幾個月時間裡，有一件至關重要的事件是他於一九八九年二月對薩勒曼・魯西迪（Salman Rushdie）所頒布的教令（fatwa，有些人認為更準確的描述是「*hokm*」——宗教裁決）。何梅尼似乎早在這件事的幾個月之前，就已經知曉魯西迪的這本著作《魔鬼詩篇》（*The Satanic Verses*），* 但並不覺得它有什麼重要之處而擱置一旁（他甚至並未禁止此書進口）。只是後來在英國穆斯林開始抗議示威、克什米爾與巴基斯坦出現暴亂之後，何梅尼才重新加以考量這個問題，隨後下達了教令，這是一個有意為之的宗教裁決，以此申張他與伊朗對伊斯蘭的領導權。[12] 這是一個何梅尼的典型手段，大肆宣揚伊朗的伊斯蘭教與其革命獨特性，但此舉也讓一些寄望於讓伊朗擺脫孤立狀態、進入某種常態的努力變得更加困難。

另一件發生在他生命最後幾個月的事件，再次說明即便在烏里瑪群體中，何梅尼一直（如今也依然如此）是一個令人難以捉摸的人。在一九八九年一月初，何梅尼寫了一封信給蘇聯領導人戈巴契夫（Mikhail Gorbachev），信上確切地提到共產主義如今已經僅存在於世界政治史博物館，何梅尼還說，在戈巴契夫墜入唯物的資本主義陷阱之前，戈巴契夫應該學習作為一種生活方式的伊斯蘭教。乍看之下，這也許是一個古怪的建議，但或許何梅尼感受到他與戈巴契夫之間的相似之處——一個被包圍在冷漠和實際思維的不尋常思想者。他

* 中譯本由閻紀宇翻譯，於二〇〇二年由雅言文化出版。——編者註

推薦的伊斯蘭教形式，讓很多烏里瑪成員都覺得感到不滿，他推薦給戈巴契夫的不是《古蘭經》，更不是其他傳統著作，而是伊本·阿拉比、伊本·西那與索拉瓦迪的著作。何梅尼派遣三位他最親近的夥伴和學生，前去遞信給戈巴契夫，而這三個人都精通伊斯蘭神秘主義。不論戈巴契夫的個人想法如何，他都對此表示感謝，並表達自己對於能從伊瑪目那裡得到親筆信，感到驕傲。但是這封信招致庫姆神職人員的批評，在一封公開信中，一些人責罵何梅尼推薦神秘主義和哲學家。於是，何梅尼回應了一封「給神職人員的信」，這封信表現出他長久以來都在忍受著思想傳統的穆拉們的批評，而備感挫折：

> 你們的這位老父親受到愚蠢保守穆拉折磨的程度，比任何人都多。當神學意謂著不介入政治時，愚鈍就成為了一項美德。如果一名神職人員有能力，並且明白周遭世界正在發生什麼事，那麼一定有人正在背後圖謀不軌。如果你走起路來顯得很笨拙，他們就會覺得你特別虔誠。學習外語是褻瀆神明，哲學和神秘主義被視為罪惡與異端……若是這種趨勢延續下去，我認為，教士和宗教學院無疑終將走上中世紀基督教會所經歷的過程。[13]

在革命以前，穆吉塔希德通過等級制度向上層層擢升，並非正式程序，但到了一九八〇年代，這種等級制度變成一種更具結構化的體制，由何梅尼及其追隨者制定和管轄。[14]隨著伊朗什葉派的等級制度開始受到控制，教義也同樣如此，何梅尼試圖將先前教義中大量的因循舊制，塑造為以什葉派為核心的思想。在九〇年代，這樣的發展更進一步，為有抱負的穆吉塔希德設立了考試，政治忠誠（以及擁護「法學家的攝政」理念）得比虔誠、對宗教理解的深度及知識能力更加重要，以往由一群鬆散的高級神職人員來認可的情形，甚至變得更不如上述考試更加重要。出現了一群新的政治化阿亞圖拉，他們是以這種新的方式被大量選拔出來，[15]其他那些從傳統觀點上看來更有資格的人，唯有穆吉塔希德。

前文意謂著這場革命已經建立起一個由國家掌控，並從屬於國家利益的宗教。從這個角度來看，此情況與沙王早先曾試圖作為白色革命部分內容的「國家宗教」（din-e dawlat）政策，有著不尋常的相似性——其中的區別在於這個國家的領袖是穆吉塔希德，而非君主。到一九九〇年代中後期，出現一些獨立的聲浪，提出新秩序將帶來的危機。這些人之中，最重要的是思想家和神學家阿布杜卡里姆．索洛施（Abdolkarim Soroush），他呼籲政府應該要世俗化，並預言：倘若不這麼做，那麼政治與政府的妥協、虛偽，將會致使宗教在伊朗失去信譽，而且，年輕人將會疏遠宗教。[16]他的推測成為如今的寫照。這項推論已經循著一九二〇及一九三〇年代的民族主義形式，在知識分子之間暗地捲土重來。他們理想化前伊斯蘭時期的伊朗，並將發展失敗歸咎於阿拉伯征服者——具有諷刺意味的是，出現了一種對居魯士時代的懷舊情懷，而這正是末代沙王最受人們擯棄的一點。[17]

另一個提出相似觀點的人是阿亞圖拉蒙塔澤利（Ayatollah Montazeri）。[18]貝赫什提去世之後，蒙塔澤利在一九八〇年代以最可能接替何梅尼成為最高領袖的形象出現。蒙塔澤利曾是何梅尼的忠實擁護者，也是一名重要的「法學家的攝政」理論的神學家。但是到了一九八〇年代末，他與何梅尼決裂了。這件事情的來龍去脈並不明朗。能夠確定的是蒙塔澤利曾不顧危險地致信給何梅尼，他在信中抗議數以千計的政治犯在獄中遭到屠殺，這些政治犯主要是之前的MKO的成員。在一九八八年七月伊拉克和伊朗協議停戰之後，MKO軍隊從伊拉克進入伊朗領土，發動最後一次荒謬且註定失敗的攻勢，在此之後，伊朗屠殺監獄中所有MKO囚犯。

三天前，一位來自省裡的宗教法官來到庫姆見我，他是一個值得信任的人。他向我表達了他對您近期下達之命令的擔憂。他說，有一名情報官員或是檢察官——我不知道是何者——正在審問一名囚犯，藉由審問確認這名囚犯是否仍然維持他舊有的立場、是否準備好譴責那個偽善組織（人民聖戰運動）。這個囚犯回答說：是的。然後審訊人問他是否準備好接受電視錄影採訪。他回答說：是的。隨後，他被問到是否準備上前線與伊拉克人作戰。他也回答說：是的。後來他被問到是否準備好走進地雷區。他回答說並不是所有人都願意走入地雷區，而且，新皈依者是不應該被寄予這樣的期望。後來這名犯人被告知他仍然抱持舊有立場，他將被按時處決。宗教法官堅持決議應該經過全體一致同意通過，而非取決於取決多數投票，此提議被置若罔聞。他說那名情報官員在各處都有最大發言權，而且在實際上影響其他人。聖明如閣下您，可能會注意到您下達的命令是如何執行的，且關乎到數以千計的人的性命。[19]

有些人相信蒙塔澤利與何梅尼之間真正的裂痕是來自於伊朗門事件，蒙塔澤利對於伊朗與美國所展開的討論一無所知，當他發現後反應極為糟糕。蒙塔澤利批評了針對魯西迪的宗教追殺令，他說這麼做只會在外國人眼中留下伊朗人只對殺人感興趣的印象。無論此事細節究竟如何，總之，當何梅尼於一九八九年六月離世前不久，人們都知道蒙塔澤利拒絕追隨何梅尼為最高領袖。何梅尼改由他的親信阿里．哈梅內伊擔任最高領袖，此人突然從「伊斯蘭長老」（*hojjatoleslam*）的身分晉升為「阿亞圖拉」身分，儘管他早前作為一名學者也並無顯赫的名聲（幾位高階阿亞圖拉抗議何梅尼破例拔擢哈梅內伊成為最高領袖，但對於伊朗之外的什葉派信徒而言，哈梅內伊只是瑪爾加而已）。從那之後，蒙塔澤利大多數時間都被軟禁在家，而且曾做出多次聲明，抨擊政府的一些決定，他主張讓「法學家的攝政」擔任更受限制的職位，以此才能有更適宜的憲法及民主政府，並呼籲停止侵犯人權。

儘管政府竭力將蒙塔澤利邊緣化，但是對於許多信仰虔誠的伊朗人，以及那些與其他政權保持一定距離的人而言，蒙塔澤利仍是他們心目中的瑪爾加。另外一個重要例子是大阿亞圖拉尤素夫．薩奈伊（Grand Ayatollah Yousef Sanei），他直言擁有或使用核子武器是不可容許的，伊朗以化學武器報復薩達姆，因為瑪爾加一致同意大規模殺傷性武器是不可容許的。他還發布教令，反對自殺式炸彈攻擊；儘管一九八三年位於貝魯特的美國海軍陸戰隊總部遭到襲擊，什葉派很可能需為此負責，但是黎巴嫩真主黨後來停止這種策略。據我所知，什葉派穆斯林從未實行過自殺式炸彈攻擊。

上列舉幾個例子，說明重要事實，意即伊朗什葉派（遑論伊朗以外的什葉派）比當前伊朗宗教的地位更受推崇；該區域以外的觀察者往往忽略這一點。近年來，在伊朗烏里瑪成員之間，對於政權政黨路線的異議逐漸加劇，改革思想家如默欣．卡迪瓦爾（Mohsen Kadivar）和穆罕默德．穆吉塔希德．沙貝斯塔里（Mohammad Mojtahed Shabestari），由於他們試圖在伊斯蘭教的脈絡下，提出以理性、真誠且謹慎的方式，解決當前的問題。[20] 什葉派宗教的意義，其宗教內涵就在於最初的什葉派信仰者反抗了不受他們認可的權威，而做出不同的追求。

多位評論家曾評價兩伊戰爭結束後，致使伊朗政治事務停滯，何梅尼也去世了。[21] 標誌此一變局的第三個歷史事件便是拉夫桑賈尼當選總統；在一九八九年八月，之前的議會發言人拉夫桑賈尼當選為伊朗總統（代替了哈梅內伊，哈梅內伊在何梅尼六月去世後成為最高領袖）。拉夫桑賈尼成為總統之後，宣布國家進入新的重建時期。阿里．安薩里（Ali Ansari）將此一時期稱為「貿易資產階級共和國」（mercantile bourgeois republic），巴札裡做生意的中產階級（他們長期以來就是政治上烏里瑪的基石）終於在此時期進入他們的王國。

兩伊戰爭對伊朗的經濟造成了巨大破壞，也摧毀伊朗一般平民的生活水準。自一九七八年以來，伊朗的人均收入至少下降了百分之四十。[22]在發生戰爭的邊境地區，約有一百六十萬人無家可歸，煉油廠、工廠、政府建築、道路、橋樑、港口與農業灌溉工程全都被毀摧殆盡。國家必須照顧大量受傷嚴重的退伍軍人，還必須照護遭受化學武器後遺症折磨的人們；很多人至今仍然飽受折磨。此外，還有伊拉克難民（一九九一年波斯灣戰爭後，大量難民逃往伊朗，當時美英兩國煽動伊拉克什葉派發動叛變，但當海珊屠殺叛軍時，美英兩國又袖手旁觀）以及來自阿富汗的難民，自一九七九年蘇聯入侵阿富汗以來，阿富汗就戰火不斷。截至一九九〇年代末期，伊朗收容了兩百多萬難民。不同於伊拉克，伊朗走出戰爭陰影，沒有背負沉重的債務，但是亟需重建，而且伊朗持續被國際孤立更是一大障礙。

戰爭為伊朗帶來團結的作用，一般民眾的犧牲更是增強了人們的公民意識與對伊斯蘭共和國的承諾。自從十九世紀初以來，這是第一次有大多數的伊朗平民被捲入一場重大衝突，也許自從納迪爾沙的時代起就不曾有過了。但是這些承諾與犧牲並非空白支票；當戰爭結束，人們要求得到一些回報。拉夫桑賈尼當選總統時，他向人們提出實際的允諾，他特別承諾將發展並且改善最貧窮的人們——「受壓迫的人」（the mostazefin）——的生活水準，最沉重的重擔總是落在這些人的身上。

但對於達到這些目標的政策手段，則存在著分歧，而且結果是好壞參半。自從革命以來，由於戰爭期間的需要，也為了達到曾宣稱的更普遍的社會平等的目標，伊朗政府採取了廣泛的國家主義經濟政策。如今，拉夫桑賈尼當政，由於他出身自巴札市集，對市集商人的處境較具同情心，試圖透過追求更大的市場自由來發展經濟，從這一點來看，他的政策可以和蘇聯在一九二〇年代用來刺激內戰後的經濟所實行的新經濟政策相提並論。但在政權內部存在著對這項作法的不同意見，尤其是私有化政策在推行之後又終止了，期間充斥了管理不善與腐敗的指控。經濟在某些方面取得了進展，也有些成果，但是沒有達到預期的績效。工業和農業生產量都有增加，出口也同樣如此——特別是農業出口，當然少不了開心果出口，拉夫桑賈尼自己的家族在這方面的產業有很大的利益。但是伊朗的經濟依然高度依賴石油，石油工業仍然效率不足，缺少國際援助來確保最新的技術，這些援助都被美國發起的經濟制裁所阻擋了。經濟制裁在九〇年代中期加劇，這是美國對伊拉克及伊朗同時實施制裁的結果。在伊朗的許多投資都帶來了建設的熱潮，這對投資者十分有利，卻很少惠及「受壓迫者」——如果真的有人顧及他們的利益。[23]

直到拉夫桑賈尼第二個任期（一九九三年至一九九七年）中期，人們對他在經濟上的努力普遍感受到失望。尤其是那些生活水準並不好的人們，他們的生活方式並沒有改善。失業率增加，部分原因在於經濟表現疲弱，但也因為人口在過去二十年間大幅增長。在這段期間，伊朗的人口成長率是全世界最高的國家之一——總人口數從一九七六年人口普查的三千三百七十萬人，增加到一九八六年的四千八百二十萬人，估計在二〇〇七年為六千八百五十萬人，雖然目前人口增加的幅度已有所趨緩。德黑蘭發展成一座約一千二百萬人口的城市。

在整個一九九〇年代，每年都有大量待業者湧入就業市場。

儘管問題重重，但是伊斯蘭共和國在最初的十八年裡仍然取得了重要成就，讓很多伊朗平民受益。伊朗下定決心改善鄉村地區的生活條件，並在之前巴勒維政權大多數失敗的地方，取得了成功。包括引入自來水、醫療服務，甚至是在一些最偏遠的地區提供電力及學校教育。人民平均壽命大幅提高，識字率也隨之增長（本書寫作時，識字率約百分之八十；男性，百分之八十六；女性，百分之七十三）。也許最重要的成就是教育普及，這一點已經在識字率的提升上表現出來了。基礎教育終於有效擴展到所有國民身上。伊朗是一個非常重視文化素養、教育及知識成就的國家；此一成就讓很多家庭享受到新的發展機遇。

革命為女性地位的影響通常是好壞參半。她們失去了末代沙王推行的更有利於女性的離婚法，這意味著原則上男性獲得子女的撫養權。儘管在現實中，如同濟巴．米爾—胡賽尼（Ziba Mir-Hosseini）導演的電影《伊朗式離婚》（*Divorce Iranian Style*），女性往往能夠在法庭上找到規避這一原則的方法。[24]但是女性仍然有投票權。雖然一夫多妻制與童婚再次合法化，但是幾乎從未發生過這些事；除了一些遜尼派地區，例如俾路支斯坦。推廣戴上面紗，再加上宗教高層的鼓勵，這讓觀念傳統的父親們允許他們的女兒去學校上學，一般的學校是男女分校。女孩們充分利用了這個新機遇，現今伊朗大學百分之六十六的學生都是女生。[25]當很多家庭面對收支平衡方面的壓力時，女性在大學畢業後進入職場，與男性一起工作，在結婚後依然如此（雖然很多人經歷著失業的煎熬）。有些觀察家，例如知名的法拉・

阿札麗（Farah Azari），在評論傳統的什葉派過去長期壓抑女性和女性特徵時，認為這與男性在社會和經濟變革時期的焦慮有關。還有些著作討論歷史上對女性的壓抑所造成的其他方面的扭曲。[26]女性在教育上的成功、在職場及經濟事務上重要性增強，在伊朗是一件巨大的社會與文化變革，假以時日，此一因素將與其他因素一同作用，將為整個伊朗社會帶來深遠影響。調查報告顯示，這樣的變化已經體現在人們對於教育、家庭及工作抱持更開放自由的態度，[27]與此同時，人們的態度也從宗教轉向世俗化、自由主義與民族主義的立場。[28]烏里瑪中的一些宗教學者也正在提出新的挑戰，試圖改變在革命時期加入到法律中的一些關於女性地位的裁決。這些發展對於國家未來的發展絕非無關緊要，而是至關重要。

改革？

一九九七年五月當選的新總統哈塔米（Mohammad Khatami）所擁有的一些最堅定的支持者就是女性，他抱持著改革派的施政計畫。他沒有攻擊「法學家的攝政」的概念，而是要求更適宜的立憲政府，並且終止法庭職權外的暴力。他在一些場合中提出他相信改革計畫是伊斯蘭共和國最後的機會——如果改革受阻，人們就會要求建立世俗政府，並一舉徹底推翻神權政體。但是他的改革遭到阻撓，政權日益不得民心，在年輕人之間更是如此。去清真寺禮拜的人數大幅下滑。在過去十年來，強硬的政權變得越來越公開地為其自身牟利，憤世嫉俗地利用宗教，並操控選舉，藉以確保既得利益者的權力。

哈塔米的當選對於強硬派的領導階層而言，是令人相當不快的意外（他們曾支持他的競選對手納提克·努里〔Nateq Nuri〕），他們似乎花了好一段時間才適應隨後變化的政治環境。哈塔米在選舉中贏得百分之七十的選票，超乎全國人的想像，這種情形多年來絕無僅有。這場勝利激勵了新一代的年輕伊朗人，讓他們對未來充滿希望。不幸的是，哈塔米的對手們以策略制勝，人們的希望轉變成為失望。有些人認為哈塔米自始至終都只是強硬派的傀儡，但更令人信服的說法是，他在政壇上太過於善良——在二〇〇〇年夏天的關鍵時刻，不願冒險讓局面演變成暴力衝突。

這段期間伊朗外交政策始終潛伏著一個問題，就是伊朗與美國恢復外交關係的問題。在一些場合中，哈塔米總統在幾個場合發表聲明，似乎暗示他對於開啟與美國重新接觸，抱持著開放態度，尤其是在一九九八年一月播出的CNN記者克里斯蒂安·艾曼普（Christiane Amanpour）對哈塔米的採訪。[29]但是伊朗在和美國重啟關係時面臨著障礙，例如伊朗對以色列的敵對態度，是伊朗政權強硬派的固有原則以及不願拋棄的信條——保持革命的信仰。某些國際評論家推測，在一九九八年秋天，伊朗與英國關係改善之後，英國將充當伊朗與美國之間的誠實斡旋者，但這樣的預測並沒有發生。雖然美國總統柯林頓（Bill Clinton）與國務卿歐布萊特（Madeleine Albright）在一九九九年與二〇〇〇年間，也做出許多調解的發言，但對於美國政府而言，也難以致力於恢復友好關係。

在一九九八年十一月、十二月所發生的，對作家和異議人士的殺害，後來被稱之為連環謀殺事件，可以視之為情報與國家安全部內部的強硬派對付和削弱哈塔米總統的手段。連環謀殺事件的遇害者包括大流士．弗魯哈（Dariush Foruhar）和他的妻子帕瓦內（Parvaneh），以及其他眾多革命先聲人士。關於這次事件其中一個版本的說法是，哈塔米拿到了一卷錄音帶，其中錄有殺手的通話內容——背景中出現帕瓦內的聲音——殺手問他的幕後老闆要如何處置帕瓦內的妻子，因為她的丈夫已經死了。哈塔米成功壓制了這場對抗，並逮捕了薩伊德．伊瑪米（Saeed Emami）與其他共犯，繼而清除了MOIS，許多人認為他在鞏固自己地位的同時，還穩定了改革進程。但是在這些逮捕行動之後，還有十三名猶太人因為間諜罪而被拘留在色拉子。這似乎是心懷不滿的MOIS官員逮捕了無辜的人，試圖把這次事件表現為MOIS勇敢揭發某種猶太復國主義的陰謀。逮捕行動也使哈塔米之後在國際上的友好與和解方面的努力，陷入困窘局面。MOIS聲稱當時有許多穆斯林（依據不同聲明的不同陳述，有九個、八個、三個或兩個人被逮捕）曾因與同一案件有所牽連而被逮捕，看來這是掩飾此一案件的反猶太傾向。最終，所有猶太人都被釋放，但是他們之中有些人一度被認定為以色列從事間諜工作（對該罪行的懲罰可以導致死刑），有些人的釋放只是暫時性的，當MOIS需要的時候，他們還可能再次被捕。

有關拘留者的問題以及他們不確定的未來，再次引發國際對伊朗及其人權記錄的批評，也突顯了伊斯蘭共和國的猶太人的嚴峻處境。除了以色列之外，伊朗仍是中東國家中有最多猶太人口的國家。當一九四八年以色列建國時，據估計有十萬猶太人住在伊朗，但是到一九七九年為止，伊朗有八萬猶太人，時至今日這個數字到了兩萬五至三萬五之間。[30] 伊朗猶太人口下降的主要原因是猶太人的移民潮，尤其是移往以色列與美國。很顯然，移民既有拉動因素，也有推動因素，但是在一九七九年後，移民速度迅速加快。在革命之後，為了符合伊斯蘭教對有經人的保護，何梅尼與猶太代表會面，並下令猶太人將受到保護。憲法規定猶太社群擁有一名固定的議會代表（亞美尼亞基督徒與瑣羅亞斯德教徒的待遇相似，但不同之處在於亞美尼亞人有兩名代表席位）。傳統伊斯蘭教法中，關於猶太人及其他非穆斯林地位較低的一些規定已被修改，使他們獲得更平等的待遇。但是仍然存在著許多不平等的區別，其中包括皈依伊斯蘭教者在親屬去世後繼承一切財產，而其他沒有皈依的財產繼承申請人則不得繼承。在伊斯蘭共和國的統治下，一些人舊有的反猶主義者只是披上了反猶太復國主義的外衣（儘管一般伊朗大眾對於以色列對待巴勒斯坦人的方式，由衷感到憤怒）。許多猶太人認為政權在政治上的反猶太復國主義立場，讓反猶主義得到尊重，這點體現在報紙與一些小型的迫害行為；例如，要求猶太人捐款給反猶太復國主義者的事業。猶太社群就像過去其他時期的猶太人一樣生活，普遍不引人注目、迴避麻煩，就能生存下來。有鑒於猶太人在伊朗擁有悠久的歷史，以及豐富又獨特的伊朗猶太文化，這是一種悲哀的狀態。在美國與以色列，許多伊朗猶太家庭仍然秉持著伊朗傳統，例如，慶祝波斯新年（Nowruz），仍然說波斯語。

自一九七九年以來，巴哈伊教的處境更糟糕了。很多巴哈伊教徒被關押及處決（對他們的指控除了常見的異端邪說以外，還有與猶太復國主義者有所聯繫）。巴哈伊教徒面臨著恐嚇、逮捕與強制改宗。巴哈伊教徒被禁止接受大學教育，當局的特工人員也攻擊那些建立與舉行巴哈伊教學習活動的小圈子。

總統哈塔米最終在一九九九年夏天與強硬派妥協，並讓他們終止學生的抗議示威，這也許讓西方覺得很失望，但很多伊朗人似乎都同意他的作法，認為漸進式的變化比失控的暴力要好。人們有足夠理由相信哈塔米是對的：在經歷過一次革命之後，哈塔米與其他大部分的伊朗人都不願意將自己對於改革的希望寄託在街頭暴力的結果上。[31]在整個時期裡，伊朗的自由媒體蓬勃發展，已經發展到無法阻止的規模，它們對於當局的批評和對改革的要求已經越來越大膽了，這鼓勵了人們對改革的信念。

在二〇〇〇年六月的第六次議會選舉中，改革派贏得了強大優勢（在兩百九十個席位中占據一百九十席）。許多觀察家都認為改革派終於掌舵了。有人預計伊朗從此將會朝向溫和形式的宗教政權方向改變，在此情勢下，國家系統中的神職人員元素只是在背後中偶爾做出指導，而不是像一九七九年以來扮演直接操作的角色。但是站在檢討過去的視角上來看，在大選中對前總統拉夫桑賈尼的抨擊，對改革派媒體來說是一個決定性錯誤，他們的抨擊太過猛烈，將心存怨恨的拉夫桑賈尼推到強硬派陣營（他之前曾經試圖進行雙方調解，但是沒能成功）。從二〇〇〇年夏天開始，強硬派對改革派政策的反對越發猛烈，也越發成功，可能其中也有拉夫桑賈尼的建議。持續、針對特定目標的一連串逮捕行動及關閉媒體的行為，讓自由媒體的春天被迫終結。[32] 最高領袖阿亞圖拉阿里．哈梅內伊親自介入並阻止新一屆議會推翻媒體法的努力，這部法律讓鎮壓媒體變為可能（是在上一屆議會的最後幾個月中通過的），議會也漸漸發覺他們被伊朗系統中的強硬派元素所阻止，讓他們無法推行任何重大的改革計劃。如果哈塔米曾經錯過與強硬派領導對抗的時機（如果改革計劃成功，一場對抗很可能不可避免）那麼，他所錯過的時機就是這個時候。但時移事往，自由媒體已經褪色，強硬派政黨重新拾得了自信。二〇〇〇年七月進行的流星三型（Shahab III）中程飛彈的試射，標誌國際社會對伊朗武器計劃與核子武器野心的擔憂，進入了新的階段。

第九章
從哈塔米到艾哈邁迪內賈德，以及伊朗的困境

「未來的帝國將是心智的帝國。」

——邱吉爾（一九四三年九月六日在哈佛大學的演講）

自從一九七九年以來，伊朗獨自走在對抗影響全球的西方價值觀，尤其是對抗美國價值觀的道路上。在這一點，我們可以將其看作是一面鏡子，從某個角度來看，這可以解讀為伊朗仍有持續不斷的獨特觀念與文化上的重要性。一九七九年發生的伊斯蘭革命是一個範圍更大的伊斯蘭復興的前兆，這顯示之前人們認為中東地區會不可避免地按照西方模式向前發展的預估是受到誤導的假設。這就和過去一樣，中東的發展動向總是由伊朗所領導，未來也會是如此（無論是好還是壞）。在一九九〇年代末期，儘管有很多證據表明如今的伊朗人對宗

教領導更加抱持懷疑態度，他們比其他中東國家的人們更傾向於世俗化，[1]但有一些人希望哈塔米的改革運動可以從另一個角度提出解決伊斯蘭極端主義的方法，但是目前看來，這樣的希望還不夠成熟。

西方未能善用伊朗的改革派總統所帶來的機遇，此一後果在目前看來已經是一個足夠糟糕的錯誤了。其中一次這樣的機會出現在九一一事件發生之後，伊朗領導層的成員們（不僅僅是哈塔米，還包括哈梅內伊本人）直接譴責了恐怖份子的行徑，而且一般伊朗民眾在德黑蘭街道上點燃悼念九一一死傷的蠟燭，再次表明伊朗人與其他中東人所持的不同態度。另一次機遇出現在二〇〇一年時，伊朗提供了美英聯軍打擊塔利班的重要協助，尤其是幫助說服北方聯盟（the Northern Alliance）接受後塔利班時期阿富汗的民主進程安排。[2]但在二〇〇二年，他們的幫助卻換來了美國總統小布希（George W. Bush）在演說中將伊朗與伊拉克、北韓同列為「邪惡軸心」（Axis of Evil）。最後一次機會是在二〇〇三年春天（巴格達陷落後不久），小布希的執政團隊忽略了伊朗所提議的，透過瑞士展開的一場「大交易」（Grand Bargain），這場雙邊會談原本可能解決伊朗的核問題與伊朗承認以色列事實上存在的議題。

我提及這一切的目的並不是要強化許多西方觀察家看待中東時所背負侷促不安的罪惡感。這並非全是我們（西方）的錯，毫無疑問，如果伊朗人處在英國從一八一五至一九五〇年間，或者處於一九五〇年以後美國的優勢地位，他們可能表現得一樣糟糕，甚至更糟。伊朗也在哈塔米任職時，錯過了修復國際關係的機會。但是我們（西方）太常把事情搞砸了，並且付出了代價。重要的是我們要站在伊朗人的角度看這些事情，了解我們是如何把事情搞砸的，我們需要弄明白應該怎麼做才能把事情做對。最重要的事情是，如果我們做出承諾，並提出具體的原則，我們就要小心翼翼地做到言而有信，說到做到，在我們的行為落實這些原則。

九一一事件後伊朗的反應表現其跳脫了大體上對於西方（尤其是美國）持有的矛盾態度。正如我們所見的，伊朗人的憤恨是有真正的歷史根據，他們有獨有的常見民族主義與反美主義立場。但是與這種情緒一起的，還有許多一般民眾對歐洲、美國所持有的喜愛、尊敬的態度，這樣的正面態度比中東其他地方要強烈得多（在一定程度上，伊朗人認為自己在中東國家中具有特殊地位，對於歐美的正面態度也與他們的這種態度有關）。簡單地說，不同的伊朗人以不同的方式把這些態度混合在了一起。解釋這種矛盾心態的最好方式可能是說許多伊朗人（不考慮他們對自己政府的態度，他們可能或多或少地把這種處境歸咎於政府）感到受西方對他們的冷落、傷害、誤解，而西方本應該是伊朗的朋友。這種矛盾心態以不同的方式表現出來，也包括在政治隱喻中表現出來，就像最高領袖哈梅內伊於二〇〇七年六月三十日，在電視演說中表現出來的這樣：

為什麼，你可能會問，為什麼我們要採取攻擊性的立場？我們是在和全世界作戰嗎？

> 不，不是個意思。我們相信世界欠我們一些東西。關於殖民世界的殖民政策這件事，世界對我們有虧欠。只要談到對女性地位的擔憂，他們就給我們施壓，讓我們覺得我們虧欠了什麼。他們挑撥伊朗內部的衝突，並且提供各種形式的武器，世界應該給我們一個答覆。在核武器、化學武器與生物武器擴散的問題上，世界欠我們一些東西。[3]

自從二〇〇五年六月以來，隨著艾哈邁迪內賈德（Mahmoud Ahmadinejad）總統上臺，伊朗與西方的棘手關係進入到了更加對抗性的階段。艾哈邁迪內賈德在二〇〇五年六月的總統大選獲勝，這是因為他利用窮人與城市失業者的不滿，再次操作了什葉派對高傲權力的憤恨（也得到了革命衛隊有組織的支持）。他在選舉最後階段的對手是前總統哈什米・拉夫桑賈尼，對於許多伊朗人來說，此人代表的是伊朗政權中用人唯親、最為腐敗的那一部分。但是很多投票給艾哈邁迪內賈德的選民，只是因為他們首次有機會把票投給一個不是穆拉的人。大多數的外國觀察者，受到德黑蘭北部繁榮、傾向改革氛圍的影響過多，對於大選的最終結果感到非常震驚。在大選以前，艾哈邁迪內賈德曾拜訪伊朗國內較窮困的地方，這些地方已經好多年未曾有政治人物到訪了，他強調經濟和社會問題；他的宗教熱情，以及在國際關係問題上希望嶄露頭角的願望都是後來才出現的。這次選舉遠遠稱不上公平或透明——很多改革派人士公開抵制這次選舉，抗議他們的參選代表被監督委員會排除在外。在第二輪投票中，投票率為百分之六十，艾哈邁迪內賈德拿到了最高票——百分之六十的選票，不到總投票數的百分之四十。在有更多參選人的第一輪選舉中，他只是百分之六選民的投票首選。

在二〇〇五年夏天，英國歷史學者尼爾．弗格森（Niall Ferguson）曾經提出警告，艾哈邁迪內賈德可能會成為伊朗革命中的史達林。也許艾哈邁迪內賈德有成為史達林的天性與渴望，但他看起來不太可能證明自己是一個同樣暴烈、心狠手辣的人物。經歷數月，議會擋下了（最終成功了）他在內閣任命他心儀的人選與攀附權貴者。自此之後，他大概就不可能實現他對窮人做出的承諾，現在看來則更不可能了。他的經濟管理在伊朗國內遭到了大量批評，他在二〇〇七年夏天實行的燃油配給制度更進一步打擊了他的支持率。在燃油配給制度實行後，一份民意調查顯示，百分之六十二點五曾在二〇〇五年投票給他的選民將不會再支持他。[4]通貨膨脹成了一個重要的問題，油價上漲所帶來的額外收入被放進了受到聯合國制裁的人為控制經濟裡。但是制裁可以再次提供艾哈邁迪內賈德及其政權作為經濟失敗與高失業率的辯解理由。

某些觀察伊拉克及伊朗局勢的人作出警告，擁有核武器的伊朗控制什葉派占多數的伊拉克，以及什葉派真主黨在黎巴嫩的復興，遜尼派哈瑪斯在約旦河西岸與加薩的崛起，還有伊朗支持的什葉派運動在巴林及其他波斯灣南岸國家爆發，以上這些組合起來的危險處境，不是以色列（更別提其他國家了）所能承擔的。艾哈邁迪內賈德總統的威脅，即便修辭意義大過實際意義，但仍然是重要且具有影響力的。

但是一切也許並不像我們所看到的那樣。可能除了黎巴嫩的真主黨之外，在更廣闊的中東，什葉派對伊朗式的伊斯蘭統治並沒有什麼興趣。作為一種全球化現象的什葉派伊斯蘭教來說，「法學家的攝政」的概念越來越像太過極端的一步，同時在伊斯蘭教內部，大多的極端聲音都來自遜尼派一邊。受到艾爾希斯坦尼（Al-Sistani）、穆克塔達爾・薩德爾（Moqtada al-Sadr）的影響，伊拉克的什葉派信徒保持著獨立態度（儘管越來越多的來自遜尼派的攻擊與挑釁可能會將他們進一步推向伊朗的懷抱）。伊朗對伊拉克什葉派有影響力，伊朗人也傾向把自己看作伊拉克什葉派信徒的保護者，這就和伊朗對世界其他地方的什葉派信徒的態度是一樣的。但是以納傑夫（阿里之墓所在地）、卡爾巴拉與薩瑪拉為中心的伊拉克南部什葉派信徒擁有自己的權威，他們獨立於伊朗什葉派，後者的什葉派是以庫姆的神學學校為中心。伊拉克的什葉派並不一定信任伊朗人，而且許多一般的伊朗人也並不樂意看到，當伊朗人自己還在面對就業、住房和生活水準的問題時，他們的政府把錢花在支持外國事務上（無論是花在伊拉克人、黎巴嫩人還是巴勒斯坦人那裡）。

伊朗政權存在著許多問題，但是它是在以色列之外的中東國家裡最有代表性的政權（雖然趨勢並不讓人樂觀，二〇〇四年的議會選舉與二〇〇五年的總統大選受到了更多的干預，比以往的選舉更不自由）。儘管國家機關實施壓制手段，但是伊朗並非如同冷戰期間的蘇聯那樣的極權國家。伊朗的政體很複雜，有很多的權力中心，當權者內部也存在著不同的觀點。在伊朗，存在著一定限度的異議空間。伊朗仍然有自發變化的潛力，這樣的觀點被包括保羅．沃爾夫維茨（Paul Wolfowitz）到末代沙王的兒子禮薩．巴勒維（Reza Pahlavi）在內的很多觀察者所認可。像是席琳．伊巴迪（Shirin Ebadi）這樣的獨立人物、阿克巴．贊吉（Akbar Ganji）這樣的異議者都曾強烈主張，伊朗只剩下發展出自己的政治解決辦法的可能性。有一個伊朗歷史的理論，由霍馬．卡圖濟安（Homa Katouzian）等人所提出，[5]此一理論認為伊朗歷史只是從混亂到獨裁的循環往復。就像我們所見到的那樣，可能的確有一些證據表現出這樣的理論——也許越來越多的政治自由只會帶來混亂，而且當前伊朗政權的內部也毫無疑問地存在一些務實者，他們只是想維持現狀。人們可以把二〇〇〇年改革運動的危機，以及隨之而來對媒體的壓制解釋為卡圖濟安等人理論的再度出現。在哈塔米的試驗失敗後，很多伊朗年輕人都表現出了幻滅和虛無主義的跡象。[6]但是在根本上說，我不相信這種決定論。在伊朗，真正的社會與政治變化正在準備中，隨著人們對事物的更多認知，要求更好的教育與更寬廣的自由是自然而然的顯著現象。十七世紀的其他歐洲人曾經覺得英格蘭是一個無可救藥的混亂之地，到處都是無法矯正的暴力事件與狂徒，他們大喊著要砍下國王的腦袋。一百年後，英格蘭成為其他人學習以法律與立憲政府保障自由的榜樣。[7]

關於伊朗，有理由可以保持審慎樂觀的態度。在二〇〇七年春，伊朗與美國人質危機之後首度做好了公開、直接會談的準備，此事本身就是向前邁出的巨大一步，此一進展如果放在一兩年前，也許兩國自己都覺得難以置信。會談的內容關於伊拉克事務，首要事項一定是誘導伊朗停止什葉派武裝分子攻擊美國與英國在伊拉克的現役軍人，此事已造成太多美英人員死亡與重傷。不過如果將伊拉克當前問題的責任怪罪伊朗則為不實指控。美國政府在二〇〇七年二月曾提出一份檔案，其中指控了伊朗供應爆炸設備，以攻擊聯軍裝甲車輛，與此種形式的攻擊相關的死亡人數是一百八十七人（這份檔案的真實性存有爭議）。[8]在當時，在伊拉克的美國與聯軍軍人的總傷亡人數已經超過三千人。無庸置疑的是，聯軍的人員傷亡不是由伊朗支持的什葉派武裝人員造成的，而是由遜尼派造成的，猜猜誰是幕後的支持者？大概可以推定是約旦、沙烏地阿拉伯等國家內部的某些勢力所支持的，[9]可是我們卻看不到太多這樣的報導。伊朗被指控試圖動搖新伊拉克政府——但是何必呢？伊朗為什麼想要動搖一個已經開始運行並且持有親伊朗態度的伊拉克什葉派政府呢？就如同二〇〇七年春天，英國水兵及海軍陸戰隊員的俘虜事件，伊朗涉入伊拉克的這件事，更合適的解釋是伊朗要給美國、英國的一個提醒，表明伊朗始終關切關於其國境線的利益，而不應該將此事誇大成任何其他態度的後果。二〇〇八年三月，艾哈邁迪內賈德訪問巴格達，就是更進一步強化了伊朗支持伊拉克的馬利基（Maleki）政府的訊息。出於務實政治的考量，伊朗政權總是堅定地期盼伊拉克與阿富汗的穩定。

艾哈邁迪內賈德執政的時期，似乎並非西方嘗試與伊朗修補關係的好時機，但無論願意與否，美國與英國在阿富汗事務上都需要伊朗的協助。此一局面簡單地反映出了伊朗在中東地區永久又重要的存在現實，而且塔利班與薩達姆．海珊的倒臺也讓伊朗成為主要受惠者，他們都是伊朗曾經的敵人。* 目前的伊朗政府絕不完美，但是（以民主或人權的立場來看）在中東地區能找到更多同樣糟糕或更糟的政府，我們卻毫無顧慮地將那些政府稱為親密盟友。如果我們能夠對伊朗表示出西方將其視為合作夥伴的尊重態度，並站在平等的立場上與其交往，而不僅僅是將其當作實現其他短期利益的工具（過去往往是這樣），我們也許會驚訝地看到，即便是現在的強硬派政權，也會為改善關係向前一步。隨後，我們可以看到關係的改善也會為伊朗國內帶來有益的影響。伊朗的領導人不僅是艾哈邁迪內賈德而已，他在伊朗政治系統中的影響力並沒有看起來那麼大。更廣大的領導圈子是最高國家安全委員會的決策者，實質上與二〇〇三年時相同，當時也正是這個領導圈子授權了「大交易」方案。

伊朗目前的情勢有著令人失望的部分。二〇〇七年春天逮捕女性與訪問學人又是一次開倒車的舉動。為了執行著裝規範（在哈塔米主政時期已顯著放鬆），以及禁止公開場所的所謂不道德行為（比如當眾牽手或接吻），所做的取締也在此一時期更為加強。[10] 哈塔米對MOIS 的清理已經被反轉，很多與一九九八年的一連串謀殺有牽連的人物重歸其位。和平的示威遊行被驅散，示威者被逮捕，並被長時間關押。在一個擁有如此豐厚和多元的智慧遺產的國家，而在這個國家有著如此古老又重要的猶太人，它的總統竟然試圖藉由一場國際會議引發轟動，這場會議充斥著否認大屠殺存在的激進分子，並展出具有冒犯意味的無聊卡通，

* 美軍與北約部隊撤離後，塔利班已於二〇二一年八月重掌阿富汗。——編者註

這實在是一種難以言表的悲哀。（儘管伊朗政權否認大屠殺的傾向並不始於艾哈邁迪內賈德——如同伊朗人支持哈瑪斯與真主黨，以及對以色列的攻擊，都可以追溯到很多年前。）艾哈邁迪內賈德聲稱要把以色列從地圖上抹去（或者按照更準確的翻譯：「從時間的書頁中擦掉」*），[11]這是愚蠢和不負責任的。關於以色列與巴勒斯坦人的問題，他的立場是說，以色列是為了歐洲猶太人而創造出來的國家，是歐洲人在納粹大屠殺後的內疚表現，所以以色列人應該回到歐洲去。他這樣的立場既無知又粗魯。以色列的猶太人是在很長一段時間內從很多別的國家移入的，其中還包括了在近二十年裡自前蘇聯移入的猶太人。簡單地說，大屠殺此一令人震驚的事件是以色列建國的因素之一，不過還有當時以色列人在伊斯蘭國家裡的悲慘處境也是原因。在一九四八年以色列建國後的一段時間內，從穆斯林國家與從歐洲國家移民到以色列的人數大致相當（例如說，在一九四八至一九五五年間，有二十六萬人來自摩洛哥；十二萬九千二百九十人來自伊拉克；二萬九千二百九十五人來自埃及；二十二萬九千七百七十九人來自羅馬尼亞；十五萬六千零十一人來自波蘭；一萬一千五百五十二人來自德國）。[12]當然，還有好幾萬伊朗猶太人也在此一期間移民到了以色列。在當時，中東猶太人與歐洲猶太人一樣多，他們都在尋求一個能夠主宰自己命運的國家，能夠為了自己的利益反抗迫害，而不是寄望於非猶太國家友善但不確定的介入，就像是在大離散過程中時常出現

* 此句話的原文是「erased from the page of time」。——編者註

的那樣。反猶主義並不只是一個歐洲現象，在一定程度上說，目前在中東穆斯林與以色列人之間關係的問題僅僅是舊有問題的變形和移位，也就是過去中東的大多數穆斯林與少數猶太人（以及其他的契約民〔dhimmis〕）之間的問題。先不談巴勒斯坦人的遭遇也需要實實在在的解決方案，艾哈邁迪內賈德期待讓以色列人回到原來在中東的二等公民與受害者身分，這是不切實際的政治姿態。

核武爭論

艾哈邁迪內賈德對於以色列的挑釁言論聽起來更具威脅性，其原因在於關於伊朗核計畫的爭論仍在持續。多數西方國家懷疑伊朗試圖獲得核武器製造能力，這違背了伊朗在《核不擴散條約》（*Nuclear Non-Proliferation Treaty, NPT*）與其他條約中的承諾。伊朗聲稱他們沒有製造核武器的野心，而且他們表示依照《核不擴散條約》的條款，其他的條約簽約國應該要協助伊朗發展民用核能計畫（說得的確沒錯）。國際原子能組織（International Atomic Energy Agency, IAEA）已證實沒有發現伊朗有發展核武器的證據，但是該組織在二〇〇二年發現了位於阿拉克（Arak）、納坦茲（Natanz）的未經申報的核工廠，隨後國際原子能組織聲明，伊朗一再未能滿足《核不擴散條約》所規定的安全義務，且該組織沒有信心認定伊朗在未來不會有其他未申明的核子活動或核材料。國際原子能組織主席穆罕默德．巴拉迪博士（Dr. Mohamed El Baradei）呼籲伊朗採取更配合、更公開的立場以消除人們對其核武器計畫的合理懷疑。此外，有些人提出伊朗沒有義務要申報位於阿拉克、納坦茲的設施，因為它們還未開始運行。在二〇〇五年秋天，國際原子能組織發出聲明，伊朗未能遵守《核不擴散條約》中的安全條款，自此之後聯合國安理會要求伊朗中止鈾濃縮活動，並對伊朗施以制裁。

鈾濃縮技術是透過離心機讓鈾氣高速旋轉，從不易分裂的鈾二三八同位素中分離出更具易分裂的鈾二三五同位素。鈾二三五是核反應所必需的元素。濃縮至純度為百分之二至三的鈾二三五可以滿足民用核反應所需，但若要製造核武器，則需要百分之九十純度的鈾二三五。這就是問題所在：民用核濃縮活動是《核不擴散條約》中規定的合法行為，但是一旦濃縮進程開始，民用核能與核武器製造之間的核濃縮差異是很難從外界核實查證的。伊朗自從二〇〇六年四月就開始了鈾濃縮活動，製造核彈所需要的高純度濃縮鈾的時間預計為二至八年（取決於離心機的數量與運作效率）。

以色列與美國政府已經明確表示它們無法接受伊朗擁有核武器。但是在伊朗國內，艾哈邁迪內賈德及其他政治人物都對西方阻止伊朗的民用核能計畫提出了反對，此一爭議產生了民族主義的情緒，支持伊朗有使用核能的權利。這種民族主義情緒曖昧地在某種程度上支持伊朗成為一支核力量——也就是一個擁有核武器的國家，如同巴基斯坦、印度、以色列、法國、俄羅斯、英國與美國。與此同時，隨著離心機的運轉，時間一分一秒過去，以色列警告說如果其他方式無法奏效，它將會採取軍事行動摧毀伊朗的核（武器）計畫。美國某些反伊朗的政治修辭可以視為無知與兜售政治恐懼。但以色列的擔憂則不能忽略。

也許伊朗的領導階層已經下定決心要獲取核能力。若是如此，即使以色列或美國發起空中轟炸，也無法確定能夠無限期地阻止此事（其核進程有可能分散並隱藏在地庫中）。而且伊朗的報復能對美國及其盟友造成巨大傷害。但是伊朗的宗教領袖們提出反對擁有核武器的聲明應有一定可信度。擁有生產核武器的能力（而不是真的擁有核武器）對伊朗政權來說，幾乎與擁有核武器本身一樣吸引人——其威懾力幾乎和真實的核彈一樣有效，而核武器的意義也就在於其威懾力。這也許就是伊朗的真正目標，但即便有這個目標，也不一定是確定的最終目標。如果伊朗與美國的關係能夠正常化，消除政權更迭的威脅，並能夠獲得美國盟友才得以享有的安全保證（哪怕是有限的），它對核武器製造能力的需求即便不會完全消失，但也會大大減少。二〇〇三年「大交易」提議的部分重要性可能就在這裡。無論如何，美國至少應該試圖用這種方式解決問題，而後才認真考慮軍事行動。在各種外交努力都無效之後，才能考慮戰爭選項，這應該是首要的原則。在戰場上可能會喪命的士兵與國民至少有權利期待其政府先做出些什麼。而美國與伊朗之間的外交行動幾乎尚未開始。二〇〇七年十一月，美國國家情報評估（National Intelligence Estimate, NIE）的報告顯示，美國的各情報機構一致相信伊朗已於二〇〇三年停止了其核武器計劃，也許在此之後，朝向關係正常化目標的邁進的磋商會變得容易一些。至少當時爆發衝突的危險已經減退了。

心智的帝國？

在驚悚的新聞媒體頭條的背後，那個有更深層次、深思熟慮與人道的伊朗仍在那裡。自從革命之後，伊朗電影是這個國家最引人注目的現象之一。被視為好萊塢電影製作中不可或缺的性與暴力主題是伊朗電影禁止的，伊朗生產的電影有一種獨特的，帶有詩性的藝術風格，擁有普世性的接受度，贏得了無數國際電影獎項。像是阿巴斯．基亞魯斯塔米（Abbas Kiarostami）、賈法爾．帕內伊（Jafar Panahi）、默辛．馬赫瑪巴夫（Mohsen Makhmalbaf）與他的女兒薩米拉．馬赫瑪巴夫（Samira Makhmalbaf）這些導演已經受到了全世界的認可，他們的作品《蘋果》（*The Apple*）、《十段生命的律動》（*10*）、《櫻桃的滋味》（*Taste of Cherry*）、《生命的圓圈》（*The Circle*）、《老師的黑板》（*Blackboards*）與《天堂的顏色》（*Color of God*）等在國際上大獲好評。很多電影的主題都在探討對女性的錯誤對待、孩子的脆弱、戰爭的影響、伊朗政治與社會的扭曲等其他批判性主題，以及批判或傾向於批判伊斯蘭政權的電影主題。有人說許多伊朗人，尤其是年輕的伊朗人從來沒看過這些電影，他們喜歡看在西方從未出名的好萊塢式愛情劇。但是這些電影毫無疑問地表現了伊朗人在思想與表達方面的潛能、自信和創造力，以及不曾消逝的偉大。

伊朗與波斯文化在世界史上曾產生重大影響。一次又一次地，伊朗不斷對於世界的其他地方（或重要的地方）產生影響。在不同的歷史階段，伊朗一直都是一個真正的心智帝國，在某種意義來說，今日依然如此——伊朗文化在多族裔、多語言的國家裡將人們團結為一體。伊朗如今正準備在伊拉克、阿富汗與整個地區扮演更長久和重要的角色。但是伊朗是否是一個未來的帝國（empire of the future）呢？換句話說，伊朗能否像它所預期的那樣，在中東地區與更廣闊的世界裡擔負起更重要、更有影響力的角色呢？

此事非常值得懷疑。其中的一個因素是更廣闊的世界社群是否允許伊朗扮演這樣的角色。但是另一個因素是更主要的不確定因素。這個因素是今日的伊朗，一個由狹隘與自利小團體領導的伊朗，是否有能力扮演這個角色。在過去，在最輝煌的年代裡，伊朗所具有的影響地位是藉由孕育、頌揚最聰慧、最偉大的心智而得來的。也是透過坦誠面對複雜性，帶著寬容，以發展的原則處理複雜問題而得來。今日的伊朗僅僅是被狡猾的心智所統治，那些最聰慧、最優秀的人才不是移民國外，就是身陷囹圄，或是因為恐懼而失聲。在伊朗歷史上受過最好教育的一代伊朗人已經長大（超過一半人是女性），他們只是因為害怕才噤若寒蟬。伊朗的國際地位在超過二十年的時間裡處於極為孤立的位置，當伊朗最敏銳、最仁慈的人物之一，席琳·伊巴迪獲得二〇〇三年的諾貝爾和平獎時，與她在世界各地受到的追捧相對比的是，她回到國內卻遭到了伊朗政府的漠視。自從一九七九年起，伊朗就一直在挑戰西方，以及西方所認定的文明概念。伊朗所提出的挑戰本身也許有值得讚賞的地方，但不應包括隨之而來的壓迫、苦難、欺騙與失望。伊朗能否提供比這些更多呢？伊朗當然可以，而且也應該擔當此大任。

的。同樣的資料來源聲稱在伊拉克有百分之五十的沙烏地阿拉伯戰士是自殺炸彈客，這篇文章評論說：「這樣的情形讓美軍陷入到了一個十分怪異的情勢裡，美軍在此的主要敵人是來自自己關鍵盟友那裡的作戰人員，至少沙烏地阿拉伯沒有阻止自己的國民去伊拉克發動血腥襲擊，最壞的情形則是沙烏地阿拉伯密謀派出了極端份子來攻擊美軍、伊拉克平民和什葉派領導的巴格達政府。」

11. 二〇〇七年四月，伊朗最高法庭推翻了對一群巴斯基民兵（Basijis）的謀殺罪判決，他們在二〇〇二年於東南部城市克爾曼殺死了一些被他們視作不道德的人。遇害者中包括一對已經訂婚的男女，他們在挑選婚後住房的途中被綁架殺害。最高法庭接受了這些人的辯護（在阿亞圖拉梅斯巴赫・亞茲迪〔Ayatollah Mesbah Yazdi〕指導下），他們在殺人後受到了警告，而法庭覺得這樣就足夠了。據說在克爾曼有十八起這樣的謀殺，在馬什哈德和德黑蘭也有類似事件（http://news.bbc.co.uk/2/hi/middle_east/6557679.stm）。

12. 這一提法在這之前就被何梅尼等人使用過，它曾被伊朗政權的發言人翻譯成「從地圖上抹去」（"wiped off the map"）。一些人提出的有關艾哈邁迪內賈德說這句話的真實意義到底是什麼的爭論聽起來更像是偽造的，因為當這句口號提出後，有掛著這句口號的飛彈出現在閱兵儀式上，這已經表現得很明顯了。討論這句口號的一部分原因是要提及艾哈邁迪內賈德的言論，但是也因為它太常被人們忽略，所以我在這本書中適度關注了伊朗猶太人的歷史。

13. Martin Gilbert, *Israel: A History*. (London: Black Swan, 1999), 639.

第九章　從哈塔米到艾哈邁迪內賈德，以及伊朗的困境

1. 比如說，Mansour Moaddel的調查問卷結果顯示有百分之二十七的伊朗人每週參加一次或一次以上的宗教活動，這一比例在伊拉克是百分之三十三，埃及是百分之四十二，約旦是百分之四十四，美國是百分之四十五。百分之五十五的伊朗人認為西方的文化入侵是重大問題，這一比例在埃及是百分之六十四，伊拉克是百分之六十八，在沙烏地阿拉伯是百分之七十，在約旦是百分之八十五。在被問及他們是否在根本上是穆斯林（primarily Muslim）或國家民族主義者（country nationalist）時，在伊朗的結果是百分之六十一為穆斯林，百分之三十四為民族主義者。在伊拉克的結果是百分之六十三為穆斯林，百分之二十三為民族主義者。在約旦分別是百分之七十二與百分之十五，在沙烏地阿拉伯是百分之七十五與百分之十七，在埃及為百分之七十九與百分之十。在伊朗有百分之六十的受訪者認為男性比女性更適合擔任政治領導人，這一結果在沙烏地阿拉伯為百分之七十二，埃及是百分之八十四，約旦是百分之八十六，伊拉克是百分之八十七，美國是百分之二十二。然而，其他的調查發現也顯示相較於中東地區的其他國家，伊朗人對於民主是最好的政府組織形式的認可度並不十分熱衷（也許因為他們有更多的相關經驗）。調查詳情請見：
2. http://www.psc.isr.umich.edu/research/tmp/moaddel_values_survey.html.
3. For details of Iranian support against the Taliban, see the report from James Dobbins (leader of the U.S. delegation to the talks in Bonn that set up the coalition), *Washington Post*, July 22, 2007.
4. Translated transcript from Mideastwire.com.
5. Poll by Baztab.com; reported to Gulf 2000 (a Web discussion forum) by Meir Javedanfar.
6. Katouzian, *Iranian History and Politics*; see also Mansour Moaddel, *Islamic Modernism, Nationalism and Fundamentalism: Episode and Discourse*(Chicago: University of Chicago Press, 2004).
7. For these, and for a brilliant snapshot of the general attitudes of at least some young Iranians, see Nasrin Alavi, *We Are Iran: The Persian Blogs* (London: Portobello Books, 2005); also R. Varzi, *Warring Souls: Youth, Media and Martyrdom in Post-Revolution Iran* (Durham: University of North Carolina Press, 2006).
8. One of those historical facts that modern Britons, left bereft of their own history by their education system, often forget to remember.
9. One hundred seventy in the United States and seventeen in Britain. Figures taken from BBC, http://news.bbc.co.uk/1/hi/world/middle_east/6351257.stm, and the *Daily Telegraph*, www.telegraph.co.uk/news/main.jhtml?xml=/news/2006/06/25/wirq225.xml &sSheet=/news/2006/06/25/ixnews.html.
10. 二〇〇七年七月十五日*Los Angeles Times*報導，來自一位不願透露姓名的美軍高級軍官的強勢評論稱，雖然美國指責伊朗和敘利亞，但是實際上在伊拉克發生的由外國人實施的自殺式爆炸襲擊和叛亂行動的最大統計數字是來自沙烏地阿拉伯（百分之四十五）和其他國家（百分之十五來自敘利亞和黎巴嫩，百分之十來自北非——沒有給出來自伊朗的數字，也可以認定為伊朗人很少介入這一事件）。自殺式爆炸襲擊在伊拉克殺死了遠比其他攻擊形式更多的平民和軍人，這些襲擊主要都是（如果不是全部的話）由遜尼派武裝叛亂者發動

14. Momen, 298 - 299.
15. Ansari, *A History of Modern Iran Since 1921*, 244 - 245.
16. For further exposition of Soroush's ideas on this point, see *Ansari, Iran, Islam and Democracy*, 75.
17. See Katouzian, *Sadeq Hedayat*, 5 - 6, and Mottahedeh, 383 - 384.
18. See the interview published in the *Mideast Mirror*, January 20, 2000, 15, among other statements.
19. Moin, 279.
20. David Menashri, *Post-Revolutionary Politics in Iran: Religion, Society and Power* (London: Routledge, 2001), 35 - 38.
21. See Anoush Ehteshami, *After Khomeini: The Iranian Second Republic* (London: Routledge, 1995), *passim*; and Ansari, *Iran, Islam and Democracy*, 52 - 53.
22. Keddie, *Modern Iran*, 264.
23. Ibid., 264 - 266.
24. See also Ziba Mir-Hosseini, "Women, Marriage and the Law in Iran," in *Women in the Middle East* (Basingstoke, UK: Macmillan, 1992).
25. 2003 figures——Keddie, *Modern Iran*, 286.
26. Afsaneh Najmabadi, *Women with Mustaches and Men Without Beards: Gender and Sexual Anxieties of Iranian Modernity* (Berkeley: University of California Press, 2005), gives thought-provoking analysis on the theme of gender in Iranian history.
27. Azadeh Kian-Thiébaut, "From Motherhood to Equal Rights Advocates: The Weakening of the Patriarchal Order," *Iranian Studies* 38 (March 2005): *passim*.
28. 在Mansour Moaddel所做的對比問卷調查結果中，這樣的態度表現得十分清晰，其結果也得到了Kian-Thiébaut的支持——比如，百分之四十九的受訪伊朗人相信在婚姻中愛情比家庭認可更重要（反之為百分之四十一），而伊拉克是百分之七十一受訪者傾向家庭認可，百分之二十六傾向愛情。在沙烏地阿拉伯有百分之五十受訪者傾向家庭認可，百分之四十八傾向愛情。這份問卷調查詳見：http://www.psc.isr.umich.edu/research/tmp/moaddel_values_survey.html.
29. The interview is discussed in detail in Ansari, *Iran, Islam and Democracy*, 133 - 137.
30. Sanasarian, *Religious Minorities in Iran*, 47, 47n; 48, 48n. Others have suggested that the number of Jews in 1948 may have been as high as 140,000 to 150,000.
31. Shirin Ebadi said something very much to this effect——that one revolution is enough——in a speech she gave at the Hay-on-Wye literary festival in May 2006.
32. For discussion of the crackdown on the free press in the summer of 2000, see Ansari, *Iran, Islam and Democracy*, 211 - 217.

46. Ansari, *A History of Modern Iran Since 1921*, 173.

47. Bill, *The Eagle and the Lion*, 183 - 184.

48. Mottahedeh, 328.

49. For a vivid picture of the lives of the Jews of Shiraz in this period, see Laurence D. Loeb, *Outcaste: Jewish Life in Southern Iran* (New York: Routledge, 1977).

50. Abrahamian, *Iran Between Two Revolutions*, 500 - 504.

51. Moin, 152 - 156.

52. Momen, 256 - 260.

53. Keddie, "Sayyid Jamal Al-Din Al-Afghani", 236

54. Ibid., 208 - 245; Abrahamian, *Iran Between Two Revolutions*, 464 - 473.

55. Moin, 186.

56. This judgement is based on contributions to the Gulf 2000 Internet forum in the spring of 2007; particularly on a contribution from Ali Sajjadi, who investigated the case for a Radio Farda report.

57. Abrahamian, *Iran Between Two Revolutions*, 510 - 513.

58. Ibid., 519.

第八章　革命後的伊朗

1. Or alternatively, *hich ehsasi nadaram*——"I have no feelings."

2. See Chapter 3.

3. With the partial exception, in the context of ghuluww rhetoric, of Shah Esma'il I (see Chapter 4).

4. I am grateful to Baqer Moin for this quotation, and his thoughts on this subject, and the insights in his book *Khomeini*.

5. Abrahamian, *Iran Between Two Revolutions*, 526 - 529.

6. Moin, 207 - 208.

7. Roy 1994, 173, claims that none of the most senior ayatollahs (the grand ayatollahs) supported the velayat-e faqih in 1981——except Montazeri, Khomeini's pupil.

8. Moin, 214.

9. Momen, 294.

10. Ansari, *A History of Modern Iran Since 1921*, 233.

11. Bill, *The Eagle and the Lion*, 1 - 2.

12. Moin, 282 - 283; Chris Rundle, *From Colwyn Bay to Kabul: An Unexpected Journey* (Stanhope: 2004), 146 - 150.

13. Quoted in Moin, 275 - 276.

22. Ibid., 164.
23. Moin, 105.
24. Keddie 2006, p. 130; Dariush Bayandor 以他的研究寫了一本關於政變的新書，他在書中貌似有理的辯稱外國情報機構在這次的政變中起到的作用不如之前人們認為的那麼大，反而宗教人士和他們的巴札商人支持者起到了很大作用。
25. Mottahedeh, 287 – 323; George Morrison, ed., *History of Persian Literature from the Beginnings of the Islamic Period to the Present Day* (Leiden, UK: Brill Academic Publishers, 1981), 201 – 202 (Kadkani); for Simin Daneshvar's revelations, see Talattof, 160.
26. Ansari, *A History of Modern Iran Since 1921*, 133.
27. Abrahamian, *Iran Between Two Revolutions*, 420.
28. Issawi, 375 – 382.
29. Quoted in Ali Ansari, *Iran, Islam and Democracy: The Politics of Managing Change* (London: Chatham House, 2000), 38 – 39.
30. Keddie, *Modern Iran*, 145; Robert Graham, *Iran: The Illusion of Power* (London: Croom Helm, 1978), 69.
31. Moin, 107 – 108.
32. Ibid., 123.
33. Ibid., 1 – 8.
34. The best account of such an education is Mottahedeh's brilliant *Mantle of the Prophet*.
35. Moin, 42 – 44.
36. Ibid., 64.
37. Keddie, Modern Iran, 147.
38. Ibid., 152.
39. Abrahamian, *Iran Between Two Revolutions*, 535 – 536.
40. Keddie, *Modern Iran*, 158.
41. Abrahamian, *Iran Between Two Revolutions*, 430 – 431.
42. James A. Bill, *The Eagle and the Lion: The Tragedy of American-Iranian Relations* (New Haven, CT: Yale University Press, 1988), 379 – 382.
43. Farah Azari, "Sexuality and Women's Oppression in Iran," in *Women of Iran: The Conflict with Fundamentalist Islam* (London: Ithaca Press, 1983), 130 – 132 and *passim*, drew attention to the sexual aspect of the revolution in an insightful chapter, and Mottahedeh, 273, makes a similar point.
44. Mottahedeh, 270 – 272.
45. Quoted in Abrahamian, *Iran Between Two Revolutions*, 419.

第七章　巴勒維王朝與一九七九年的革命

1. Vita Sackville-West, *Passenger to Teheran* (London: Tauris Parke Paperbacks, 1991; 1st ed., 1926), 100 - 101; Keddie, *Qajar Iran and the Rise of Reza Khan 1796–1925*, 79.
2. Stephanie Cronin, "Paradoxes of Military Modernisation," in *The Making of Modern Iran: State and Society Under Riza Shah, 1921–1941* (London: RoutledgeCurzon, 2003), 44 and *passim*.
3. Issawi, 376.
4. Ervand Abrahamian, *Iran Between Two Revolutions* (Princeton, NJ: Princeton University Press, 1982), 143.
5. Issawi, 375 - 379.
6. Rudolph Matthee, "Education in the Reza Shah Period," in *The Making of Modern Iran* (London: RoutledgeCurzon, 2003), 140 and *passim*.
7. Kamran Talattof, *The Politics of Writing in Iran: A History of Modern Persian Literature* (Syracuse, NY: Syracuse University Press, 2000), 53 - 62. The story that all Hedayat's works had been banned by Ahmadinejad was carried in the Guardian in an article by Robert Tait on November 17, 2006, but when I visited Iran in November 2007, I was told that only one of his works had been banned.
8. Yarshater, *Persian Literature*, 336 - 380.
9. Abrahamian, *Iran Between Two Revolutions*, 143; Katouzian, "Riza Shah's Legitimacy and Social Base," 29 - 30.
10. Ansari, *A History of Modern Iran Since 1921*, 56 - 59.
11. Ibid., 68.
12. Katouzian, "Riza Shah's Legitimacy and Social Base," 26 - 32.
13. Abrahamian, *Iran Between Two Revolutions*, 163 (the shooting) and 158 - 161; Ansari, *A History of Modern Iran Since 1921*, 64.
14. Ibid., 164.
15. Katouzian, "Riza Shah's Legitimacy and Social Base," 32 - 33.
16. Levy, 544 - 546.
17. Accessed at http://users.sedona.net/~sepa/sardarij.html and www.wiesenthal.com/site/apps/s/content.asp?c=fwLYKnN8LzH&b=253162&ct=285846.
18. Ansari, *A History of Modern Iran Since 1921*, 110.
19. Ibid., 78 - 85.
20. Homa Katouzian, *Sadeq Hedayat: The Life and Legend of an Iranian Writer* (London: RoutledgeCurzon, 2003), 13 - 14; Katouzian rather dryly suggests that the reorientation would have shifted as easily in the other direction if Axis powers had occupied Iran.
21. Mottahedeh, 98 - 105; Abrahamian, *Iran Between Two Revolutions, 125–126.*

10. *The Cambridge History of Iran*, vol. 7, 182 - 183.
11. Amanat, 428 - 429; *The Cambridge History of Iran*, vol. 7, 180.
12. Ibid., 180.
13. Ibid., 401 - 404 (Greaves).
14. Quoted in Ervand Abrahamian, "The Causes of the Constitutional Revolution in Iran," *International Journal of Middle East Studies* 10 (August 1979): 400.
15. Nikki R. Keddie, "Sayyid Jamal Al-Din Al-Afghani," in *Pioneers of Islamic Revival* (London: Zed Books, 2005), 24 (I drew on Keddie also for the last part of the previous paragraph).
16. Levy, 397.
17. *The Cambridge History of Iran*, vol. 7, 199 - 200.
18. Abrahamian, "The Causes of the Constitutional Revolution in Iran," 404.
19. Ibid., 408 - 409.
20. Levy, 490 - 491.
21. Mottahedeh, 221 - 222; *Vanessa Martin, Islam and Modernism: The Iranian Revolution of 1906* (London: I. B. Tauris, 1989), 193 - 195.
22. Ibid., 223; Moin, 22.
23. Levy, 498 - 507.
24. *The Cambridge History of Iran*, vol. 7, 206 - 207; Said Amir Arjomand, *The Turban for the Crown: Islamic Revolution in Iran* (London: Oxford University Press, 1988), 46.
25. Morgan Schuster, *The Strangling of Persia* (London: T. Fisher Unwin, 1912), 219.
26. Ali Ansari, *A History of Modern Iran Since 1921: The Pahlavis and After* (London: Longman, 2003), 22.
27. Accessed at http://www.gwpda.org/Dunsterville/Dunsterville_1918.htm.
28. For the contrary view see Homa Katouzian, "Riza Shah's Legitimacy and Social Base," in *The Making of Modern Iran: State and Society Under Riza Shah, 1921–1941* (London: RoutledgeCurzon, 2003), 16 - 18.
29. Ansari, *A History of Modern Iran Since 1921*, 21 - 22.
30. Homa Katouzian, *State and Society in Iran: The Eclipse of the Qajars and the Emergence of the Pahlavis* (London: I. B. Tauris, 2000), 165; Arjomand, 60; Keddie, *Qajar Iran and the Rise of Reza Khan 1796–1925*, 74.
31. Wright, 181; Katouzian, *State and Society in Iran*, 233; also Keddie, *Qajar Iran and the Rise of Reza Khan 1796–1925*, 79; Michael Zirinsky, "Imperial Power and Dictatorship: Britain and the Rise of Reza Shah, 1921 - 1926," *International Journal of Middle East Studies* 24 (November 1992): *passim*.
32. Arjomand, 62 - 63.

and other honorifics.

27. Momen, 238 - 244; Nikki R. Keddie (Ghaffary), *Qajar Iran and the Rise of Reza Khan 1796–1925* (Costa Mesa, CA: Mazda Publishers, 1999), 94 - 96.
28. For example, Hasan-e Fasa'i, 101 - 102.
29. *The Cambridge History of Iran*, vol. 7, 142 - 143.
30. Malcolm, 217.
31. Denis Wright, *The English Amongst the Persians: Imperial Lives in Nineteenth-Century Iran* (London: I. B. Tauris, 1977), 4 - 5.
32. *The Cambridge History of Iran*, vol. 7, 331 - 333; Hasan-e Fasa'i, 111.
33. Ibid., 334; Keddie, *Qajar Iran and the Rise of Reza Khan 1796–1925*, 22.
34. Ibid., 335 - 338.
35. Nikki R. Keddie, *Modern Iran: Roots and Results of Revolution* (New Haven, CT: Yale University Press, 2006), 42 - 43.
36. Laurence Kelly, *Diplomacy and Murder in Tehran: Alexander Griboyedov and Imperial Russia's Mission to the Shah of Persia* (London: Tauris Parke Paperbacks, 2006), 190 - 194.
37. Nikki R. Keddie, "The Iranian Power Structure and Social Change 1800 - 1969: An Overview," *International Journal of Middle East Studies* 2 (January 1971): 3 - 4; *The Cambridge History of Iran*, vol. 7, 174 - 181.
38. Keddie, *Qajar Iran and the Rise of Reza Khan 1796–1925*, 17; *The Cambridge History of Iran*, vol. 7, 174.

第六章　卡札爾君主的危機、一九〇五年至一九一一年的革命與巴列維王朝上臺

1. Abbas Amanat, *Pivot of the Universe: Nasir al-Din Shah and the Iranian Monarchy, 1831–1896* (Berkeley: University of California Press, 1997), 252.
2. Levy, 427.
3. Ibid., 430.
4. Haideh Sahim, "Jews of Iran in the Qajar Period: Persecution and Perseverance," in *Religion and Society in Qajar Iran* (London: RoutledgeCurzon, 2005), 293 - 310.
5. Sanasarian, 45 - 46.
6. Hasan-e Fasa'i, 256 - 260.
7. Amanat, 44, 66.
8. For a case study of the Qashqai tribe bringing out these points, see Lois Beck, "Women Among Qashqai Nomadic Pastoralists in Iran," in *Women in the Muslim World* (Cambridge: Harvard University Press, 1979).
9. Keddie, *Qajar Iran and the Rise of Reza Khan 1796–1925*, 26 - 28; Amanat, 113 - 117.

Zapiski Leningradskogo gosudarstvennogo universiteta. Seriia vostokovedcheskikh nauk, Part 3 (Leningrad.: 1952), 97.

8. Basile Vatatzes (ed. N. Iorga), *Persica: Histoire de Chah-Nadir* (Bucharest, Romania: 1939), 131 - 133.

9. Levy, 360 - 362; Axworthy, *The Sword of Persia*, 169.

10. The full significance of Nader's religious policy is covered admirably in Ernest Tucker's *Nadir Shah's Quest for Legitimacy in Post-Safavid Iran* (Gainesville: University Press of Florida, 2006).

11. See Axworthy, *The Sword of Persia*, 249 - 250; as well as Axworthy, "The Army of Nader Shah." The size of the army is corroborated from a number of sources, and is plausible given earlier trends.

12. Bayly, 23 (Ottoman and Moghul figures); Floor, *The Economy of Safavid Persia*, 2; Charles Issawi, *The Economic History of Iran, 1800–1914* (Chicago: University of Chicago Press, 1971), 20; Willem Floor, "Dutch Trade in Afsharid Persia" *Studia Iranica*, Tome 34, fascicule 1, 2005 .

13. Axworthy, *The Sword of Persia*, 280 - 281.

14. Mirza Mohammad Mahdi Astarabadi, *Jahangusha-ye Naderi*, translated into French by Sir William Jones as *the Histoire de Nader Chah* (London: 1770) (original Persian text edited by Abdollah Anvar, Tehran, 1377), 187.

15. *The Cambridge History of Iran*, vol. 7, 63 - 65.

16. Floor, *The Economy of Safavid Persia*, 3.

17. Ibid.

18. Ibid., 2 - 3; Issawi, 20.

19. Floor, "Dutch Trade in Afsharid Persia," 59.

20. Notably by Ann K. S. Lambton, "The Tribal Resurgence and the Decline of the Bureaucracy in the Eighteenth Century," in *Studies in Eighteenth-Century Islamic History* (Carbondale and Edwardsville: Southern Illinois University Press, 1977). For this paragraph see also *The Cambridge History of Iran*, vol. 7, 506 - 541 (Richard Tapper); Richard Tapper, *Frontier Nomads of Iran: A Political and Social History of the Shahsevan* (Cambridge: Cambridge University Press, 2006), 1 - 33; and Gellner.

21. Hasan-e Fasa'i, *History of Persia Under Qajar Rule* (New York: Columbia University Press 1972), 4.

22. Ibid., 52 - 54.

23. Malcolm, 125.

24. *The Cambridge History of Iran*, vol. 7, 125.

25. See Hamid Algar, "Shi'ism and Iran in the Eighteenth Century," in *Studies in Eighteenth-Century Islamic History* (Carbondale and Edwardsville: Southern Illinois University Press, 1977).

26. Mottahedeh, 233; a similar process took place in the later Roman Empire with the title of senator

年）也對薩法維時期的什葉派大肆批評，並稱之為「黑色什葉派」，但是他的觀點更多反映出其所處時代中的對於宗教實踐的蔑視，而不是發表對於歷史的觀點。他所在乎的是鼓勵真正什葉派的復興（他稱之為「紅色什葉派」）——呼喚具有革命性的什葉派社會爭議——詳見本書第七章。

20. See Rudolph Matthee, "Unwalled Cities and Restless Nomads: Firearms and Artillery in Safavid Iran," in *Safavid Persia: The History and Politics of an Islamic Society* (London: I. B. Tauris, 1996), and Michael Axworthy, "The Army of Nader Shah," in *Iranian Studies* (December 2007).
21. Matthee, *The Pursuit of Pleasure*, 61.
22. Ibid., 50 – 56.
23. Roger Savory, *Iran Under the Safavids* (Cambridge: Cambridge University Press, 2007), 232.
24. Matthee, *The Pursuit of Pleasure*, 58 – 60.
25. Ibid., 91 – 92, 92n. The evidence comes not just from Western observers at court, but also from Persian sources; the Shaykh ol-Eslam of Qom had the temerity to criticize the shah's drinking and was lucky to escape execution for it.
26. Newman, *Safavid Iran*, 99; "Part of this struggle for the hearts and minds of the'popular' classes."
27. See V. Moreen, "Risala-yi Sawa'iq al-Yahud [The treatise Lightning Bolts Against the Jews] by Muhammad Baqir b. Muhammad Taqi al-Majlisi (d. 1699)," in *Die Welt des Islams* 32 (1992), *passim*.
28. J. Calmard, "Popular Literature Under the Safavids," in *Society and Culture in the Early Modern Middle East: Studies on Iran in the Safavid Period* (Leiden: Brill Academic Publishers, 2003), 331.

第五章　薩法維王朝的滅亡、納迪爾沙、十八世紀的過渡期與卡札爾王朝的展開

1. This version is taken from Sir John Malcolm, *History of Persia: Containing an Account of the Religion, Government, Usages, and Character of the Inhabitants of That Kingdom* (London: Murray, 1829), 399 – 400; but a number of Persian and other sources give the same story——cf. Mohammad Kazem Marvi, 18, and Fr. Judasz Tadeusz Krusinski, *The History of the Late Revolutions of Persia* (London: 1740; New York: Arno Press, reprint 1973), 62 – 64.
2. Matthee, *The Pursuit of Pleasure*, 92 – 94; Babayan, 485; Lewisohn, *The Heritage of Sufism*, Volume I, 132 – 133.
3. Birgitt Hoffmann, ed. and trans., *Persische Geschichte 1694–1835 erlebt, erinnert und erfunden——das Rustam at-Tawarikh in deutscher Bearbeitung* (Bamberg, Germany: Aku, 1986), 203 – 204, 290; Krusinski, 121 – 122; Michael Axworthy, *The Sword of Persia: Nader Shah, from Tribal Warrior to Conquering Tyrant* (London: I. B. Tauris, 2006), 31 – 33.
4. Bayly, 30; Foran.
5. Krusinski, 196 – 198.
6. Axworthy, *The Sword of Persia*, 142.
7. N. D. Miklukho-Maklai, "Zapiski S Avramova ob Irane kak istoricheskii Istochnik," in *Uchenye*

2. See for example James A. Bill and John Alden Williams, *Roman Catholics and Shi'I Muslims: Prayer, Passion, and Politics* (Chapel Hill: University of North Carolina Press, 2002), 1 - 7.

3. Kathryn Babayan, *Mystics, Monarchs and Messiahs: Cultural Landscapes of Early Modern Iran* (Cambridge: Harvard Center for Middle Eastern Studies, 2002), xxxviii.

4. Ibid., xxxix.

5. *Encyclopedia Iranica* "Esmail" (Savory); see also Andrew J. Newman, *Safavid Iran: Rebirth of a Persian Empire* (London: I. B. Tauris, 2006), 9 - 12.

6. "Esmail," in *Encyclopedia Iranica* (Savory).

7. Newman, 24 - 25 , *passim*.

8. The extent of Shi'ism in Iran before 1500 and the changes thereafter have been thoroughly explored by Rasul Ja'farian, *Din va Siyasat dar Dawrah-ye Safavi* (Qom: 1991).

9. Foltz, 134.

10. V. Minorsky, ed. and trans., *Tadhkirat al-Muluk: A Manual of Safavid Administration* (London: Gibb Memorial Trust, 1980), 33 - 35.

11. See Willem Floor, *The Economy of Safavid Persia* (Wiesbaden, Germany: 2000), and Rudolph Matthee, *The Pursuit of Pleasure: Drugs and Stimulants in Iranian History 1500–1900* (Princeton, NJ: Princeton University Press, 2005).

12. C. A. Bayly, *Imperial Meridian: The British Empire and the World 1780–1830* (London: Longman, 1989), 30; J. Foran, "The Long Fall of the Safavid Dynasty: Moving Beyond the Standard Views," in *The International Journal of Middle East Studies*, no. 24 (1992): 281 - 304 (*passim*); Mansur Sefatgol, "Safavid Administration of Avqaf: Structure, Changes and Functions, 1077 - 1135/1666 - 1722," in *Society and Culture in the Early Modern Middle East: Studies on Iran in the Safavid Period* (Leiden: Brill Academic Publishers, 2003), 408.

13. See Willem Floor, *Safavid Government Institutions* (Costa Mesa, CA: Mazda Publishers, 2001) and Minorsky.

14. "Molla Sadra Shirazi," in *Encyclopaedia Iranica* (Sajjad Rizvi). "Molla" and "Mullah" are the same word, but I refer to Molla Sadra in this way in an attempt to distance him from modern connotations that could be misleading.

15. Roy Mottahedeh, *The Mantle of the Prophet* (Harmondsworth: Penguin, 1987), 179.

16. Yarshater, *Persian Literature*, 249 - 288, and, notably, the quotation from Bausani,

17. 17. Levy, 293 - 295; see also Eliz Sanasarian, *Religious Minorities in Iran* (Cambridge/New York: Cambridge University Press, 2000), 45.

18. To get a sense of this, albeit in a description from a later period, the relationship between the Jewish family and their village mullah in Dorit Rabinyan's *Persian Brides* (Edinburgh: George Braziller Publishers, 1998) is vivid and memorable.

19. Mottahedeh, 203. 現代伊朗思想家阿里．沙里亞提（Ali Shariati，一九三三——一九七七中的擬人化身（*daena*, fravashi）和天使。See also Henry Corbin, *En Islam Iranien: Aspects Spirituels et Philosophiques*, vol. 2 (Paris: Gallimard, 1971), 297 - 325.

47. Henry Corbin, *Spiritual Body and Celestial Earth: From Mazdean Iran to Shi'ite Iran* (Princeton: Princeton University Press, 1977), 139; the similarity to the earlier extracts describing the *daena* is obvious.

48. Chittick and Wilson, 60.

49. G. M. Wickens, trans., *The Bustan of Sa'di* (Leiden: 1974), 150.

50. Edward Granville Browne, *A Literary History of Persia: Volume II, From Firdawsi to Sa'di* (Cambridge: Cambridge University Press, 1969), 530.

51. Saberi, 274; translation by Axworthy and Ahmadzadeh.

52. Ibid., 277; translation by Axworthy and Ahmadzadeh.

53. Arberry, *Classical Persian Literature*, 331. There is more than an echo of this poem in Matthew Arnold's *Dover Beach*.

54. Arberry, 43; I am grateful to Lenny Lewisohn for his translation. Compare with Thomas Hardy's poem "Moments of Vision": That mirror Which makes of men a transparency Who holds that mirror And bids us such a breast-bare spectacle see of you and me?

55. 對此感覺不安的不僅僅是伊朗人——西方評論者也為這樣的詩作所困擾，以第三人稱單數的形式來說「Beloved」(愛人)，這一用法在波斯語中是中性，既可指同性戀，也可能是傳統上的異性戀。這個問題（性別指向故意不明，在別的作品中也很普遍）的答案很明顯，作者肯定是有意為之。當然人們也可以往更有利的方面思考，中性第三人稱的「愛人」，可以指神。

56. P. Natil Khanlari, ed., *Divan-e Hafez* (Tehran: 1980), ghazal 197; also quoted in John W. Limbert, *Iran: At War with History* (Boulder, CO: Westview Press, 1987), 144.

57. Saberi, 384; Saberi's translation.

58. *The Cambridge History of Iran*, Volume 5, 546 - 547.

59. Jürgen Paul, "L'invasion Mongole comme revelateur de la société Iranienne," in *L'Iran face à la domination Mongole* (Tehran: 1997), 46 - 47 and *passim*.

60. Cf. Mostafa Vaziri, *Iran as Imagined Nation: The Construction of National Identity* (New York: Marlowe and Company, 1994), *passim*.

61. Ibn Khaldun, *The Muqaddimah: An Introduction to History* (London: Routledge and Kegan Paul, 1967), 353 - 355; E. Gellner, "Tribalism and the State in the Middle East," in *Tribes and State Formation in the Middle East* (London: I. B. Tauris, 1991), *passim*.

第四章　什葉派與薩法維王朝

1. The following draws largely on Moojan Momen, *An Introduction to Shi'i Islam: The History and Doctrines of Twelver Shi'ism* (New Haven, CT: Yale University Press, 1987), 28 - 33 and *passim*.

California Press, 1992), 36; translation by Axworthy, Ahmadzadeh, and Lewisohn.

30. For Sufism generally, see especially Leonard Lewisohn, *The Heritage of Sufism*, Volume I: Classical Persian Sufism from Its Origins to Rumi (700 - 1300) (Oxford: Oneworld, 1999), and Annemarie Schimmel, *Mystical Dimensions of Islam* (Chapel Hill: University of North Carolina Press, 1975).

31. Lewisohn, *The Heritage of Sufism*, 11 - 43; Marshall Hodgson, *The Venture of Islam*, vol. 2 (Chicago: University of Chicago Press, 1974), 203, 209, 213, 217 - 222, 293, 304.【譯按】中國西北地區的回族伊斯蘭教門宦也深受蘇菲主義影響，其經堂教育中保留了大量的波斯語外來詞。

32. *The Cambridge History of Iran*, Volume 5: The Saljuq and Mongol Periods (London: Cambridge University Press, 1968), 299.

33. Arberry, *Classical Persian Literature*, 90 - 91.

34. R. Gelpke, *Nizami: The Story of Layla and Majnun* (Colchester: Bruno Cassirer, 1966), 168.

35. Clinton, 25.

36. Leonard Lewisohn and C. Shackle, eds., *Attar and the Persian Sufi Tradition: The Art of Spiritual Flight* (London: I. B. Tauris, 2006), 255; and L. Lewisohn, "Attar, Farid al-Din," in Lindsay Jones, ed., *Encyclopedia of Religion*, 15-Volume Set (New York: MacMillan Reference Books, 2005), 601——cf. Nietzsche: *Was aus Liebe getan wird, geschieht immer jenseits von Gut und Böse*——That which is done out of love, always takes place beyond Good and Evil.

37. Farid al-Din Attar, *The Conference of the Birds*, Afkham Darbandi and Dick Davis, eds. and trans. (London: Penguin Classics, 1984), 57 - 75.

38. David Morgan, *Medieval Persia 1040–1797: History of the Near East* (London: Longman Publishing Group, 1988), 88 - 96 and *passim*.

39. *The Cambridge History of Iran*, Volume 5, 313 - 314; based on John Andrew Boyle, ed. and trans., *The History of the World-Conqueror* (Juvayni) (Cambridge: Harvard University Press, 1958), 159 - 162.

40. Ibid., 337.

41. Levy, 245.

42. Jalal al-Din Rumi, *The Masnavi*, Book One, Jawid Mojaddedi, ed. and trans. (New York: Oxford University Press, 2004), 4 - 5.

43. Saberi, 257; translation by Axworthy and Ahmadzadeh.

44. William C. Chittick and Peter Lamborn Wilson, eds. and trans., *Fakhruddin Iraqi: Divine Flashes* (London: Paulist Press, 1982), 34.

45. Ibid., 36.

46. Baqer Moin, *Khomeini: Life of the Ayatollah* (London: I. B. Tauris, 1999), 47. 此一思想概念源遠流長，完人的概念可以一直追溯到索拉瓦迪、新柏拉圖主義，可能還有瑣羅亞斯德教

10. Ibid., 63 - 64.
11. Hugh Kennedy, *The Court of the Caliphs* (London: Phoenix, 2005), 134 - 136.
12. Ehsan Yarshater, "The Persian Presence in the Islamic World," in *The Persian Presence in the Islamic World*, Richard Hovannasian and Georges Sabagh, eds. (Cambridge: Cambridge University Press, 1998), 70 - 71.
13. Frye, *The Golden Age of Persia*, 122 - 123; Bausani, *Religion in Iran*, 143.
14. Bausani, *The Persians*, 84 - 85.
15. Mehdi Nakosteen, *History of the Islamic Origins of Western Education, AD 800–1350* (Boulder: University of Colorado Press, 1964), 20 - 27.
16. Quoted in Frye, *The Golden Age of Persia*, 150.
17. Bausani, *Religion in Iran*, 121 - 130; see also Khanbaghi, 20 - 27.
18. Quoted in Crone, 450.
19. 波斯語轉寫自 Reza Saberi, A Thousand Years of Persian Rubaiyat: An Anthology of Quatrains from the Tenth to the Twentieth Century Along with the Original Persian (Bethesda, MD: Ibex Publishers, 2000), 20；關於翻譯，感謝 Hashem Ahmadzadeh 和 Lenny Lewisohn 的寶貴幫助。此後選取的波斯詩歌是作者依其個人喜好而決定，包括有數量不成比例的「魯拜體詩」（*rubaiyat*），這種四行詩的形式比其他聯句內容短小，能夠在相對小的篇幅中，盡可能選取不同作者的不同作品，並包括字母轉寫後的波斯語原文。【譯按】詩歌的中文翻譯都是中文版譯者翻譯自英譯。
20. Jerome Clinton, "A Comparison of Nizami's Layli and Majnun and Shakespeare's Romeo and Juliet," in *The Poetry of Nizami Ganjavi: Knowledge, Love and Rhetoric*, K. Talattof and J. Clinton, eds. (New York: Palgrave Macmillan, 2000), xvii.
21. Ibid., 72 - 73.
22. Idries Shah, *The Sufis* (London: Octagon Press, 1964), xiv.
23. A. J. Arberry, *Classical Persian Literature* (London: George Allen/Ruskin House, 1958), 67.
24. Mehdi Aminrazavi, *The Wine of Wisdom: The Life, Poetry and Philosophy of Omar Khayyam* (Oxford: Oneworld Publications, 2007), 25 - 27.
25. Ibid., 199 - 200.
26. Saberi, 75; translation by Axworthy, Ahmadzadeh, and Lewisohn. There are examples of quatrains where Fitzgerald took greater liberties with the originals.
27. Aminrazavi, 131 - 133; Ehsan Yarshater, ed., *Persian Literature* (New York: Bibliotheca Persica Press, 1988), 148 - 150.
28. Saberi, 78; translation by Axworthy, Ahmadzadeh, and Lewisohn.
29. A. J. Arberry, *The Ruba'iyat of Omar Khayyam*: Edited from a Newly Discovered Manuscript Dated 658 (1259 - 60) in the Possession of A. Chester Beatty Esq. (London: Emery Walker Ltd., 1949), 14; Ahmad Saidi, ed. and trans., *Ruba'iyat of Omar Khayyam* (Berkeley: University of

33. Crone, 448. 她認為宗教運動是一種由諾斯替主義引發的提倡積極生活的反映，而不是摩尼教的產物(461 - 462)，依據另外一份歷史事件編年史來看，馬茲達克是在霍斯勞登上王位之後才死去的。許多關於馬茲達克的內容都存在著爭議。
34. Mohammad ibn Jarir al-Tabari, *The Sasanids, the Byzantines, the Lakhmids, and Yemen, vol. 5 of History of al-Tabari*, edited and translated by C. E. Bosworth (Albany: State University of New York Press), 135 and note. The story also appears in Western accounts, but some of them give the woman as Kavad's wife.
35. Wiesehöfer, 190.
36. Bausani, *Religion in Iran*, 101.
37. Ibid., 100; Daryaee, *Sasanian Persia*.
38. Al-Tabari, 149.
39. Edward Gibbon, *The History of the Decline and Fall of the Roman Empire* (London: Printed by A. Strahan for T. Cadell and W. Davies, 1802), vol. 7, 149 - 151 (the passage draws on the Byzantine historian Agathias).
40. "The Sassanids," in *Encyclopedia Iranica*.
41. Steven Runciman, *A History of the Crusades* (Harmondsworth: Penguin, 1991), 10 - 11.
42. "The Sassanids," in *Encyclopedia Iranica*.

第三章　伊斯蘭與入侵

1. 儘管現代白話波斯語在很多方面都比古典波斯語的書面形式簡化許多，而且現今波斯年輕人的波斯語也正在發生改變，他們透過電影、電視和網路，借用了很多英語詞彙。
2. The interpretation of the Prophet's dealings with the Jews of Medina is a controversial subject. See Bertold Spuler, *The Age of the Caliphs: A History of the Muslim World* (Princeton, NJ: Markus Wiener Publishers, 1995), 11 - 12; Norman A. Stillman, *The Jews of Arab Lands: A History and Source Book* (Philadelphia: Jewish Publications Society, 1979), 11 - 16.
3. See Abdelwahab Bouhdiba, *Sexuality in Islam* (New York: Routledge, 1985),19 - 20 and *passim*.
4. See for example Ira M. Lapidus, *A History of Islamic Societies* (Cambridge: Cambridge University Press, 2002), 30.
5. Richard N. Frye, *The Golden Age of Persia: The Arabs in the East* (London: Weidenfeld and Nicolson, 1975), 64 - 65.
6. Aptin Khanbaghi, *The Fire, the Star and the Cross: Minority Religions in Medieval and Early Modern Iran* (London: I. B. Tauris, 2006), 25.
7. Bausani, *Religion in Iran*, 118.
8. Ibid., 111 - 121.
9. Ibid., 111; for the changes after the conquest see *The Cambridge History of Iran: From the Arab Invasion to the Saljuq*, vol. 4 (London: Cambridge University Press, 1975), 40 - 48.

12. Homa Katouzian, *Iranian History and Politics: The Dialectic of State and Society* (London: Routledge, 2007).

13. Daryaee, *Sasanian Persia.*

14. Wiesehöfer, 161; "Shapur I," in *Encyclopedia Iranica.*

15. Anthologized in Seamus Heaney and Ted Hughes, eds., *The School Bag* (London: Faber and Faber, 1997), 183 - 186.

16. Daryaee, *Sasanian Persia.*

17. See Touraj Daryaee, *Sahrestaniha-i Eransahr: A Middle Persian Text on Late Antique Geography, Epic, and History* (Costa Mesa, CA: Mazda Publishers, 2002).

18. Bausani, Religion in Iran, 107.

19. Ibid., 83 - 96.

20. Daryaee, *Sasanian Persia.*

21. Bausani, *Religion in Iran*, 89.

22. Ibid., 89, 118, and 120; Daryaee, *Sasanian Persia.*

23. Bausani, *Religion in Iran*, 87.

24. 關於伯拉糾的最好讀物是B. R. Rees, *Pelagius: Life and Letters* (Woodbridge, UK: Boydell and Brewer, 1998)，這本書十分重要。我對奧古斯丁的敘述也許會引起某些人的爭論，他們仍然抱持著他們的神學立場（在十六世紀和更後來的加爾文派那裡被重申），但是奧古斯丁曾經是摩尼教信徒的此一事實是不容爭辯的。近期許多的基督教神學都避開了奧古斯丁的諸多立場，更傾向於伯拉糾的立場。有趣的是，雙方爭論中的一點是伯拉糾堅稱人類可以經由自己的努力完善自我，從而獲得救贖；而奧古斯丁堅持救贖只能來自於神的幫助。在這一點上，伯拉糾的思想類似於一些伊斯蘭思想家的觀點——尤其是與伊本．阿拉比的思想相近（見第三章）。

25. Bausani, *Religion in Iran*, 86.

26. *Also Sprach Zarathustra*: "wenn ich frohlockend sass, wo alte Götter begraben liegen, weltsegnend, weltliebend neben den Denkmalen alter Weltverleumder"——「如果我曾喜悅地坐在埋葬那些福佑世界、愛護世界的眾神之地，旁邊有古老的世界毀謗者的紀念碑。」

27. "Shapur I," in *Encyclopedia Iranica.*

28. Daryaee, *Sasanian Persia.*

29. Bausani, *Religion in Iran*, 11 - 13. See page 15 for Bausani's explanation of the later redaction of the Zoroastrian Pahlavi texts in the ninth century.

30. "The Sassanids," in *Encyclopedia Iranica*; Ammianus Marcellinus, vol. 2, 457 - 503, Loeb Classics.

31. Ibid.; Daryaee, *Sasanian Persia.*

32. Ibid.

11. James Pritchard, *Ancient Near Eastern Texts Relating to the Old Testament with Supplement*, 3rd ed. (Princeton, NJ: Princeton University Press, 1969), 316.
12. Patricia Crone, "Zoroastrian Communism," in *Comparative Studies in Society and History* 36 (July 1994): 460.
13. Maria Brosius, *Women in Ancient Persia, 559–331 BC* (Oxford: Clarendon Press,
14. 1998), 198 - 200 and *passim*.
15. Olmstead, 66 - 68, quoting later Greek sources.
16. Alessandro Bausani, *The Persians* (London: Book Club Associates, 1975), 20.
17. Josef Wiesehöfer, Ancient Persia (London: I. B. Tauris, 2006), 33 and 82. 另一種解讀方式是指大流士殺死了真正的巴爾迪亞（有可能在此之前還殺死了他的兄弟岡比西斯）以奪王位。他隨後不得不擊敗一連串由忠誠人士所發起的叛亂，並捏造一個欲蓋彌彰的敘事。
18. Ibid., 67 - 69.
19. Alexandra Villing, "Persia and Greece," in *Forgotten Empire: The World of Ancient Persia* (London: I. B. Tauris, 2005), 236 - 249.
20. See Villing, 230 - 231.
21. Olmstead, 519 - 520.
22. Boyce, *A History of Zoroastrianism*, 78 - 79.

第二章　伊朗的復興

1. Wiesehöfer, 134.
2. Ibid., 145.
3. Habib Levy, *Comprehensive History of the Jews of Iran*, H. Ebrami, ed. (Costa Mesa, CA: Mazda Publishers, 1999), 113 - 115.
4. I have taken these lines from an eighteenth-century translation of Plutarch, "by Dacier and others" published in Edinburgh in 1763. In the modern Penguin edition of *The Bacchae* (Harmondsworth: 1973), Phillip Vellacott translated the same lines: *"I am bringing home from the mountains / A vine-branch freshly cut / For the gods have blessed our hunting."*
5. "Arsacid Dynasty," in *Encyclopedia Iranica* (New York: Routledge, 1982 -).
6. Ibid.
7. Bausani, *Religion in Iran*, 12; Wiesehöfer, 149.
8. "Arsacid Dynasty," in *Encyclopedia Iranica*.
9. Levy, 113.
10. "Mithraism," in *Encyclopedia Iranica*.
11. Touraj Daryaee, *Sasanian Persia: The Rise and Fall of an Empire* (London: I. B. Tauris, 2007); Wiesehöfer, 160.

註釋

前言　伊朗的思想所具有的非凡韌性

1. Gobineau, the earliest theorist of Aryan racial theories, served as a diplomat in the French Embassy in Tehran in the 1850s.

第一章　起源

1. Accessed from the University of Pennsylvania's Web site, www.museum.upenn.edu/new/research/Exp_Rese_Disc/NearEast/wines.html.
2. A. T. Olmstead, *History of the Persian Empire: Achaemenid Period* (Chicago: University of Chicago Press, 1948), 22 - 23.
3. 早期瑣羅亞斯德教的樣貌十分難以詳述，對此我只能按照它表面顯示出的信息做簡單的描繪。在這個問題上，我十分依賴Alessandro Bausani在二〇〇〇年的研究，但是同樣也參考了Mary Boyc在一九七五年的研究，以及Shahrokh Razmjou在*Forgotten Empire*的"Religion and Burial Customs"的相關章節之內容，見pp. 150-80。
4. Bausani, *Religion in Iran*, 10 - 11; see also Mary Boyce, *Zoroastrianism: A Shadowy but Powerful Presence in the Judaeo-Christian World* (London: Dr. William's Trust, 1987), 9.
5. 雖然Bausani在二〇〇〇年的文章中懷疑這樣的解釋過於簡單，pp. 29-30，但是這是一個很吸引人的論斷，就如同早期基督教曾吸收之前的宗教形式，但同時將其他宗教妖魔化為迷信和女巫行為。
6. Boyce, *Zoroastrianism*, 8.
7. Bausani, *Religion in Iran*, 53.
8. The late Mary Boyce believed that Zoroastrianism became better known to the Jews after the end of the Achaemenid Empire, through these diaspora communities (Boyce, *Zoroastrianism*, 11).
9. See Richard C. Foltz, *Spirituality in the Land of the Noble: How Iran Shaped the World's Religions* (Oxford, UK: Oneworld, 2004), 45 - 53, and Edwin Yamauchi, *Persia and the Bible* (Grand Rapids, MI: Baker Book House, 1990), 463 - 464, for a counter to the Boyce thesis.
10. Daniel D. Luckenbill, *Ancient Records of Assyria and Babylonia* (London: Histories and Mysteries of Man, 1989), 115 - 120.

Vatatzes, Basile, (ed. N. Iorga) *Persica: Histoire de Chah-Nadir*. Bucharest, Romania: 1939.

Vaziri, Mostafa. *Iran as Imagined Nation: The Construction of National Identity*. New York: 1993.

Villing, Alexandra. "Persia and Greece." *Forgotten Empire: The World of Ancient Persia*. London: I. B. Tauris, 2005.

Wickens, G. M., trans. *The Bustan of Sa'di*. Leiden: 1974.

Wiesehöfer, Josef. *Ancient Persia*. London: I. B. Tauris, 2006.

Woods, John E. *The Aqquyunlu: Clan, Confederation, Empire: A Study in 15th/9th Century Turko-Iranian Politics*. Minneapolis, MN: Bibliotheca Islamica, 1976.

Wright, Denis. *The English Amongst the Persians: During the Qajar Period 1787–1921*. London: Heinemann, 1977.

Yamauchi, Edwin M. *Persia and the Bible*. Grand Rapids, MI: Baker Book House, 1990.

Yarshater, Ehsan. "The Persian Presence in the Islamic World." *The Persian Presence in the Islamic World*, Richard Hovannasian and Georges Sabagh, eds. Cambridge: Cambridge University Press, 1998.

______, ed. *Persian Literature*. Albany, NY: Bibliotheca Persica Press, 1988.

Zirinsky, Michael P. "Imperial Power and Dictatorship: Britain and the Rise of Reza Shah, 1921 - 1926." *International Journal of Middle East Studies* 24 (November 1992): 639 - 663.

Sackville-West, Vita. *Passenger to Teheran*. London: Tauris Parke Paperbacks, 1991; 1st ed., 1926.

Sahim, Haideh. "Jews of Iran in the Qajar Period: Persecution and Perseverance." *Religion and Society in Qajar Iran*, Robert Gleave, ed. London: RoutledgeCurzon, 2005.

Saidi, Ahmad, ed. and trans. *Ruba'iyat of Omar Khayyam*. Berkeley: University of California Press, 1992.

Sanasarian, Eliz. *Religious Minorities in Iran*. Cambridge/New York: Cambridge University Press, 2000.

Savory, Roger. *Iran Under the Safavids*. Cambridge: Cambridge University Press, 1980.

Schimmel, Annemarie. *Mystical Dimensions of Islam*. Chapel Hill: University of North Carolina Press, 1975.

Schuster, Morgan. *The Strangling of Persia: A Record of European Diplomacy and Oriental Intrigue*. London: T. Fisher Unwin, 1912.

Sefatgol, Mansur. "Safavid Administration of Avqaf: Structure, Changes and Functions, 1077 - 1135/1666 - 1722." *Society and Culture in the Early Modern Middle East: Studies on Iran in the Safavid Period*, Andrew J. Newman, ed. Leiden: Brill, 2003.

______. "The Question of Awqaf Under the Afsharids." *Studia Iranica: Cahiers, vol. 21/Materiaux pour l'Histoire Economique du Monde Iranien*, Rika Gyselen and Maria Szuppe, eds. Paris: 1999.

Sha'bani, Reza. *Tarikh-e Ijtima'i-ye Iran dar 'asr-e Afshariyeh*. Tehran: 1986.

Shah, Idries. *The Sufis*. London: Octagon Press, 1964.

Spuler, Bertold. *The Age of the Caliphs: A History of the Muslim World*. Princeton, NJ: Markus Wiener Publishers, 1995.

Stillman, Norman A. *The Jews of Arab Lands: A History and Source Book*. Philadelphia: Jewish Publications Society, 1979.

Subrahmanyam, S. "Un Grand Derangement: Dreaming an Indo-Persian Empire in South Asia 1740 - 1800." *Journal of Early Modern History*, vol. 4. Leiden: Brill, 2000.

Tabataba'i, Muhammad Husayn. *Shi'ite Islam*. New York: 1979.

Talattof, Kamran. *The Politics of Writing in Iran: A History of Modern Persian Literature*. Syracuse, NY: Syracuse University Press, 2000.

Tapper, Richard. *Frontier Nomads of Iran: A Political and Social History of the Shahsevan*. Cambridge: Cambridge University Press, 1997.

______, ed. *The New Iranian Cinema: Politics, Representation and Identity*. London: I. B. Tauris, 2002.

Tucker, Ernest S. *Nadir Shah's Quest for Legitimacy in Post-Safavid Iran*. Gainesville: University Press of Florida, 2006.

Varzi, R. *Warring Souls: Youth, Media and Martyrdom in Post-Revolution Iran*. Durham: University of North Carolina Press, 2006.

Najmabadi, Afsaneh. *Women with Mustaches and Men Without Beards: Gender and Sexual Anxieties of Iranian Modernity*. Berkeley: University of California Press, 2005.

______. *The Story of the Daughters of Quchan: Gender and National Memory in Iranian History*. Syracuse, NY: Syracuse University Press, 1998.

Nakosteen, *Mehdi. History of the Islamic Origins of Western Education, AD 800–1350*. Boulder: University of Colorado Press, 1964.

Newman, Andrew J. *Safavid Iran: Rebirth of a Persian Empire*. London: I. B. Tauris, 2006.

______. "Baqir al-Majlisi and Islamicate Medicine: Safavid Medical Theory and Practice Re-examined." *Society and Culture in the Early Modern Middle East: Studies on Iran in the Safavid Period*, Andrew J. Newman, ed. Leiden/Boston: Brill, 2003.

______. "The Myth of the Clerical Migration to Safavid Iran." *Die Welt des Islams* 33 (1993): 66 - 112.

Olmstead, A. T. *History of the Persian Empire*. Chicago: University of Chicago Press, 1948.

Parsons, Anthony. *The Pride and the Fall: Iran 1974–1979*. London: Cape, 1984.

Paul, Jürgen. "L'invasion Mongole comme revelateur de la société Iranienne." *L'Iran face à la domination Mongole*, Denise Aigle, ed. Tehran: 1997.

Perry, J. R. *Karim Khan Zand*. Oxford: Oneworld, 2006.

______. *Karim Khan Zand: A History of Iran, 1747–1779*. Chicago/London: University of Chicago Press, 1979.

Pritchard, James B. *Ancient Near Eastern Texts Relating to the Old Testament with Supplemen*t, 3rd ed. Princeton, NJ: Princeton University Press, 1969.

Rabinyan, Dorit. *Persian Brides*. Edinburgh: George Braziller Publishers, 1998.

Razmjou, Shahrokh. "Religion and Burial Customs." *Forgotten Empire: The World of Ancient Persia*, J. E. Curtis and N. Tallis, eds. London: I. B. Tauris, 2005.

Rees, B. R. *Pelagius: Life and Letters*. Woodbridge, UK: Boydell and Brewer, 1998.

Rizvi, Sajjad H. *Mulla Sadra Shirazi: His Life and Works and the Sources for Safavid Philosophy*. Oxford: Oxford University Press on behalf of the University of Manchester, 2007.

Roy, Olivier. *The Failure of Political Islam*. London: I. B. Tauris, 1994.

Rumi, Jalal al-Din. *The Masnavi, Book One*, Jawid Mojaddedi, ed. and trans. New York: Oxford University Press, 2004.

Runciman, Steven. *A History of the Crusades*. Harmondsworth, UK: Penguin, 1991.

Rundle, Chris. *From Colwyn Bay to Kabul: An Unexpected Journey*. Stanhope: The Memoir Club, 2004.

Saberi, Reza. *A Thousand Years of Persian Rubaiyat: An Anthology of Quatrains from the Tenth to the Twentieth Century Along with the Original Persian*. Bethesda, MD: Ibex Publishers, 2000.

______. "Education in the Reza Shah Period." *The Making of Modern Iran*, S. Cronin, ed. London: RoutledgeCurzon, 2003.

______. *The Politics of Trade in Safavid Iran: Silk for Silver, 1600–1730*. Cambridge: Cambridge University Press, 1999.

______. "Unwalled Cities and Restless Nomads: Firearms and Artillery in Safavid Iran." *Safavid Persia: The History and Politics of an Islamic Society*, Charles Melville, ed. London: I. B. Tauris, 1996.

Melville, Charles, ed. *Safavid Persia: The History and Politics of an Islamic Society*. Cambridge: I. B. Tauris, 1993.

Menashri, David. *Post-Revolutionary Politics in Iran: Religion, Society and Power*. London: Routledge, 2001.

Miklukho-Maklai, N. D. "Zapiski S Avramova ob Irane kak istoricheskii Istochnik." *Uchenye Zapiski Leningradskogo gosudarstvennogo universiteta. Seriia vostokovedcheskikh nauk*, part 3. Leningrad: 1952.

Minorsky, V., ed. and trans. *Tadhkirat al-Muluk: A Manual of Safavid Administration*. London: Gibb Memorial Trust, 1980, 2nd repr.; 1st ed., 1943.

Mir-Hosseini, Ziba. "Women, Marriage and the Law in Iran." *Women in the Middle East*, Haleh Afshar, ed. Basingstoke, UK: Macmillan, 1992.

Moaddel, Mansour. *Values and Perceptions of the Islamic and Middle Eastern Publics*. New York: 2007; findings of surveys also available at www.psc.isr.umich.edu/research/tmp/moaddel_values_survey.html.

______. *Islamic Modernism, Nationalism and Fundamentalism: Episode and Discourse*. Chicago: University of Chicago Press, 2004.

Moin, Baqer. *Khomeini: Life of the Ayatollah*. London: I. B. Tauris, 1999.

Momen, Moojan. *An Introduction to Shi'i Islam: The History and Doctrines of Twelver Shi'ism*. New Haven, CT: Yale University Press, 1985.

Moreen, V. "Risala-yi Sawa'iq al-Yahud (The Treatise Lightning Bolts Against the Jews), by Muhammad Baqir b. Muhammad Taqi al-Majlisi (d. 1699)." *Die Welt des Islams* 32 (1992).

Morgan, David. *The Mongols*. Oxford: Blackwell Publishers, 1990.

______. *Medieval Persia 1040–1797: History of the Near East*. London: Longman Publishing Group, 1988.

Morrison, George, ed. *History of Persian Literature from the Beginnings of the Islamic Period to the Present Day*. Leiden: Brill, 1981.

Morton, A. H. "The chub-i tariq and Qizilbash Ritual in Safavid Persia." *Études Safavides*, J. Calmard, ed. Paris and Tehran: 1993.

Mottahedeh, Roy. *The Mantle of the Prophet*. Harmondsworth, UK: Penguin, 1987.

Krusinski, Fr. Judasz Tadeusz. *The History of the Late Revolutions of Persia*. London: 1740; New York: Arno Press, 1973.

Lambton, Ann K. S. *Landlord and Peasant in Persia: A Study of Land Tenure and Land Revenue Administration*. London: I. B. Tauris, 1991.

______. *Theory and Practice in Medieval Persian Government*. London: Variorum, 1980.

______. "The Tribal Resurgence and the Decline of the Bureaucracy in the Eighteenth Century." *Studies in Eighteenth-Century Islamic History*, Thomas Naff and Roger Owen, eds. Carbondale and Edwardsville: Southern Illinois University Press, 1977.

Lapidus, Ira M. *A History of Islamic Societies*. Cambridge: Cambridge University Press, 2002.

Levy, Habib. *Comprehensive History of the Jews of Iran*, H. Ebrami, ed. Costa Mesa, CA: Mazda Publishers, 1999.

Lewisohn, Leonard, ed. "Attar, Farid Al-Din." *Encyclopedia of Religion*, 15-vol. set, Lindsay Jones, ed. New York: MacMillan Reference Books, 2005.

Lewisohn, Leonard, and C. Shackle, eds. *Attar and the Persian Sufi Tradition: The Art of Spiritual Flight*. London: I. B. Tauris, 2006.

______. *The Heritage of Sufism, Volume I: Classical Persian Sufism from Its Origins to Rumi (700–1300)*. Oxford: Oneworld, 1999.

Limbert, John W. *Iran: At War with History*. Boulder, CO: Westview Press, 1987.

Lockhart, Laurence. *The Fall of the Safavi Dynasty and the Afghan Occupation of Persia*. Cambridge: 1958.

______. *Nadir Shah: A Critical Study Based Mainly Upon Contemporary Sources*. London: Luzac, 1938.

Loeb, Laurence D. *Outcaste: Jewish Life in Southern Iran*. New York: Routledge, 1977.

Luckenbill, Daniel D. *Ancient Records of Assyria and Babylonia*. London: Histories and Mysteries of Man, 1989.

Luft, Paul. *Iran Unter Schah Abbas II (1642–1666)*, PhD dissertation. Göttingen: 1968.

Makdisi, George. *The Rise of Humanism in Classical Islam and the Christian West: With Special Reference to Scholasticism*. Edinburgh: Edinburgh University Press, 1990.

Malcolm, Sir John. *History of Persia: Containing an Account of the Religion, Government, Usages, and Character of the Inhabitants of that Kingdom*. London: Murray, 1829.

Manz, Beatrice. *The Rise and Rule of Tamerlane*. Cambridge: Cambridge University Press, 1989.

Martin, Vanessa. *Islam and Modernism: The Iranian Revolution of 1906*. London: I. B. Tauris, 1989.

Marvi Yazdi, Mohammad Kazem. *Alam Ara-ye Naderi*, Mohammad Amin Riyahi, ed. Tehran 1374, 3rd ed., 1995.

Matthee, Rudolph P. *The Pursuit of Pleasure: Drugs and Stimulants in Iranian History 1500–1900*. Princeton, NJ: Princeton University Press, 2005.

Hoffmann, Birgitt, trans. and ed. *Persische Geschichte 1694–1835 erlebt, erinnert und erfunden——das Rustam at-Tawarikh in deutscher Bearbeitung*. Bamberg, Germany: Aku, 1986.

Issawi, Charles. *The Economic History of Iran, 1800–1914*. Chicago: University of Chicago Press, 1971.

Ja'farian, Rasul. "The Immigrant Manuscripts: A Study of the Migration of Shi'i Works from Arab Regions to Iran in the Early Safavid Era." *Society and Culture in the Early Modern Middle East: Studies on Iran in the Safavid Period*, A. J. Newman, ed. Leiden: Brill, 2003.

______. *Din va Siyasat dar Dawrah-ye Safavi*. Qom: 1991.

Jones, Lindsay, ed. *Encyclopedia of Religion*, 15-vol. set. New York: MacMillan Reference Books, 2005.

Katouzian, Homa. *Iranian History and Politics: The Dialectic of State and Society*. London: Routledge, 2007.

______. "Riza Shah's Legitimacy and Social Base." *The Making of Modern Iran: State and Society Under Riza Shah, 1921–1941*, S. Cronin, ed. London: RoutledgeCurzon, 2003.

______. *Sadeq Hedayat: The Life and Legend of an Iranian Writer*. London: RoutledgeCurzon, 2002.

______. *State and Society in Iran: The Eclipse of the Qajars and the Emergence of the Pahlavis*. London: I. B. Tauris, 2000.

Keddie, Nikki R. *Modern Iran: Roots and Results of Revolution*. New Haven, CT: Yale University Press, 2006.

______. *Women in the Middle East: Past and Present*. Princeton, NJ: Princeton University Press, 2006.

______. "Sayyid Jamal Al-Din Al-Afghani." *Pioneers of Islamic Revival*, Ali Rahnema, ed. London/Beirut/Kuala Lumpur: Zed Books, 2005.

______. *Qajar Iran and the Rise of Reza Khan 1796–1925*. Costa Mesa, CA: Mazda Publishers, 1999.

______. "The Iranian Power Structure and Social Change 1800 - 1969: An Overview." *International Journal of Middle East Studies* 2 (January 1971): 3 - 20.

Kelly, Laurence. *Diplomacy and Murder in Tehran: Alexander Griboyedov and Imperial Russia's Mission to the Shah of Persia*. London: I. B. Tauris, 2002.

Kennedy, Hugh. *The Court of the Caliphs*. London: Phoenix, 2005.

Khaldun, Ibn. *The Muqaddimah: An Introduction to History*, Franz Rosenthal, trans. London: Routledge and Kegan Paul, 1967.

Khanbaghi, Aptin. *The Fire, the Star and the Cross: Minority Religions in Medieval and Early Modern Iran*. London: I. B. Tauris, 2006.

Khanlari, P. Natil, ed. *Divan-e Hafez*. Tehran: 1980.

Kian-Thiebaut, Azadeh. "From Motherhood to Equal Rights Advocates: The Weakening of the Patriarchal Order." *Iranian Studies* 38 (March 2005): 45 - 66.

______. *The History of Theater in Iran*. Washington, DC: Mage Publishers, 2005.

______. *Safavid Government Institutions*. Costa Mesa, CA: Mazda Publishers, 2001.

______. *The Economy of Safavid Persia*. Wiesbaden, Germany: 2000.

______. *The Afghan Occupation of Safavid Persia, 1721–1729*. Paris: Association pour l'avancement des éudes iraniennes, 1998.

______. *Labour Unions, Law and Conditions in Iran (1900–1941)*. Durham, UK: University of Durham, 1985.

______. *Industrialization in Iran, 1900–1941*. Durham, UK: University of Durham, 1984.

Foltz, Richard C. *Spirituality in the Land of the Noble: How Iran Shaped the World's Religions*. Oxford: Oneworld Publications, 2004.

Foran, J. "The Long Fall of the Safavid Dynasty: Moving Beyond the Standard Views." *The International Journal of Middle East Studies*, no. 24 (1992): 281 - 304.

Fragner, Bert G. *Die Persophonie: Regionalität, Identität und Sprachkontakt in der Geschichte Asiens*. Berlin: Anor, 1999.

Frye, Richard N. *The Golden Age of Persia: The Arabs in the East*. London: Weidenfeld and Nicolson, 1975.

______. *The Heritage of Persia*. London: Weidenfeld and Nicolson, 1962.

______. *Iran*. London: George Allen & Unwin Ltd., 1954. Garthwaite, Gene. The Persians. Oxford: 2005.

______. *Khans and Shahs: A Documentary of the Bakhtiyari in Iran*. Cambridge: Cambridge University Press, 1983.

Gellner, E. "Tribalism and the State in the Middle East." *Tribes and State Formation in the Middle East*, J. Kostiner and P. S. Khoury, eds. London: I. B. Tauris, 1991.

Gelpke, R. *Nizami: The Story of Layla and Majnun*. Colchester, UK: Bruno Cassirer, 1966.

Ghani, Cyrus. *Iran and the Rise of Reza Shah: From Qajar Collapse to Pahlavi Power*. London: I. B. Tauris, 1998.

Gibbon, Edward, *The History of the Decline and Fall of the Roman Empire*. London: Printed by A. Strahan for T. Cadell and W. Davies, 1802.

Gilbert, Martin. *Israel: A History*. London: Black Swan, 1999.

Graham, Robert. *Iran: The Illusion of Power*. London: Croom Helm, 1978.

Harney, Desmond. *The Priest and the King: An Eyewitness Account of the Iranian Revolution*. London: I. B. Tauris, 1997.

Heaney, Seamus, and Ted Hughes, eds. *The School Bag*. London: Faber and Faber, 1997.

Herrmann, Georgina. *The Iranian Revival*. Oxford: Elsevier-Phaidon, 1977.

Hodgson, Marshall G. S. *The Venture of Islam*. Chicago: University of Chicago Press, 1974.

Clinton, Jerome W. "A Comparison of Nizami's Layli and Majnun and Shakespeare's Romeo and Juliet." *The Poetry of Nizami Ganjavi: Knowledge, Love and Rhetoric*, K. Talattof and J. Clinton eds. New York: Palgrave Macmillan, 2000.

______. *The Tragedy of Sohrab and Rostam*. University of Washington Press (Rev. ed.), 1996.

Cole, Juan R. I. *Sacred Space and Holy War: The Politics, Culture and History of Shi'ite Islam*. London: I. B. Tauris, 2002.

Colledge, Malcolm A. R. *The Parthians*. London: 1967.

Corbin, Henry. *Spiritual Body and Celestial Earth: From Mazdean Iran to Shi'ite Iran*, Nancy Pearson, trans. Princeton, NJ: Princeton University Press, 1977.

______. *En Islam Iranien: Aspects Spirituels et Philosophiques*, 4 vols. Paris: Gallimard, 1971.

Crone, Patricia. "Zoroastrian Communism." *Comparative Studies in Society and History* 36 (July 1994): 447 - 462.

Cronin, Stephanie. "Britain, the Iranian Military and the Rise of Reza Khan." *Anglo-Iranian Relations Since 1800*, V. Martin, ed. Abingdon, UK: Routledge, 2005.

______. "Paradoxes of Military Modernisation." *The Making of Modern Iran: State and Society Under Riza Shah, 1921–1941*. S. Cronin, ed. London: RoutledgeCurzon, 2003.

Curtis, J. E., and Nigel Tallis, eds. *Forgotten Empire: The World of Ancient Persia*. London: I. B. Tauris, 2005.

Curtis, Vesta Sarkhosh, and Sarah Stewart, eds. *Birth of the Persian Empire (The Idea of Iran, vol. 1)*. London: 2005.

______. *The Age of the Parthians (The Idea of Iran, vol. 2)*. London: 2007.

Curzon, Lord G. N. *Persia and the Persian Question*. London: Cass, 1966.

Daryaee, Touraj. *Sasanian Persia: The Rise and Fall of an Empire*. London: I. B. Tauris, 2007.

______. *Sahrestaniha-i Eransahr: A Middle Persian Text on Late Antique Geography, Epic, and History*. Costa Mesa, CA: Mazda Publishers, 2002.

Ehteshami, Anoush. *After Khomeini: The Iranian Second Republic*. London: Routledge, 1994.

Encyclopedia Iranica, Ehsan Yarshater, ed. New York: Routledge, 1982 - .

Fasa'i, Hasan-e. *History of Persia Under Qajar Rule*, Heribert Busse, trans. New York: Columbia University Press, 1972.

Fischer, Michael M. J. *Mute Dreams, Blind Owls and Dispersed Knowledge: Persian Poesis in the Transnational Circuitry*. Durham, NC, and London: Duke University Press, 2004.

Floor, Willem. *Love and Marriage in Iran: A Social History of Sexual Relations in Iran*. Washington, DC: 2007 (forthcoming).

______. *Dastur al-Moluk: A Safavid State Manual*. Costa Mesa, CA: Mazda Publishers, 2006.

______. "Dutch Trade in Afšharid Persia" *Studia Iranica*, Tome 34, fascicule 1, 2005, 43 - 93.

1989.

Beck, Lois. "Women Among Qashqai Nomadic Pastoralists in Iran." *Women in the Muslim World, Lois Beck and Nikki Beck Keddie*, eds. Cambridge: Harvard University Press, 1978.

Berquist, Jon L. *Judaism in Persia's Shadow: A Social and Historical Approach*. Minneapolis, MN: Wipf and Stock Publishers, 1995.

Bill, James A. *The Eagle and the Lion: The Tragedy of American-Iranian Relations*. London and New Haven, CT: Yale University Press, 1988.

Bill, James A., and John Alden Williams. *Roman Catholics and Shi'i Muslims: Prayer, Passion, and Politics*. Chapel Hill: University of North Carolina Press, 2002.

Bly, Robert, with Leonard Lewisohn. *The Winged Energy of Delight: Selected Translations*. London: HarperCollins, 2004.

Bouhdiba, Abdelwahab. *Sexuality in Islam*. London: Routledge, 1985.

Boyce, Mary. *Zoroastrianism: A Shadowy but Powerful Presence in the Judaeo-Christian World*. London: Dr. William's Trust, 1987.

______. *Zoroastrians: Their Religious Beliefs and Practices*. London: Routledge and Kegan Paul, 1979.

______. *A History of Zoroastrianism*, Volume One: The Early Period. Leiden: Brill, 1975.

Boyle, John Andrew, ed. and trans. *The Cambridge History of Iran, Volume 5: The Saljuq and Mongol Periods*. London: Cambridge University Press, 1968.

______. *The History of the World-Conqueror (Juvayni)*. Cambridge: Harvard University Press, 1958.

Briant, Pierre. *From Cyrus to Alexander: A History of the Persian Empire*. Winona Lake, IN: Eisenbrauns, 2002.

Brosius, Maria. *Women in Ancient Persia, 559–331 BC*. Oxford: Clarendon Press, 1998.

Browne, Edward Granville. *A Literary History of Persia: Volume II, From Firdawsi to Sa'di*. Cambridge: Cambridge University Press, 1969.

Bruinessen, Martin van. "A Kurdish Warlord on the Turkish-Persian Frontier in the Early Twentieth Century: Ismail Aqa Simko." *Iran and the First World War: Battleground of the Great Powers*, Touraj Atabaki, ed. London: I. B. Tauris, 2006.

Buchta, Wilfried. *Who Rules Iran? The Structure of Power in the Islamic Republic*. Washington, DC: Washington Institute for Near East Policy, 2000.

Calmard, J. "Popular Literature Under the Safavids." *Society and Culture in the Early Modern Middle East: Studies on Iran in the Safavid Period*, A. J. Newman, ed. Leiden: Brill, 2003.

The Cambridge History of Iran (7 vols). Cambridge: Cambridge University Press, 1961 - 1991.

Chittick, William C., and Peter Lamborn Wilson, eds. and trans. *Fakhruddin Iraqi: Divine Flashes*. London: Paulist Press, 1982.

Christensen, A. *L'Iran sous les Sassanides*. Copenhagen: 1944.

______. *Fifty Poems of Hafiz*. Cambridge: Cambridge University Press, 1947.

______. *The Ruba'iyat of Omar Khayyam: Edited from a Newly Discovered Manuscript Dated 658 (1259–60) in the Possession of A. Chester Beatty Esq*. London: Emery Walker Ltd., 1949.

Arjomand, Said Amir. *The Turban for the Crown: Islamic Revolution in Iran*. Oxford: Oxford University Press, 1988.

Astarabadi, *Mirza Mohammad Mahdi. Jahangusha-ye Naderi, translated into French by Sir William Jones as the Histoire de Nader Chah*. London: 1770; original Persian text ed. Abdollah Anvar, Tehran: 1377 (1998).

Atabaki, Touraj, *Iran and the First World War: Battleground of the Great Powers*. London: I. B. Tauris, 2006.

______. *Azerbaijan: Ethnicity and Autonomy in Twentieth-Century Iran*. London: British Academic Press, 1993.

Attar, Farid al-Din. *The Conference of the Birds*, Afkham Darbandi and Dick Davis, eds. and trans. London: Penguin Classics, 1984.

Avery, Peter. *The Collected Lyrics of Hafiz of Shiraz*. London: Archetype, 2007.

Axworthy, Michael. "Diplomatic Relations Between Iran and the UK in the Early Reform Period, 1997 - 2000." *Iran's Foreign Policy: From Khatami to Ahmadinejad*, Anoush Ehteshami and Mahjoob Zweiri, eds. London: Ithaca Press, 2008.

______. "The Army of Nader Shah." *Iranian Studies* (December 2007).

______. "Basile Vatatzes and His History of Nader Shah." *Oriente Moderno* 2 (2006): 331 - 343.

______. *The Sword of Persia: Nader Shah, from Tribal Warrior to Conquering Tyrant*. London: I. B. Tauris, 2006.

Azari, Farah. "Sexuality and Women's Oppression in Iran." *Women of Iran: The Conflict with Fundamentalist Islam*. London: Ithaca Press, 1983.

Babayan, Kathryn. *Mystics, Monarchs and Messiahs: Cultural Landscapes of Early Modern Iran*. Cambridge: Harvard Center for Middle Eastern Studies, 2002.

Bakhash, Shaul. *The Reign of the Ayatollahs: Iran and the Islamic Revolution*. London: I. B. Tauris, 1985.

Bausani, Alessandro. *Religion in Iran: From Zoroaster to Bahu'u'llah*. New York: Bibliotheca Persica, 2000.

______. *The Persians*. London: Book Club Associates, 1975.

Bayat, Mangol. *Iran's First Revolution: Shi'ism and the Constitutional Revolution of 1905–1909*. Oxford: Oxford University Press, 1991.

______. *Mysticism and Dissent: Socioreligious Thought in Qajar Iran*. Syracuse, NY: Syracuse University Press, 1982.

Bayly, C. A. *Imperial Meridian: The British Empire and the World 1780–1830*. London: Longman,

參考書目

Abrahamian, Ervand. *Tortured Confessions: Prisons and Public Recantations in Modern Iran*. Berkeley: University of California Press, 1999.

______. *Khomeinism: Essays on the Islamic Republic*. Berkeley: University of California Press, 1993.

______. *Iran Between Two Revolutions*. Princeton, NJ: Princeton University Press, 1982.

______. "The Causes of the Constitutional Revolution in Iran." *International Journal of Middle East Studies* 10 (August 1979): 381 - 414.

______. "The Crowd in Iranian Politics 1905 - 1953." *Past and Present* (December 1968): 184 - 210.

Al-Tabari, Mohammad ibn Jarir. *The Sasanids, the Byzantines, the Lakhmids, and Yemen* (vol. 5 of the History of al-Tabari) C. E. Bosworth, ed. and trans. Albany: State University of New York Press, 1999.

Alavi, Nasrin. *We Are Iran: The Persian Blogs*. London: Portobello Books, 2005.

Algar, Hamid. "Shi'ism and Iran in the Eighteenth Century." *Studies in Eighteenth-Century Islamic History*, Thomas Naff and Roger Owen, eds. Carbondale and Edwardsville: Southern Illinois University Press, 1977.

Amanat, Abbas. *Pivot of the Universe: Nasir al-Din Shah and the Iranian Monarchy, 1831–1896*. London: I. B. Tauris, 1997.

Aminrazavi, Mehdi. *The Wine of Wisdom: The Life, Poetry and Philosophy of Omar Khayyam*. Oxford: Oneworld , 2005.

Ansari, Ali. *Confronting Iran: The Failure of American Foreign Policy and the Next Great Crisis in the Middle East*. London: Hurst Books, 2006.

______. "Persia in the Western Imagination." *Anglo-Iranian Relations Since 1800*, Vanessa Martin, ed. Abingdon, UK: Routledge, 2005.

______. *A History of Modern Iran Since 1921: The Pahlavis and After*. London: Longman, 2003.

______. *Iran, Islam and Democracy: The Politics of Managing Change*. London: Chatham House, 2000.

Arberry, A. J., ed. and trans. *Classical Persian Literature*. Abingdon: RoutledgeCurzon, 2004; 1st ed., 1958.

THE CONTINENT
大陸
04

伊朗：心智的帝國，從瑣羅亞斯德到今天的歷史

Iran: Empire of the Mind: A History from Zoroaster to the Present Day

作者	麥克・安斯沃西（Michael Axworthy）
譯者	苑默文、劉宜青
責任編輯	沈昭明（初版）、官子程（二版）
特約編輯	王窈姿
書籍設計	吳郁嫻
內頁排版	謝青秀
總編輯	簡欣彥
出版	廣場出版／遠足文化事業股份有限公司
發行	遠足文化事業股份有限公司（讀書共和國出版集團）
地址	231 新北市新店區民權路 108-3 號 9 樓
電話	02-22181417
傳真	02-22180727
客服專線	0800-221029
法律顧問	華洋法律事務所　蘇文生律師
印刷	前進彩藝有限公司
二版	2024 年 11 月
定價	600 元
ISBN	978-626-98867-7-7（紙本） 978-626-98867-5-3 (EPUB) 978-626-98867-6-0 (PDF)

廣場 FB　　讀者回函

國家圖書館出版品預行編目(CIP)資料

伊朗：心智的帝國，從瑣羅亞斯德到今天的歷史 / 麥克．安斯沃西(Michael Axworthy) 著；苑默文，劉宜青譯．-- 二版．-- 新北市：遠足文化事業股份有限公司廣場出版，遠足文化事業股份有限公司，2024.11
面；　公分．--（大陸；4）
譯自：Iran：Empire of the Mind：A History from Zoroaster to the Present Day.
ISBN 978-626-98867-7-7（平裝）

1. CST: 伊朗史

736.11　　113014974